Jörgen Bracker · Hamburg

Jörgen Bracker

HAMBURG

Von den Anfängen bis zur Gegenwart

Wendemarken
einer Stadtgeschichte

Ernst Kabel Verlag

Inhaltsverzeichnis

Vorwort

Leben hinterläßt Spuren auf der Erde, von der Geburt bis zum Tode. Dabei ist nicht allein von Staatsmännern oder bedeutenden Künstlern die Rede, deren Wirken sich, die Zeiten überdauernd, in Urkunden oder bedeutenden Bildwerken ausdrückt. Das Schicksal des Bürgers, des Handwerkers so gut wie des Angestellten, die Existenz der Armen am Rande der Gesellschaft bleiben nicht ohne Nachhall, indem die Archäologen, bald auf einen Hausgrundriß, bald auf Handwerkszeug, ein Notizbuch oder auf Massengräber stoßen. Eine von vielen Händen geschaffene Burgbefestigung, die Ansgar schon nicht mehr aufrecht stehen sah, längst verschwundene Deiche oder Hafenanlagen aus der Zeit Kaiser Barbarossas, all dies bewahrt die Erde in Resten, soweit nicht tiefere Eingriffe späterer Zeit diese wieder beseitigt haben.

In gleicher Weise gräbt sich jede Katastrophe, ob Sturmflut oder Pest, Feuersbrunst oder ein kriegerischer Überfall in das unbestechliche Gedächtnis der Erdschichten ein, so daß oftmals irgendein zufälliger Spatenstich sonst nicht weiter dokumentierte Wahrheiten ans Licht befördert und dem staunenden Publikum archäologische Sensationen bereitet. Daneben reden auch Grabsteine, Schutz- und Trutzwaffen, Hauptmotive und Randerscheinungen auf Gemälden, auf Kupferstichen, auf Fotos, alte Piratenlieder und Musikinstrumente, Münzen und Medaillen über versunkene Wirklichkeiten. So ist es denn ein erstes Anliegen dieses Buches, zumal dank der Bemühungen Hans-Dieter Looses und Werner Jochmanns, aber auch Eckart Kleßmanns fundierte Gesamtdarstellungen zur Geschichte unserer Stadt bereits vorliegen, neben der dort vornehmlich ausgewerteten schriftlichen Überlieferung in stärkerem Maße noch archäologische Befunde, welche die hiesige Bodendenkmalpflege veröffentlicht hat, und die in den Museen verwahrten Zeugnisse der Sachkultur zu berücksichtigen und, sofern möglich, zum Ausgangspunkt einzelner Betrachtungen zu machen. Auf der anderen Seite bemüht sich der Verfasser, den für schicksalhafte Veränderungen in dieser Stadt ursächlichen Anlässen in Beispielen nachzuspüren und deren Einwirkung auf die Mentalität der Stadtbewohner zu schildern. Dabei kann er, wie sollte es anders sein, sich nur in geringem Maße auf eigene Vorarbeiten stützen, die er im Laufe seiner bisherigen Tätigkeit beim Museum für Hamburgische Geschichte zusammentragen konnte. So ist denn dieses Buch, das sich in erster Linie an den unvoreingenommenen Leser wendet, nicht als eine durchgehende Gesamtdarstellung konzipiert, sondern beinhaltet die Zusammenstellung von Einzelbetrachtungen, die gleichwohl, Mosaikstein für Mosaikstein, eine Gesamtvorstellung dieses charakteristischen Stadtschicksals ermöglichen sollen. Jedes Unterfangen vergleichbarer Art verdankt seine Entstehung einem über viele Forschergenerationen hinweg aufgetürmten Schatz des Wissens, der wiederum in den letzten Jahren aufgrund immenser Anstrengungen der mit unserer Geschichte befaßten Gelehrten des Staatsarchivs, der Universität, der Bodendenkmalpflege, aber auch der unbezahlten privaten Forschung erweitert wurde. Darum war es notwendig, im laufenden Text wenigstens die wichtigsten Arbeiten hervorzuheben und in Auswahl am Schluß des Buches wenigstens die wichtigsten Titel der einschlägigen Literatur zu verzeichnen, die geeignet ist, dem Interessierten Wege zu eigener Weiterarbeit zu erschließen.

Für die generöse Unterstützung seiner Bemühungen hat der Verfasser vor allem dem Staatsarchiv und den dort tätigen Kollegen vielmals zu danken, insbesondere auch für Abbildungsvorlagen. Die Abbildungsvorlagen, soweit sie dem Museum für Hamburgische Geschichte entstammen, haben Frau Dr. Gisela Jaacks und Frau Rita Winkler besorgt. Die hier beigegebenen Zeichnungen und fotografischen Neuaufnahmen, vor allem Außenaufnahmen, hat zum großen Teil Maximilian Johannsmann gefertigt. Jedoch sind die weitaus meisten Abbildungsvorlagen durch das Studio Fischer-Daber hergestellt worden. Bei der Zusammenstellung des Literaturverzeichnisses und beim Lesen der Korrekturen war stud. phil. Helmut Puff behilflich. Ohne das Engagement und die erheblichen Anstrengungen des Verlages wäre eine Veröffentlichung in der vorliegenden Form nicht möglich gewesen.

Es bliebe noch festzuhalten, daß der Ort, an dem in Ruhe nahezu alle Kapitel dieses Buches entstehen konnten, genannt zu werden verdient. Dies geschah an Bord des alten Büsumer Krabbenkutters „FAHREWOHL". Im übrigen wäre der Verfasser ohne Belehrung durch dieses eigens für unsere Küstengewässer und die Elbe gebauten Fahrzeugs niemals so weit in seinem Verständnis für den besonderen, amphibischen Charakter unserer schönen Stadt Hamburg vorgedrungen.

Die „Hammaburg" —
mehr als ein Ortsname?

Das Stadtbild Hamburgs und die charakteristische Erscheinung dieses Gemeinwesens fußen bis heute wesentlich auf einer immer stärkeren und phantasievolleren Ausnutzung von Möglichkeiten, wie sie mit den besonderen landschaftlichen Voraussetzungen von Anfang an gegeben waren. Die Lage an der im Rhythmus des Gezeitenstroms die Schiffe bald aufwärts, bald abwärts befördernden Elbe und im Schnittpunkt wichtiger Land- und Wasserwege hat, wie archäologische Untersuchungen dartun konnten, bereits in frühgeschichtlicher Zeit zu kriegerischen Auseinandersetzungen um das begehrte hochwasserfreie Areal auf dem in einer Alsterschleife gelegenen Geländesporn Anlaß gegeben (Abb. 1).

Von Ost nach West verläuft seit Menschengedenken der Elbuferhöhenweg am Nordrande des Urstromtales über diesen Hamburger Geestrücken hin, um inmitten des sonst unergründlichen Morastes auf festem Boden den Zugang zur Alsterfurt zu gewinnen. Hinzu kamen die Vorteile eines zur Alster und zur Elbe verkehrsgünstigen Hafens. Strategische Überlegungen und vor allem die Schlüsselstellung für den allmählich aufkommenden Fernhandel mußten den Besitz dieses Geländesporns in zunehmendem Maße wünschenswert erscheinen lassen (Abb. 2).

Um dies gleich vorweg zu sagen: Mit dem so beschriebenen Ort mögen sich für den Apostel des Nordens, Ansgar (801–865), recht geheimnisvolle Vorstellungen verknüpft haben, als er zu Beginn der dreißiger Jahre des 9. Jahrhunderts hierherkam. Nach der Überlieferung hieß jener Platz, wo er seine erzbischöfliche Residenz errichten sollte, schon seit alter Zeit „Hammaburg". Und es war von einer Festung die Rede, von der allerdings nichts mehr zu sehen war. Für Ansgar war der Begriff „Hammaburg" nichts als ein altertümlicher Ortsname.

Erst im Jahre 1982 gelang die sensationelle Entdeckung einer von zwei Spitzgräben geschützten ringförmigen Festung, etwa 60 m im Durchmesser groß, die mindestens seit der Mitte des 1. Jahrtausends unserer Zeitrechnung hier bestand. Offenkundig keine dauerhaft bewohnte Burg, muß die Anlage zur Sicherung eines sächsischen Rast- oder Lagerplatzes an der Alsterfurt größere Bedeutung im 6. und 7. Jahrhundert erlangt haben. Kein Zweifel: Das war die altehrwürdige „Hammaburg", welche diesem Platz im frühen Mittelalter den Namen gegeben hatte.

Später vorüberziehende Sachsen haben sie noch im 8. Jahrhundert in kaum mehr benutzbarem Zustand gesehen und auch den Namen der Anlage gekannt. Vor den auf diesem zugigen Platze vorherrschenden Winden Schutz suchend, bauten sie ihre Feuerstellen in den halbverfallenen Festungsgräben auf, um sich dort ihre Mahlzeiten zu kochen. Gelegentlich verweilten sie länger an diesem Ort, weswegen allmählich eine lockere Bebauung mit ostwestlicher Ausdehnung von ca. 180 m Länge sich bald über den Geländesporn hinzog. Diese würden wir heute kaum mehr als Siedlung, eher als improvisiertes und ständig sich änderndes Wohnlager charakterisieren. In und außerhalb der Burg fanden die Archäologen „Grubenhäuser", halb in den Boden eingetiefte, zeltartig mit Zweigen bedeckte und mit Lehm isolierte Behelfsunterkünfte für den flüchtigen Aufenthalt.

Die geringere Menge sächsischer Keramik aus der Umgebung der alten Festungsanlage (Abb. 3) darf nicht über die Bedeutung der Sachsen im Bereich der Niederelbe hinwegtäuschen. Man denke nur an das bemerkenswerte Inventar eines sächsischen Reitergrabes des 8. Jahrhunderts aus Schnelsen, jetzt im Helms-Museum zu sehen, oder an die kostbar damaszierten Klingen und mit Kreuzemblemen geschmückten Griffenden sächsischer Schwerter aus dem 6.–7. Jahrhundert, die, auf dem Lühesand ausgebaggert, zu unserer Kenntnis über die Benutzung des Stader Elbüberganges zum am Nordufer beginnenden Ochsenweg hinüber beitragen (Abb. 4). Sie sind heute ebenso wie die Waffen ihrer fränkischen Gegner im Museum für Hamburgische Geschichte ausgestellt. Gemeint sind die von der Baggerschaufel aus der Elbe heraufgeholten frühkarolingischen

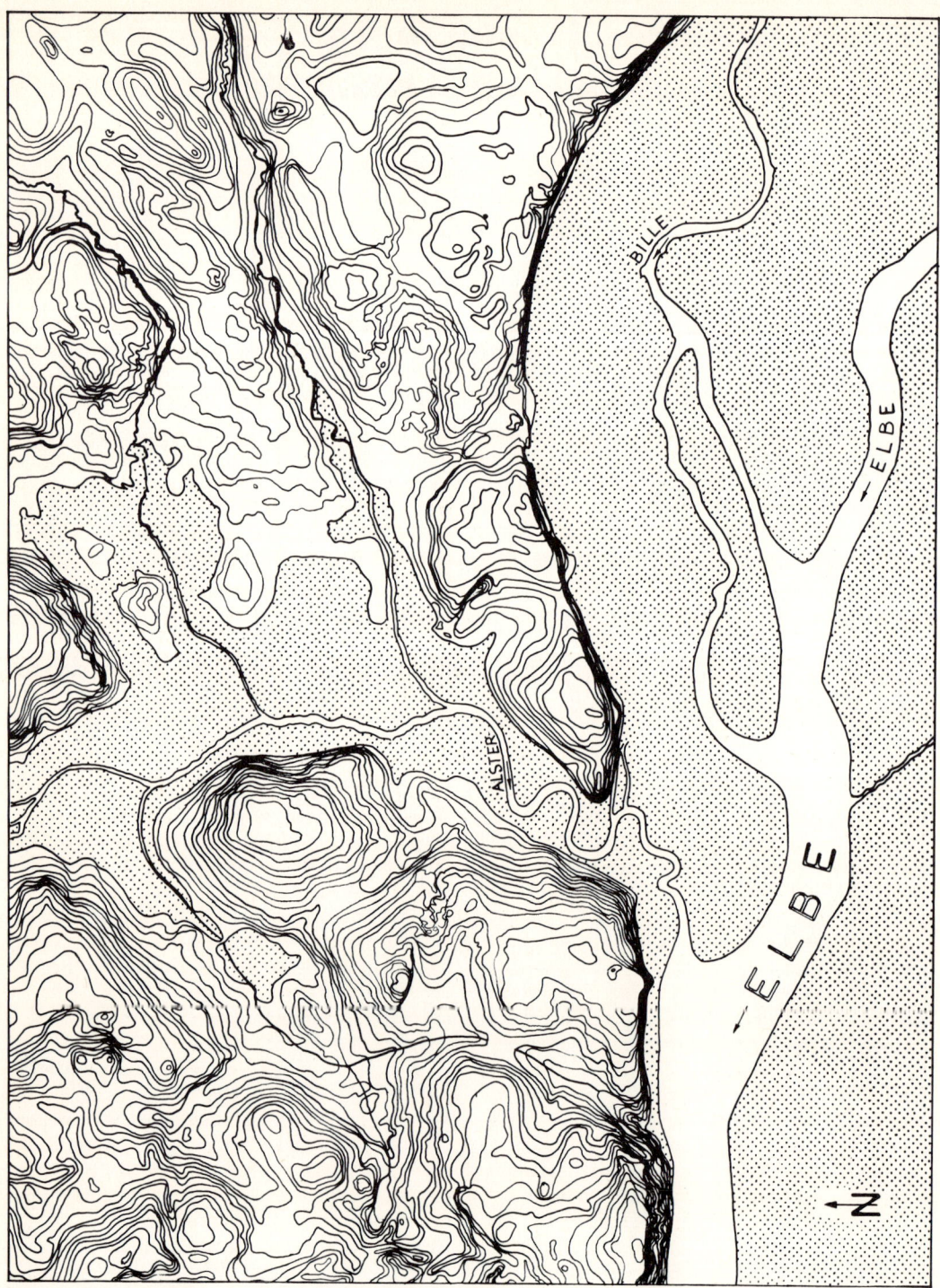

Abb. 1   Bodenreliefkarte mit Elbmarsch (punktiert) und den Geestrücken (Höhenlinien) beiderseits der Alster, nach R. Schindler, Alt-Hamburg 1957.

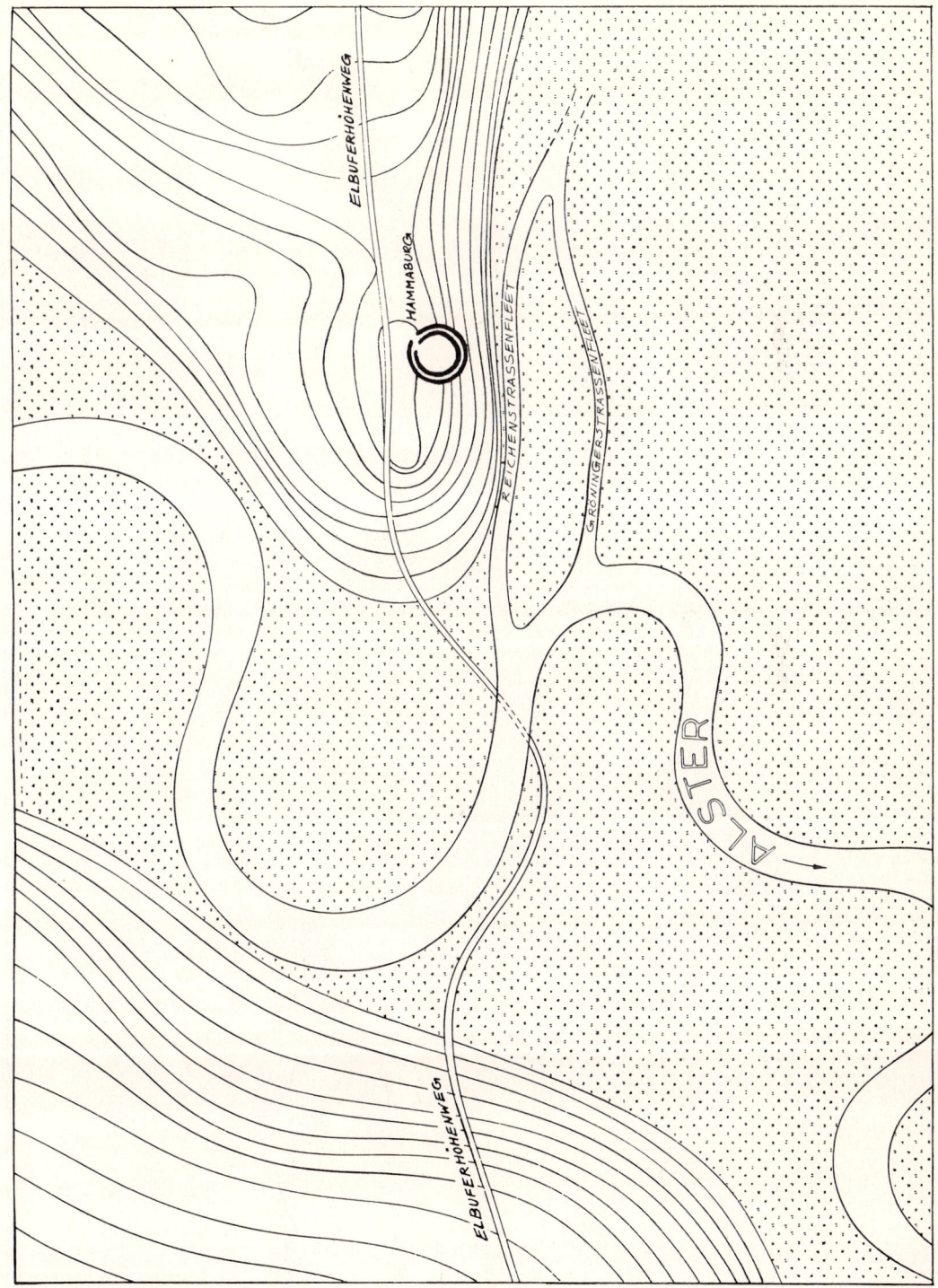

Abb. 2   Altsächsische „Hammaburg", die dem Platz den Namen gab. Nach Renate Schneider, Faltblatt 1986.

11

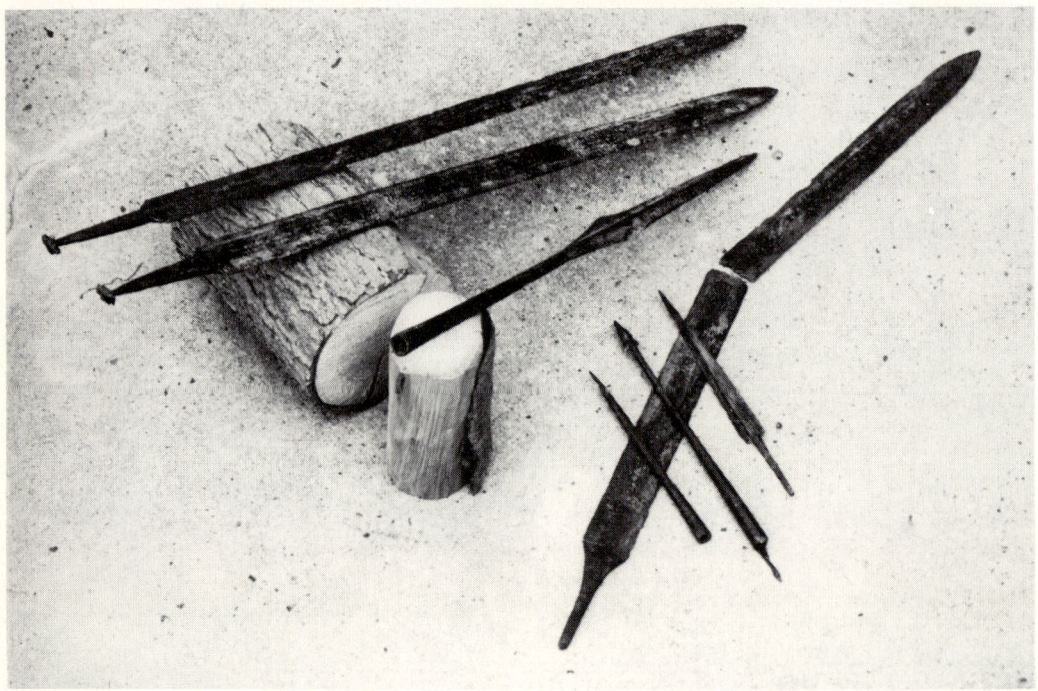

Abb. 3   Altsächsischer Kumpf aus Ton.

Abb. 4   Altsächsische Schwerter, Lanzen- und Speerspitzen vom Lühesand aus der Elbe — Zeugnisse von der Benutzung eines alten Flußüberganges.

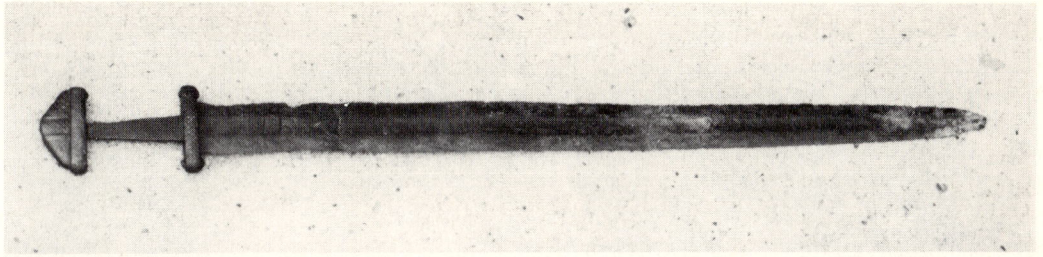

Abb. 5   Ein Wikingerschwert aus der Elbe, 9. Jh.

Schwerter mit dreieckigem Knauf. Nehmen wir doch gleich noch die Wikinger-Schwerter mit rundem Knauf aus dem 9. Jahrhundert hinzu, die auf gleichem Wege ans Tageslicht befördert wurden, so vermag schon allein die Massierung solcher Elbfunde aus jener Zeit ein Schlaglicht auf die kriegerischen Auseinandersetzungen nahe der Hammaburg zu werfen (Abb. 5).

Übrigens wissen wir bis heute nicht genau, wann und aus welchem Anlaß die sächsische Hammaburg abgetragen wurde. Das Fehlen des Walles, die geringe Tiefe der Gräben im Verhältnis zur hieran anschließenden Oberfläche geben ein beredtes Zeugnis von den umfangreichen Erdarbeiten, die mit der Abgrabung und Tieferlegung des Platzniveaus verbunden waren. Zweifellos geschah diese Herrichtung nicht planlos — aber wozu?

Vielleicht waren es die Abodriten, ein mit Karl dem Großen verbündeter Elbslawenstamm, die vor Anlage einer Siedlung an dieser Stelle erst einmal den Grund für diesen Zweck planiert haben. Die Abodriten jedenfalls müßten hier dann sehr lange gelebt haben, weil eine fundmächtige, dicke Siedlungsschicht das ganze Gelände und auch die geschleifte Burg bedeckt hat. Sie enthält in Massen vorwiegend slawische Keramik. Freilich zeigt diese „Siedlungsschicht" nicht die normalen Ablagerungsstrukturen, wie sie für jahrzehntelang ungestörtes Wohnen an gleicher Stelle typisch gewesen wären. Zwischen den Scherben liegt sehr, sehr viel Holzkohle. Sie rührt von Holzbauten her und deutet auf den Untergang des Abodritendorfes in einem schrecklichen Feuer hin. Gelegentlich haben sich Pflockreihen von geflochtenen Hauswänden in der Brandschicht erhalten, einmal sogar ein ganzer Hausgrundriß mit 12 Pfosten und einer Herdstelle, ein Rechteck von 6 m x 3,50 m Größe.

Schon allein der Fundmächtigkeit dieser slawischen Siedlungsschicht wegen darf man sich nicht dazu verleiten lassen, die beschriebenen Befunde all-

zu eng mit den Daten der dramatischen Ereignisse des frühen 9. Jahrhunderts in Verbindung zu bringen. Vermutlich lag die Zerstörung der „Hammaburg" ein oder zwei Jahrzehnte vor der Jahrhundertwende. Hiernach strömten die Abodriten ungehindert, aber durch die Franken wohlwollend gefördert, auch in dieses Gebiet ein (Abb. 6). Das 8. Jahrhundert war — weiß Gott — ereignisreich genug. Aufgrund der neuesten Jahresringdatierungen dänischer Archäologen an den Holz-Erdemauern des „Danewerks" wissen wir, daß nicht erst König Göttrik im Jahre 808, wie die Fränkischen Reichsannalen vermuten ließen, sondern schon seine Vorgänger im Jahre 737 die ersten Festungsbauten des „opus Danorum" errichtet hatten, um den Tieflandpaß zwischen dem Sumpfgebiet der Rheider Au und der Schlei für Eindringlinge aus dem Süden zu sperren. Damals ein Bollwerk gegen die Slawen, wie man kürzlich einmal wegen der intensiven Landnahme dieses Stammes in Oldenburg und Umgebung während des 8. Jahrhunderts vermutet hat.

Hinzuzufügen wäre noch, daß nicht allein die Dänen, sondern auch die Franken sich der damals oft

Abb. 6   Restaurierter „Kochtopf" elbsawischer Siedler, 8./9. Jh.

sehr schlagkräftigen und sogar über den Rhein vordringenden Sachsen zu erwehren hatten. Das achte Jahrzehnt des 8. Jahrhunderts sah die mit wechselndem Kriegsglück hin- und herziehenden Heerscharen der Franken und Sachsen, die Zerstörung der Eresburg und der Irminsul (772). Im Jahre 780 stand Kaiser Karl erstmals an der Elbe. Wohl „teilte er jene ganze Provinz (Sachsen) in bischöfliche (Missions-)Sprengel auf und gab den Gottesdienern Vollmacht zu loben und zu taufen. Damals wurde der größte Teil jenes Volkes und Landes dem seligen Sturm (Abt in Fulda; starb am 17.12.779) zur Verwaltung übertragen", heißt es in dem Lebensbericht des Abtes Sturm aus der Feder Eigils von Fulda. Ehe jedoch richtige Bistümer daraus wurden, sollten noch Jahrzehnte vergehen. Solange die sächsischen Gebiete südlich der Elbe nicht bezwungen und „befriedet" waren, bestand für die Franken keine Veranlassung, direkt in die nordelbischen Verhältnisse einzugreifen. Indirekt aber taten sie es, indem sie die von den Sachsen bedrängten Abodriten (Reichsannalen für die Jahre 795 und 798) als Bundesgenossen annahmen und ihnen gegen jene den Rücken stärkten.

Ein solcher Überblick über die allgemeine politische Lage in Norddeutschland mußte hier eingeschaltet werden, um die Voraussetzungen für die Übernahme des Platzes „Hammaburg" durch die abodritischen Elbslawen verständlich zu machen. Die ohnehin nicht allzu dichten Siedlungsfunde der Sachsen lassen nämlich vermuten, daß diese nicht lange dem Druck der von den Franken unterstützten Elbslawen standgehalten, sondern den Platz längst geräumt hatten, bevor die von den Fränkischen Reichsannalen für das Jahr 804 erwähnte Deportation angeblich auch nordelbischer Sachsen einsetzte. Mit keinem Wort wird allerdings in irgendeiner der uns verfügbaren Quellen von einer größeren Frankenoperation am Nordufer der Niederelbe gesprochen. Ist es nicht auch denkbar, daß aufgrund der Bedrängnis im nordelbischen Raum eine Südwanderung der Sachsen mit Hab und Gut schon längst eingesetzt hatte, die die Franken weiterleiteten, um eine Übervölkerung des Raumes zwischen Elbe und Weser und damit einen neuen Unruheherd gar nicht erst entstehen zu lassen? Wenn in dem Text der Reichsannalen für das Jahr 804 gleichzeitig von der Übergabe der transelbischen Sachsengebiete an die Abodriten die Rede ist, muß man darunter die feierliche Sanktionierung der im Krieg geschaffenen Tatsachen verstehen. Kaiser Karls Aufenthalt in Hollenstedt an der Elbe im Jahre 804 markierte das

Ende der über dreißig Jahre währenden Sachsenkriege und die verwaltungsmäßige Zuordnung der Eroberungen. Aus den Missionssprengeln des Sachsenlandes schuf der Sieger beispielsweise durch Verwaltungsakt 804/5 die Bistümer Münster, Osnabrück, Bremen und Paderborn. Eine Neuordnung der ganzen sächsischen Provinz durfte zwangsläufig das nordelbische Sachsengebiet, inzwischen durch die Abodriten besetzt, nicht auslassen. Karl gestand es den Elbslawen großmütig zu, nicht ohne — so berichten die Metzer Annalen für 804 — ihren schon 799 aktenkundigen, kampferprobten Anführer Thrasiko als Vasallenkönig feierlich zu bestätigen.

In die Siegesfreude des Kaisers mischte sich indessen ein bitterer Tropfen, weil der Dänenkönig Göttrik der Einladung nach Hollenstedt aus Sicherheitsgründen nicht hatte folgen wollen und statt dessen an der Grenze seines Reiches mit Sachsen, an der Schlei, geblieben war. Von dort aus hatte er Gesandte ins kaiserliche Feldlager an die Elbe geschickt und wartete mit einer Flotte deren Bericht ab. Göttrik entzog sich auf diese Weise einem Feind von morgen, der nach Bezwingung der Sachsen jetzt unmittelbarer Grenznachbar geworden war. Umgekehrt stellte der Dänenkönig mit seiner Flottenüberlegenheit für die Franken einen geradezu mythischen Angstgegner dar. Ungehindert konnte er erst die Friesen, Nordelbier, Abodriten und andere Slawenstämme tributpflichtig machen. Im Jahre 808 verzeichneten die Reichsannalen sogar einen Sieg Göttriks über die nordelbischen Abodriten. Vom südlichen Elbufer aber schaute der mit einem Heer eigens herbeigeeilte Sohn des Kaisers zu, ohne den Fluß zu überqueren und einzugreifen. Dies wäre erst geschehen, falls die Dänen die Elbe überquert hätten. Man gewinnt den Eindruck, als ob die Franken schon damals Holstein und Stormarn als Einflußsphäre des Dänenkönigs respektierten, ohne sich hierzu in den Reichsannalen bekennen zu wollen. Im Gegenteil suchte der Annalenschreiber den Anschein zu erwecken, als sei Göttrik ängstlich bemüht gewesen, sein Reich nach Süden hin gegen drohende Gefahren zu schützen. Für das Jahr 808 teilt er mit, daß Göttrik das Danewerk als uneinnehmbare Grenzbarriere „vom östlichen Meerbusen, den jene (die Dänen) Ostersalt nennen, bis zum westlichen Ozean" errichtet habe, wovon wir allerdings in Kenntnis der archäologischen Untersuchungen, wie oben erwähnt, einige Abstriche machen dürfen. Göttrik gelang es sogar, den abodritischen Vasallenkönig Thrasiko in der slawischen

Küstenstadt Reric festzunehmen und zu töten (809). Wohl weil Karl der Große die Dänen mit seinen Vasallen, den Abodriten, so frei schalten und walten sah, rief er die Sachsen nach Nordelbien zurück. Am 9. März 809 nahm Graf Egbert, vom Kaiser beauftragt, den Platz Esesfelth an der Sturia (Stör) in Besitz und errichtete dort eine Festung. Die Franken aber wagten sich erst über die Elbe, als sie von der Ermordung Göttriks und den sich anschließenden Erbfolgestreitigkeiten hörten. Ein Jahr später schlossen sie mit den Dänen einen „bilateral" ausgehandelten Frieden: „Zwölf vornehme Männer" traten zu diesem Zweck an der Eider zusammen. Fürwahr, ein Friedenskongreß, dessen Teilnehmer alle namentlich in die Fränkischen Reichsannalen des Jahres 811 eingegangen sind.

Das furchterregende Ungeheuer hatte sich also in einen menschlichen, akzeptablen Verhandlungspartner verwandelt. Wie tief die Angst vor den Dänen den Franken in den Knochen gesessen hatte, verrät eine gegen 784 datierte Anekdote. Karl der Große wandte sich in Gedichtform an den gelehrten Kirchenmann Paulus Diaconus, ob er, Paulus, vorziehe, in Eisenketten gelegt, im Gefängnis zu verhungern oder den wildbehaarten, gefährlichen Feind Siegfried (den Dänenkönig) zu taufen. Paulus Diaconus habe dem Kaiser entgegnet: „Nötig ist keineswegs, mich in Kerker und Ketten zu martern, / denn die Liebe des Herrn König bindet mich ja. / Wenn ich das grause Antlitz des Siegfried betrachten soll, / sehe ich hierin weiß Gott kein sinnvoll Beginnen. / Ist er doch unbelehrt, versteht nicht lateinische Sprache, / andererseits ist mir seine Sprache verborgen." Nicht einmal dreißig Jahre waren bis zum Beginn der Verhandlungen an der Eider vergangen. Die Franken hatten jetzt nicht nur Gelegenheit, sich ein neues Dänenbild zu verschaffen. Sie wagten sich sogar über die Elbe.

Nichts hinderte mehr den Kaiser daran, jetzt (810) auf dem „Hammaburg" benannten Platz nahe der Abodritensiedlung eine erste Kirche zu errichten, gewiß eine Petrikirche. Erzbischof Amalar von Trier nahm die feierliche Weihung vor und bestimmte den ebenso von ihm geweihten Priester Heridag zum Be-

treuer dieses Gotteshauses. Es sollte übrigens ausdrücklich die Funktion einer Zentralkirche für alle Slawen- und Dänenstämme erfüllen, wie aus Rimberts Ansgar-Biographie zu entnehmen ist. Das Gebäude kann schon deswegen, weil ihm ein Patrozinium des Heiligen Petrus zugrunde lag, nicht etwa ein Vorgängerbau der späteren Taufkirche Ansgars gewesen sein, die ja der Gottesmutter Maria geweiht wurde.

Einige wenige Jahre nur blieb es nach diesem Zeitpunkt in der Slawenstadt Hammaburg ruhig. Man verfolgte auch von hier die Erbstreitigkeiten um den dänischen Königsthron und die Vertreibung Harald Klaks durch die Söhne Göttriks (813), man hörte von den Ergebnissen einer Konzilskommission, die in St. Alban zu Mainz getagt und neue Überlegungen zur Anlage von Klöstern nach der Regel des Heiligen Benedikt angestellt hatte (813). Dithmarschen, wieder in der Hand der zurückkehrenden Sachsen, ward zum Bistumsgebiet Bremen geschlagen, weil über See und den Hafen Meldorf am leichtesten zugänglich (814). Auch bildeten die Vorhaben, ein Frauenkloster in Herford und den Benediktinerkonvent Hethis im Solling/Weser zu begründen, wichtige Nachrichten für Heridag in Hamburg.

Diese allgemein positive Entwicklung endete jäh, als der Abodritenfürst Slavomir, wohl unter dem Eindruck der jetzt von den Franken geförderten Expansion der Sachsen im nordelbischen Bereich, das Vasallenverhältnis abschüttelte und sich mit den Dänen verbündete (817). Dies bedeutete das Startsignal für eine offizielle Änderung der fränkischen Reichspolitik und die Anordnung einer Slawenvertreibung mit Hilfe der sächsischen Vasallen. Die Abodriten wurden natürlich auch gewaltsam aus Hamburg vertrieben und hinter dem „limes Saxoniae", einer etwa nord-süd verlaufenden Grenzlinie zwischen Kiel und Lauenburg in Ostholstein durch sächsische Zwingburgen in Schach gehalten. Mit diesen Ereignissen sind die mit Kohle stark versetzte Zerstörungsschicht der Slawenstadt Hamburg und die sich anschließende Planierung des Geländes (817) am ehesten in Verbindung zu bringen.

Ansgar, ein Spezialist
für gefahrvolle Missionen

Als die Abodriten aus ihrer Siedlung an der Alster-furt vertrieben wurden, war Ansgar gerade 16 Jahre alt und verschwendete gewiß noch keinen Gedanken an das Schlickloch „Hammaburg" an der Alster. Man hat einmal vermutet, ohne es allerdings beweisen zu können, daß Ansgar und seine Mutter zu den sächsischen Deportierten des Jahres 804/5 gehört hätten. Nur soviel wissen wir genau: Nach

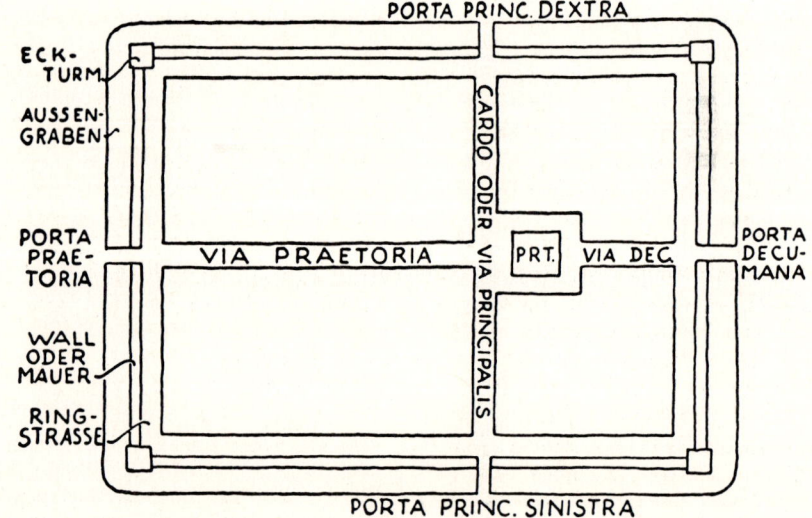

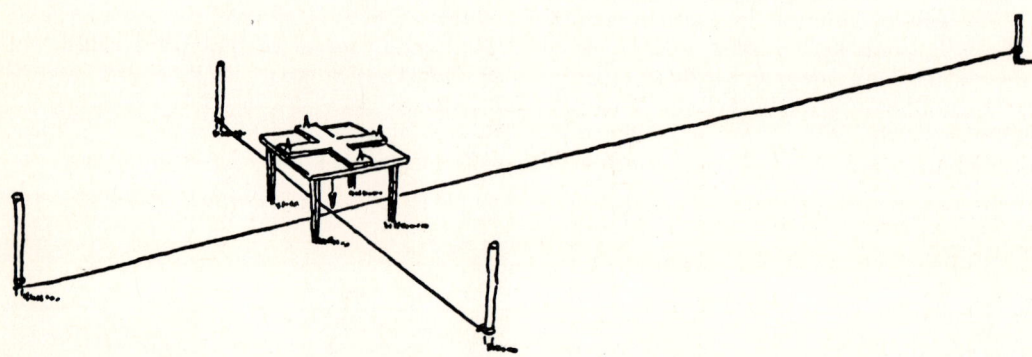

Abb. 7 Aufschnürung eines römischen Lagergrundrisses im Gelände.

dem frühen Tod der Mutter ist er als Waisenkind im flandrischen Kloster Corbie aufgewachsen. Mit 13 Jahren empfing er dort die Tonsur. Ab 819/20 war er zum Vorsteher der unteren Abteilung der Klosterschule aufgestiegen. Schon zwei Jahre später folgte der Lehrer Ansgar einem Ruf des Abtes Adelhard, um bei der Verlegung des Klosters Hethis/Solling hinab an den Weserstrand und beim Aufbau eines neuen Reformklosters behilflich zu sein. Der Name der Neugründung „Corvey" erinnert noch heute an den des Mutterklosters in Flandern.

Wie die Mönche bei der Verwirklichung dieser Idee vorgingen, ist in zeitgenössischen Beschreibungen überliefert: Nach den Vorschriften der römischen Landvermesser, deren Weisheiten durch die im 6./7. Jahrhundert wieder aufgefundene und neu herausgebrachte Schrift „corpus agrimensorum romanorum" allen Gelehrten bekannt waren, gingen sie planmäßig vor. Sie „zogen zunächst eine Schnur, setzten Pflöcke und begannen einzumessen, zunächst das Gotteshaus und dann die Wohngebäude der Brüder". Einem römischen Kastell gleich (Abb. 7) wurde das durch ein rechtwinkliges Straßensystem erschlossene Geviert des Klosterareals mit einer Mauer umgeben, von welcher noch eine Inschrift im Westwerk der Corveyer Kirche kündet: „Herr, umgib diese Stadt (mit Deinem Schutz) und Deine Engel mögen ihre Mauern bewachen." (Abb. 8) Das Westwerk aber bedeutete die architektonische Überhöhung einer „porta triumphalis", eines Triumphtores, wie es ähnlich für Karl den Großen am Eingang des Klosters Lorsch errichtet worden war. Durch diesen Einlaß betrat man die „Stadt Gottes", die „civitas dei". Und in der Tat: Ein solches Kloster enthielt fast alles, was nach unseren heutigen Vorstellungen eine Stadt zu bieten hat. Neben der Kirche nicht nur Wohn-, Schlaf- und Eßräume für die Mönche, sondern auch eine Krankenstation, holz-, leder-, textil- und metallverarbeitende Werk-

stätten und Schulen (Abb. 9). Gerade 819 war in Aachen ein Konzil zu Ende gegangen, auf welchem das Klosterschulwesen durch Einteilung in zwei Klassen verbessert wurde: Für die zum geistlichen Dienst geweihten Knaben („pueri oblati") bot sich die „schola claustralis" im inneren Klosterbereich an, während für die Erziehung sog. Laienbrüder eine „schola exterior" („canonica") vorhanden war. Der Stundenplan sah Rhetorik und Musik vor. Das Fundament jeder Verständigung bildete die lateinische Sprache. Sie wurde durch Übersetzungen von Texten aus der jeweiligen Muttersprache geübt. Dies war selbstverständlich eine besonders wichtige Aufgabe für ein Kloster mit missionarischem Dienst.

Aber wie hat man sich die praktische Umsetzung zu denken? Den Geist dieser nach den Regeln des Hl. Benedikt organisierten Klosterbaureform, die ökonomische Zueinanderordnung aller Funktionsbereiche, eine streng an den Prinzipien eines römischen Feldlagers orientierte Logistik der im Feindesland zur Not auf sich allein angewiesenen „Gottesstadt" erkennt man mit einem Schlage, wenn man mit solchem Vorwissen noch einmal den um 820 entstandenen St. Galler Klosterplan daraufhin etwas genauer durchmustert. Ein ‚ausgebufftes‘ Schema also, das bei künftigen Bauvorhaben dieser Art einzuhalten, fest vorgeschrieben wurde (Abb. 10).

Nach Aufgabe des nur sieben Jahre im Solling dahinvegetierenden Klosters Hethis hatte Ansgar dessen Verlegung und Neugründung unter dem Namen Corvey von 822 bis 826 mitbewirkt und in allen Einzelheiten durchexerziert (Abb. 11). Danach durfte er zweifellos als besonders qualifizierter Spezialist für die Gründung ähnlicher Klosteranlagen gelten. Zunächst aber warteten andere Sonderaufträge auf den frommen, gebildeten, abenteuerlustigen und

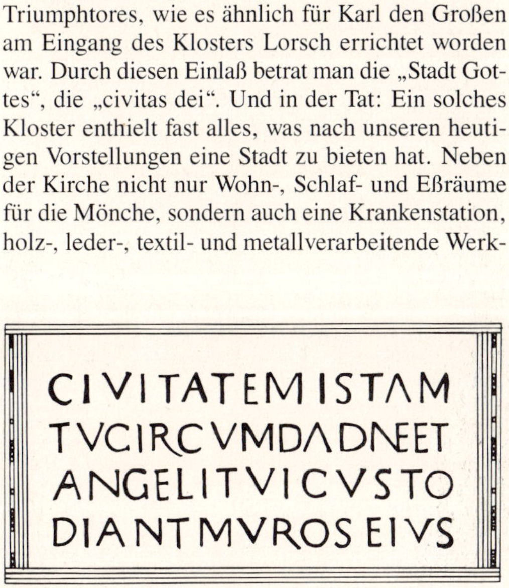

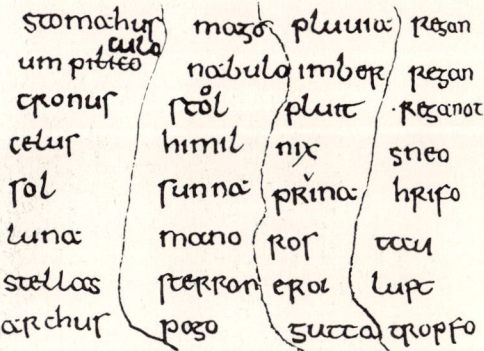

Abb. 9   Vokabelblatt aus dem frühen 9. Jahrhundert: stomachus-mago (Magen); tronus-stol (Stuhl); sol-sunna (Sonne); luna-mano (Mond) etc.

```
CIVITATEM ISTAM
TV CIRCVMDA DNEET
ANGELI TVI CVSTO
DIANT MVROS EIVS
```

Abb. 8   Inschrift der Corveyer Klosterkirche.

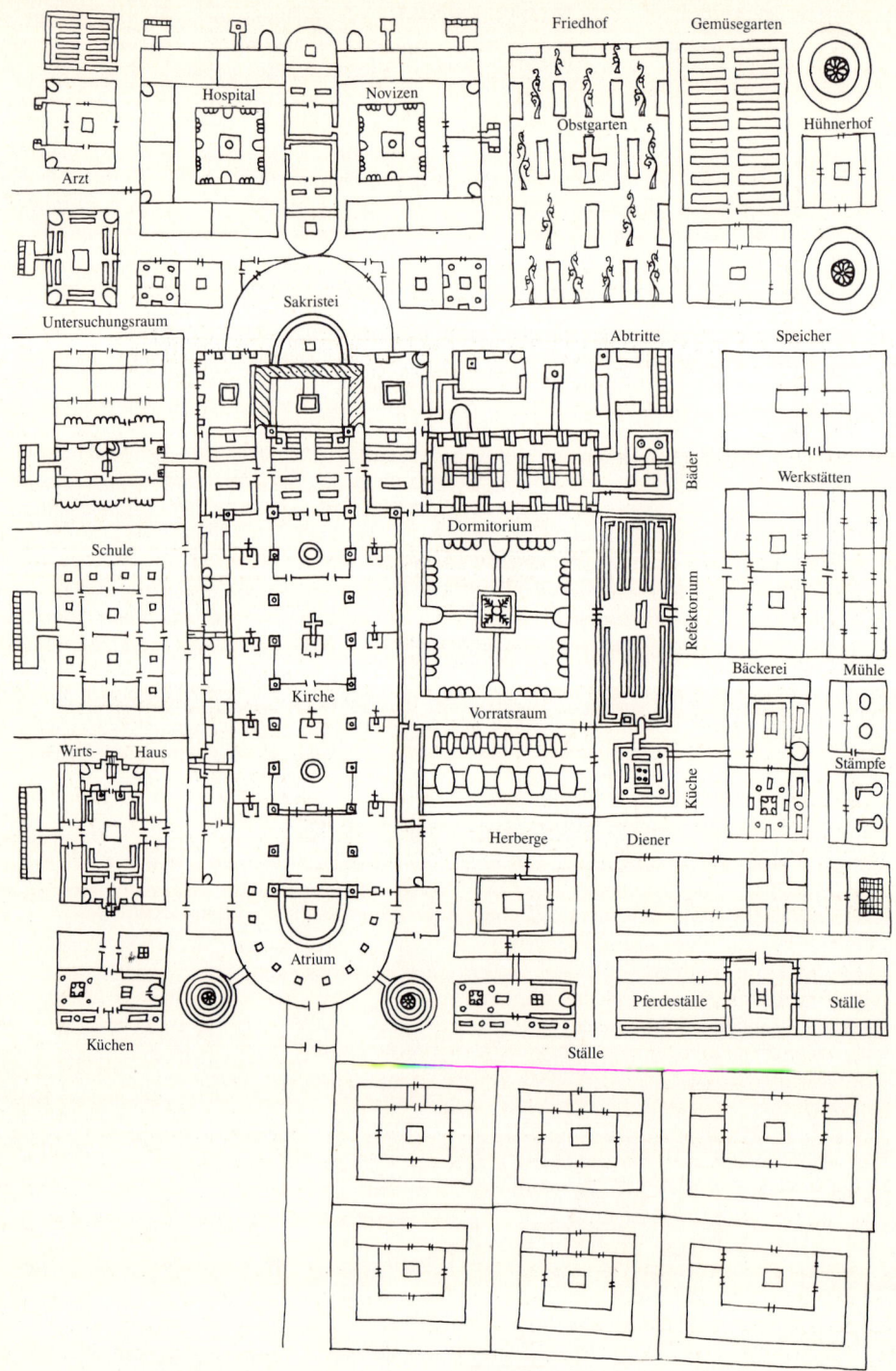

Hospital
Novizen
Friedhof
Gemüsegarten
Obstgarten
Hühnerhof
Arzt
Untersuchungsraum
Sakristei
Abtritte
Speicher
Bäder
Werkstätten
Schule
Dormitorium
Refektorium
Kirche
Vorratsraum
Bäckerei
Mühle
Küche
Stämpfe
Wirts-   Haus
Herberge
Diener
Atrium
Küchen
Pferdeställe
Ställe
Ställe

Abb. 10   Umzeichnung nach dem St. Galler Klosterplan, um 820.

18

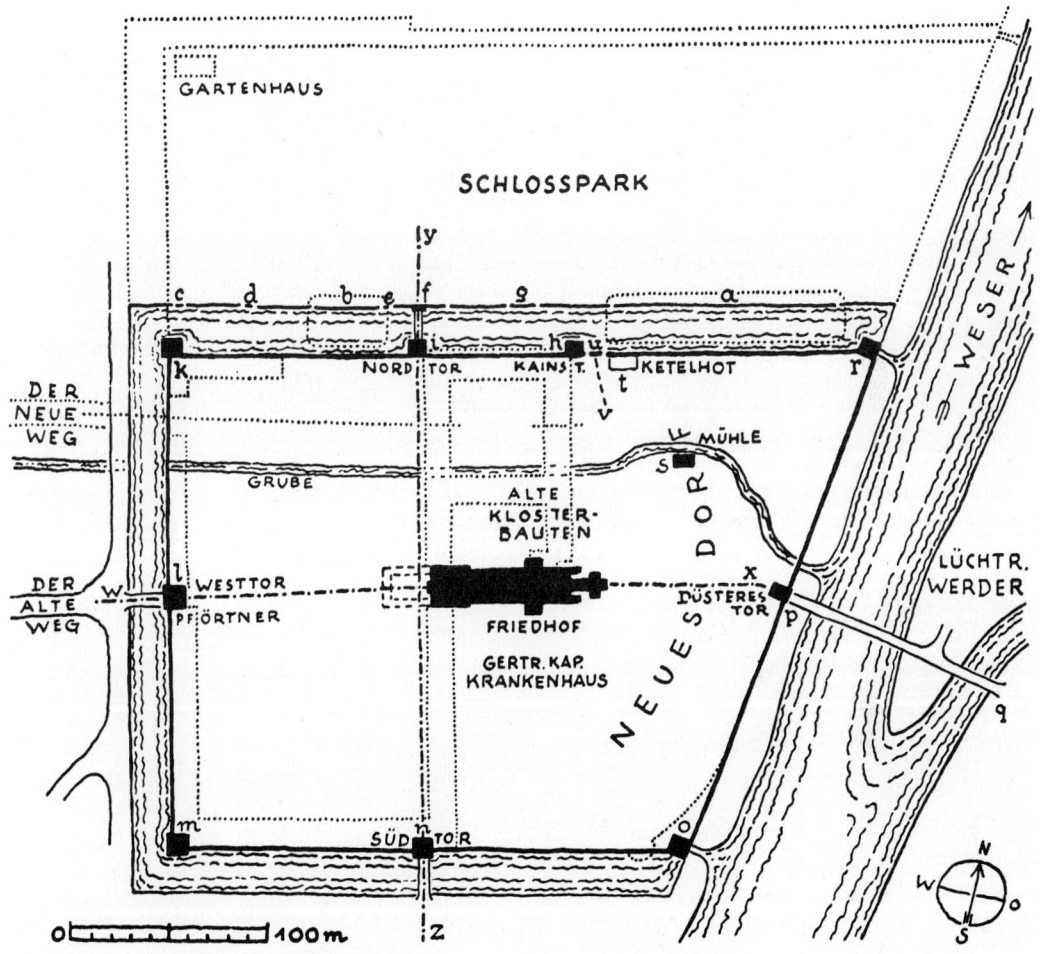

GARTENHAUS

SCHLOSSPARK

WESER →

DER NEUE WEG

NORD TOR KAINS T. KETELHOT

DER ALTE WEG

GRUBE

MÜHLE

ALTE KLOSTER-BAUTEN

WESTTOR
PFÖRTNER

DÜSTERES TOR

FRIEDHOF

GERTR. KAP.
KRANKENHAUS

LÜCHTR.
WERDER

NEUES DORF

SÜD TOR

0 —————— 100m

N
W · O
S

Abb. 11 Kloster Corvey nach W. Rave.
Erklärung: strichpunktiert = Achsenkreuz; punktiert = die barocke Anlage; a und b = nördliche
Außenmauer, nach Ablassen der Teiche sichtbar; c, d, e, f und g = durch Ausgrabung nachgewiesen;
h, i, k und l = alte Türme, durch Barocktürme überbaut; m = Südwestturm entsprechend ergänzt;
n = Südtor, sein südlicher Teil durch Sonden nachgewiesen; o = Südostturm; p = Wesertor, 1667
„düsteres Tor" genannt, durch Ausgrabung gesichert; p—q = Corveyer Brückenbau, archivalisch nach-
gewiesen, Lage angenommen; r = Nordostturm, durch einen Trümmerhügel wahrscheinlich gemacht;
s = Klostermühle, archivalisch, durch alte Pläne und Mauerreste nachgewiesen; t = Ketelhots Haus,
Lage angenommen; n = Teil der Innenmauer ergraben; v = mutmaßlicher Beginn der Grenze zwi-
schen Immunität und neuem Dorf; w—x = die Ostwestachse; y—z = die Nordsüdachse.

ebenso mutigen Mann. Im Jahre 826 hatte der Dänenkönig Harald Klak bei Kaiser Ludwig dem
Frommen um Hilfe gegen die Söhne Göttriks nach-
gesucht. Der hatte geantwortet: „,Natürlich nur,
wenn sie beide einen Gott verehrten, könne ein in-
nigeres Verhältnis zwischen ihnen zustande kom-

men; dann erst werde auch die Christenheit ihm und
den Seinen bereitwillig beistehen'; so bekehrte er
ihn nach Gottes gnädiger Fügung" (Rimbert, Vita
Anskarii, 7). Ansgar war nun dazu ausersehen, den
Dänenkönig wieder heim zu begleiten, ihn im Glauben zu erhalten und zu bestärken. Harald Klak ver-

mochte sich in Dänemark jedoch nicht zu behaupten. Er mußte fliehen und nahm aus der Hand Ludwigs des Frommen das Land Rüstringen als Lehen. Ansgar blieb drei Jahre bei ihm.

Im Sommer 829 erschienen kaiserliche Boten bei Ansgar in Rüstringen: Er dürfe sich nicht rasieren — d. h., keine Zeit verlieren —, bevor er vor dem Kaiser stehe. Eine schwedische Delegation des Königs Björn von Birka hatte um die Entsendung eines Missionars gebeten. Ansgar nahm auch diesen gefährlichen Auftrag an und reiste im Frühjahr 830 über Dorestad und wahrscheinlich Haithabu nach Schweden weiter. Unterwegs erlitt er Schiffbruch, verlor alle dem König zugedachten Geschenke. Vierzig kostbare Bücher büßte er ein. Aber auch ohne diese Gaben wurde er im schwedischen Birka, dem Kaufleuteort auf einer Insel im Mälarsee, wohl aufgenommen. Dort wandte er sich zunächst an die Christensklaven, über das Meer entführte Gefangene, die ihm vermutlich als Übersetzer bei der Herstellung erster Kontakte zu den Einheimischen behilflich waren. Den Vorsteher der Kaufleutesiedlung, Heirgeir, gewann er schon bald für den Chri-

stenglauben. So sehr ließ Heirgeir sich begeistern, daß er eine Privatkirche auf eigenem Grund errichtete und so ganz wesentlich dazu beitrug, daß Ansgar nach seiner Rückkehr einen erfolgreichen Bericht vor Ludwig dem Frommen auf dem Reichstag zu Diedenhofen (831) abgeben konnte. Er war der ‚Held‘ des Tages. Ein ‚Kamikazeheld‘? Jedenfalls ein Draufgänger, der jedes missionarische ‚Himmelfahrtskommando‘ einer wissenschaftlichen Karriere vorzog. Heute können wir uns nur sehr schwer vorstellen, welche Faszination für den gläubigen Mann mit dem Bild eines Märtyrerschicksals verbunden gewesen sein muß. Wie auch immer: Die Gunst des Hofes war Ansgar sicher (Abb. 12).

Vermutlich einem Rat des mit Ansgar befreundeten Erzbischofs Ebo von Reims folgend, beschloß der Kaiser, nördlich der Elbe eine Art Brückenkopf für die Christianisierung aller nördlich des Stromes gelegenen Länder und Völker auszubauen und entsprechend auszustatten. Hier konnte er allenfalls an das Kirchlein Heridags in Hamburg, von dem bereits die Rede war, anknüpfen. Karl der Große hatte es 810 errichten lassen. Man muß nicht lange

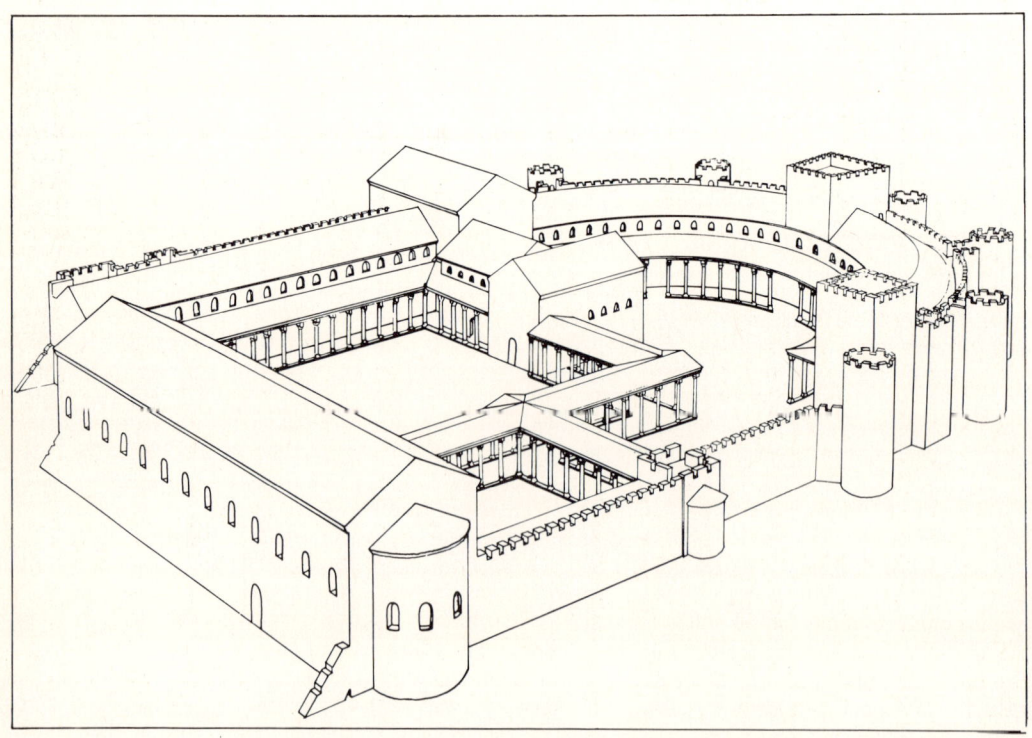

Abb. 12 Die Kaiserpfalz Ingelheim: Ein Beispiel karolingischer Pfalzarchitektur.

raten, wen der Kaiser, immer noch unter dem Eindruck des Birka-Berichts, wohl für fähig hielt, einen entsprechenden Stützpunkt in einem Gebiet zu errichten, das noch keineswegs von den Franken kontrolliert wurde, sondern Schauplatz für heftigste Fehden zwischen Sachsen, Slawen und Wikingern war. Unter feierlichem Gepränge wurde Ansgar noch auf dem Reichstage zu Diedenhofen am 10. oder 11. November 831 durch Erzbischof Drogo von Metz, einen Sohn Karls des Großen, zum Bischof mit der Anwartschaft auf eine bis dahin nur als fixe Idee existierende Erzdiözese Hamburg geweiht. Dabei assistierten die Erzbischöfe Ebo von Reims, Hetti von Trier, Otgar von Mainz, ferner die Bischöfe

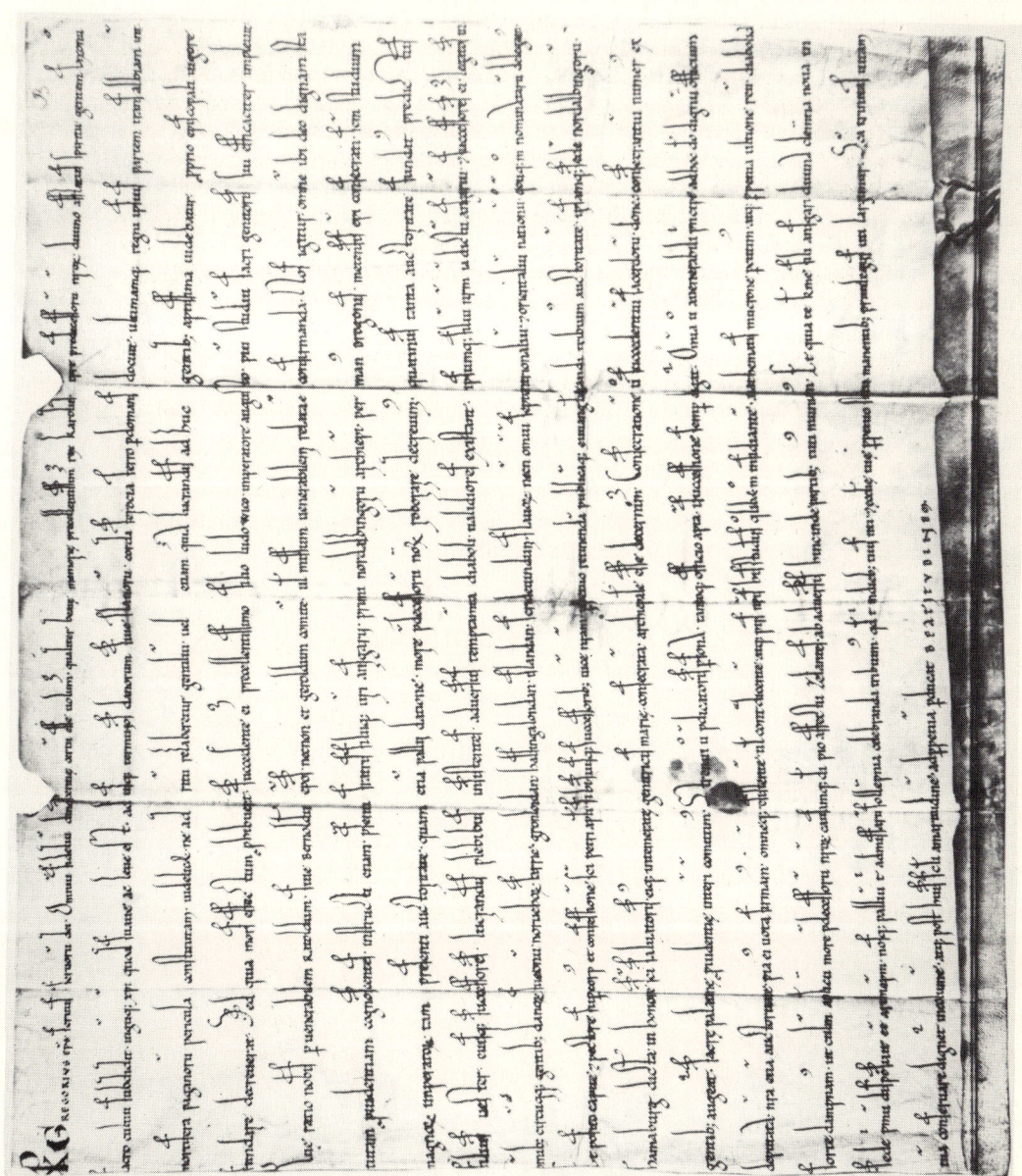

Abb. 13   Urkunde Papst Gregors IV. zur Bestätigung des Erzbischofs von Hamburg aus dem Winter 831/832.

Helmgaud von Verden und Willerich von Bremen. Drei von ihnen mußten, ohne viel dabei zu verlieren, zur Grundausstattung des neuen Sprengels beitragen: Trier hatte ehedem die Kirche in Hamburg gebaut und durch Heridag betreuen lassen. Bischof Helmgaud von Verden trat Holstein und Stormarn an Ansgar ab, Bischof Willerich von Bremen legte das eigentlich nur von der Nordsee her gut erreichbare Dithmarschen obendrauf. Damit verfügte die winzige Diözese Hamburg gerade über vier Taufkirchen: Hamburg in Stormarn, Heiligenstedten sowie Schenefeld in Holstein und Meldorf in Dithmarschen. Diese Bestandteile der Diözese „Nordelbien" oder „Transelbien" bildeten keineswegs ein in Grenzen fest gesichertes Territorium, das zur wirtschaftlichen Absicherung eines Bistums ausgereicht hätte. Wie es dennoch lebensfähig ausgestattet wurde, beschreibt Rimbert in der Vita Anskarii: „Die ganze Diözese lag in gefährdetem Gebiet; damit sie durch das bedrohliche Wüten der Barbaren nicht zugrunde gehen könne, und in Anbetracht ihrer Kleinheit, schenkte der Kaiser dem neuen Bischofssitz zur ewigen Nutzung für sein Sendamt das gallische Kloster Torhout." Das Kloster lag in Flandern, 30 km von Brügge entfernt. Mit der Verleihung des Klosters Torhout haben wir übrigens ein wenig auf das Jahr 834 vorgegriffen. Damit nämlich der eigentliche und wesentlichste Grund für die Inangriffnahme dieser „Realutopie" erfüllt werden konnte: und zwar die Errichtung eines Missionsbistums, mußte Erzbischof Ebo von Reims, der bereits 822 einen Auftrag (legatio) für die Missionierung des Nordens erhalten hatte, sich fortan mit Ansgar diese Aufgabe teilen.

Noch im Winter 831/32 reiste Ansgar nach Rom und ließ sich durch Papst Gregor IV. urkundlich als Erzbischof von Hamburg bestätigen und das Pallium verleihen (Abb. 13). Gregor versah ihn ferner persönlich mit dem Missionsauftrag für Schweden, Dänen, Slawen und sonstige Stämme im Norden, wobei aber eigens auf das Weiterbestehen des Missionsauftrages Ebos von Reims hingewiesen wurde. Ebo behielt auch in Zukunft die Schwedenmission bei. Ja, er übergab sogar dieses Missionsgebiet 832 seinem Neffen Gauzbert mit dem Hinweis: ‚Ansgar allein könne beiden Ländern nicht genügen!' Ferner trat er Welanao, das von ihm selbst als Stützpunkt für die Nordmission gegründete Kloster Münsterdorf im Schutze Itzehoes an der Stör, an seinen Neffen ab. Möglicherweise blieb ein wenig Konkurrenz im Spiel, denn Hamburg war als ein ganz einzigartiges Erzbistum konstruiert, das seine Existenzberechtigung erst dadurch schaffen konnte, daß es sich auf dem Wege der Missionierung die hierfür erforderlichen Suffraganbistümer nachträglich erwarb.

Die Gründung einer „Gottesstadt" im Feindesland

Es soll hier nicht verschwiegen werden, daß die Existenz eines Erzbistums Hamburg von mehreren Forschern seit 1910 immer wieder in Zweifel gezogen worden ist. Alle Erwähnungen dieser Institution, ob in den Papsturkunden oder der Lebensbeschreibung Ansgars durch Rimbert, mußten erst einmal als Fälschungen verdächtigt werden, um diese These zu stützen. In der Tat, so manches Pergament, das sich als mittelalterliche Originalurkunde ausgibt, ist nichts weiter als ein erst anläßlich politischer Auseinandersetzungen späterer Zeit zusätzlich hergestelltes „Beweismittel", das oftmals einen ursprünglichen Urkundentext enthält, an den man noch einige Sätze anfügen kann, die die gegenwärtig gestellten Forderungen plausibel erscheinen lassen. So haben wir es auch in der Hamburger Urkundenüberlieferung zum Teil mit solchen Scheinoriginalen zu tun. Der Vorgang war freilich ganz legal, denn auch die Urkunde Papst Gregors IV. für Ansgar aus dem Jahre 832, welche die Erhebung Ansgars zum Erzbischof mit Missionsauftrag bestätigt hatte, ist in der Folgezeit immer wieder in anderen Papieren bestätigt worden (Abb. 14).

Hier ist nicht der Ort, diese Diskussion neu aufzurollen. Einer der besten Kenner dieser Materie, Wolfgang Seegrün, hat nach Abwägung aller dafür- und dagegensprechenden Argumente die Auseinandersetzung mit folgender Charakterisierung ein-

Abb. 14   Ansgar als Missionsbischof. Darstellung im Tympanon über dem Südeingang der Kirche zu Borby/Eckernförde.

23

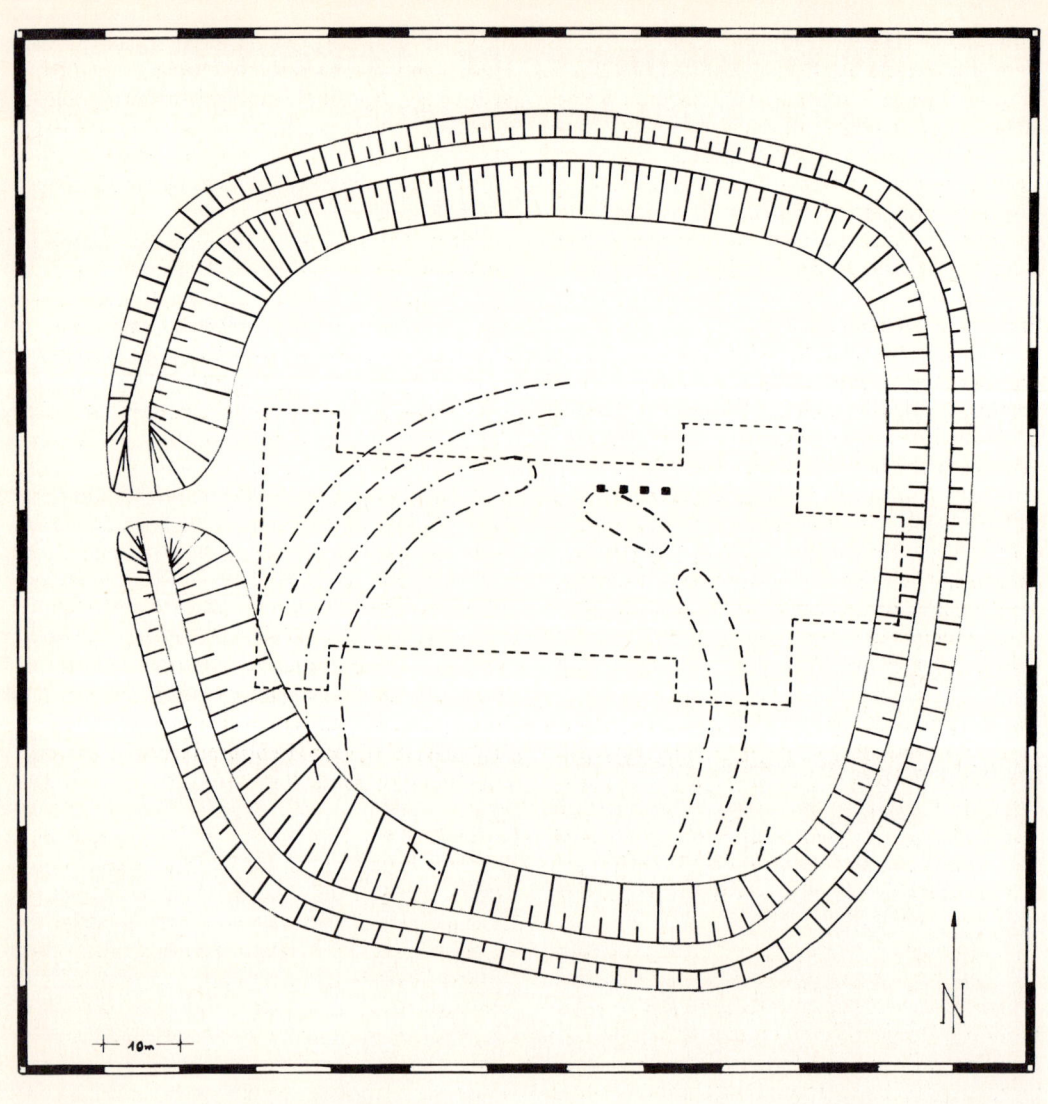

— · — · — = *Festungsgräben der*
namengebenden Hammaburg
2. Hälfte 1. Jahrtausend

▪ ▪ ▪ ▪ ▪ = *Pfeiler der Kirche des*
9. Jahrhunderts

⌐⌐⌐⌐⌐ = *Holz-Erdemauer der*
Klosterburg Ansgars (832—845)

– – – – – = *Dombau des 13. Jahrhunderts*

Abb. 15 Klosterburg Ansgars nach Reinhard Schindler mit Pfeilerstellung der ältesten Holzkirche und dem
Kirchengrundriß des 13. Jahrhunderts. Nach Abräumen dieser Schichten hat Renate Schneider die
runde Doppelgrabenanlage der altsächsischen „Hammaburg" entdeckt.

leuchtend abschließen können: „Das Erzbistum Hamburg ist nicht das Phantasieprodukt Überlieferung fälschender Kirchenpolitik, sondern die Realutopie einer hochherzigen und weitschauenden, jedoch leider kurzlebigen kirchenorganisatorischen Vision, die politisch einer dauernden Gefährdung ausgesetzt war." Inzwischen gibt es weitere Beweise für die Zuverlässigkeit der in der Lebensbeschreibung Ansgars aufgezeichneten Darstellung, so daß sich jetzt alle Zweifel an der Geschichtlichkeit des Erzbistums Hamburg erübrigen.

Die archäologischen Befunde lassen immerhin die enormen Anstrengungen erkennen, die mit der Errichtung eines leistungsfähigen Missionsstützpunktes in Hamburg ab 832 verbunden waren. Über den Trümmern und dem Schutt der Abodritensiedlung entstand zunächst die Klosterbefestigung auf dem Südabhang des Geestrückens am Reichenstraßenfleet, beinahe ein Quadrat von 130 m Seitenlänge, zusätzlich durch eine Palisade und einen Graben geschützt. Dabei wurden teilweise die Geländeverhältnisse geschickt berücksichtigt, wie der Ausgräber Reinhard Schindler z.B. an der Westseite beobachten konnte. Dort bestand die Befestigung „aus einer von senkrecht nebeneinanderstehenden Bohlen gebildeten Plankenwand, die unter Ausnützung der natürlichen Bodenverhältnisse durch Querstreben in dem zum Burginnern hin ansteigenden Geesthang verankert war". Möglicherweise sah die Fortifikation nach Süden hin oberhalb des Fleetufers ähnlich aus. Dafür aber gibt es bisher keine archäologischen Befunde (Abb. 15).

Das so begrenzte Areal deckte sich späterhin übrigens genau mit jenem Bezirk, den das Domkapitel als Domimmunität beanspruchte und bebaute. Bis zum Abriß des Mariendomes (1804–1807) sollte der Grundriß des Ansgar-Klosters in der Anlage des Doms und des ihn umgebenden Gebäudeensembles im Stadtbild ablesbar bleiben.

Schon dank der sorgfältigen Ausgrabungen Reinhard Schindlers ist uns aber bekannt, daß Ansgar bei Aufmessung und Gründung seines Klosters in Hamburg tatsächlich genauso verfuhr, wie er es in Corvey gelernt hatte. Wenn auch außer der Befestigungsanlage sonst kaum etwas gefunden wurde, das uns Anhaltspunkte zur Klostertopographie liefern könnte, so hat Schindler doch mit Feststellung einer Reihe von vier mächtigen Pfosten, die nahezu auf einer ost-westgerichteten Mittelachse des quadratischen Klosterareals liegen, Konstruktionselemente der Marienkirche Ansgars entdeckt. Von ihrer Mittelachse ausgehend, ist offenkundig das Kloster

areal wie in Corvey oder entsprechend dem St. Galler Plan aufgeschnürt worden. Nicht anders liest es sich in der Ansgar-Biographie Rimberts, welcher von der „unter persönlicher Bauaufsicht des Herrn Bischofs kunstvoll gestalteten, äußerst geschickt in einem Zuge mit der Klosterbefestigung angelegten Kirche" spricht.

Genau 45 cm x 45 cm maßen die Pfosten im Querschnitt, wie sich an den Erdverfärbungen erkennen ließ. Balken mit derart mächtigen Querschnitten findet man gar nicht so häufig und in unseren Breiten höchstens als tragende Elemente zur Abstützung hoher Dachkonstruktionen, wie bei den Haubargen Eiderstedts verbaut. Die Pfosten standen jeweils 3 m, mithin 10 Fuß, voneinander entfernt. Eisenschlackenreste und eine Scherbe, die nicht nach dem 10. Jahrhundert datiert werden kann, fanden sich in einem der Pfostenlöcher. So spricht denn also nichts gegen Schindlers Annahme, daß diese vier Pfosten zu einer gar nicht so winzigen, aus Holz errichteten Kirche Ansgars gehört hätten. Da angesichts der schwierigen Voraussetzungen für archäologische Feststellungen in einem mehrfach bebauten und oft durchwühlten Gelände jede noch so kleine Beobachtung doppelt wertvoll ist, soll nicht unerwähnt bleiben, daß die unbebauten Freiflächen, wie Schindler fand, mit Steinen sorgfältig belegt waren.

Westlich der Klosterburg erblühte damals eine Siedlung hauptsächlich für Schiffskaufleute, die in allen uns bekannten Schriftquellen als „vicus" bezeichnet wurde. Hier stand ebenso das Modell Corvey Pate, dessen Erfolg nicht zum wenigsten auf die Symbiose eines Klosters mit einer Schiffer- und Kaufleutesiedlung zurückzuführen war (Abb. 16). Es darf nicht vergessen werden, daß Missionare wie Ansgar ihre Reisen in ferne Länder nur mit den Schiffskaufleuten zusammen durchführen konnten, die ja nicht nur entsprechend geeignete Fahrzeuge besaßen, sondern durch die Beherrschung der terrestrischen Navigation unentbehrliche Lotsen für die jeweils anzusteuernden Küsten waren.

Trotz der beschränkten Untersuchungsmöglichkeiten, welche der archäologischen Stadtkernforschung innerhalb einer dicht bebauten City wie der Hamburgs bleiben, läßt sich doch ein überraschend konturenreiches Bild von den Anfängen dieser Stadt zeichnen. Es liegt auf der Hand, daß die „Gottesstadt" und die mit ihr gleichzeitig begonnene Wiksiedlung funktional aufeinanderbezogene Bestandteile eines Gesamtkonzeptes darstellen. Die Klosterburg und die Wiksiedlung halten sich strikt südlich

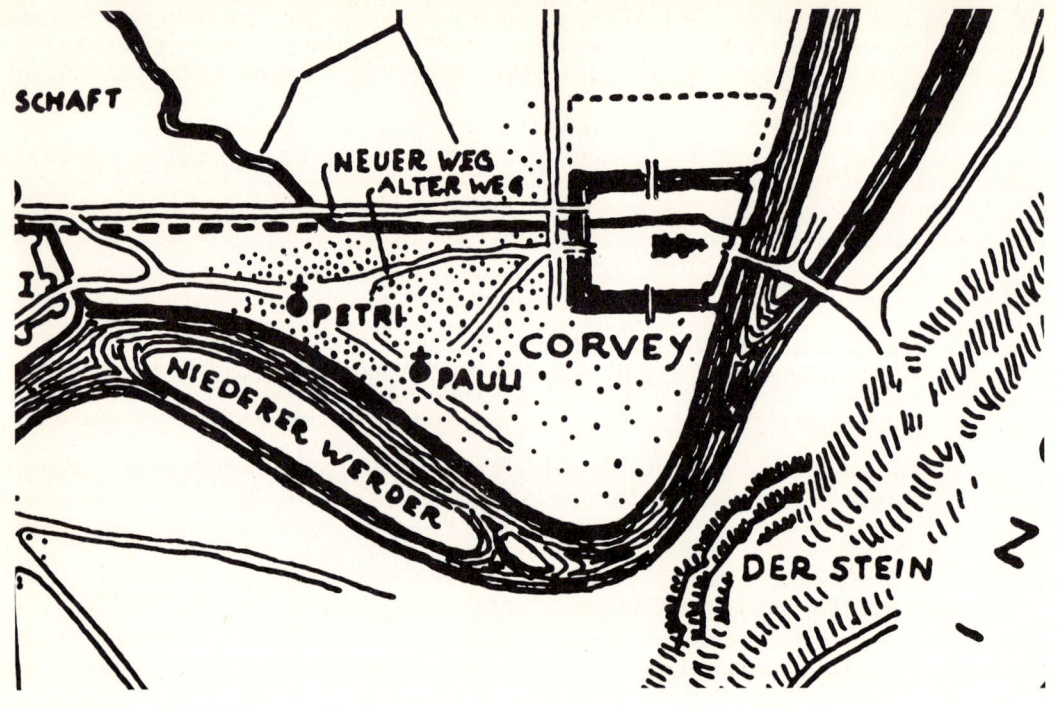

Abb. 16   Corvey: Klosterburg und Wiksiedlung.

des über den Geländesporn von Osten nach Westen verlaufenden Elbuferhöhenweges (Steinstraße — Speersort — Rathausstraße — Große Johannisstraße). Da sich nördlich dieser Linie keine Siedlungsreste fanden, die vor dem 12. Jahrhundert zu datieren wären, erweist sich, daß der Wiksiedlung ein festumrissenes Terrain zugestanden worden war (Abb. 17).

Die Klosterbefestigung sicherte zugleich nach Osten zu den Geländesporn und öffnete sich mit einer Toranlage ausschließlich nach Westen zur Wiksiedlung hin. Vom Tor aus führte nach Westen mitten durch die Siedlung, die Südseite des Platzes „Berg" tangierend, die Filterstraße, die schließlich — ein wenig nach Süden versetzt — ihre Fortsetzung in der Beekmacherstraße fand. Diese noch auf dem Stadtplan von 1802 gut ablesbare Ost-West-Achse wird von einer Nord-Süd-Achse geschnitten, der Pelzerstraße, die vom Reichenstraßenfleet heraufkommend die Westseite des Platzes „Berg" berührt. Die Pelzerstraße läßt sich ebensowenig, wie die nächste nord-süd verlaufende Straße, die Kleine Johannisstraße, auf einen Naturweg zurückführen. Beide sind bei allmählicher Erschließung eines

Siedlungsareals parallel zur Westgrenze der Bischofsburg limitiert worden.

Nun wissen wir, daß die Wiksiedlung sich im Laufe des 9. Jahrhunderts zwischen dem Elbuferhöhenweg und dem Reichenstraßenfleet mindestens bis zur Pelzerstraße nach Westen voranschieben und seit Beginn des 10. Jahrhunderts die Bebauung darüber hinaus nach Westen das Areal bis zur Kleinen Johannisstraße allmählich ausfüllen sollte. Und dies gewiß in mehr oder minder bewußter Fortsetzung eines einmal als sinnvoll erkannten Systems.

Im Rahmen des etwa rechtwinklig sich entwickelnden Siedlungsschemas erhielt der „Berg" an der Kreuzung der beiden Hauptachsen den Charakter eines Forums, eines Platzes für offizielle Konvente, beispielsweise an Gerichtstagen, und knüpfte so vermutlich an eine mit diesem Platz seit eh und je verbundene traditionelle Funktion einer Thingstätte an. Bei Gerichtstagen anwesend zu sein, gehörte mit zu den Pflichten der Vasallen. Der erste uns namentlich bekannte Gerichts- und Kriegsherr, der hier die Sachsen aus Hamburg und Stormarn zum Thing, aber auch zum Heerbann hätte aufrufen können, war Graf Bernharius (845). Ihm war

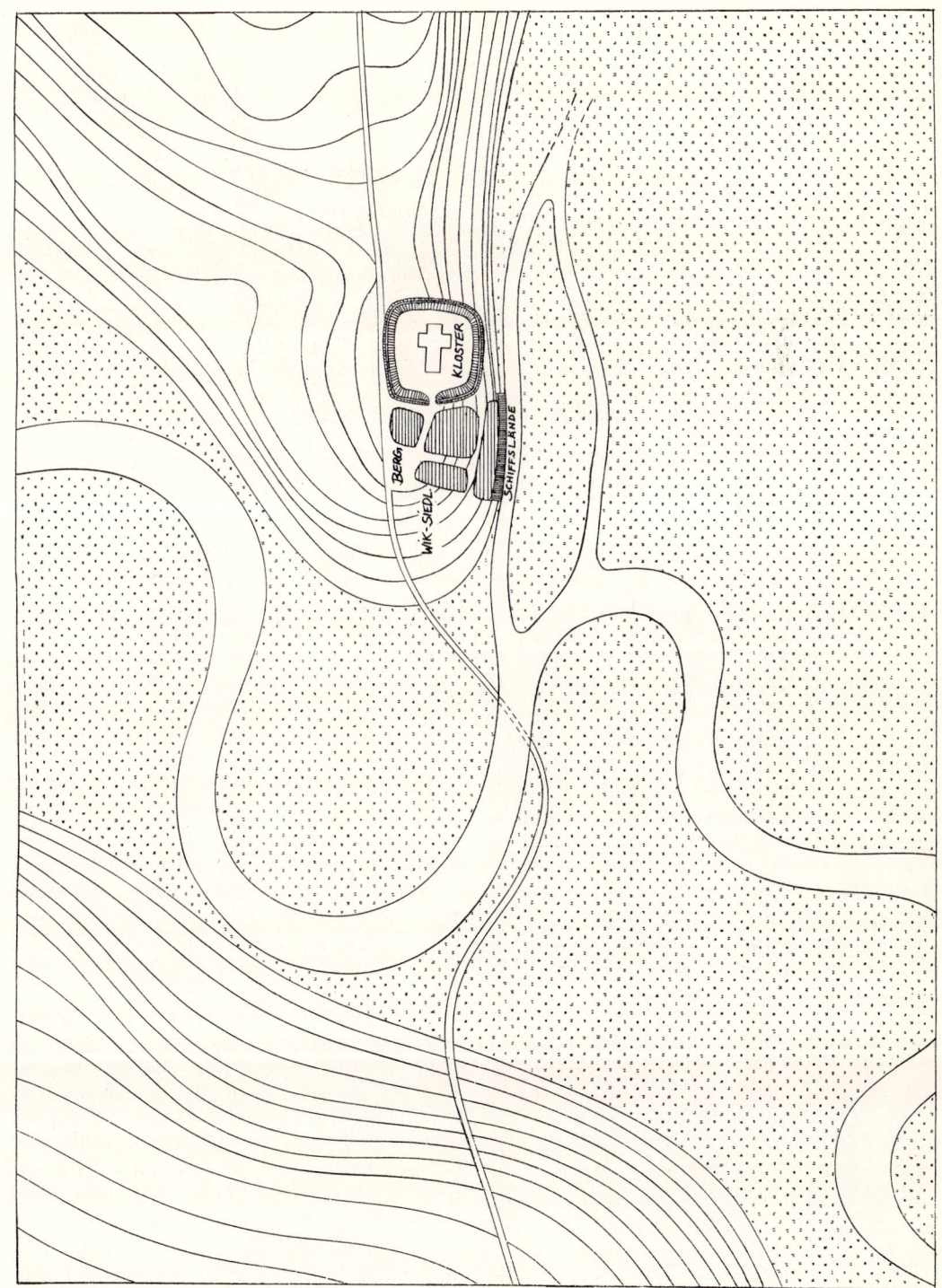

Abb. 17 Hamburg: Klosterburg und Wiksiedlung mit Schiffslände im 9. Jahrhundert.

Erzbischof Ansgar in der weltlichen Vasallenhierarchie nachgeordnet, wie wir eindeutig aus seiner Biographie wissen. Vom „Berg" aus führte die Filterstraße auf das formal wohl ähnlich wie beim Kloster Lorsch, jedoch einfacher und sicherlich in Holz oder Fachwerk gestaltete Tor der Klosterburg zu, hinter welchem sich der Mariendom erhob. Den gleichen Weg vom „Berg" zum Dom sollten alle Festprozessionen beschreiten, mit denen die hier entstehende Residenz des Erzbischofs zu rechnen hatte. Klöster dienten, wie wir aus den Reisetagebüchern der Herrscher wissen, nicht nur Kirchenmännern, sondern auch weltlichen Fürsten als Herberge. Die Hamburger Klosterburg, gleichzeitig Sitz des Erzbischofs, war gewiß durch Gestaltung des Umfeldes auf Herrscherempfang und Prozessionen zu den großen Festtagen eingestellt.

Gegenüber so großartigen Gesten der Macht müssen sich die Wikbewohner geradezu winzig und unbedeutend vorgekommen sein, doch können wir uns

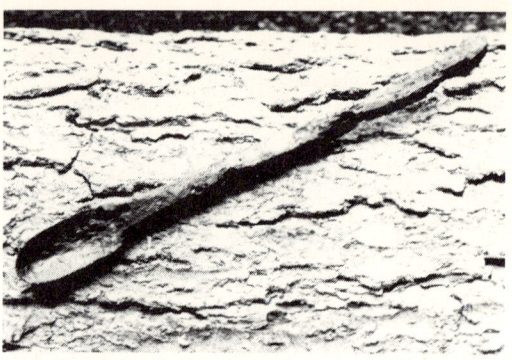

Abb. 19   Löffelbohrer. Bodenfund aus dem Bereich der Schiffslände in Hamburg.

aufgrund von Kleinfunden gerade von ihren Lebensverhältnissen eine lebendigere Vorstellung bilden. Im Müll des karolingischen Alltags zu Hamburg fanden sich Reste der Haushaltsgeräte, ja Schlittschuhe aus Knochen, Nadeln, Spinnwirteln. Dann der berühmte Kugeltopf, der aufgrund seiner besonderen Form die Wärme beim Kochen besser ausnutzte und demnach zur Ersparnis kostbaren Brennmaterials beitrug — man heizte weniger mit Holz als mit sogenannten Ditten, getrocknetem Kuhdung, und Torf. Vergoldete Sporen und Waffen, sogar ein Kreuzlein aus Bein mit einer stark stilisierten Darstellung des Gekreuzigten sind bei den Ausgrabungen in diesem Quartier zutage getreten (Abb. 18). Mit Muschelgrus gemagertes Tongeschirr, wie wir es schon aus den Wurtengrabungen bei Wilhelmshaven kannten, und mit Rauten aus dünnem Zinnblech belegte Tonkannen, sogenannte Friesenkannen, zeugen als Bodenfunde von der Anwesenheit der Friesen. Sie hatten Dorestad bei Kattwyk an der Rheinmündung, das von den Normannen (834) dem Boden gleichgemacht worden war, aufgeben müssen. Seit Kaiser Lothar I. 841/42 Friesland dem Dänenkönig Horich als ‚Lehen' zur Ausplünderung überlassen hatte, waren Orte, die sich wenigstens an die Autorität des Frankenreiches anlehnten, für die Friesen als Zufluchtsorte noch attraktiver geworden. Sie sorgten u. a. in Hamburg für eine allmähliche Kultivierung der Marscheninseln. Sie brachten ferner Anregungen für den Schiffbau mit, für die ersten Koggen in Hamburg. Zur Herstellung präziser Bohrlöcher bei der Beplankung von Spantenschiffen verwendeten sie den sogenannten Löffelbohrer (Abb. 19), von dem einige Exemplare hier gefunden wurden. Übrigens hatten sich schon die Römer nach Besetzung des Rheinlandes, sobald

Abb. 18   Christliches Amulett mit Darstellung des Gekreuzigten. Bodenfund aus den Hamburger Altstadtgrabungen, 9. Jh.

es um Schiffbau oder Navigation ging, auf den Stamm der „Frisiavones" gestützt, die, in der Nähe von Tidengewässern lebend, sich geradezu amphibische Eigenschaften angeeignet hatten. Die Kogge war ein für sie typisches Fahrzeug, das in flachen, tidenabhängigen Küstengewässern verkehrt und aufgrund des Plattbodens überall senkrechtstehend trockenfallen konnte, um nach Wiedereinsetzen des auflaufenden Wassers die Reise fortzusetzen.

In Hamburg gab es also bald nicht nur mehr Einbäume, wie sie allein für Kleintransporte und die Fischerei auf ruhigen Binnengewässern geeignet waren. Am festen Nordufer des Reichenstraßenfleets zog sich eine ca. 120 m lange Schiffslände hin, eine 6 m breite, aus Klobenhölzern gefügte Kaianlage. An verschiedenen Stellen konnten Wasserfahrzeuge aufgeslipt werden. Zusätzliche Sicherheit, zumal in den unruhigen Zeiten des 9. Jahrhunderts, bedeutete der Umstand, daß diesen schmalen Hafen kaum mehrere Schiffe nebeneinander passieren konnten. — Um eine ähnliche Kontrolle über den Schiffsverkehr in ihrem Hafen zu erreichen, haben beispielsweise die Wikinger vor Haithabu einen schmalen Gewässerstreifen als Hafenbecken vom Noor durch eine Palisade eigens abgeteilt. —

In direkter Tuchfühlung mit der Schiffahrt spielte sich das Marktleben auf dem Kai ab, an welchem entlang sich bis zum Fuße der Burg eine dichtbesetzte Häuserzeile hinzog. Diese wurde nur kurz vor ihrem östlichen Ende unterbrochen, um eine Abzweigung nach Norden zu ermöglichen, die durch einen Hohlweg bis vor das Burgtor führte. Das nebelgraue Einerlei des ärmlichen Siedlungsplatzes belebte sich wohl, wenn fremde Schiffe anlegten. Reste von Specksteinschalen aus Skandinavien, Mahlsteine aus Mayener Basaltlava (Mayen/Eifel), rheinische

Abb. 20   Rest einer Pingsdorfer Weinkanne. Hamburger Altstadtgrabungen.

Importkeramik, so die rotbraun betupften Krüge aus Pingsdorf (Abb. 20) und die reliefbandgeschmückten Amphoren aus Badorf (10. Jahrhundert), verdeutlichen hinreichend, daß minimale Ansprüche an urbanem Komfort einigen Handel auf den alten Verbindungslinien der Missionsstation mehr und mehr nach sich zogen. Ferner fanden sich zwischen den Bohlen der Schiffslände große Mengen an Getreidekörnern, die wohl in den Blockhäusern am Kai gespeichert und von hier aus weiterverkauft wurden. Von einer üppigen Geldwirtschaft kann gleichwohl nicht die Rede sein, weil im Bereich der erzbischöflichen Altstadt und des Klosters so gut wie keine Münzen geborgen wurden, welche die an sich ja überlieferte Ausstattung Hamburgs mit dem Prägerecht als ein besonders folgenreiches Privileg hätten erscheinen lassen.

Das Scheitern
einer „kirchenpolitischen Vision"

„Tatsächlich war die nun einsetzende Entwicklung hinsichtlich beider Schwerpunkte, sowohl die der Diözese als auch des Missionswerks, lobenswert und gottgefällig zu nennen. Da geschah es, daß völlig unbemerkt sich nähernde Piraten die hamburgische Stadt mit ihrer Flotte umzingelten. Zumal dies so überfallartig und plötzlich geschah, blieb überhaupt keine Zeit, die Gaubewohner zu mobilisieren. Außerdem war der Graf, zu jener Zeit örtlicher Befehlshaber, der edle Bernharius, gerade nicht anwesend." So beschreibt Rimbert den Beginn eines Wikingerüberfalls im Jahre 845 n. Chr.

Sechshundert Boote, die der Dänenkönig Horich nach einem sehr kalten Winter im Frühjahr auf die Elbe geschickt hatte, waren an dem Raubzug beteiligt — so eine andere Quelle: der Jahresbericht eines Zeitgenossen, des Bischofs Prudentius von Troyes, für das Katastrophenjahr 845. Aber zurück zu Rimberts Beschreibung der nun folgenden Ereignisse: „Schließlich plünderten die Feinde —

Abb. 21 Thorshammer kontra Kreuzamulett: zwei Religionssymbole, die aufgrund ihrer Häufigkeit die an Reliquien und göttlichen Zeichen orientierte Wunderglaubigkeit von Heiden und Christen im 9. Jahrhundert unterstreichen.

abends waren sie aufgetaucht, hatten sich für den Zeitraum der folgenden Nacht, des nächsten Tages und noch einer Nacht hier eingenistet — nach Einnahme des Klosters auch alle Einwohner der nahe gelegenen Wiksiedlung aus. Nachdem sie alles in Brand gesteckt und ausgeraubt hatten, fuhren sie wieder davon."

Übrigens sind die zeitlichen Angaben recht glaubhaft, da die Abfahrt nur mit ablaufend Morgenhochwasser (sagen wir 8.17 Uhr) geplant worden sein kann, wenn die sechshundert Boote im Schutze der Abenddämmerung (sagen wir 19.35 Uhr) zwei Tage zuvor mit auflaufend Wasser eingetroffen waren. „Damals wurde die unter persönlicher Leitung des Herrn Bischofs kunstvoll gestaltete, geschickt in einem Zuge mit der Klosterbefestigung angelegte Kirche ein Raub der Flammen. Auch die aus wundervollen Abschriften bestehende Bibliothek, welche der ehrwürdigste . . . Kaiser Ludwig unserem Vater (Ansgar) geschenkt hatte, ging mit vielen weiteren Büchern im Feuersturm unter. Seine ganze Habe, alles was er zur Durchführung des kirchlichen Dienstes an weiteren Schätzen und Hilfsmitteln besaß, wurde ihm durch Diebstahl und Feuer genommen. Sie ließen ihm gerade das nackte Leben." Ohne Kutte, nur mit den Reliquien der Heiligen Sixtus und Sinnicius, die ihm ehedem Ebo von Reims für die Errichtung der Hamburger Marienkirche geschenkt hatte, war er entkommen", wie Rimbert an anderer Stelle sagt (Abb. 21).

Die Schilderung des Überfalls auf das Kloster und die von Rimbert festgehaltenen schrecklichen Begleitumstände werden vollauf durch die Spatenforschung bestätigt. „Auf der ganzen Frontlinie des Nordwalles", so der Ausgräber Schindler, „war die schräg ins Vorgelände gestürzte hölzerne Vorpalisade in markanten Verfärbungen zu verfolgen und mit ihnen große Pakete von Heidesoden, die offenbar den obersten Wallbelag gebildet hatten. Die herabgestürzten Palisadenhölzer lagen zum Teil tief in dem 5—6 m breiten und fast 3 m tiefen Wallgraben, der unter der alten Fahrbahn Speersort liegt." An vielen Palisadenhölzern der westlichen Wallanlage hat Schindler immer wieder intensive Brandspuren entdeckt.

Wir durften übrigens an dieser Stelle nicht auf die Wiedergabe des Grabungsberichtes verzichten, weil tatsächlich einmal versucht worden ist, die eindeutigen Zerstörungsbefunde ebenso wie den Bericht Rimberts zum Überfall 845 als unglaubwürdig vom Tisch zu wischen. Warum aber dieser Versuch? Wer die ursprüngliche Existenz eines Erzbistums in Hamburg in Zweifel ziehen will, kann auch nicht zugestehen, daß es einen ernsthaften Grund für dessen Verlegung je gegeben hätte.

Im Gegenteil, die Zerstörung der Klosterburg war so gründlich geschehen, daß kaum Hoffnung auf Wiederherstellung des Erzstuhles aufkommen konnte. Seine Verlegung mußte nach eigens für solche Fälle vorgesehener kirchenrechtlicher Regelung ins Auge gefaßt werden. Am 24. August 845 starb Bischof Leuderich von Bremen (Abb. 22). Es bot sich an, sein Bistum mit dem Erzbistum Hamburg zusammenzulegen und Ansgar zu unterstellen. So geschah es — allerdings erst drei Jahre später.

Nicht einmal zwanzig Jahre waren Ansgar noch vergönnt, um von 848 bis zu seinem Tode im Jahre 865 von Bremen aus sein Missionswerk und die Erzdiözese zu leiten, die jetzt unter dem Doppelnamen „Hamburg—Bremen" firmierte. So wurde wenigstens in dieser Bezeichnung das Gedächtnis an eine gescheiterte „kirchenpolitische Vision" bewahrt, die Hamburg als Metropole der Skandinavienmission vorgesehen hatte.

Abb. 22 Bleiplatte mit einer Inschrift zur Kennzeichnung der Bestattung Bischof Leuderichs, der am 24. August 845 in Bremen starb.

Das Papstexil am Rande des Weltkreises

Trotz mancher Überfälle ging das Leben in der Wiksiedlung weiter, wie Grabungsbefunde gezeigt haben. Hier war einfach nichts mehr zu holen, seit der Mariendom und das Kloster zerstört worden waren. Und da die Raubzüge der Dänen noch zunahmen und die ganze Region unsicher machten, war schon gar nicht an eine Wiederherstellung einer Kirchenmetropole in Hamburg zu denken. Die breite Elbe war eben wieder zu einer scheinbar unüberwindlichen Grenze geworden. Nur ganz verschämt merkt Adam von Bremen in der Lebensbeschreibung des Ansgar-Nachfolgers Rimbert (865–888) an, diesem hätten der Stuhl in Hamburg, die Brüder und Armen dort am Herzen gelegen. Gab es da wirklich noch etwas zu besorgen? Ebenso wurde dem Erzbischof Unni (918–936) ein besonderes Interesse für

die Wiederbelebung der Hamburger Missionsaufgabe nachgesagt. In Wirklichkeit aber hielten sich die Ansgar-Nachfolger lieber in der Etappe zu Bremen auf, zumal sie sich gewiß nicht unbedingt zu Märtyrern geschaffen glaubten und ebensowenig bereit waren, in diesen Aktivposten ihres schlechten Gewissens mehr als nötig zu investieren.

Um die Hamburger Kirche blieb es fast hundert Jahre still. Inzwischen hatten die Wikinger ihre Raubzüge auf die Loire (843) und die Seine (845) ausgedehnt und außer Noirmoutier und Paris, jetzt von Elsloo aus, Köln, Aachen und Lüttich (880/81) überfallen. Das Große Heer der dänischen Wikinger war in Ostanglien (866) aufgetaucht. Bald herrschte Halfdan, ein dänischer König, in Südengland (871/2) und eroberte York. Er fiel auch in Eng-

Abb. 23   Blick nach Osten auf das Haddebyer Noor über den nördlichen Teil des Wallhalbringes von Haithabu.

land, und zwar im Kampf gegen norwegische Wikinger (876). Beutegut von wikingischen Plünderungszügen nach England fand man, um nur ein Beispiel zu nennen, auf Sylt vergraben. Eindeutige Belege für Überfälle auf rheinische Städte und die Verwüstung kostbar ausgeschmückter Kathedralen und Paläste stellen Bruchstücke polierten roten und grünen Porphyrs von Wand- und Fußbodeninkrustationen dar, welche die Wikinger als kuriose Erinnerungsstücke oder einer vermuteten magischen Wirkung wegen mitgehen ließen und irgendwann einmal in Haithabu vorzeigen wollten. Wie anders könnten wir uns solche Fundstücke im Alltagsmüll der Wikingerstadt erklären? Bliebe noch hinzuzufügen: Je unbedeutender Hamburg wurde, um so strahlender ging der Stern des wahrscheinlich von Göttrik gegründeten Haithabu auf, das sich im 10. Jahrhundert in einem von Wall und Graben umgebenen Halbkreis von ca. 24 ha als größte Handelsmetropole des Nordens präsentierte (Abb. 23). Das Aufblühen und das Leben in dieser Stadt haben Kurt Schietzel und seine wissenschaftlichen Mitarbeiter in den letzten Jahren minutiös erforscht und ihre Ergebnisse in Veröffentlichungen und dem schönen Wikinger-Museum in Haithabu zur Darstellung gebracht.

„In jenen Tagen drückte die schrecklichste Verfolgung das Sachsenland nieder, als von der einen Seite her Dänen und Slawen, von der anderen Böhmen und Ungarn über die Kirche herfielen. Damals ward der Hamburgische Sprengel von Slawen, und der Bremische gar durch einen Angriff der Ungarn zerstört", so beschrieb Adam von Bremen die um 915 noch weit verschlimmerte Lage. Erst der sächsische Herrscher, Begründer des Deutschen Reiches, König Heinrich I., hat in mehreren Kriegen die Ruhe an den Reichsgrenzen herstellen können. So wichtig einerseits für den Südosten die Bezwingung der Ungarn an der Unstrut war (933), so vorteilhaft sollten sich für die Entwicklung des nördlichen Grenzlandes und Hamburgs der Sieg über die Dänen unter ihrem glücklosen König Chnuba und die Einnahme Haithabus (934) erweisen. Das Land Schleswig wurde von nun an als Markgrafschaft geführt. Aus Dänen waren tributpflichtige Vasallen geworden.

Zwei ergreifende Zeugnisse von den zahlreichen Kämpfen um Haithabu besitzt das Landesmuseum für Vor- und Frühgeschichte, Schloß Gottorp, in zwei Runensteinen, die den Schmerz einer Königin über den Verlust ihres Sohnes erkennbar machten. Wer das Wikinger-Museum in Haithabu besucht und über ein stolzes Kriegerboot hinweg aus dem gro-

ßen Fenster über das Haddebyer Noor schaut und dort die enge Durchfahrt zum Selker Noor erblickt, hat den Fundort und den ursprünglichen Aufstellungsplatz des ersten Runensteines genau vor Augen (Abb. 24). In altschwedischer Sprache teilen die

Abb. 24 Großer Sigtryggstein, gefunden als Trittstein in der Furt zwischen Haddebyer und Selker Noor.

33

Abb. 25   Blick über das im Haddebyer Noor geborgene
           Wikingerschiff zur Furt zwischen Haddebyer
           und Selker Noor.

Runen mit: „Asfrid machte dieses Denkmal nach
(für) Sigtrygg, ihrem (n) und Chnubas Sohn." Allen Menschen, die diese Enge (Abb. 25) passierten, wurde damit das Schicksal eines Königssohnes
bekannt gemacht, dessen Vater schon so hart durch
den Sieg König Heinrichs I. gestraft war. Der zweite
Stein hatte wahrscheinlich eine ähnliche Funktion,
jedoch kennen wir den Aufstellungsort nicht, weil
man ihn vermauert im Schloß Gottorp fand. Jetzt
in altdänischer Sprache teilen die Runen mit: „Asfrid, die Tochter Odinkars, machte diese Denkmäler nach (für) König Sigtrygg, ihrem (n) und
Chnubas Sohn. Gorm ritzte die Runen." (Abb. 26)
Es wird also gleich von mehreren Steinen gleichen
Inhalts gesprochen, die erst nach dem Tod Chnubas und dem Tod des ihm folgenden Königs Sigtrygg
gesetzt worden sein können. War Sigtrygg, so muß
man fragen, weit entfernt von der Heimat umgekom-
men, auf See geblieben oder im Noor ertrunken?
Der Aufstellungsort des ersten Runensteines am
Wasser läßt daran denken, zumal er in keinem Falle in der Nähe eines zugehörigen Grabes aufgestellt

Abb. 26   Kleiner Sigtryggstein, ehedem vermauert im
           Schloß Gottorp.

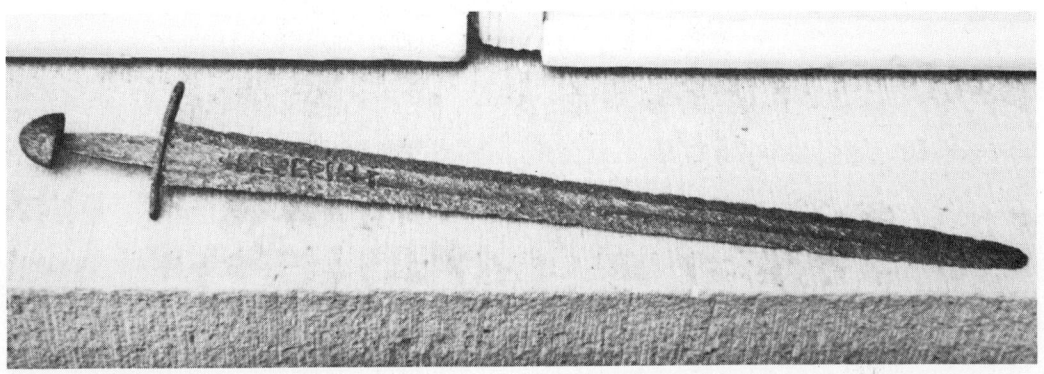

Abb. 27 Ulfberth-Schwert, Elbfund, benannt nach dem in der Inschrift bezeichneten berühmten Schwertfeger, 10. Jh.

war. Asfrids Vater, der ältere Odinkar, gehörte übrigens dem Christenglauben an. Ihn, den jütischen Adligen, hatte Erzbischof Adaldag, der von 937 bis 988 amtierte, zum Missionsbischof gemacht und nach Schweden ausgesandt, wie wir bei Adam von Bremen lesen.

Den Wiederaufbau Hamburgs betrieb in der Folgezeit der gerade erwähnte Erzbischof Adaldag, erster Ratgeber Ottos des Großen. Er verschaffte der

Stadt mit kaiserlichen Privilegien die urkundliche Bestätigung einer uneingeschränkten Gerichtsbarkeit für die Stadt und die zugehörige Region. Gewiß gab es fortan rechtliche Normen für den Grunderwerb und die Festlegung an Grund und Boden, ohne daß es einer schriftlichen Fixierung solcher Konventionen bedurft hätte. Eine solche Konsolidierungsphase meinte auch Reinhard Schindler anhand von Ausgrabungsbefunden feststellen zu dür-

Abb. 28 + 29 Zwei Majolika-Kacheln von einem für Papst Benedictus V. errichteten Leergrab.

35

fen, die sich in Beibehaltung bestimmter Wege- und Grundstücksgrenzen seit dem 10. Jahrhundert andeutete. Alles in allem blieb Hamburg ein wenig attraktiver Vorposten, so fern von den Zentren der Macht, daß es sich als Exil für einen Großen dieser Welt empfahl, den Kaiser Otto I. an jeder Einflußnahme zu hindern und am liebsten ganz zu vergessen hoffte. Der Kaiser hatte sich vom August 961 bis Januar 965 in Italien aufgehalten. Natürlich war der Hamburg-Bremer Erzbischof Adaldag dabei gewesen. „In die Heimat zurückgekehrt", so Adam von Bremen, „führte der Erzbischof in seiner Begleitung den (im Mai 964) geweihten, aber damals (Juni 964) von Otto abgesetzten Papst Benedict (V.) mit. Otto hatte befohlen, diesen in Hamburg in Haft zu halten." Benedict V. wurde dafür bestraft, daß er sich nach dem Tode Papst Johannes XII. von den Römern hatte wählen lassen, also nicht vom Kaiser eingesetzt worden war. Hamburg, das war die richtige Strafe für einen Mann, der aus der Mitte des orbis terrarum, des Weltkreises also, an dessen äußersten Rand deportiert wurde (Abb. 27).

Man kann sich die Aufregung der in Hamburg vor Ort für den Empfang des Erzbischofs und seines hohen Gefangenen Zuständigen prächtig ausmalen. Wie würde das Prozessionsritual nach Einlaufen der Schiffe im Reichenstraßenfleet, wo sich mittlerweile die Blockhausgiebel von Speichergebäuden aneinanderreihten, bis zum Mariendom hin ablaufen? Wo würde der Papst halbwegs menschenwürdig domizilieren? Und wäre der so lange ortsabwesende Erzbischof mit allen Vorbereitungen und den Hamburger Verhältnissen zufrieden, der, wie man wußte, den abgesetzten Papst schätzte und verehrte? All dies geschah im Jahre 965. Und da der Papst schon kurz darauf starb, nutzten die Hamburger seine allzu kurze Gegenwart wenigstens, indem sie ihm späterhin manch Hamburg günstiges Privileg andichteten (Abb. 28 u. 29). Wir dürfen wohl vermuten, daß seit spätestens 947 durch Adaldag einiges zur Wiederherstellung Hamburgs als einer Kirchenmetropole geschehen war. Adaldag hatte damals nämlich dafür gesorgt, daß der Mutterkirche Hamburg bald Suffraganbistümer in seinem dänischen Missionsgebiet zuwuchsen, indem er als Bischöfe Hored für Schleswig, Liafdag für Ribe und Reginbrand für Aarhus weihte (947). Vielleicht hatte er anfangs sogar die Wiederherstellung einer selbständigen Erzdiözese Hamburg gewünscht. Als aber die Kölner Erzbischöfe dies merkten, verlangten sie logischerweise jetzt nachdrücklich Bremen zurück, um es als Suffraganbistum wieder dem Kölner Erzstuhl zu un-

Abb. 30 Fußfessel zur Ruhigstellung von Sklaven.

terstellen. Wirtschaftlich gesehen wäre ein Erzbistum Hamburg ohne Bremen allerdings nicht lebensfähig gewesen. Obwohl Hamburg nun nicht mehr so ganz schlecht gestellt war mit seinen Suffraganbistümern Schleswig, Ribe und Aarhus, hatten die Rechtsgelehrten und Annalenschreiber in Bremen natürlich kein Interesse daran, Hamburgs Bedeutungszuwachs im Sinne einer erzbischöflichen Metropole weiter hochzuspielen.

Kaiser Otto I. tat nun noch ein übriges für die Stärkung Hamburgs, indem er diesen Ort seinem Markgrafen, dem Herzog von Sachsen, Hermann Billung, als Residenz zuwies (966). Hierdurch ergab sich übrigens erstmals eine faktische Einschränkung der erzbischöflichen Herrschaftsrechte, doch kam es deshalb nicht sogleich zu Zwistigkeiten. Dafür bildete die Freundschaft zwischen Otto I. und seinem ersten Berater Adaldag ein zu festes Band. Mißlich aber war, daß Hermann Billung, der auf einem Feldzug nach Ostholstein den Wagrierfürsten Selibur und dessen abodritischen Gegner Mistui unterworfen und deren Stämme tributpflichtig gemacht hatte, in Zukunft keine Gelegenheit ausließ, seine neuen Vasallen bis aufs Blut auszupressen (Abb. 30) und so jeder Missionsabsicht entgegenzuwirken. In um so stärkerem Maße profitierte mit Gewißheit die Residenz des Billungers, wo die Handelswaren der Wagrier und Abodriten, Honig, tierische Fette, Le-

der, Pech und Teer, Pferde und Rinder, auf den Markt gelangt sein mögen. Wie sehr in der zweiten Hälfte des zehnten Jahrhunderts der sächsisch-slawische Handel zunahm und wie reichhaltig das slawische Warenangebot tatsächlich war, hat kürzlich Manfred Gläser in seinen „Studien zu Siedlung, Wirtschaft und Gesellschaft der Wagrier" glänzend veranschaulicht.

Unruhen, Kampf und Zerstörungen sollte das letzte Jahrhundertviertel zurückbringen. Otto II. gelang es nochmals, den Dänenkönig Harald Blauzahn (974) bei Schleswig zu besiegen. Dieser hatte offenkundig versucht, die Markgrafschaft Schleswig für Dänemark zurückzugewinnen. Otto II. sah hierin einen ‚Aufstand' der Dänen und die Rebellion eines unbotmäßigen Vasallen, eines ‚Herzogs'. Der Sieger ‚beglückte' die slawischen Vasallen übrigens umgehend mit einem Suffraganbistum der Erzdiözese Hamburg-Bremen, und zwar genau in den Grenzen des Abodritengebiets zwischen Peene, Elde, Elbe und „limes Saxoniae". Oldenburg wurde im Oktober 968 Bischofssitz (Karl W. Struve, Starigard-Oldenburg). Unter den gegebenen, für die Slawen höchst deprimierenden Umständen konnten dieser Einrichtung und der Überzeugungskraft christlicher Priester kaum bleibende Erfolge beschieden sein.

Ein Neuanfang als Bischofsstadt

Der Tod Ottos II. im Jahre 983 und das Fehlen eines mündigen Nachfolgers auf dem Kaiserthron mögen die Slawen zu einem Aufstand auf breiter Front ermutigt haben, um sich von Knechtschaft, finanzieller Auspressung und der unerwünschten Missionsarbeit freizumachen. Bei diesen Unruhen ging alles, was östlich und nördlich der Elbe lag, verloren. Die Aufbauleistungen von Generationen — so mußte Adam von Bremen es sehen — waren dahin, die Mark Schleswig zusammengebrochen, das Bistum Oldenburg ausradiert.

Auch Hamburg brannten die Abodriten bei so günstiger Gelegenheit nieder. Der greise Kirchenfürst Adaldag mußte den völligen Untergang seines Lebenswerks noch mit ansehen (er starb 988). Er hörte noch gerade von den greulichsten Christenverfolgungen, die sich bald auch auf Dänemark mit dem Aufstand Sven Gabelbarts gegen seinen christlichen Vater, König Harald Blauzahn, übertrugen. Harald, im Kampf schwer verwundet, hatte außer Landes fliehen müssen, war gestorben (985/86). Svens Motiv war die Wiederherstellung des verratenen Glaubens der Väter sowie Bewahrung und Wiedereinführung der mit alten religiösen Vorstellungen verbundenen Kultur. Denkmäler dieses Anspruchs sind Runensteine, die König Sven oder seine Gefolgsleute setzen ließen. In einem Neubauviertel in Schleswig-Busdorf ist heute noch an alter Stelle, wenngleich die Umgebung in traurig stimmender Weise verschandelt wurde, der erste Runenstein zu sehen, von dem hier die Rede sein soll. Ursprünglich sah man ihn in eindrucksvoller Weise zwischen zwei Grabhügeln stehen, von denen der eine nach ziemlich sicherer Deutung den Leichnam des hier Betrauerten aufgenommen hat. Er war in einem einfachen Holzsarg bestattet, den Kopf nach Südwesten, die Füße nach Nordosten gestreckt. In altdänischen Worten teilt die Runenschrift mit: „König Sven setzte diesen Stein nach (für) Skarthe, seinem (n) Gefolgsmann, der nach Westen (England) gefahren war, aber nun bei Haithabu fiel." (Abb. 31) Der große Gelehrte und Haithabu-Ausgräber Herbert Jankuhn hat überzeugend dargelegt, daß diese Art der Denkmalssetzung eines Runensteines zwi-

schen zwei Grabhügeln sich direkt an das Vorbild in Jellinge und damit an eine Anlage hält, die Svens Vater, der beim Aufstand des Sohnes umgekommene König Harald Blauzahn, ehedem errichtet hatte.

Der zweite Runenstein wurde auf dem „Kreuzberg", einer Anhöhe südwestlich des Halbkreiswalles, zwischen Haithabu und dem Königshügel gelegen, an seinem alten Aufstellungsort angetroffen. Hier konnte zwar nicht ein direkter Zusammenhang zwischen dem in der Inschrift Benannten und seiner Grablege hergestellt werden, doch ist die Absicht einer Inszenierung zwischen zwei Grabhügeln erstaunlich gut der ersten Steinsetzung vergleichbar,

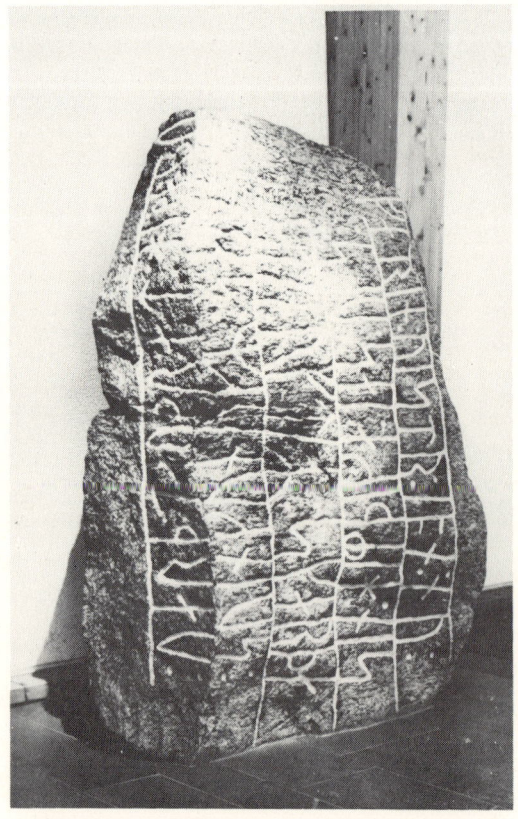

Abb. 31 Runenstein: König Sven für Skarthe.

so daß wir auch hier wieder auf das Vorbild König Harald Blauzahns in Jellinge stoßen. Kein Zweifel, der schon zu Lebzeiten des Vatermordes geziehene Usurpator Sven, der seine Machtergreifung und die schrecklichen Begleitumstände nur mit der Rückkehr zu den Sitten und der Religion der Väter moralisch begründen konnte, war darauf bedacht, bei den guten Traditionen seines Vaters wieder anzuknüpfen und dies auch sichtbar unter Beweis zu stellen.

Nun hat aber nicht etwa König Sven diesen Stein für einen seiner Gefolgsleute setzen lassen, sondern hier ist ein solcher Gefolgsmann für einen Geschäftspartner tätig geworden: „Thorulf, der Gefolgsmann Svens, errichtete diesen Stein nach (für) seinem (n) Genossen Erik, der den Tod fand, als die Krieger Haithabu belagerten. Und er war Steu-

Abb. 32 Runenstein: Thorulf, Gefolgsmann Svens, für Erik.

ermann, ein wohlgeborener Krieger." Herbert Jankuhn hat herausgefunden, daß Erik, bezeichnet auf diesem Stein als „felagi" (= fellow) ein Schiffskaufmann gewesen sein muß, der im Sinne des aufkommenden Kaufmannsgildenwesens auf genossenschaftlicher Grundlage seinen Handel zusammen mit anderen betrieb (Abb. 32). Jankuhn beruft sich bei dieser Deutung einmal auf die soeben erwähnte Bezeichnung „felagi" als auch auf die etwas später fallende und mit „Steuermann" kaum zutreffend übersetzte Bezeichnung „sturimatr", was soviel heißt wie Schiffseigner und Schiffsführer in einer Person. Der „sturimatr" verfügt zugleich über die notwendigen Kenntnisse in der terrestrischen Navigation und ist in allen seemännischen Dingen so erfahren, daß ihm allein das Kommando an Bord gebührt. Thorulf, der den Stein setzte, ist an Bord stets Erik untergeordnet gewesen, bis er diesen Dienst aufgab und als Gefolgsmann zu Sven in den Kriegsdienst überwechselte. Wir haben übrigens die Deutung dieses Steins durch Herbert Jankuhn auch deswegen gern ausführlich hier erläutert, weil Ansgar und seine Missionare sich stets einem „sturimatr" wie Erik anvertrauen mußten und daher auch besonders daran interessiert waren, Schiffskaufleute im Wik vor den Toren der Hamburger Klosterburg anzusiedeln.

Vermutlich sind diese Schöpfungen einer restaurativen Politik erst während der späteren Regierungsphase Sven Gabelbarts entstanden, denn 990 war Erik Saegersel, der Schwede, mit vielen Schiffen in dänische Gewässer eingefallen und hatte die Verteidigungslinie der Dänen bei Tyrisvallarna durchbrochen. Auch Haithabu hatten die Schweden in Bedrängnis gebracht. Möglicherweise bezieht sich der erste der beiden Runensteine auf dieses Ereignis. Der Sieg der Schweden sowie die Etablierung der Herrschaft Erik Saegersels über Dänemark zwangen Sven Gabelbart, sich sofort abzusetzen. Zusammen mit Olaf Tryggveson, dem Norweger, führte er siegreiche, ergiebige Wikingerfahrten in England durch (991–994) und kehrte erst wieder heim, als Erik Saegersel 995 starb. Jetzt blieben Sven Gabelbart, dem von Unruhe getriebenen Mann, noch neunzehn, teilweise von Seekämpfen erfüllte Herrschaftsjahre, bis er bei einem neuen England-Unternehmen 1014 den Tod fand.

Hier wird über diese Ereignisse ja deswegen gesprochen, weil die genannten Personen nicht nur an den für Hamburgs Niedergang ursächlichen Umwälzungen persönlichen Anteil hatten, sondern weil sie die Beherrschung der Nordsee, des Kanals und aller

Küsten einschließlich der englischen durch Hunderte von umherstreifenden Wikingerschiffen schlaglichtartig beleuchten. Einen von vielen Überfällen erwähnt Adam von Bremen für den 23. Juni 994, als eine riesige Flotte die Elbe aufwärts gekommen, in Stade landete und anschließend die Küstenstriche bis Bremen verheerte. Welcher Bremer Kirchenmann hätte sich damals wohl noch über die Elbe gewagt, um den Trümmerhaufen Hamburg wieder in eine „Gottesstadt" zurückzuverwandeln?

Die ersten beiden Jahrzehnte des neuen Jahrtausends verstrichen, ohne daß vom Hamburg-Bremer Erzbistum neue Initiativen ausgegangen wären. Im Gegenteil, die Habsucht des Sachsenherzogs erzeugte vor allem bei den bis aufs Blut ausgepreßten Wenden ein solches Maß an Empörung, daß ein neuer Aufstand 1018 losbrach und eine Welle des Hasses gegen alles Christliche die Folge war. Damit nicht genug: Die neuen Männer, Herzog Bernhard von Sachsen (1011–1059) und Erzbischof Unwan (1013–1029) zerfleischten sich gegenseitig in heillosem Ringen um die Vormachtstellung an Unterweser und Unterelbe, ehe es Kaiser Heinrich II.

(1002–1024) gelang, die wütenden Gegner zum Gehorsam zu zwingen (1020).

Erst in diesem Augenblick eröffnete sich eine Chance zur Wiederherstellung der transelbischen Besitzungen, auch des verwüsteten und entvölkerten Hamburg. „Zu jener Zeit" — so Adam von Bremen — „renovierte Erzbischof Unwan, da der sichere Frieden zwischen Slawen und Nordelbiern andauerte, die Metropole Hamburg, indem er zugleich den zerstreuten Klerus wieder sammelte und eine große Menge an Einwohnern und Brüdern dort vereinigte." Hier waren also eine komplette Neubesiedlung, für die Menschen erst gewonnen werden mußten, sowie die Schaffung einer Personalstruktur zur Bewältigung sowohl der Missionsaufgaben als auch der Administration vonnöten. Darum bildeten je drei Mönche aus den vier Männerklöstern der Erzdiözese, aus Bremen, Bücken, Harsefeld und Ramelsloh, ein neues Domkapitel vor Ort — Spezialisten sowie Generalisten, denen man die Vielzahl der gleichzeitig in Gang zu setzenden Arbeiten organisatorisch anvertrauen konnte.

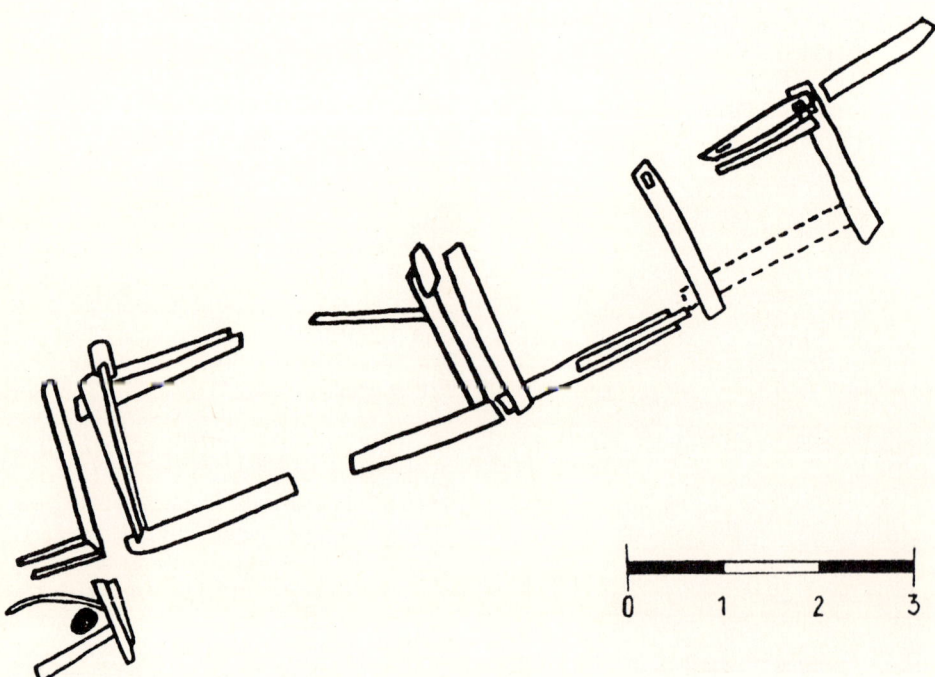

Abb. 33 Heidenwall: Abschnittwall des II. Jahrhunderts zum Schutze der Siedlung Hamburg.

Man gewinnt den Eindruck einer vernünftigen Arbeitsteilung zwischen Erzbischof und Herzog Bernhard II., wobei letzterer sich gewiß vorwiegend um die Slawen „kümmerte", die ihrerseits nun schon wieder Anlaß hatten, unter harten Tributforderungen zu stöhnen. Auch wurden wohl Arbeitsleistungen größeren Umfanges von ihnen erzwungen, denn Erzbischof und Herzog setzten gewaltige Baumaßnahmen in Gang. Vordringlich war die Wiederherstellung der Klostergebäude mit den dort installierten Handwerksbetrieben, doch stand wohl die Errichtung des Mariendomes überhaupt an allererster Stelle. Auf der anderen Seite ließ sich der Bau einer Festung nicht lange aufschieben, die jetzt — ganz neu — nicht nur die „Gottesstadt", eben das Kloster, sondern zugleich die ganze Siedlung schützen sollte. Dies geschah, indem man den ganzen Geländesporn zwischen der sumpfigen Alsterniederung im Norden und dem Reichenstraßenfleet im Süden durch einen stabilen Abschnittwall, den „Heidenwall", abriegelte (Abb. 33). Die solide Konstruktion mit den Holzbalkenkästen im Inneren und all die Erdbewegungen wären ohne Beschäftigung vieler Handwerker und Arbeitssklaven gar nicht zu denken. Übrigens Bauholz, das wesentlichste Baumaterial in einer steinarmen Landschaft, beschaffte man sich, wie Adam von Bremen erzählt, indem die heiligen Haine der Marschenbewohner abgeholzt wurden, doch verwendete man diese Partien vorzugsweise für Bau oder Restaurierung von Kirchen, was wohl kaum weniger Empörung ausgelöst haben wird als die Habgier des Sachsenherzogs. Bliebe noch anzumerken, daß die nach Hamburg zurückgekehrten Einwohner ihrem Stadtherrn und Erzbischof Unwan in neuer Weise als Vasallen verpflichtet waren. Als dauernde Aufgabe übernahmen sie die Verteidigung auf halber Länge der Stadtmauer, während die andere Hälfte in der Verantwortung des Klerus belassen blieb. Unwan verbrachte in der Folgezeit jeden Sommer in Hamburg, auch Bernhard II. weilte so häufig wie möglich hier. Die Stadt sah viele Gäste, hochgestellte Persönlichkeiten, Könige und Kirchenfürsten aus Dänemark und den slawischen Gebieten, die hier freundlich empfangen wurden.

Abb. 34 Hamburg im 11. Jahrhundert — Modell im Museum für Hamburgische Geschichte.

Kölner Urbanität und rheinische Lebensart
für Hamburg und Bremen

An der Ecke Speersort/Kreuslerstraße wurde 1962 eine Baugrube für das neue Pastorat der Petrikirche ausgehoben. Die Bauleute wollten ihren Augen kaum trauen, als sie auf der Sohle der Baugrube auf ein mächtiges, aus Findlingen aufgeschichtetes Fundament eines runden Turmes stießen. Eine archäologische Sensation, an denen Hamburg nicht gerade reich ist, war geboren, weil der herbeigeeilte Ausgräber, Dr. Bohnsack, den Befund schon sehr bald nach absolut sicherer Datierung des Fundaments durch Keramik des 11. Jahrhunderts als Turmburg des Erzbischofs Bezelin Alebrand (1035–1043) deuten konnte. Übertragen auf die Topographie des 11. Jahrhunderts bedeutete dies, daß die Turmburg, das sog. „palatium" des Erzbischofs, nördlich des durch den Heidenwall führenden Tores am Speersort gegenüber der alten Klosterburg lag und sich an die Innenseite des Heidenwalls anlehnte.

In diesem Augenblick erinnerte man sich auch wieder daran, daß beim Bau des neuen Rathauses an der Südwestecke des heutigen Rathausmarktes ein rechteckiges Quaderfundament entdeckt worden war. Es lag nahe, diese beiden steinernen und deswegen schon in einer steinarmen Landschaft sehr auffälligen Bauten mit einer Nachricht unseres Bremer Chronisten Adam zusammenzubringen: „Dann erbaute er (Erzbischof Bezelin Alebrand) für sich einen steinernen Palast, mit Türmen und Annäherungshindernissen zusätzlich gesichert. Der Herzog aber fühlte sich zur Nachahmung dieses Bauwerks provoziert und ließ für die Seinen innerhalb der (mittlerweile durch den Abschnittwall) befestigten Stadt ein eben solches wehrhaftes Gebäude errichten. Daher sah man nach Wiederherstellung der Stadt auf der einen Seite der Domkirche den Bischofspalast, auf der anderen den Sitz des Landesherrn, des Herzogs. Übrigens trug sich unser hochedler Erzbischof noch mit dem Gedanken, die Kirchenmetropole Hamburg mit einer Mauer ganz zu umgeben und mit Türmen zu befestigen, wenn nicht sein Tod schneller gewesen wäre und die Verwirklichung dieses Wunsches verhindert hätte."

Ein nach neuesten Erkenntnissen gestaltetes Modell im Museum für Hamburgische Geschichte belehrt uns darüber, wie alles beherrschend diese beiden Burgen über den winzigen Hütten und Behausungen der Siedlung thronten. Prestigebauten der kirchlichen Obrigkeit und des Landesherrn, die zwar miteinander konkurrierten, aber zu dieser Zeit keineswegs miteinander im Streit lagen. Adam betonte mehrfach, wie leutselig und verbindlich Bezelin im Umgang war. Sogar Herzog Bernhard II. (1011 bis 1056) und dessen Bruder Thietmar hätten ihm stets Wertschätzung entgegengebracht, was offensichtlich einiges zu bedeuten hatte. Das Modell zeigt als hervorragendes Bauwerk schließlich den steinernen Mariendom Bezelins. Von diesem konnten archäologische Funde bisher nicht geklärt werden. Für das Modell hat man sich darum anders beholfen. Im Hamburger Dombau des 13. Jahrhunderts steckt nämlich immer noch der gleiche Grundriß, zu dem die Archäologen in Bremen eine treffende Parallele unter dem dortigen Dom ausfindig gemacht und dem Erzbischof Bezelin zugeschrieben haben. Weil aber die Hamburger Rekonstruktion nach dem Bremer Befund nur mit einer gewissen Wahrscheinlichkeit vorgenommen werden kann, wird der Mariendom Bezelins als Baustelle gezeigt (Abb. 34). Außerdem belehrt ja ein so unfertiges Stadium den Betrachter noch eindringlicher über den sonst leicht vergessenen Arbeitskräftebedarf. Übrigens entstand damals wohl gewiß auf dem Areal der vermuteten Heridag-Kapelle eine Marktkirche für die Wikbewohner, und zwar nördlich des Domklosters — die heutige Petrikirche. Sie ist erst sehr viel später, nämlich 1195, einmal als „ecclesia forensis", also als Marktkirche, erwähnt worden.

Woher kamen denn die Arbeitssklaven, um aus weiter Entfernung das Steinmaterial herbeizuschaffen, es zu bearbeiten und daraus einen Dom zu errichten? In diesem Punkt äußert sich Adam von Bremen diplomatisch, aber dennoch deutlich genug: „Die Slawenfürsten Anatrog, Gnew und Ratibor" — es handelt sich um Abodritenfürsten — „kamen friedfertig und leisteten dem Herzog und unserem Herrn Vasallendienste". Daß ihm, Adam, allerdings keineswegs immer gefiel, wie der Herzog entsprechende Dienste eintrieb, sagt er an anderer Stelle ebenfalls: „Der Herzog bemühte sich um Tributleistungen, der Erzbischof um Mehrung des Christentums. Meines Dafürhaltens hätte die christliche Religion weit eher dort an Kraft gewonnen, wenn die Habgier der Herzöge einer Bekehrung des Volkes nicht immer wieder hinderlich im Wege gestanden hätte."

Wer war Bezelin Alebrand? „Ihn schenkte uns die Kölner Kirche", heißt es da bei Adam. Den ehrwürdigen Petersdom zu Köln (Abb. 35), die übrigen Kirchen dort und den Herrscherglanz der rheinischen Metropole mußte er in Norddeutschland ganz entbehren. Und dennoch: „Geweiht wurde er (Bezelin) durch seine Suffraganbischöfe und weitere sieben sächsische Bischöfe, und dies mit ungeheurem Prunk in seiner Metropole Hamburg."

Ein klein wenig von der Urbanität Kölns wünschte er sich auch für Hamburg und die Residenz Bremen — daher die Bauten. Daher aber ebenso der Wunsch nach etwas mehr Lebensart im drögen Norddeutschland. Er mochte keine asketischen Priester um sich und richtete hier erst einmal nach Vorbild der Kölner Convivien gemeinsame Mahlzeiten für die Brüder ein, gab ihnen pro Tag ein Weißbrot sowie eine doppelte Ration Honigmet an Sonntagen, was Adam positiv registriert hat. Und: „Sogar Wein — und dies in dem von der Natur mit solchen Getränken gar nicht ausgestatteten Sachsen — organisierte er für die Brüder und hat ihre Versorgung, solange er lebte, in dieser Hinsicht fast immer sicherstellen können."

Die Archäologen brauchen sich also gar nicht zu wundern, wenn sie auch fürs 11. Jahrhundert immer wieder rheinische Gefäßkeramik, so die hübsch mit roten Pinselstrichen versehenen bauchigen Weinkannen, in Nähe des damaligen Hafens finden. So war es eben: Mit Wein gefüllte Amphoren befanden sich wohl stets an Bord, wenn gleichzeitig so praktische Dinge wie Mahlsteine aus der Eifel, kostbare Sakralgewänder und Bücher oder gar fromme Kirchenmänner zu Schiff die Elbe heraufkamen.

Abb. 35 Ansicht des alten Domes Peter und Paul zu Köln im 9. Jh. nach einem Widmungsbild aus dem Hillinus-Codex um 1025.

Lieber Patriarch in Hamburg
als Papst in Rom

Fast jeden Sommer hatte der freundliche Kirchenfürst Bezelin in Hamburg geweilt. So hielt es auch sein Nachfolger, der große Adalbert, der von 1043 bis 1072 beinahe dreißig Jahre lang der Kirche Hamburg-Bremen vorstehen sollte. Ihn beschreibt Adam von Bremen als blendende Erscheinung, hochbegabt und ehrgeizig, dabei pflichtbewußt, asketisch bis zur Arroganz und allein durch den Genuß der Macht verführbar. Egozentrisch, sah er nur Fehler bei anderen. Herrschsüchtig, berauschte er sich noch an Schmeicheleien, als sein Stern schon lange gesunken war.

Daß von dem immer wieder bis auf die Grundmauern zerstörten Hamburg eine besondere Ausstrahlung ausging, die ihre Kraft weiterhin aus der heroischen Gründungsidee des Erzstuhls bezog, hatte noch jeder seiner Vorgänger in der Etappe des langweiligen Bremen gespürt. Es bedurfte allerdings erst der virtuos arbeitenden Phantasie eines politischen Naturtalents, wie es Adalbert eignete, um die Vision eines allmählich feste Umrisse annehmenden Erzbistums durch die Utopie eines „Nordischen Patriarchats" noch zu übertrumpfen.

Was es damit auf sich hatte? Er wünschte, eine allmähliche Verselbständigung der skandinavischen Bistümer und deren Abspaltung von Hamburg-Bremen zu verhindern und sich die Würde eines Patriarchen oder Primas mit Jurisdiktion für alle Bischöfe oder gar Erzbischöfe des Nordens zu verschaffen. Welcher Landesherr hätte ihm dann wohl noch Vorschriften machen wollen? Adalbert, aus vornehmer und reicher Familie, hochgebildet und von feiner Lebensart, war mit Gewißheit eine wandelnde Herausforderung für den deftigen Provinzler Bernhard II. (1011–1059) und dessen Bruder, den Grafen Thietmar. Sie wünschten dem Fremden hier keinen guten Tag und ließen ihn dies wissen. Auf der anderen Seite schien es dem Erzbischof unerträglich, von den Schikanen so grobschlächtiger Lokalgrößen abhängig zu sein. Darum folgte Adalbert dem Vorbild Adalgars und suchte zunächst einmal auf jede Weise, sich Heinrich III. zu nähern und gar

als ersten Berater zu empfehlen. Wo immer ein Feldzug vorbereitet wurde, ob gegen die slawischen Liutizen (1045), die Italiener (1046/47) oder Oppositionelle im Reich (1049), in Zukunft konnte Heinrich stets auf den Erzbischof, dessen Vasallen und Verbündete in seinem Gefolge rechnen. Tatsächlich sollte es Adalbert gelingen, durch derartige Anstrengungen Einfluß und Macht bei Hofe zu erringen. Hätte Adalbert nur Papst werden wollen, das hätte er schon drei Jahre nach seiner Weihe zum Erzbischof haben können. Und zwar auf persönliche Empfehlung Heinrichs III. hin. Mit einem Gegenvorschlag entkam er dieser Würde gerade noch einmal, und der von Adalbert empfohlene Clemens II. wurde Papst. Adalbert sah Clemens II. in Alt-St. Peter Heinrich III. zum Kaiser krönen (25.12.1046). Er lud diesen Kaiser ins allzu kleine Bremen ein. — Wie gern hätte er ein kleines Rom daraus gemacht! Kleinkariert schienen ihm die Retikulatmuster und die an Köln orientierten Bauten seines Vorgängers, weswegen er diese aus Mangel an Steinmaterial wieder abtragen ließ, um sogleich einen neuen Dom im Stil der Kathedrale von Benevent in Angriff zu nehmen.

Was mögen sich Herzog Bernhard und Bruder Thietmar wohl über den Kaiserbesuch in Bremen geärgert haben, der sie auf die hinteren Ränge verwies! In ihrer Wut gingen sie dem Erzbischof in eine Falle; es kostete Graf Thietmar und seinen Sohn das Leben, weil Adalbert deren Verhalten als Bedrohung der Majestät des Kaisers hinzustellen wußte. Unerträglicher gegenseitiger Haß war die Folge.

Weit besser stand sich Adalbert mit dem Dänenkönig Sven Estridson und dem Slawenfürsten Gottschalk. Sven schickte sogar Krieger zur Hilfe, als Erzbischof Adalbert mit dem Kaiser nach Flandern mußte (1047). Mit Sven und Gottschalk aus Oldenburg gewann er tatkräftige Helfer für den großen Plan des „Nordischen Patriarchats", wie er meinte. Ihnen gab er in Hamburg, der ausersehenen Metropole, rauschende Feste, um sie bei der Stange zu halten. Er, der asketische und enthaltsame Kirchenmann, hat nur zu häufig sich höhnend darüber ausgelassen, wie sehr die meisten Menschen durch aufwendige Festveranstaltungen, ein gutes Essen und guten Wein zu ködern seien.

Natürlich lag er auch Leo IX. (1048–1054) in den Ohren, als dieser Papst zur Abstellung kirchlicher Mißstände deutsche Bistümer visitierte (1049). Aber sobald er den Papst auf seiner Seite glaubte, tanzten der Sohn König Jakobs von Schweden (1050) und König Harald von Norwegen aus der Reihe und bekämpften eine Bevormundung durch die Kirche Hamburg-Bremen. Sogar der Dänenkönig, von dem Adalbert es gar nicht glauben konnte, betrieb die Loslösung und Zusammenfassung seiner Bistümer zu einer dänischen Erzdiözese. Dann wieder zauderte Papst Leo, dem Hamburger die Jurisdiktion sogar über andere Erzbischöfe zuzugestehen (1053). Doch Adalbert gab seine Idee nicht auf. Um sozusagen ‚Eigenleistungen‘ zu erbringen oder für sein Vorhaben nützliche, ‚harte Tatsachen‘ zu schaffen, gründete er Probsteien — eine sogar auf dem Süllberg! —, baute er Kastelle, teilte er seine Erzdiözese in immer kleinere Bistumssprengel auf, wie Adam von Bremen beschreibt: „Das erste Bistum sollte Pahlen an der Eider sein, das zweite Heiligenstedten, das dritte Ratzeburg, das vierte Oldenburg, das fünfte Mecklenburg, das sechste Stade, das siebente Lesum, das achte Wildeshausen, das neunte Bremen, das zehnte Verden, das elfte Ramesloh, das zwölfte Friesland. Das Bistum Verden — damals Suffraganbistum von Mainz — werde er leicht erwerben können…"

Im gleichen Jahr, da Leo in Rom starb (1054), setzte Adalbert den Island-Bischof Isleif auch für Grönland ein und schickte kurz darauf Thorulf als Bischof auf die Orkney-Inseln. Zuvor aber war der ihm vertrauende Kaiser Heinrich III. gestorben (1056) und hatte unter der Regentschaft der Kaiserin Agnes den erst sechsjährigen Heinrich IV. zurückgelassen. Die Söhne des Herzogs, Ordulf und Hermann, nutzten die Gunst der Stunde zur Rache gegen den Feind ihres Vaters, den Erzbischof. Ordulf verheerte den friesischen Ostergau und verging sich an kirchlichen Einrichtungen, blendete Priester. Hermann aber erpreßte bei Adalbert ein ihm günstiges Lehensverhältnis.

Für die nächsten sieben Jahre schien der Einfluß Adalberts gemindert, vor allem aber dann, als der Kölner Erzbischof Anno sich der Vormundschaft des kaiserlichen Prinzen bemächtigte (1062/63). Kennzeichnend für den Verlust der Machtstellung bei Hofe war, daß Sven Estridson nun in aller Offenheit

zur Erreichung seines dänischen Erzbistums eine Neugliederung der Bistumssprengel durchsetzte (1057/60). Adalbert brauchte neue Verbündete. Anders wäre es wohl nie möglich gewesen, daß er sich vorübergehend mit Herzog Bernhard II. versöhnt hätte — dies übrigens auch, weil er Geld brauchte. Die beiden verabredeten sich zu einem vielversprechenden Streifzug durch den Ostergau Frieslands (1058). Die Friesen hatten — wohl unter Eindruck des Todes Kaiser Heinrichs III. und der Eskapaden Ordulfs — die Zinszahlungen eingestellt. Das heißt offenbar: Die Entrichtung der Abgaben an den Landesherrn ebenso wie des Kirchenzehnten war unterblieben und hatte ein einvernehmliches Vorgehen der sonst ewig zerstrittenen Herren notwendig gemacht. Die Kampagne wäre — so Adam — auch erfolgreich verlaufen, wenn der Herzog sich mit einer Abschlagszahlung der Friesen von 700 Mark in Silber einverstanden erklärt hätte. Allein dessen nicht zu befriedigende Habsucht sei mal wieder Schuld gewesen, daß den Friesen der Kragen geplatzt sei. Ein Aufstand, Überfälle auf die Feldlager des Herzogs und des Erzbischofs seien daraus entstanden. „Viele der unserigen" hätten den Tod gefunden, der Rest sei entflohen. Daß die Friesen sich so erfolgreich gegen die damals noch keineswegs gut durchstrukturierte Herrschaft von Staat und Kirche zur Wehr setzen konnten, hat kürzlich ein vorzüglicher Kenner der mittelalterlichen Geschichte Ostfrieslands, Hajo van Lengen, auf die dort bereits existierenden „Organisationsformen der Selbstverteidigung und der Selbstverwaltung" zurückgeführt.

Als ein peinliches Kapitel hat Adam von Bremen es empfunden, das recht unkomplizierte Verhältnis seines Amtsvorgängers zur zwangsmäßigen Beitreibung von Tributzahlungen und Zusatzabgaben beschreiben zu müssen. Die Beteiligung an Feldzügen, so gegen Ungarn (1059/1063), die üppigen Gastmahle und Geschenke zur Bestechung auswärtiger Fürsten und Könige verschlangen nach Adam von Bremen erst das Privatvermögen des Erzbischofs, dann die Mittel der wahrlich reichen Erzdiözese und schließlich das Existenzminimum der ausgepreßten Vasallen, den Notgroschen der schutzbefohlenen Ärmsten der Armen.

Erst einmal mußte Adalbert nun den Kölner Erzbischof Anno vom Kaiserhof verdrängen und statt seiner die Vormundschaft Heinrichs IV. übernehmen (1063–1066), ehe er zum Höhepunkt der Macht gelangen konnte. In diesem Augenblick aber gewann er die volle Unterstützung Papst Alexanders II. (1061–1073). Der Papst schrieb an König Harald von

Norwegen, um diesen zum Gehorsam gegenüber Hamburg zu zwingen (1065). Adalbert sah sich fast am Ziel und lud alle ihm unterstehenden Bischöfe im Jahre 1065 zu einer Synode nach Schleswig ein. Eine herbe Enttäuschung wurde daraus, weil die Kirchenmänner aus dem Norden eher an Selbständigkeit dachten, und den Patriarchatsplan, indem sie teilweise einfach fernblieben, wirkungsvoll boykottierten. Was halfen da noch Beschwerdebriefe!

Die Blamage von Schleswig bildete die erste Stufe der Entzauberung des zu mächtig gewordenen Mannes, der nun keine Freunde mehr hatte. Alle wünschten seinen Sturz, für den Anno von Köln schon lange die Drähte gezogen hatte. Ein Jahr später (1066) war Adalbert vom Hofe entfernt, lernte als Machtloser die Rache des ihn nun bedrängenden Landesherrn kennen, mußte sich verbergen, um sein Leben zu retten.

Dies war zugleich das Signal für die Slawen, ihren Fürsten Gottschalk wie einen Kollaborateur des Erzbischofs zu ermorden und dessen Frau, die dänische Königstochter, nackt aus der Mecklenburg zu vertreiben. Und wieder war das stets von Knechtschaft und Tributforderungen begleitete Christentum im Slawenlande mit seinem Latein am Ende. Die Geistlichen wurden verjagt, Hamburg einmal mehr niedergebrannt. Die noch verbliebene Bevölkerung zahlte jetzt an die Slawen Tribute und wurde zur Heerfolge gezwungen. Sie erlebte nun einmal Demütigungen, wie sie zuvor Hermann Billung und seine Nachfolger den Slawen aufgebürdet hatten. Herzog Ordulf (1059–1072), Sohn und Nachfolger Bernhards II., geriet zum Gespött der Zeit, weil er der Slawenmacht nichts entgegenzusetzen hatte.

Und der Erzbischof? Alt, krank, verzehrte er sich in Selbstmitleid oder ließ sich durch Schmeicheleien für Stunden aufputschen. Es ärgerte ihn, daß die unter seiner Brutalität leidende Bevölkerung sowie die Menschen aus seiner nächsten Umgebung dem Herzog treuer als ihm und der Kirche ergeben waren. Adam von Bremen, der nach eigenem Bekenntnis vieles verschwieg, berichtet in diesem Zusammenhang von einem hysterischen Eifersuchtsanfall des greisen Erzbischofs: Ausgerechnet bei einer Geburtstagsparty Adalberts erschien zur Gratulationscour der Herzogssohn Magnus, und alle Gäste klatschten vor Freude und jubelten dem Landesherrn zu. Keiner hörte auf das beleidigte Geburtstagskind, das vergeblich, zuletzt immer schriller, befahl, bald diese, bald jene Antiphon anzustimmen, um den Beifall für Magnus zum Schweigen zu bringen.

Wohl war sein Kopf noch ziemlich in Ordnung, daß es ihm erstaunlicherweise gelang, aus allen Schwierigkeiten wieder einmal herauszukommen und die Fäden zum Hofe neu zu knüpfen (1071). Jedoch nach der Macht zu greifen, war ihm nicht mehr vergönnt. Vom Tode gezeichnet, war er allenfalls in der Lage, mit bitterer Ironie seine größten Feinde in Briefen zu strafen, so Anno von Köln. Adalbert starb im Jahre 1072. In Hamburg, so wissen wir, hätte er bestattet werden wollen. Aber neuerliche Slawenüberfälle auf die ohnehin verwüstete Stadt machten die Durchführung dieses Wunsches unmöglich. Wie seine Vorgänger, fand er die letzte Ruhe in Bremen.

Das „Nordische Patriarchat" blieb eine unerreichbare Utopie. Und Hamburg, das dessen Metropole hatte werden sollen, blieb das alte Schlickloch gerade mit drei Steinbauten, dem Mariendom, dem Palatium des Erzbischofs und der herzoglichen Alsterburg, die aber jetzt verlassen dalag. Wohl bald nach dem Tode Bernhards II. (1059) hatte der Sohn Ordulf die Stadt des verhaßten Erzbischofs verlassen und in der Alsterschleife gegenüber eine neue, eben die „Neue Burg" errichtet (1061). Adam von Bremen hat nicht unterlassen, diesen Umzug symbolisch zu deuten: „So eigentümlich waren jetzt Herzen und Behausungen voneinander geschieden, daß der Herzog die neue, aber der Erzbischof die alte Stadt bewohnte."

Der Herzog auf der Sandbank

Wir hörten soeben, Herzog Ordulf hätte die zuvor gemeinsam bewohnte, durch den Heidenwall geschützte und gemeinsam verteidigte Stadt verlassen. Sollte der Erzbischof doch sehen, wie er ohne Landesherrn, vor allem ohne dessen militärische Unterstützung, auskam! Das vordringlichste war nun, umgehend einen „gewissen neuen Schutz (presidium) für sich und die Seinen im Gebiet zwischen Elbe und Alster" zu gründen (1061). Für seine Familie, sein Gefolge, seine Vasallen also. Das hieß schon, eine nicht allzu kleine Anlage für die Unterbringung zahlreicher Menschen zu schaffen. Worauf wollte Ordulf eigentlich hinaus? Erstaunlicherweise setzt Adam von Bremen das entstehende Gebilde einer Stadt (oppidum) des Erzbischofs nahezu gleich, indem er es ebenfalls „oppidum", also „Stadt", nennt. Drückt sich Adam hier nur deswegen ungenau aus, weil die stilistische Eleganz ihn mehr interessiert als die Topographie? Man darf dies zumindest bezweifeln, weil ihm sonst gerade in geographischen Details eine schon oftmals bemerkte Sorgfalt eigen ist.

Tatsächlich ist es der Hamburger Stadtkernforschung, die unmittelbar nach dem Zweiten Weltkrieg vom Museum für Hamburgische Geschichte in Gang gesetzt worden war, gelungen, eine Befestigung bei Ausgrabungen im Winter 1953/54 auf jener in die Alster hineinragenden Landzunge auszumachen, die im Osten mit der halbkreisförmig am Ufer des Nikolaifleets gelegenen Straße „Neue Burg" abschließt und schon deswegen immer für eine Lokalisierung der Festung Ordulfs an gleicher Stelle im Verdacht war. Dieser Verdacht erhärtete sich zur Gewißheit, weil bei der archäologischen Untersuchung der übrigens hervorragend in der Erde bewahrten Befestigungsanlage inmitten der Wallfüllung eine Herdstelle gefunden wurde. Sie war nach Deutung des Ausgräbers offenbar von den Erbauern der Burg benutzt worden. Daß die Bauleute ohne jedes Umweltbewußtsein noch ein paar kaputte Töpfe aus hiesigem Gebrauchsgeschirr und außerdem Scherben von sog. „Pingsdorfer" Gefäßen — bezeichnet nach einem Ort in der Nähe Kölns — hier zurückließen, die nur ins 11. Jahrhundert zu datieren sind, versetzte die Archäologen überhaupt erst in die Lage, genaue Angaben über die Bauzeit der „Neuen Burg" zu machen. Dieses Argument, gewonnen mit archäologischen Methoden, muß hier deswegen noch einmal unterstrichen werden, weil von historischer Seite kürzlich der Vorschlag unterbreitet worden ist, die Entstehung der „Neuen Burg" erst um 1143 anzunehmen (Abb. 36).

Eine der wesentlichsten Entdeckungen des Ausgräbers H. G. Steffens, so am Rande vermerkt, wurde bei Deutung seiner Befunde bisher immer übersehen: der gewachsene Boden sei hier 20 bis 30 cm über dem heutigen NN festgestellt worden und nach außen noch bis 60 cm unter NN abgefallen. Und dann: „Schlick- und Sandschichten zeugen von Überschwemmungen des Geländes in der Zeit vor der Anlage der Burg." Daraus folgt ganz klar, wie beachtlich ein solcher Entschluß gewesen sein muß, durch entsprechende Erdbewegungen hier erst einmal die Voraussetzungen für den dauernden Aufenthalt vieler Menschen zu schaffen. Wie Steffens denn auch weiter beobachtet hat, handelte es sich um eine Ringwallanlage, die in zwei Arbeitsschritten errichtet worden ist. Zunächst mußte das Gelände auf der Landzunge vor Überflutungen durch einen inneren Ring von Lehm- und Sandschüttungen gesichert werden. Erst dann begann man, darum herum mit einer aufwendigen Holzkonstruktion ein stabiles Wallskelett zu erstellen, was an der Innenböschung eine besonders intensive Holzversteifung erfuhr. Und was hier entstand, war keineswegs nur eine gewöhnliche Festungsanlage. Sie mußte zugleich als Deich jeder Sturmflut trotzen können.

Ein Schnitt durch das Gelände südlich der Nikolaikirche hat erbracht, daß der Wall der alten Befestigung 17 m breit und, von seiner Sohle an gemessen, 5,5 bis 6,0 m hoch war. Am Fuße vor dem steil nach außen abfallenden Wall zeigt das veröffentlichte Grabungsprofil einen in den Boden bis 60 cm unter NN eingetieften Absatz, eine Stufe, die der Aufnahme parallel zum Strom aufgeschichteter Langhölzer diente. Es handelte sich hierbei um roh zubehauene Baumstämme, die in ganzen Packungen auf darunter querliegenden Bohlen auflagen und mit die sen zusammen den Unterbau einer Kaimauer bildeten. Wir kennen ein ähnliches, freilich nicht so kompaktes System schon von der Schiffslände am Reichenstraßenfleet. Anders als dort sind hier die Verbände zumeist auseinandergerissen und wild durcheinander gewirbelt, was nicht etwa auf das Konto einer Zerstörung der Burg 1139, wie einmal angenommen, geht, sondern auf die schwere Sturmflut vom 17. Februar des Jahres 1164 zurückgeführt werden muß, die bei Helmold von Bosau beschrieben wird:

„In jenen Tagen... brach im Monat Februar, und zwar am 17., ein großes Unwetter mit heftigen Stürmen, grellen Blitzen und krachendem Donner los, das weit und breit viele Häuser in Brand setzte oder zerstörte; überdies entstand eine Meeresflut so groß, wie sie seit alters unerhört war. Sie überschwemmte das ganze Küstengebiet in Friesland und Hadeln sowie das ganze Marschland an Elbe, Weser und allen Flüssen, die in den Ozean münden; viele tausend Menschen und eine unzählige Menge Vieh ertranken."

So ganz falsch lag Adam von Bremen mit der Bezeichnung jener neuen Anlage als „oppidum" oder „Stadt" eben nicht. Dieses vollkommen künstliche, allein durch Wasserbautechnik einer Schlicklandschaft abgewonnene Gebilde hatte sogar einen eigenen Hafen mit seeschifftiefer Kaianlage! Einen ganzen Wald, vorwiegend Erlen und Birken, hat der Herzog investieren müssen, um durch Einpolderung die neue Stadt an dieser Stelle zu ermöglichen. Daß sie mit ihrem neuen Hafen wie ein Vorhängeschloß unmittelbar vor der Einfahrt zum Reichenstraßenfleet, mithin zum Hafen der erzbischöflichen Stadt lag, beweist geradezu die konkurrierenden Absichten des mit dem Erzbischof verfeindeten Herzogs Ordulf.

Wohl nicht zufällig hat Ordulf dieses Hamburger „oppidum" in den gleichen Jahren geschaffen, da auch das neue „Haithabu", nämlich Schleswig, nördlich der Schlei nahe der ehemaligen Nikolaikirche entstand. Nach den Ausgrabungsbefunden 1975 – 1977 an der Plessenstraße hatte Volker Vogel die durch Jahresringzählung genau auf 1087 da-

tierten hölzernen Kaianlagen und 1094/95 mit Hilfe von Vorsetzen noch verbesserten Einrichtungen mit den neuesten Erfordernissen des modernen Großschiffbaus nach Einführung der Kogge in Verbindung gebracht. Es ist klar, daß natürlich entsprechende Umstände ebenso auf Hamburg zutrafen und die Schiffslände im Reichenstraßenfleet den Schiffskaufleuten bestimmt nicht mehr genügte. Ob es nicht auch damals schon als Vorläufer der 1164/68 hier erwähnten Nikolaikirche eine Kapelle gab wie in Schleswig, die immer auf Anwesenheit einer Fernhändlergemeinde schließen läßt, kann weder durch schriftliche Zeugnisse noch gar durch archäologische Nachweise geklärt werden.

Konkurrenz im Hinblick auf „die Stadt als Instrument der Machtbehauptung und -erweiterung" (Edith Ennen) — dies war wohl der beherrschende Gedanke, der Ordulf zur Schaffung einer Großburg mit eigenem Hafen und daher dem Handel nützlichen Infrastrukturen geleitet hatte. Allerdings konnte diese Rechnung jetzt noch nicht aufgehen. Erst ein Späterer sollte die Früchte seiner Bemühungen ernten, wie das nächste Kapitel zeigen wird.

Inzwischen verhinderten nämlich die Selbstzerfleischung der in Hamburg ansässigen Mächte nach dem Sturz Adalberts und die damals prompt einsetzenden Slawenüberfälle (1066 und 1072) jede sinnvolle Ingebrauchnahme der neuen Burg und des phantastischen Hafens. „Fast alle Einwohner Stormarns" — so Adam — „wurden damals getötet oder in die Sklaverei verschleppt, ja zur Verhöhnung unseres Heilandes wurden sogar von den Heiden die Kreuze zerhackt."

Der letzte Billunger, Herzog Magnus (1072–1106), zog sich ganz aus Hamburg zurück und überließ gräflichen Vasallen die Verwaltung der entvölkerten „Neuen Burg". Die allein archäologisch nachweisbaren Anstrengungen Herzog Ordulfs blieben infolgedessen sinnlos und gerieten vor allem deswegen bald in Vergessenheit, weil ein gutes Jahrhundert später eine Wiederholung des Versuchs an gleicher Stelle als ein erfolgreicheres Ereignis in die Stadtgeschichte eingehen sollte.

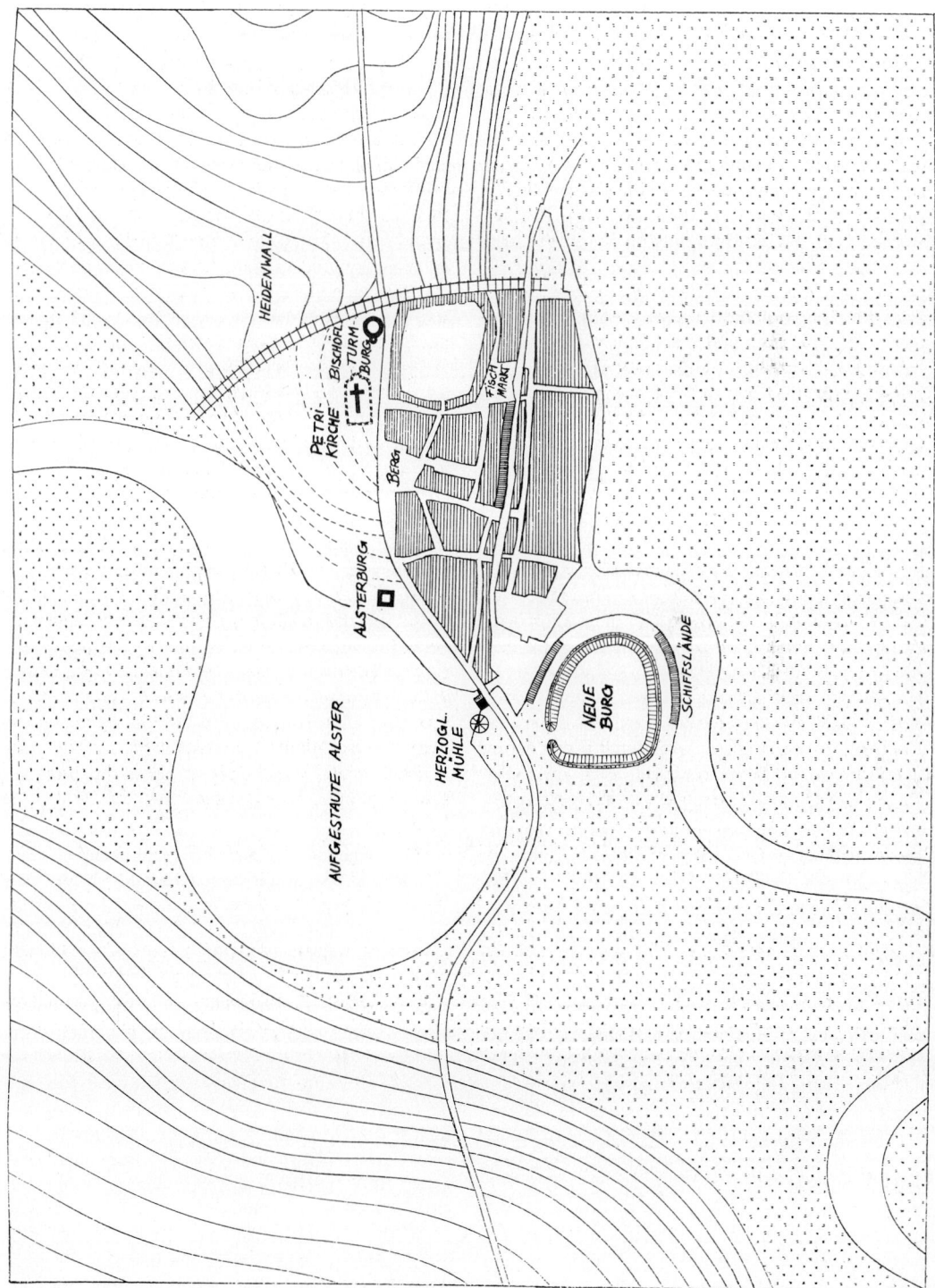

Abb. 36   Planskizze Hamburgs im 11. Jahrhundert.

51

Das „Unternehmen Hamburg" nach Lübecker Erfolgsrezept

Um den Anlaß für eine Neugründung Hamburgs wahrscheinlich vor dem Jahre 1188 recht begreifen zu können, müssen wir uns mit wenigen Bemerkungen der Situation Norddeutschlands vor der Mitte des 12. Jahrhunderts vergewissern. Wieder einmal sahen sich die Slawen unter Druck gesetzt. Sie hatten 1134 auf Geheiß Kaiser Lothars III. „Vasallendienste" bei Errichtung der Zwingburg Segeberg in Wagrien ableisten müssen. Die Schuld dafür gaben sie, so Helmold von Bosau, dem Kahlkopf Vizelin, einem Missionar, der die Idee dem Kaiser aufgeschwatzt habe. Neue Aufstände waren durch Errichtung dieses Symbols der Unterdrückung geradezu vorprogrammiert worden und brachen sich bei nächstbester Gelegenheit Bahn, als im Jahre 1137 nach dem Tode Kaiser Lothars heftige Thronstreitigkeiten entbrannten. Sie sollten eine empfindliche Schwächung des Herzogtums Sachsen verursachen, weil Welfenherzog Heinrich der Stolze, von Lothar schon immer für die eigene Nachfolge favorisiert, sich nicht durchzusetzen vermochte und dabei nicht nur die ihm bereits ausgehändigten Reichsinsignien wieder verlor, sondern zugleich das Herzogtum Sachsen einbüßte. Dort machte sich jetzt Albert der Bär breit. Und der dachte nicht etwa daran, das Herzogtum dem Welfensproß Heinrich dem Löwen wieder zurückzugeben, als dessen Vater, Heinrich der Stolze, starb. Im Sinne eigener Hauspolitik hatte Albrecht der Bär auch den Welfenfreund Adolf II. aus der Grenzgrafschaft Holstein-Stormarn verdrängt und statt dessen Heinrich von Badewide mit der Herrschaft betraut. Als müsse er sich erst einmal bewähren, hatte Heinrich von Badewide 1138/39 mit großer Heeresmacht sofort die Slawen in Wagrien überfallen. Wiederum war Geldgier das treibende Motiv gewesen. Das alte Lübeck (= Liubice) blieb zerstört zurück.

Man muß schon das politische Gespür Heinrichs des Löwen bewundern, der trotz so schlechter Startbedingungen schließlich doch die Lage zu seinen Gunsten entscheidend ändern und Albrecht den Bären zum Verzicht auf Sachsen bewegen konnte. Wie-

der Herr im eigenen Hause (1142), gab er Adolf II. die Grafschaft Holstein-Stormarn und Wagrien zurück und fand den Grafen von Badewide mit Ratzeburg ab. Adolf II. nahm als erstes die Wiederbefestigung seiner Zwingburg Segeberg in Angriff. Denn sobald es um Unterdrückung und Auspressung der Slawen ging, waren sich die sonst so oft zerstrittenen Herren immer einig. Und so ging es denn gewiß in erster Linie um den weiteren Ausbau der Gewaltherrschaft und weniger um die offiziell verlautbarte „Wiederbesiedelung" des nach vielen Kriegen angeblich „entvölkerten" Wagrien, als Adolf einen Aufruf bekanntgab, um Siedler aus Flandern, Holland, Westfalen und Friesland, ja Stormarn und Holstein hierher zu locken.

Tatsächlich folgten die Siedler den Zusagen des Schauenburgers „in zahlloser Menge verschiedenster Stämme mit Familien und beweglicher Habe nach Wagrien", …„um das ihnen versprochene Land in Besitz zu nehmen." In Wahrheit hat es sich wohl doch um eine ordinäre Verdrängung der Slawen größeren Ausmaßes gehandelt, denen Helmold von Bosau nicht ohne Grund scharfe Proteste über die Begleiterscheinungen der Vertreibung, nämlich Ausplünderung, Ausweglosigkeit und Flucht, in den Mund gelegt hat. Aber was galten schon Einwendungen der Slawen gegen den Zugewinn flandrischer, holländischer, westfälischer oder friesischer Siedler, doch alles wehrtüchtige und doppelt dankbare Vasallen, die überdies noch eine nachhaltige Verbesserung der gräflichen Einnahmen versprachen!

Adolf II. hatte lange zuvor schon nach geeigneten Siedlungsplätzen Ausschau gehalten. Nun empfahl er den Ankömmlingen eine „sehr große, von zwei Flüssen (Trave und Wakenitz) eingefaßte Halbinsel". Sie hatte allerdings schon Zuzug aus dem zerstörten Alt-Lübeck erhalten. „Wie nun der fleißige Mann die Vortrefflichkeit des Ortes und den großartigen Hafen sah, nahm er den Bau einer Stadt in Angriff und nannte sie Lübeck, gerade weil sie gar nicht so weit von dem alten Hafen und dem alten Lübeck entfernt lag" (Helmold). Der alte Name ward auf die neue Siedlung übertragen.

Offenkundig hatte der Schauenburger den gewaltigen Erfolg dieser Neugründung vorausgeahnt. Denn schnell belebte sich dieser Marktort und stieg zu zentraler Bedeutung für den Ost-West-Verkehr auf. Angeblich litt unter der neuen Schwerpunktbildung sogar in weiterer Entfernung noch der Handel Bardowicks, übrigens sehr zum Ärger Heinrichs des Löwen. Unmittelbar vom Niedergang Bardowicks wirtschaftlich betroffen, wünschte der Sachsenherzog jetzt, an den umgeleiteten Handelsströmen auch teilzuhaben. Darum trug er sich zunächst mit der Gründung einer sogenannten „Löwenstadt" an der Wakenitz, etwas oberhalb von Neu-Lübeck, um so der Schöpfung des undankbaren Schauenburgers ökonomisch das Wasser abzugraben. Diesen Kraftakt ersparte er sich und anderen schließlich doch, indem er schlichtweg Adolf II. so unter Druck setzte, daß dieser ihm zähneknirschend das erfolgversprechende Neu-Lübeck gegen Kostenerstattung übergab (1159).

Der Welfe holte nun zu den bereits anwesenden Siedlern zusätzlich ganze Gruppen von Kaufleuten hierher. Ob auch die Soester Schleswigfahrer darunter waren, wie Fritz Rörig einmal aus entsprechenden Bestandteilen des Lübecker Stadtrechts schließen zu dürfen geglaubt hatte, wird von der Forschung schon seit längerem, namentlich durch Erich Hoffmann, mit guten Gründen bezweifelt. In der Tat bedurfte es ihrer Übersiedlung nach Lübeck gar nicht, um das „ius Lubicense" entsprechend zu beeinflussen. Wie auch heute Vereinsgründer lieber auf bereits erprobte Satzungsformulierungen und ausgebuffte Schemata zurückgreifen, so orientierte sich gewiß schon aus Gründen der Zweckmäßigkeit Heinrich der Löwe zum einen an dem Markt- und Bürgerrecht der Stadt Soest. Ferner bedachte er eine Angleichung an bestehendes Holstenrecht des schauenburgischen Nachbarn und übernahm wesentliche Bestandteile der inzwischen aus der Praxis des Seehandels erwachsenen und bewährten Satzungen der in Gilden zusammengeschlossenen Schiffskaufleute an den Ostseeküsten. Die Neugründung Lübecks im Rechtssinne 1159 geschah auch gerade deswegen, um durch Schaffung inhaltlich ähnlicher Rechtsgrundlagen die hansischen Fernhandelskaufleute aus Flandern, dem Rheinland und Westfalen zur Ausweitung ihres Betätigungsfeldes nach Nordosten zu ermutigen und Lübeck als sicheren Standort attraktiv zu machen. Dem gleichen Ziel diente die Bildung ganzer Stadtrechtsfamilien nach

lübschem und Magdeburger Recht an Süd- und Ostküsten der Ostsee.

Inzwischen hatten die Verdrängungsmechanismen, wie sie oben angedeutet wurden, im Jahre 1164 einen Abodriten-Aufruhr von den Dimensionen eines Flächenbrandes ausgelöst. Im Laufe dieser Kämpfe fiel Adolf II.

In den restlichen fünf Jahren, die ihm nach der erzwungenen Herausgabe Lübecks an Heinrich den Löwen (1159) verblieben waren, hatte sich wohl schon Adolf II. um eine „Ersatzlösung" auf eigenem Grund und Boden bemüht. Die Weihung einer Kapelle auf der Neuen Burg/Hamburg für Nikolaus, den Heiligen der seefahrenden Kaufleute und der Fischer (1164–68), deutete an, daß sich auf dem Gelände der zerstörten und lange vernachlässigten Schauenburger-Residenz etwas bewegte. Der seit 1164 regierende Graf Adolf III. schielte mit dem einen Auge wieder nach Lübeck und mit dem anderen in sein Portemonnaie, als er gar nicht so uneigennützig dieses manche Risiken bergende Gelände unweit der erzbischöflichen Metropole für Aufsiedlungszwecke zur Verfügung stellte. Einnahmen an Marktzöllen und Verkehrsabgaben ließen Projekte solcher Stadtburgen recht lukrativ erscheinen (E. Ennen). Derart wirtschaftspolitische Spekulationen jedenfalls hat auch der Schauenburger angestellt, zumal die Kriege des Vaters die Grafschaft arg strapaziert hatten, aber auch die bevorstehende Teilnahme an einem Kreuzzug des Kaisers es nahelegte, über den „nervus rerum" gründlicher nachzudenken. So kam es dahin, daß der Graf die alte Idee Ordulfs wiederbelebte und jetzt allerdings mit Hilfe eines Managers den zweiten Versuch an gleicher Stelle startete, nämlich die Schaffung einer entwicklungsfähigen Hafenstadt, wie das Vorbild Lübeck sie verkörperte.

Es waren eben diese gänzlich neuen Aufgaben, nämlich Stadtgründungen nicht dem Wildwuchs zu überlassen, sondern minutiös durchzuplanen, rechtlich vorauszustrukturieren, planmäßig aufzurichten, die nach geeigneten Talenten Ausschau zu halten nötigten. Wer besaß das Vertrauen der Herzöge und Grafen? Wer die Fähigkeiten, auch Siedler richtig anzusprechen und für derartige Projekte ausdauernd zu motivieren? Sie kamen damals alle aus dem Niederadel, diese „Unternehmer", wie Wirad von Boizenburg. Von ihm hören wir 1188 zum ersten Mal, doch begann wohl seine Tätigkeit auf der Neuen Burg schon früher. Er ließ — so der archäologische Befund — das oval in der Alsterbiege liegende, durch einen Deich gegen Hochwasser und Feinde geschützte Terrain mit Sand und Lehm in großen Massen aufschütten und zu einem hohen Plateau gleichmäßig einplanieren.

Eine wichtige erste Gemeinschaftsaufgabe, gewiß! Aber wurde sie wirklich von den ca. 80 Siedlern allein geleistet oder bediente man sich wieder einmal der slawischen „Vasallen"? Wie immer, diese Erdarbeiten fanden tatsächlich im frühen 13. Jahrhundert statt, wie die archäologischen Kleinfunde des durchgehenden Planierungshorizontes — also des damaligen Laufhorizontes — hinreichend bestätigen. Erst nach Schaffung des Plateaus ließ sich das ca. 3,2 ha große Oval in gleichmäßige Sektorenabschnitte, d. h. in ca. 80 Baulose aufteilen. Holzhäuser kamen jetzt auf der alten Wallkrone zu stehen, während eine Straße auf der Halbkreislinie „Neue Burg" und „Bohnenstraße" über das auf gleiches Niveau gebrachte Vorland außen herumführte.

Man muß nicht allzuviel von der Schiffahrt und den Hafenproblemen verstehen, um wiederum aus den archäologischen Befunden herauszulesen, daß die alte Burganlage Ordulfs auf der Sandbank mit ihren künstlich erhöhten, wenn auch ramponierten Ufern unmittelbar am Alstertief gelegen, sich überhaupt am besten für eine „Kompensation" (K. Richter) der Wegnahme Lübecks und schnelle Verwirklichung der ehrgeizigen Gründungsabsichten Adolfs eignete. Aber daß er überhaupt, wie archäologisch erwiesen, auf den 1061 bereits ausgebauten Hafenplatz zurückgreifen konnte, erlaubt es uns, die alten Thesen Kurt Ferbers von 1928, wonach das Nikolaifleet ein von Wirad erst künstlich gegrabener Hafen sei, mit allen hieran angeschlossenen Gedanken zum Hamburger Fleetsystem, als ganz und gar irrtümlich beiseite zu lassen.

An dieser Stelle muß ich nochmals auf die verheerenden Auswirkungen der Sturmflut vom 17. Februar 1164 kurz zurückkommen, die im Stromteilungsgebiet soviel Unheil angerichtet, die erwähnten Hafenanlagen Ordulfs zerstört und manche neuen Priele gerissen hatte. Es ist zu vermuten, daß die Flutwelle vor jenem Geländeabsatz, auf welchem später der „Stadtdeich", der Westdeich des Hammerbrooks, errichtet wurde, bis zur Geest entlangrollte und das zurückfließende Wasser einen Priel ausspülte, der bis an das spätere Reichenstraßenfleet heranreichte. Dank sorgfältiger Beobachtungen bei Ausschachtungsarbeiten zum Bau der Speicherstadt wissen wir nämlich, daß die gleiche Flut im Bereich „Holländische Reihe" die dort ehedem vorhandenen Baumbestände vernichtet und über den übrig-

gebliebenen Baumstümpfen sowie Siedlungsresten des 9. und 10. Jahrhunderts eine dicke Schlickschicht zurückgelassen hat. Wir dürfen also vermuten, daß bei diesem Ereignis ein weiterer Priel, evtl. mit Nebenarmen, auf der Linie Dovenfleet, Bei den Mühren, Beim Neuen Krahn bis hinein in den Niederhafen gerissen wurde. Wer demnach als Siedler nach der großen Flut hier Fuß fassen wollte, mußte in dieses landschaftliche Chaos ordnend eingreifen und die intakt gebliebenen Flächen gegen ähnliche Katastrophen sichern. Hier boten sich nur zwei Möglichkeiten an: Deichbau und Kanalisierung von Prielen waren angesagt.

Bei so herben Aussichten für die mühselige Realisierung einer Stadtgründung im Schlick hätte sich der Zulauf von Siedlern gewiß in Grenzen gehalten, wären nicht irgendwann vertragliche Vereinbarungen über attraktive Gegenleistungen des Landesherrn angeboten worden. Sozusagen im letzten Augenblick vor seinem Kreuzzug mit Kaiser Friedrich II. Barbarossa nach Palästina (1189) brachte Adolf III. die vertraglichen Garantien für das ihm so wichtige Siedlungsvorhaben unter Dach und Fach. Die ins Auge gefaßte mehrjährige Abwesenheit machte eine gewisse Absicherung der Kontinuität erforderlich, zumal die Gefahr groß war, daß jemand unter Ausnutzung dieser Situation das Projekt „Neue Burg" gefährden könnte. Nicht ohne Grund hatte Friedrich II. kurz zuvor den zwar völlig entmachteten, gleichwohl immer noch gefährlichen Welfenherzog Heinrich den Löwen in die Verbannung nach England geschickt und ihm das Versprechen abgerungen, dort drei Jahre zu bleiben. Um so begreiflicher ist es, daß die damals ausgefertigten Gründungspapiere — und Privilegien — inhaltlich durchaus den bestehenden Gefahren Rechnung trugen und möglicherweise sogar einer vorzeitigen Rückkehr Heinrichs des Löwen vorbeugen sollten. In dem Gründungsprivileg lockte Adolf III. mit der Übertragung der „Stadtburg" (urbs) Hamburg auf Wirad und dessen Siedler. Baulose ohne Grundzins, erblicher Grund und Boden zur freien Verfügung für jedes Mitglied der Stadtgründungsgemeinde! Wo gab es das schon noch einmal? Jedenfalls nicht gegenüber im alten Hamburg unter dem Erzbischof, das den stadtherrlichen „Königszins" von den Kaufleuten in der Reichenstraße noch bis 1253 kassieren sollte. Um so wichtiger war es natürlich, die Weichbildgrenzen der neuen Stadt insbesondere gegenüber dem Einflußbereich des Erzbischofs klar festzulegen. Die Mitte des Alsterflusses sollte diese Grenze bilden. Ausdrücklich wurden der benachbarte Brook (Deichstraße) und der Alsterwärder in das neue Stadtprojekt einbezogen. Hauptzweck der mit Marktrecht ausgestatteten Gründung sollte es sein, einen großen und für viele Benutzer interessanten Hafen zu schaffen. Zwei Jahrmärkte und die Einnahmen aus Bußgeldverfahren sollten der neuen Gemeinde zugute kommen, die nach Lübischem Recht Jurisdiktion und Justizverwaltung über alle Vergehen, Hals- und Handvergehen ausgenommen, ausüben sollte.

Darüber hinausgehende Vorteile sicherte Adolf III. seinen Neuhamburgern durch einen am 7. Mai 1189 bei Kaiser Friedrich II. Barbarossa erwirkten Freibrief, der zwar nicht in Form einer Originalurkunde, aber doch im wesentlichen dem Inhalt nach auf uns gekommen ist: Frei von Zoll und anderen Abgaben sollten die Hamburger Kaufleute auf eigenen Schiffen Menschen und Waren vom Meere die Elbe hinauf befördern dürfen. Fremdes Einfuhrgut aber sollten sie beim Passieren der Stader Zollstelle an der Schwingemündung verzollen. Zwei Meilen stromaufwärts und -abwärts dürfe niemand ohne Einwilligung der Hamburger eine konkurrierende Burg (castrum) anlegen oder unterhalten — einer Wiederholung des bereits geschilderten Versuchs Heinrichs des Löwen, so etwas wie eine Löwenstadt jetzt bei Hamburg gründen zu wollen, sollte hier deutlich vorgebeugt werden. Der Fischfang auf der Elbe gehöre ihnen je zwei Meilen oberhalb und unterhalb Hamburgs sowie eine Meile die Bille aufwärts. Ferner stünden ihnen Weiderechte, Holzschlag und das Sammeln von Früchten, Pilzen usw. zu. Spezifiziert wurden noch die Bußgelder im Lebensmittelbereich, wonach zwei Drittel der Einnahme dem gräflichen Richter, aber ein Drittel Hamburg zustehen sollten, sofern das Ausmessen oder Wägen von Bier, Brot oder Fleisch Beanstandungen und entsprechende Verfahren notwendig machen würden. Auch Lebensmittelpreise dürften selbständig festgesetzt werden, und zwar durch eigens hierzu berufene Männer. Wie für Lebensmit-

tel bestimmte Maße im Sinne einer Eichung festzusetzen waren, sollten die Hamburger auch Gewicht und Gehalt der Münzen prüfen und Geldwechsel betreiben dürfen. Alle Neubürger sollten von Heeresfolge und Kriegspflichten frei sein.

Das entscheidend Neue dieses „Unternehmens Hamburg" bestand demnach in einer rechtlich vorstrukturierten Selbstverwaltung dieses Gemeinwesens, an dessen Spitze ein Vogt stand, zuständig für Aufteilung des Siedlungsgebietes, die Vergabe von Parzellen, für die Verwaltung sowie die Gerichtsbarkeit und in allen diesen Punkten unterstützt durch ein Gremium delegierter Kaufleute. Wir können dieses Kapitel nicht verlassen, ohne noch etwas zu dem so oft im abstrakten Litaneistil zitierten Lübischen Recht zu sagen. Für die Gründung Neu-Lübecks war es von Vorteil gewesen, den bewährten Grundsätzen des Zusammenlebens und -wirkens aus den Handelsmetropolen Soest und Köln nachzueifern, diese der eigenen Gründungssituation anzupassen und aufzuschreiben (H. Reincke).

Indem nun Adolf III. das inzwischen bewährte Lübische Recht 1188 übernahm, wollte er das erfolgreiche Gründungsmuster Neu-Lübecks für Hamburg fruchtbar machen. Und in der Tat: in jeder Hinsicht attraktiver, sowohl der Privilegien und besonders des Bodenrechtes, aber auch der besseren Hafenanlagen wegen sollte der Grafenstadt die wirtschaftliche Zukunft ebenso gehören, wie jeder ihrer Fortschritte in dieser Hinsicht Einbußen an Wirtschaftskraft und politischer Macht auf der anderen Alsterseite in der Stadt des Erzbischofs bedeuten mußten.

Gerade dies war es, was Neu-Hamburg und alle jene Städte im Rechtssinne gegründet, den in jeder Hinsicht gleichwertigen Städten, ob diesseits oder jenseits der Ostsee, voraus hatten. Sie besaßen eine am Muster der Mutterstadt orientierte Entwicklungsperspektive, sahen ein in ihrem Stadtrecht konkret voraus beschriebenes Wunschbild vor sich, das jeder „realen Utopie" die Tatsachen schaffende Rechtskraft voraus hatte.

Zusammengewachsen und neu geformt: Hamburg zur Zeit Adolphs IV. von Schauenburg

Die nicht enden wollenden Trecks über die Elbe nach Wagrien, der Niedergang der alten Siedlungszentren im Norden sowie die Entstehung von Städten im Rechtssinne nach völlig neuen Standortkriterien hatten die Voraussetzungen für ein anderes Zeitalter, die Ära der Hanse, geliefert. Seit Heinrich der Löwe Frieden zwischen den Gotländern und der Genossenschaft der von Lübeck aus Gotland ansteuernden Deutschen gestiftet hatte (1161) und der Handel sich in zunehmendem Maße auf die Länder der Ostsee zu konzentrieren begann, ließ dieses Lübeck bald alle anderen Städte der Region hinter sich. Hamburg, längst kein Zentrum nordeuropäischer Kirchenpolitik mehr, geriet ganz und gar in den toten Winkel der Zeit. Nicht einmal mit Stade vermochte es damals Schritt zu halten. Für den transelbischen Verkehr war Hamburg ganz unwichtig, da weit günstigere Elbübergänge bei Stade und Lauenburg seit Menschengedenken bestanden und benutzt wurden und hier wie dort die Wege vom Südwesten nach Nordosten günstig miteinander verknüpften.

Lediglich für den Südost-Nordwest-Verkehr auf der Elbe blieb die Alsterstadt weiterhin interessant, zumal bis hin zu ihrem Hafen die Flutwelle die Bergauffahrt begünstigte. Nur lag diese Richtung quer zu den neuen Handelsströmen von wirtschaftlicher Bedeutung.

Wie befürchtet, kehrte Heinrich der Löwe tatsächlich, ohne sich seines Versprechens zu erinnern, im Oktober 1189 vorzeitig aus England zurück. Unterstützt durch Braunschweig und Lüneburg sowie den Erzbischof Hartwig II. von Bremen überquerte der Welfe die Elbe und unterwarf sich ganz Nordalbingien. Die Altstadt profitierte hiervon, denn sogleich wurden die schon für die Neustadt geltenden Rechte auf diese ausgedehnt, was im Mai 1232 noch einmal nachträglich bestätigt wurde. Als Adolf III. 1192 zurückkehrte, mußte er sich die angestammte Grafschaft erst wieder zurückerobern. Doch blieb ihm diese Herrschaft nicht mehr lange erhalten. Nun war es allerdings nicht mehr Heinrich der Löwe, der ihm

Schwierigkeiten bereiten konnte. Der starb im Jahre 1195. Vielmehr hatte es der Schauenburger, der das allmählich erstarkte Dänemark unnötig reizte, der eigenen politischen Unklugheit zuzuschreiben, daß man ihn 1201 nach einigem Hin und Her endgültig aus seiner Grafschaft verjagte.

Die Dänen operierten sehr viel geschickter. Indem sie nämlich den vom Papst als Gegenkaiser gegen Otto IV. inthronisierten Stauferkönig Friedrich unterstützten, trat dieser ihnen um so lieber Nordalbingien ein für allemal ab. Dies ließ den Welfenkönig Otto IV. nicht ruhen, der Hamburg 1215 eroberte, jedoch ohne durchschlagenden Erfolg. Im Winter 1215/16 ward Hamburg durch die Dänen belagert und buchstäblich ausgehungert. Der Dänenkönig übergab die Stadt an Albrecht von Orlamünde, der hier im Auftrage Dänemarks Statthalterfunktionen wahrnahm.

Graf Albrecht tat alles zum Wiederaufbau dieser Stadt und versuchte auch die schlimmste Not zu lindern, als von 1216–1219 drei Sturmfluten Hamburg schier fortzuschwemmen drohten und ca. 30.000 Menschen an unseren Küsten ihr Leben einbüßten. Man kann sich übrigens leicht ausmalen, welche neuen Breschen das Meer wieder einmal schlug und damit ungeheure Wasserbau- und Deicharbeiten auslöste. Bevor jedenfalls um 1220 auf den Inseln Cremon und Grimm die ersten Häuser erbaut werden konnten, mußten diese zumindest mit Hilfe eines noch so flachen Deiches eingepoldert werden. Eine Folge unvorhersehbarer Ereignisse fegte so alle Gründungsgedanken und die damit verbundenen konkurrierenden Absichten beiseite. Unter Albrecht von Orlamünde wuchs das doppelte Hamburg zusammen, wofür wir aus dem Jahre 1216 einige altehrwürdige Sätze besitzen: „Daß Hamburg eins ist und eins bleiben soll für alle Zeit und daß man jeden tauglichen angesehenen Mann in den Rat wählen soll, ohne Rücksicht darauf, wo er wohnt. Ein einziges Rathaus soll man auch haben und kein weiteres daneben, sowie eine einzige Gerichtstätte dabei. Nur die getrennten Märkte sollen beibehalten werden."

In den zwanziger Jahren schlug das Pendel der oft so unberechenbaren Geschichte Nordalbingiens wieder einmal zugunsten der Schauenburger aus. Erst gerieten König Waldemar und sein Sohn in die Fänge Heinrichs des Schwarzen von Schwerin (1223), dann besiegte derselbe Heinrich den dänischen Statthalter Orlamünde bei Mölln (Januar 1225). Lübeck fiel ab von Dänemark, und die Hamburger nahmen Adolf IV. von Schauenburg in ihren Mauern auf. Die Aufnahme aber war nach damaligen Rechtsbegriffen einer formalen Anerkennung des Landesherren gleichzusetzen, der sie dann auch zu Kriegsdiensten heranziehen und zur Teilnahme an seinem Gericht berufen durfte. Zur Entscheidungsschlacht kam es am Maria-Magdalenen-Tage, am 22. Juli des Jahres 1227, bei Bornhöved. Hamburg unterstützte mit Elitetruppen und 1.200 Mark in Silber seinen zurückgewonnenen Landesherrn. Wie der Sieg über die Dänen endgültig die Rückkehr Nordalbingiens ins Reich besiegelte und daher schon bald zur Legende wurde, so avancierten Heinrich von Schwerin und Graf Adolf IV. zu einem heroischen Dioskurenpaar hamburgischer Frühzeit: Als 1835 das Bürgermilitär-Arsenal in speicherähnliche Räume des Bauhofs am Deichtor einzog, wurden dort als statuarische Pendants mit zwei Reiterharnischen aus dem Beginn des 17. Jahrhunderts die beiden Helden von Bornhöved in Szene gesetzt und entsprechend beschriftet.

Graf Adolf IV. von Schauenburg wirkte in der Tat segensreich für Hamburg und trug als Bauherr viel zum Aufblühen dieser Stadt bei. Den Standort der alten Alsterburg stiftete er 1227 als Bauplatz für ein Dominikanerkloster St. Johannis. Er bestätigte die Schenkung der Kirche St. Nikolai an das Domkapitel. Schon im darauffolgenden Jahr revanchierte sich gänzlich unerwartet der Erzbischof mit der Übergabe der Altstadt an den Schauenburger (1228), übrigens sehr zum Ärger seiner Nachfolger, die sogar den Heiligen Stuhl für eine möglichst nachdrückliche Widerrufung dieser Übergabe bemühen sollten (1258).

Im Jahre 1239 trat Adolf ins Maria-Magdalenen-kloster ein, ohne sich damit allerdings endgültig aus der Politik zu verabschieden. Darüberhinaus stiftete der gläubige Mann im Jahre 1245 die Klausurgebäude der Domimmunität. Dieser Impuls, so wird vermutet, mag den Erzbischof von Bremen, Gerhard II., bewegt haben, durch einen Aufruf im Jahre 1248 den Neubau der Domkirche in Gang zu setzen, der erst 1329 abgeschlossen wurde. Zur Betreuung von Kranken und Kindern fügte er 1254 ei-

nen Kovent der Beginen, „blaue Süstern" genannt, seinen kirchlichen Stiftungen hinzu.

Hatte Hamburg bereits unter den Dänen um 1220 sein erstes Stadtrecht erhalten, das bezeichnenderweise schiffahrtsrechtliche Bestimmungen einbeschloß, verdankte es diesen, wie wir bereits gesehen haben, ebenso sein erstes gemeinsames Rathaus, das an der Ecke Kl. Johannisstraße/Dornbusch als ein einfaches langgestrecktes Ziegelgebäude entstanden war. Dem Rat gehörten ca. 30 Mitglieder an, an dessen Spitze zwei Bürgermeister jährlich alternierend tätig wurden. Der ständig zunehmende Handel mit Lübeck machte es notwendig, daß im gleichen Jahre den Kaufleuten beider Städte in Lübeck und Hamburg gleicher Rechtsschutz und gleiche Sicherheit der Handelsware garantiert wurden. Seit jenen Tagen datiert Hamburgs Ruf als „Brauhaus der Hanse". Es begann damals mit der Produktion von Weizen- und Weißbier — „vorhero ist selbiges röthlich gewesen" (1233). Zu diesem Zweck verbesserte es die Getreidezufuhr aus der Mark Brandenburg, indem es den märkischen Kaufleuten durch stufenweise gewährte Zollerleichterungen bei Transitwaren besonders günstige Handels- und Aufenthaltsbedingungen im hiesigen Hafen bot (Dezember 1236 und 1238). Von dort passierten Hamburg Weizen und Roggen, Kupfer, Pech und Asche, Blei und Zinn nach Flandern, während aus Westen Heringe, Leinwand, Herings- und Schweineschmalz zurückgeliefert wurden. Stets waren bei diesen Zollabkommen Adolfs IV. Heinrich von Barmstedt und Georg der Vogt sowie weitere Bürger von unserer Seite zugegen, die wir in dieser Funktion als sogenannte Wittigesten ansehen dürfen. Sie waren für Einhaltung der Marktordnung zuständig. Der Vogt entschied über Leben und Tod.

Angesichts der schon zuvor angesprochenen Expansion des Getreidemarktes wird es verständlich, daß die Niedermühle (1195) bald nicht mehr ausreiche und 1245 eine weitere Mühle erforderlich wurde, die Obermühle. Für sie mußte das Wasser mit Hilfe des „Oberdamms" gestaut werden. Damals entstand der für Hamburgs Stadtbild so großartig wirkende Stausee, die Außenalster. Übrigens schon wenige Jahre nach dem Tode des Grafen sollten die Niedermühle und auch die Obermühle (1283) in den Besitz der Stadt gelangen. Die Getreidehändler bezahlten den Müller, indem sie ihm ein Zwanzigstel des gemahlenen Getreides überließen.

Umfangreiche Wasserbaumaßnahmen des 13. Jahrhunderts formten die äußere Erscheinung des mittelalterlichen Hamburg in charakteristischer Weise.

Den Siedlern in der Alstermarsch südlich der Neuen Burg und auf den zur Altstadt gehörenden Inseln Cremon und Grimm war die Einpolderung dieser weiterhin hochwassergefährdeten Gebiete zu verdanken. Als Baumaterial für die Deiche diente der Aushub aus neu angelegten Fleeten, die zur Entwässerung der Marscheninseln notwendig waren und das in der Natur vorhandene Deltasystem noch um einige künstliche Kanäle, die Wettern, ergänzten. So entstanden als funktional absolut unentbehrliche Entwässerungskanäle zur Besielung der Marscheninseln das Rödingsmarkt- sowie das Deichstraßenfleet, wobei das letztere gleichzeitig als erster Wallgraben der Stadtbefestigung diente.

Um 1240 wurde nicht nur der an anderer Stelle bereits erwähnte Stadtdeich angelegt, bei dessen Errichtung der kanalartige Oberhafen entstanden war und nunmehr eine Verbindung zur Bille herstellte. Auch an der damaligen Südgrenze der Stadt mußte vom Winserbaum bis zur Hohen Brücke auf der Linie Dovenfleet, Bei den Mühren bis zum Binnenhafen ein Deich aufgeworfen werden, bei dessen Errichtung ebenso ein gefährlicher Priel zum schiffbaren Kanal ausgebaut wurde und überdies noch eine weitere nützliche Funktion erhielt. Die Räumkraft des von der Bille in den Oberhafen einwirkenden Stromes reichte zur Erhaltung der Solltiefe des Binnenhafens vor der Alstermündung.

Deiche begleiteten die Alster bis hinauf zur Neuen Burg. An ihren Außenseiten waren sie mit Bohlwerken leicht zu Ufermauern oder sog. „Vorsetzen" auszubauen. Ferner lag es nahe, das aus zwei Teilen zusammengefügte Hamburg, die auf beiden Seiten des Nikolaifleets sich entwickelnde Hafenstadt, durch eine über die Deichkrone laufende Stadtmauer zu schützen.

Das keilförmige Gesamtgebilde erhielt tatsächlich eine Ziegelmauer. Damit wurde der obere Teil des Alstertiefs als Hafen in die Stadt geholt. Von rechts und links führten die einmal die Neustadt und zum anderen die Cremon-Insel einbeziehenden Mauerteile auf jene Stelle zu, wo die Alster in den später so bezeichneten Binnenhafen mündete, und endeten hüben wie drüben in einen Turm. So entstand an der Hafeneinfahrt eine recht repräsentative Toranlage. Die Substruktionen der Türme kann man übrigens gar nicht übersehen, wenn man einmal die zahlreichen historischen Darstellungen der Alsterfleetmündung durchmustert.

Um den Geschäftsverkehr zwischen Cremon-Insel und Neustadt zu verbessern und auch um im Verteidigungsfalle die Beweglichkeit hinter der Stadt-

mauer sicherzustellen, überspannte bald nach der Fertigstellung (1240) eine Holzkonstruktion, die „hoge brügge", den Alsterfluß an diesem Hafentor. Sie mußte, wie der Name schon besagt, sehr hoch sein, um den Verkehr der ein- und ausfahrenden Schiffe nicht zu behindern. Als „altus pons" wurde sie erstmals 1260 erwähnt. Den Charakter des Alsterhafens vermag man sich am leichtesten vorzustellen, wenn man die bogenförmig in die Stader Altstadt hinein- und halb um den Burgberg herumführende Schwinge vor Augen hat. Der Alsterhafen war allerdings weit größer und bot einer Vielfalt kleinerer Kauffahrteischiffe Platz und Schutz. So zum Beispiel den Oberelbekähnen, hier „Arken" genannt, der märkischen Kaufleute, deren Transitfrachten für Flandern hier auf seegehende Schiffe umgeladen werden mußten, die grundsätzlich „coggones", also Koggen genannt wurden. Daraus folgt übrigens, daß seit Inbetriebnahme des Alsterhafens auch Speicher zur vorübergehenden Unterbringung des Getreides und anderer Handelswaren vorhanden sein mußten und darüber hinaus die notwendigen Ladevorrichtungen nicht fehlen durften.

Mit dem Anwachsen Hamburgs vermehrten sich die Probleme der Verwaltung. Von 1248 an wurden Grundbesitz und kaufmännische Schuldenverhältnisse vom Rat aktenmäßig verbucht, ab 1274 der besseren Übersichtlichkeit wegen sogar nach Kirchspielen getrennt, um rechtsverbindliche Unterlagen für den Fall juristischer Streitigkeiten zur Hand zu haben. In Listen wurden ferner die Namen derer erfaßt, die das Bürgerrecht besaßen. Und um den Bürgern eine allgemein verständliche Gebrauchsanweisung zur Handhabung ihres Gemeinwesens zu geben, wurde 1270 im sogenannten Ordeelbook das in niederdeutscher Sprache verfaßte Stadtrecht aufgeschrieben. Besondere Rechte zur Führung des Gemeinwesens räumten die Bürger einem ‚Bürgerausschuß' ein, den die weisesten, die sogenannten ‚Wittigesten' bildeten. Da vernichtete das aufblühende Gemeinwesen ein in Schriftquellen und auch durch eine dicke Brandschicht in Ausgrabungen mehrfach nachgewiesener Flächenbrand 1284 nahezu vollständig. Inwieweit gar der Neubau der Domkirche durch das Feuer zurückgeworfen oder gar verzögert wurde, läßt sich nicht näher bestimmen, doch sind beim Abbruch des Turmes (1804–1807) die von einer Brandschicht herrührenden Spuren gesehen worden.

Diese Brandschicht, welche bei archäologischen Untersuchungen sowohl südlich als auch südwestlich des Dombereiches und ferner auf dem Areal der „Neuen Burg" angetroffen wurde, macht eine

Katastrophe sichtbar, die nur dem Großen Brand von 1842 an die Seite gestellt werden kann. Sie hat freilich eine aufrecht dastehende Stadt, durch Bauideen Graf Adolfs IV. von Schauenburg wesentlich geprägt, vernichtet und unter sich begraben. Geblieben aber sind Strukturen, die durch das Aufstauen der Alster, das Aufgraben der Fleete, die Schaffung der Straßen, Brücken und der alles umfassenden Stadtmauer den Grundriß des mittelalterlichen Hamburg mit chiffrehaften Zügen gekennzeichnet haben.

Die Atmosphäre
von Kuhmilch und Gerstensaft

War Hamburg bis 1261 noch gänzlich durch die ökonomischen und städtebaulichen Unternehmungen Adolfs IV. von Schauenburg geprägt gewesen, zeigte es in den letzten vier Jahrzehnten schon eigenwilligere, geradezu emanzipatorische Züge. Nicht nur die Mühlen kauften sie den Nachfolgern des Grafen ab, auch das Befestigungsrecht an der 1262 erstmals erwähnten Stadtmauer wurde bald auf die Bürger übertragen. So verwundert es nicht, daß die Anerkennung des gräflichen Stadtherrn mehr und mehr sich auf formale und repräsentative Aspekte beschränkte.

Wir dürfen an dieser Stelle übrigens nicht weitergehen, ohne noch eine Bemerkung über die Entwicklung der Kirchspiele hinzuzufügen. Neben St. Petri, St. Nikolai und Katharinen wurde 1254 erstmals eine Kapelle im Osten der Stadt erwähnt, St. Jacobi. Sie war zur kirchlichen Betreuung der Fuhrleute und Bauern, der Handwerker und in den Töpfereien vor der Stadtmauer tätigen Manufakturarbeiter gerade am richtigen Platz gegründet worden.

Mit dem Wiederaufbau nach dem Brand von 1284 entstand nun am Neß das neue Stadtzentrum Hamburgs mit einem Rathaus, dem Gericht, der Münze, der Waage und dem Zoll. Hamburg zählte damals an die fünftausend Einwohner. Es entwickel-

Abb. 37 Holzgebäude von der Marscheninsel.

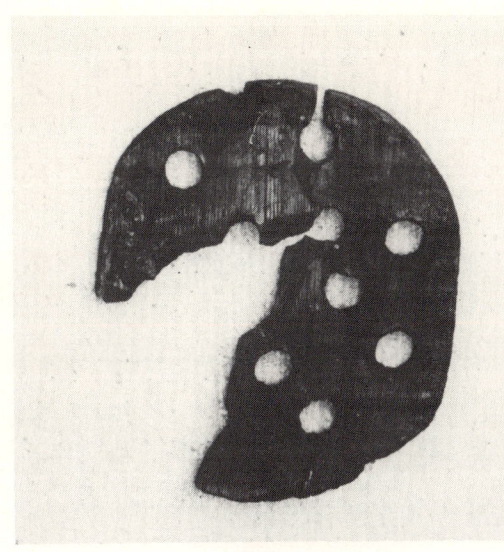

Abb. 38 Lochplatte aus einem Butterfaß.

„Hanse" verstanden wird. Wichtigster Exportartikel, wir sagten es bereits, wurde das Bier, von dem Hamburg bald weit mehr als Bremen zu produzieren und zu liefern imstande war. Mit allmählicher Steigerung des Bierexportes fanden zahlreiche Böttcher in Hamburg Arbeit, die sich in der Nähe der Brauereien an den Fleeten niederließen. Das älteste Hamburger Schiffsrecht aus der zweiten Hälfte des 13. Jahrhunderts und aufgeschrieben zwischen 1299 und 1302 spiegelt nicht nur die Vielfalt der Importe und Exporte sowie der Schiffahrtsrouten wider, sondern spricht auch über Hafenverhältnisse, Seenotfälle und die soziale Stellung der Seeleute.

Seinen Bedarf an Grundnahrungsmitteln konnte Hamburg damals noch zum Teil aus der Produktion landwirtschaftlicher Betriebe decken, die auf den Marscheninseln arbeiteten. So kennen wir durch Ausgrabungen einen Bauernhof auf der Insel zwischen Reichenstraßen- und Gröningerstraßenfleet, die Stallungen und das Wirtschaftsgebäude in stabiler Holzbauweise ausgeführt, wie sie sich zum Betreiben der Milchviehwirtschaft eigneten (Abb. 37). An ein Wirtschaftsgebäude von 4,5 m x 6,5 m Größe lehnte sich ein Kuhstall mit einer 6,5 m langen Jaucherinne an. Berge von Kuhdung umgaben das Anwesen. Es fanden sich hier zahlreiche Holzgeräte, so die Lochplatte eines Butterfasses, ein Butterstecher mit kreuzförmiger Eigentumsmarke und anderes mehr (Abb. 38 u. 39). Daß diese ländliche Bevölkerung noch lange an abergläubischen Riten

te sich in jenen Jahren zu einer Seestadt, die als solche bald Stade überflügelte und weitreichende Handelsverbindungen aufnahm. In Amsterdam, Staveren und Dordrecht gründete es sogenannte Hansen, Sondergenossenschaften, und leistete hierdurch seinen Beitrag zur Ausweitung eines immer dichteren Netzes solcher Genossenschaften — eines Handelssystems, das als Ganzes unter dem Begriff

Abb. 39 Butterstecher — löffelartiges Holzgerät.

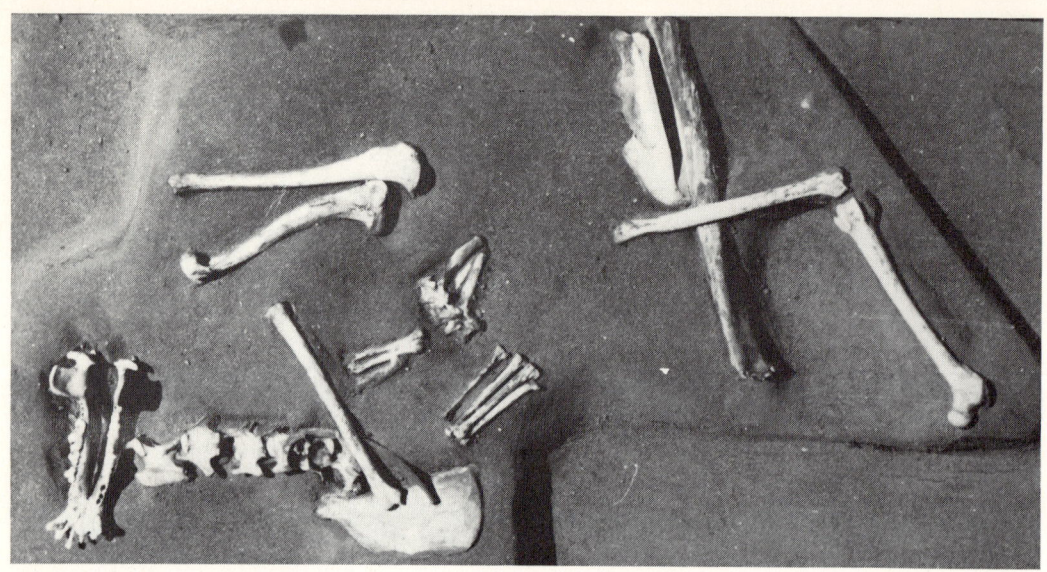

Abb. 40 Hundeopfer, gefunden unter der Türschwelle eines Hauses.

festhielt, zeigt ein Bauopfer unter dem Dielenboden des Wirtschaftsgebäudes: Dort fand sich die Beisetzung eines Hundes (Spitz, Abb. 40). Unter der Schwelle eines anderen Hauses in der Nähe hat man einen Pferdekopf entdeckt. Mit solchen Bauopfern suchte man sich gegen Katastrophen, Feuersbrünste und Überschwemmungen zu schützen. Vorteilhaft entwickelte sich ferner auf den Marscheninseln die Schweinemast, seit die Brauhäuser mit ihren Abfällen immer größere Mengen wertvoller Tiernahrung zur Verfügung stellten.

Im Laufe des 14. Jahrhunderts sollte Hamburg allerdings immer abhängiger von der Belieferung mit landwirtschaftlichen Produkten durch das Umland werden. Am oberen Ende des Nikolai-Fleets kurz vor der Trostbrücke machten beispielsweise die mit Gemüse beladenen Schiffe aus Bardowick fest. Die

Bauern verkauften dort ihre Erzeugnisse unmittelbar vom Schiff aus und auf dem Platz neben der Anlegestelle, wo später einmal die alte Börse errichtet werden sollte. Manufakturen aus der Umgebung Hamburgs deckten ferner den Bedarf an Küchengeschirr, so eine Töpferei an der Bille in Höhe der Boberger Furt, die seit Beginn des 14. Jahrhunderts über mehrere Generationen hin die Stadt mit grauer Irdenware versorgte. Zuerst stellte sie Kugeltöpfe, dann die Kugeltöpfe mit drei Füßen, die sogenannten „Grapen", her. Krüge mit Kugelboden und Fußleiste kamen hinzu, Kugelbodenschalen mit Standfüßen, Stielpfannen und Schöpfkellen. Zu Beginn des 15. Jahrhunderts mußte die Boberger Töpferei ihren Betrieb einstellen, wohl weil in der Nähe kein Brennmaterial mehr vorhanden war.

Denkmäler der Geschichte und der Politik

Immer mächtiger wurde Hamburg, das sich 1325 den gräflichen Zoll verpfänden ließ und weiterhin die Regalien des Grafen durch Erwerb der Münze bis zur Bedeutungslosigkeit schmälerte. Selbstbewußtsein kennzeichnete ebenso das Verhältnis der Hamburger zu den kirchlichen Instanzen, längst bevor Erzbischof Burchard von Bremen die Stadt 1329 betrat, um den Neubau des Domes zu weihen. Wenige Jahre vor diesem Zeitpunkt wurde zur Erinnerung an Papst Benedictus V., dessen Gebeine 999 n.Chr. nach Rom überführt worden waren, das leere Grab in Gestalt eines aus grün und weiß eingefärbten Fayence-Kacheln zusammengesetzten Schreins kunstvoll zum Denkmal erhoben. Ein Denkmal mußte her, und wenn es ein leeres Grab war (Abb. 28 u. 29), um an die große Zeit der Hamburger Kirche und ihrer Erzbischöfe zu erinnern, die als Kanzler und Kriegsherren die Macht im Himmel und auf Erden besessen und einen Papst in Hamburg gefangen gehalten hatten, als sonst noch kein Mensch überhaupt an einen Papstpalast in Avignon, wie es ihn jetzt gab, hätte denken können. Als ein Geschenk an den Hamburger Mariendom aus Anlaß einer späteren Festveranstaltung darf man gewiß auch die schöne bemalte Marienfigur aus Baumberger Kalk-Sandstein betrachten, die, woran der Stil denken läßt, vermutlich in einer westfälischen Bildhauerwerkstatt gearbeitet und vom Münsteraner Bischof gestiftet worden sein könnte. Leider besitzen wir keinerlei archivalische Nachrichten zur Provenienz dieses bemerkenswerten Marienbildes (Abb. 41).

Zugleich mit manchen anderen Baumaßnahmen wurden in Hamburg die Arbeiten an den Türmen der Petri-Kirche, 1353 der Nikolai-Kirche und 1359 von St. Katharinen, in Angriff genommen. Dem Domkapitel gestattete der Rat, auf dem „Broke" Kalk zu brennen. Gleichwohl beschränkte sich die Verwendung von Ziegelmauerwerk zunächst auf kirchliche Gebäude und Wehrbauten. Im privaten Bauwesen herrschten dagegen nach wie vor die Lehmfachwerktechnik oder Holzkonstruktionen vor.

Abb. 41 Gottesmutter aus Baumberger Kalksandstein, westfälische Arbeit um 1420. Gefunden bei Ausgrabungen in der Hamburger Domimmunität.

63

Nach den Versuchen des Domkapitels, auf das Stadtregiment einzuwirken, galt es, die rechtlich nichtigen Ansprüche des entmachteten Grafenhauses abzuweisen. „In signum libertatis", nämlich als ein Zeichen der zusammengekauften, nunmehr unveräußerlichen Freiheit, setzte der Rat 1342 in der Reichenstraße eine Roland-Statue auf. In ihr verkörperte sich die Stadt im Vollbesitz der autonomen Herrschergewalt. Trotz Urteils des kaiserlichen Hofgerichts verweigerten die Hamburger dem Grafen die Huldigung. Solange der Machtkampf währte, pflegten die Hamburger ihre Roland-Statue gut, indem sie sie alle vier Jahre neu bemalten. Erst nach

1390 erscheinen in den Rechnungsbüchern keine Ausgaben mehr für die Pflege dieses Standbildes. So muß man vermuten, daß es schließlich doch noch beseitigt wurde. Ohnehin erübrigte sich jetzt jede symbolische Provokation: Die gräfliche Vogtei gehörte mittlerweile auch zum Pfandbesitz des Rates. An die Statue in der Reichenstraße erinnerte bald nur noch der 1352 erstmals erwähnte „pons rolandi", die Rolandsbrücke, welche bis zur Auffüllung des Reichenstraßenfleets gegen Ende des vorigen Jahrhunderts Pelzer- und Große Reichenstraße miteinander verbunden hatte.

Die wirtschaftliche Bedeutung des Bierexports

Wiewohl 1350 durch Ausbruch einer Pest ein Drittel der Bevölkerung dahingerafft worden war und diese Seuche mehrfach wieder aufflackerte, erholte sich dennoch die Stadt schnell. Eine Ausweitung der Produktionskapazitäten bei den Bierexporteuren brachte einen steilen Anstieg der Konjunktur um 1365. Mittelbar profitierten wiederum die Böttcher von dieser Entwicklung. Man hat kürzlich einmal errechnet, daß ein Böttcher im Jahr etwa 1450 Tonnen herstellte, die er für einen Schilling pro Stück verkaufen konnte. Da in jenen Jahren durchschnittlich 100 Böttcher in Hamburg tätig waren, liegt die Gesamtproduktion bei 145.000 Tonnen pro Jahr, und zwar nicht nur zum Transport von Bier, sondern auch Wein, Butter, Eisenwaren, aber auch kostbare Tuche. Viel Geld gelangte damals in die Stadt, das zum großen Teil in Bauten investiert wurde. Im Jahre 1358 wird gegenüber dem alten Bauhof auf dem Wandrahm ein neuer städtischer Kalkhof erwähnt. Manche der Hausbesitzer ließen in der zweiten Hälfte des 14. Jahrhunderts Reparaturarbeiten an ihren Häusern durchführen. Um gleichzeitig den Schutz gegen Feuersgefahr zu erhöhen, zahlte die Stadt den Bürgern, welche ihre Häuser nunmehr mit Steingiebeln ausstatteten, beträchtliche Bauzuschüsse. Man hat festgestellt, daß in den Jahren 1371–1381 auf diese Weise 78 Häuser mit Steingiebeln geschützt werden konnten.

Die allgemeine Konjunkturlage führte zu einer erheblichen Steigerung der Grundstückspreise. Baugrund im Petri-Kirchspiel war schon immer teuer gewesen; hier änderte sich jetzt kaum etwas. Dagegen war eine Steigerung der Grundstückspreise im Nikolai-Kirchspiel zwischen 1381 und 1390 um 70 % festzustellen. Unvorstellbar hoch wurde dagegen mit den Grundstückspreisen im Katharinen-Kirchspiel spekuliert, in welchem aufgrund der günstigen Lage zum Wasser hin die meisten Brauereien entstanden. Bereits im Jahre 1375 wurden in Hamburg 457 Brauereien gezählt, von denen ca. 270 für die Ausfuhr produzierten. Ganz ohne Frage war die Förderung des Fernhandels das wichtigste Ziel des sich weitgehend aus Kaufleuten zusammensetzenden Rates.

So wirkte sich denn die Hanse-Politik Hamburgs zunächst recht einseitig zum Vorteil der Kaufmannschaft aus. Den neuerworbenen Reichtum auf vielfältige Weise genießbar und vor allem sichtbar zu machen, bedurfte man der Geschicklichkeit der Handwerker, die man allerdings keineswegs in angemessener Form sozial an der günstigen Entwicklung teilhaben ließ. Hier gab es bald Anlaß zum Verdruß. Als nämlich 1375 die Handwerker entsprechende Steuersenkungen verlangten, sahen sie sich einem naturgegebenen Bündnis von Rat und Kaufmannsschaft gegenüber. Darum unterlagen sie. Die Stadt hatte damals etwa 8.000 Einwohner. Den Rat verführten indessen bald die Erfolge gegenüber dem Grafenhaus zu kaum noch erträglichen Allüren, die auch der Kaufmannschaft nicht mehr paßten. Der Rat hatte damals der Verwaltung unerhörte Fahrlässigkeiten nachgesehen und wagte sich zudem mit allerlei Eigenwilligkeiten so weit vor, daß die erbgesessenen Bürger ihre Rechte ernstlich bedroht sahen. Aus Bierexporteuren und Fernhandelskaufleuten wählten sie einen Ausschuß von 60 Personen, der die Finanzen der Stadt prüfen und mit dem Rat im Jahre 1410 einen ersten Rezeß aushandeln sollte. Eine „Magna Charta" sozusagen wurde daraus, weil der Rat — aus gebotenem Anlaß — sich schriftlich verpflichten mußte, die Bürger vor willkürlicher Verhaftung zu schützen und damit erste bürgerliche Grundrechte unterschrieb. Ziel der von beiden Seiten konziliant geführten Verhandlungen war es, durch Abstellen von Mängeln das Stadtregiment zu verbessern, nicht es zu stürzen. Es gelang dem Rat, die Opposition dadurch zum Schweigen zu bringen, daß er einige der deputierten Unterhändler in seine Reihen aufnahm. Es sollte dies zum probaten Mittel für die Lösung von Schwierigkeiten zwischen Rat und Bürgerschaft werden!

Piraten und Heroen

Bereits gegen Ende des 14. Jhs. war sichtbar geworden, wie weitsichtig und notwendig es gewesen war, durch territorialpolitische Maßnahmen die Handelswege zu sichern. Gegen die Seeräuber hatten sich die Hamburger bereits 1359 bei Kaiser Karl IV. ein Privileg besorgt, welches ihnen das Recht gab, im Namen des Kaisers auf dem Grasbrook Piraten zu richten. Die Gefährdung des Handels durch Seeraub führte nämlich 1399−1401 zu einer schwerwiegenden Wirtschaftskrise, wie neuere Untersuchungen des damaligen Rentenmarktes, auf dem, um es kurz zu sagen, die Rente als zinsbringende Kapitalanlage gehandelt wurde, gezeigt haben. Seit die Vitalienbrüder aus den Wattengebieten der Nordsee heraus operierten, hatten sie nie eine so gewaltige Einbuße hinsichtlich der Schlagkraft erlitten wie durch die Gefangennahme von Störtebeker und Gödeke Michael sowie zweihundert weiteren Seeräubern (1399−1401). Gestützt auf ein Bündnis mit den Friesen auf den Wurten an der Nordseeküste, hatte Hamburg mit der Säuberung der Nordsee begonnen. Den entscheidenden Schlag führten die Hamburger Englandfahrer (Abb. 42) unter Anleitung des Ratsherrn Klaus Schoke. Schokes Expeditionen gegen die Vitalienbrüder 1399 nach Helgoland und 1401 auf die Weser finanzierte Hamburg mit 57 Mark, bzw. 230 Mark und 14 Schillingen. Aber als im Jahre 1432 der Hamburger Bürgermeister Simon von Utrecht nicht allein in Seegefechten endgültig die Piratengefahr bannte, sondern obendrein mit der Eroberung von Emden, Sibetsburg und anderen Plätzen der Territorialpolitik Hamburgs zu weiteren Erfolgen verhalf, da schrieb ihm die Fama bald auch den ersten Preis für Taten zu, an deren Erfolg er, finanziell weit geringer als Schoke von Hamburg unterstützt, nur untergeordnet beteiligt war. Simon, vermutlich ein aus Haarlem stammender Überwattfahrer und als solcher aufgrund eigener Erfahrungen mit der Taktik und den Schlupfwinkeln der Vitalienbrüder wohl vertraut, hatte im Jahr 1400 das Hamburger Bürgerrecht nach Fürsprache des angesehenen Heino Swartekop erwerben können. In Hamburg war er offenkundig wegen seiner besonderen Kenntnisse der Wattfahrwege und der Be-

schaffenheit der fürs Watt am besten geeigneten Schiffskonstruktionen sofort willkommen. Noch neunzehn Jahre zuvor hatten die Ratsherren Nikolaus Roden und Albert Hoyer für eine Reise durch die „Denebalghe" durchs Watt nach Dithmarschen einen ortskundigen Schiffer anheuern müssen. Wie sollten sie der Seeräuber Herr werden, solange es ihnen an eigenen Fachleuten gebrach? An solche Schlußfolgerungen läßt die Tatsache denken, daß laut den Hamburger Kämmereirechnungen Simon seitens des Staates nur 95 1/2 Mark und 5 Schillinge zur Verfügung gestellt wurden „ad construendum naves Simonis de Utrecht et bunte Ko et pro expedicione eiusdem navis bunte Ko", was soviel heißt: „Für den Bau bzw. die Ausrüstung von Schiffen, insbesondere der ‚Bunten Kuh' und die (Seeräuber-)Expedition mit dem Schiff ‚Bunte Kuh'".

Angesichts des Budgets, über das Klaus Schoke verfügte, kann sich der Betrag von 95 1/2 Mark und 5 Schilling allenfalls auf die Konstruktion und den Einsatz sehr kleiner Schiffe beziehen. In der Tat: Nur mit der Hilfe von Ewern und ähnlichen Plattbodenschiffen konnte es überhaupt aussichtsreich erscheinen, die Seeräuber bis hinter die Sandbänke in die Priele und Sielhäfen hinein zu verfolgen. Simon von Utrecht avancierte erst 1425 zum Ratsherren und erhielt 1426 die Prätur. Nachdem er 1429 sogar Kämmereiherr geworden war, gelangte er 1431/32 als Bürgermeister in das höchste politische Amt, das Hamburg zu vergeben hatte. Gleichwohl stand er noch zu Zeiten dieser politischen Karriere 1427 als Oberbefehlshaber gegen König Erik von Dänemark und 1432 gegen den ostfriesischen Häuptling Sibet zur Verfügung, dessen Residenz, die Sibetsburg, er in Schutt und Asche legte.

Als 1662 die Seeräuberei wieder einmal unerträgliche Formen angenommen hatte, beschwor eine Inschrift des gleichen Jahres auf einem Denkstein in der Ilsabeenkapelle der Nikolai-Kirche geradezu die Wiederkehr eines Simon von Utrecht — in ihm feierte man *den* Sieger über Störtebeker und Gödeke Michael (Abb. 43). Die rettende Tat empfahl man den Mitbürgern zur Nachahmung. Simon hatte die Kapelle 1431 gestiftet und war dort 1437 begraben

ANNO DOMINI 1437 IN DIE CALIXTI OBIIT
VENERABILIS VIR DOMINVS SIMON DEVRECHT
HVIVS CIVITATIS BROCONSVL

PIRATAS STORTBECKO VICEBIT GÖTKE MICHEL
HIC SITAE SIMONIS CONSVLIS OSSA VIDES

DISCAT BOSTERITAS MAIORVM FORTIA FACTA
SECTARI BATRIAE NE CASAT VRBIS HONOS

Abb. 42   Denkstein für den 1437 verstorbenen Bürgermeiter Simon von Utrecht.

Die hingerichtete See-Räuber Störtebeck und Gödeke Micheel.

Anno 1401. haben die Hamburger auf Pfähle gestecket; der Scharfrichter eine stattliche Silber-Geschirr so in der ger den berühmten See-Räuber so sie gerichtet / hieß Rosenfeld. Zum Schiffer Geselschafft befindlich mach: Claus Störtebeck / nebst noch einem / Gedächtnüß dieser / oder der Hamburger lassen / aus welchem Fremde und Einhei- Wichmann genannt / bey das Heilig- rühmlichen That (welche Ehre / nächst müsse die Gesundheit zu trincken pfle- Land angetroffen / worauff sie die See- GOtt / dem Herrn Simon von Utrecht / gen / und wir / daben ein Buch über- Räuber tapfer angegriffen / bey 42. Herrn Hinrich Jenefeld / und Herrn reichet / in welchen jedweder seinen Mann erschlagen / und 70. gefänglich in Claus Schacke / Raht-Männer zu Nahmen / nebst einem Gedenck-Spruch Hamburg gebracht / welche alle auf dem Hamburg / und Haupt-Leute auf den einschreiben pflegt / und solch Geschirr Brocke sind enthauptet / und ihre Köpffe Schiffen zuzuschreiben ist) hat man wird der Stürtzebecher genannt. Im selbigen Jahr sind abermahl 80. See-Räuber aufgebracht / deren Haupt-Leute waren Gödecke Micheel und Gott-fried Wichold / promovirter Magister Arcum, sie wurden gleichfals auf dem Brocke enthauptet / und ihre Köpffe auf Pfähle / zu den vorigen gestecket.

HAMBURG / gedruckt und zu bekommen bey Nicolaus Sauter / auffm Schaarsteinweg.

Abb. 43 Flugblatt zur Erinnerung an die Hinrichtung Störtebekers und Gödecke Michels vor 300 Jahren, um 1700.

worden. Als 1661 das Grab wieder verändert wurde, erneuerte man den Grabstein, indem man in das
Wappen Simons statt des vorhergehenden ein mo-
dernes, hochbestücktes Kriegsschiff einmeißelte, gerade wie man es 1662 gebraucht hätte. Durch eine
testamentarische Stiftung hatte Simon von Utrecht
der Stadt Geld vermacht, von dessen Zinsen je nach
Erfordernis Konvoischiffe gebaut werden konnten
— zum Schutze der Kauffahrtei. Die hamburgische
Geschichte verzeichnete nach Adolf IV. und Heinrich von Schwerin — sozusagen den Dioskuren von
Bornhöved — bereits ihren dritten Heroen.

Ein Abbild des Alltags

In den Werken Meister Bertrams spiegelt sich sozusagen die ‚Butterseite' des bürgerlichen Alltags wider: Auf dem Buxtehuder Altar und auch dem sogenannten ‚Grabower Altar', den er 1379 als Hauptaltar für die Petri-Kirche geschaffen hatte, ist biblische Geschichte in die Gegenwart transponiert worden. Gewänder, Tischsitten, das Tafelgerät, all dies entspricht der Wirklichkeit des ausgehenden 14. Jahrhunderts. Da sieht man die graue Gebrauchskeramik der Boberger Töpferei stehen, zum Abendmahl trinken die Jünger aus hübschen kleinen Holzbütten, wie wir sie aus den Hamburger Altstadt-Ausgrabungen zur Genüge kennen. Es fehlen auch nicht die schlanken, sogenannten Jacoba-Kannen, ein feines rheinisches Importgeschirr. Das weißgraue Steinzeug mit glänzend rötlich geflammter Lehmglasur wurde von Siegburg aus in großen Mengen nach den Niederlanden, aber eben auch nach

Hamburg verkauft. Viele dieser Kannen fanden sich bei Ausgrabungen an der Mönckebergstraße und ebenso an der Niedernstraße. Holzteller, wie sie Meister Bertram abbildet, produzierte eine Drechslerwerkstatt an der Niedernstraße. In der Nähe etablierte sich im Laufe des 15. Jahrhunderts eine Töpfereiwerkstatt, welche die Boberger Formen weiterentwickelte. Hier sei nun auch gleich eine Schuhmacherwerkstatt angeführt, deren Produkte 1926 bei Ausschachtungsarbeiten für das Gemeindehaus St. Petri in einer sehr tief liegenden Schwindgrube entdeckt wurden. Diese Werkstatt arbeitete etwa vier Generationen lang vom ausgehenden 14. Jahrhunderts bis etwa 1500/20 an dieser Stelle, wie die erhaltenen, recht unterschiedlichen Schuhmodelle zeigen (Abb. 44). All dies findet sich in den Schausammlungen des Museums für Hamburgische Geschichte.

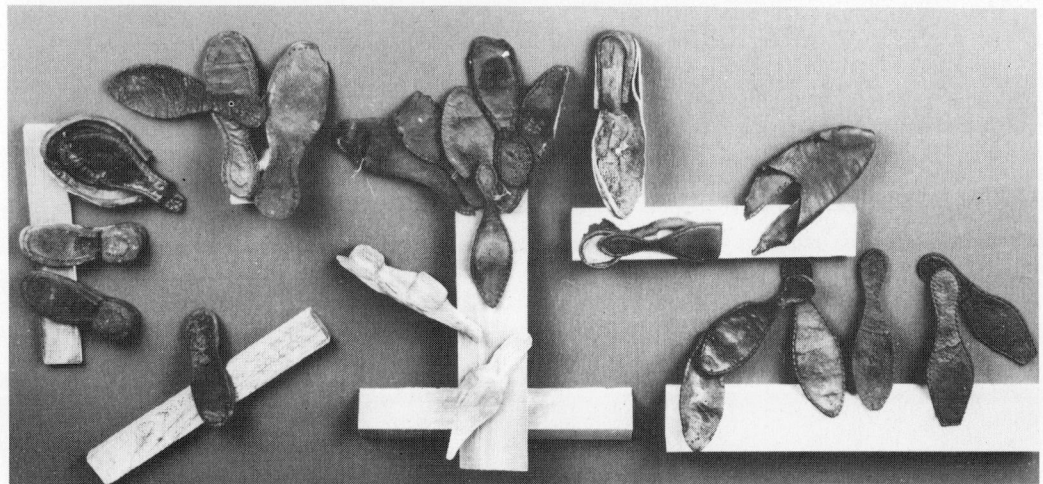

Abb. 44   *Lederreste aus einer Schuhmacherwerkstatt. Abfälle aus einem Brunnen, der unterhalb des St. Petri-Pastorats freigelegt wurde.*

Sicherung von
Land- und Wasserwegen

Hamburg leistete im Laufe des 15. Jahrhunderts manches, um mit Hilfe hoher Investitionen eine günstigere Nutzung seiner territorialen Erwerbungen zu erreichen: Die Gose- und die Dove-Elbe wurden eingedämmt, die Marschen im Bereich der Oberelbe durch Deiche geschützt (1441). Nach Norden baute man unter Aufwendung geradezu ruinöser Investitionen den Alster-Trave-Kanal aus (Abb. 45), der sich zwar im Schiffsverkehr nach Lübeck fast gar nicht, dagegen über Jahrhunderte durch Beschleunigung und Verbilligung der Kalktransporte von Segeberg her wenigstens auf einer Teilstrecke bewähren sollte — sie verkürzte den Landweg über Otternkolk, Süllfeld bis Stegen beträchtlich. Schon 1465 wurde ein Vertrag mit dem dänischen König über Kalklieferungen geschlossen. Von größtem

wirtschaftlichen Nutzen erwies sich freilich die Sicherung des Schiffsverkehrs auf der Elbe durch Auslegen von Tonnen und Baken zur Kennzeichnung des Fahrwassers. Gestützt auf ein vermeintlich uraltes Zollprivileg, das Adolf III. 1189 neben tatsächlich erwirkten Rechten für seine Handelsniederlassung in der Alsterschleife Kaiser Barbarossa abgerungen haben sollte, verlangte Hamburg ab 1450 die alleinigen Stapelrechte auf der Elbe, die es trickreich 1482 mit einer auf 1465 zurückdatierten Scheinurkunde des Grafen sowie durch ein päpstliches Privileg von 1489 nochmals untermauerte. In der zweiten Hälfte des 15. Jahrhunderts wurde Hamburg allmählich zum überhaupt wichtigsten Umschlagplatz für Getreide.

Abb. 45 Mellenburger Schleuse am Alster-Trave-Kanal. Foto Carl Ritters (1926).

„Unser Strom" –
die annektierte Elbe

Es liegt keineswegs in der Absicht dieses Unternehmens, den Leser bis zur Atemnot durch die Jahrhunderte unserer Geschichte zu treiben. Es sei daher erlaubt, einen Augenblick lang bei einem erholsamen Thema zu verweilen. Fast kommt es schon einer Einladung zu einer Schiffsreise auf einer Kogge gleich, wenn ich es etwa „Zu Schiff nach Hamburg in der Hansezeit" formulieren würde. Sinnvoll wäre ein solcher Ausflug gewiß. Denn hier geht es vor allem um eine einleuchtende Darstellung der hansezeitlichen Navigation, die man wahlweise theoretisch einschläfernd anbieten oder praktisch nachvollziehbar gestalten kann.

Beginnen wir einschläfernd: Die wissenschaftliche Neugier unserer Tage gibt keine Ruhe. Sie fragt weiterhin danach, mit welchen navigatorischen Hilfsmitteln ein Schiffsführer den richtigen Wasserweg über das Meer von einer Hansestadt zur anderen theoretisch ausfindig machen konnte. Die Archive haben mittlerweile viel Quellenmaterial — Seekarten, Segelanweisungen etc. zur Beantwortung dieser ersten Frage preisgegeben. Leider suchen wir weniger erfolgreich nach Erfolgsmeldungen, die eine zweite Frage positiv bestätigen, ob denn auch in der Praxis das Schiff in jedem Falle seinen Bestimmungsort erreicht hat. Hier kann die Archäologie weiterhelfen, indem sie die Wrackfunde der Hansezeit, wo immer sie auftreten, registriert, untersucht und sie zu den uns aus den Schriftquellen bekannten Schiffahrtsrouten in Beziehung setzt. Diesen Weg beschreitet der dänische Gelehrte Ole Crumlin-Pedersen, indem er systematisch die schlechteren navigatorischen Eigenschaften der flachbödig konstruierten Kogge, die den Wattengebieten der Nordsee entstammt, gegenüber den gleichzeitig wesentlich schärfer gebauten Wasserfahrzeugen skandinavischer Schiffsbautradition nachweisen kann.

Aber ich versprach einen Einstieg in die Praxis: Ich schlage dem Leser eine Reise auf einer Kogge von Bergen über die Nordsee zur Deutschen Bucht vor, damit ihm die Gefahren für Leib und Leben, aber auch der Segen, der von Hamburg aus durch Seezeichen und andere Hilfsmittel verbesserten Ansteuerung der Elbmündung anschaulich werden. Unser Reisefahrzeug: eine flachbödige Kogge, ähnlich der bei Bremen gefundenen, 1380 gebauten und gleich nach Fertigstellung gestrandeten. Ihren ersten Seeunfall könnten Sie miterleben, falls die Reise gerade in das Jahr 1435 fiele und Ihr Schiffsführer einen Kurs parallel zur Dithmarscher Küste in Richtung Elbe steuern würde. Aus seinen Segelanweisungen würde er entnehmen, daß er, sobald er den Kirchturm der Meldorfer Kirche backbordvoraus erblicken würde, diesen unbedingt in möglichst weitem Abstand, aber doch in Sichtweite backbord liegenlassen und passieren müsse.

Nun, der Kapitän hätte sich die Augen reiben können und wäre bei Westwind schnell auf Legerwall und in den Schlick der Watten geraten, denn der Kirchturm war nicht da — er war gerade abgebrannt. Das Kirchspiel Meldorf hatte damals nicht Geld genug und wandte sich darum mit einem Gesuch an Hamburg. Man erbat einen Kostenzuschuß zur Wiedererrichtung des Turmes, da dieser doch, so wörtlich, „allen zur Elbe segelnden tüchtigen Kaufleuten eine Landmarke gewesen" sei. Diese Funktion hatte der „Meldorfer Dom" de facto seit seiner Errichtung als steinerne Basilika um die Mitte des 14. Jahrhunderts gehabt, so daß er auf allen guten Seekarten späterhin verzeichnet wurde, so auch auf der hier abgebildeten „Caerte van Oostlant" des Cornelis Anthonisz (1499—1557) in der 2. Ausgabe, Antwerpen 1560 (Abb. 46). Diese Karte ist uns für eine erste Orientierung sehr nützlich, weil wir auf ihr die Bauernrepublik Dithmarschen, ebendort Meldof mit seiner Kirche, gegenüber das Land Kedingen, das Land Hadeln an der Elbmündung und an der Wesermündung das Land Wursten kennen. Wir finden ferner vor: Helgoland, die Insel Neuwerk, die Städte Stade, Hamburg und Lübeck und den Elbe-Trave-Kanal, der Hamburg und Lübeck miteinander verbindet.

Wir setzen unsere Reise ohne Seeunfall fort, jedoch in dem beruhigenden Bewußtsein, daß auch

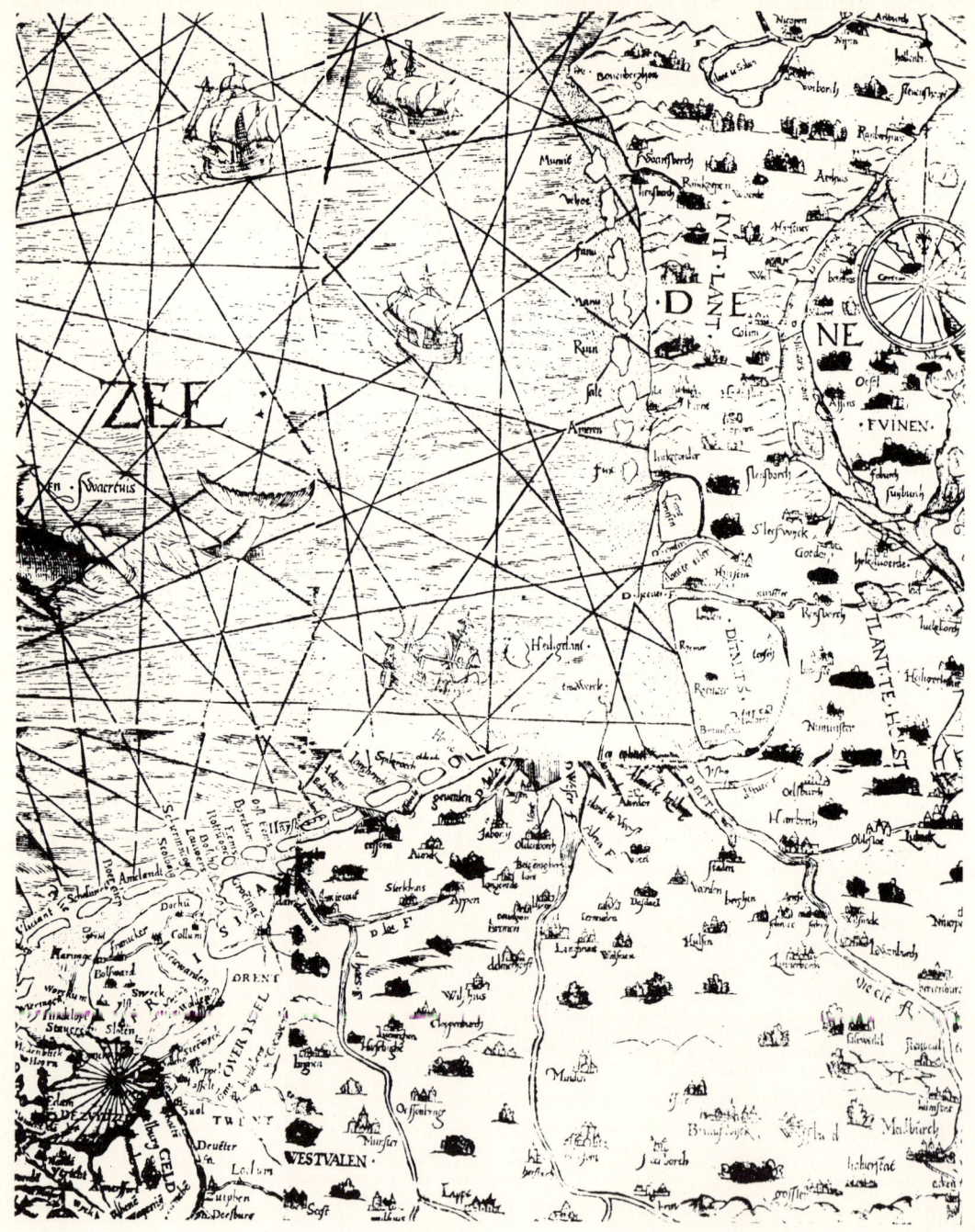

Abb. 46 Cornelis Anthonisz: „Caerte van Oostlant", Bibliotheca Augusta in Wolfenbüttel.

bei einer Strandung wir nicht zum Freiwild von Dithmarscher Strandräubern hätten werden können. Hamburg und Lübeck, die bereits 1255 in einem Seerechtsabkommen ihre bis dahin noch unterschiedlichen Rechtsauffassungen miteinander abgeglichen hatten, konnten 1306 mit Dithmarschen einen Vertrag zum Schutze der Handelswege erwirkten, der auch das sogenannte Strandrecht für Dithmarschen außer Kraft setzte. Im Jahre 1309 war ein entsprechendes Abkommen zur Sicherung der Elbschiffahrt mit der damals sehr bedeutenden Handelsstadt Stade geschlossen worden. Auf ähnliche Weise hatte auch Norwegen 1294 der deutschen Schiffahrt auf Bergen Rechtsschutz bei Strandungen und gegen Strandraub gewährt.

Unser Steuermann war es gewesen, der geistesgegenwärtig das Ruder herumgerissen hatte und jetzt nach Süden hielt. Jetzt erblickt er den Turm auf der Wattenmeerinsel Neuwerk. Dieser muß auf Steuerbordseite liegenbleiben, wenn man die Elbe hinaufsegeln will. Die Hamburger hatten diesen 27 m hohen Turm als Seezeichen an der Einfahrt zur Elbe

zwischen 1300 und 1310 auf einer künstlichen Warf, einem Erdhügel, errichtet. Der Turm und eine auf Neuwerk 1462 errichtete Cape sollten den Verkehr sicher an dem unerhört gefährlichen Scharhörnsriff vorbeilenken. Die Cape hieß übrigens auch „Verdunkelungsbake", weil der Kapitän, sobald er ihrer und des Turmes ansichtig wurde, seinen Kurs so einrichten mußte, daß die Bake genau vor dem Turm zu stehen kam und als kleineres Seezeichen vor dem größeren praktisch unsichtbar wurde. Wenn der Skipper seinen Kurs genau „in Linie", also in Richtung Turm verfolgte, ohne daß aufgrund von Unachtsamkeit des Rudergängers plötzlich die Bake nach Steuerbord oder Backbord vor dem Turm auswanderte, dann stieß er alsbald unweigerlich auf die erste Tonne: die Ansteuerungstonne für das schon ab 1460 mit weiteren Tonnen und Baken gut bezeichnete Elbfahrwasser nach Hamburg. Bevor aber Seekarten mit Erklärung solcher „Baken in Linie" und ähnlicher Situationen, wie die von Christian Moller in Kupferstich gefertigte und von Wilhelm Blaeuw 1628 veröffentlichte Karte zur Verfügung

Abb. 47 Elbmündung, Ausschnitt aus der Elbkarte des Guiljelm Blaeuw, Amsterdam 1628.

standen (Abb. 47), benutzten beispielsweise die niederländischen Nautiker kleine Schattenrisse, sogenannte „Vertoonungen". Als eines von vielen Beispielen sei hier eine solche Vertoonung mit dem
Schattenriß von Helgoland auf der einen und auf der
anderen Seite der Insel Neuwerk mit ihren Seezeichen dargestellt. Solche kleinen Schattenrisse, die
auf Zetteln gezeichnet und dann je nach der einzu-
schlagenden Reiseroute hintereinander geordnet
wurden, führte der Kapitän als ein wichtiges navi-
gatorisches Hilfsmittel bei sich.

Nun, wir dürfen jetzt alle diese Zettel mit den sogenannten „Vertoonungen" wieder beiseite legen,
weil wir den Hamburger Tonnen folgen können,
welche die Südseite des Fahrwassers nach Hamburg
begrenzen. Die schon passierte Ansteuerungstonne
heißt „Hamborger Schartonne", nach dem „Olde
Scharhörn". Wir liegen gerade querab der „Dietmar
Koel-Tonne" und sehen schon scharf Backbord voraus zur Bezeichnung des „Niengrundes" die „Hamborger Botter- ", die „Mustert- " und die „up Nien-
grund" - Tonnen, die wir alle an Steuerbordseite liegenlassen müssen. Aus diesem Grunde ändern wir
unseren Kurs zwei Strich weiter nach Backbord. Mit
Hilfe dieser Tonnen wird die Reise fast zum Kin-
derspiel.

Zwischendurch muß der Kapitän Irritationen aus-
räumen, als einer der Mitreisenden das „Hochge-
richt" auf Stader Sand, ein bis 1602 hier sichtbares

mit Schädeln hingerichteter Seeräuber bestücktes
Rad für eine normale Bake hält. Sehr genau finden
wir es abgebildet auf einer Elbkarte des Jahres 1555.
Doch dann heißt es wieder sorgfältig aufpassen, weil
nunmehr vor Blankenese zwischen zwei spitz bis zur
Strommitte vorspringenden Sandbänken — wir finden sie auf Wilhelm Blaeuws Karte — ein Nadel-
öhr gefunden werden muß (Abb. 48). Wenn nur
nicht gerade dort der ohnehin schwache Südwest
aussetzt und wir ohne Ruderwirkung vom auflaufenden Wasser auf den Sand getrieben werden! Wir
haben Glück, es brist gerade etwas auf, sicher passieren wir bei der „Tonne vor der Este" das Nadel-
öhr, schaffen den Bogen um die Sandbänke zwischen Nienstedten und Neumühlen, an Altona vorbei und erkennen schon, diesmal ohne Hilfestellung
des Kapitäns, die Richtstätte für Seeräuber auf der
Nordspitze des Grasbrook vor der Einfahrt in den
Hafen. Auf der Reede vor den Kajen, in dem um
1300 kodifizierten Hamburger Schiffsrecht „to dem
schore" genannt, fällt der Anker mit der Ankerbo-
je entsprechend den für Hamburg und die Elbe geltenden Vorschriften. Übrigens sind alle Mitreisenden der Auffassung, daß die Hamburger jetzt von
jedem Schiff, auch dem unsrigen, den nach dem ältesten Seezeichen „Neuwerk" so benannten „Werkzoll" mit Recht kassieren sollen, um die segensreiche Kennzeichnung des Elbfahrwassers finanzieren zu können.

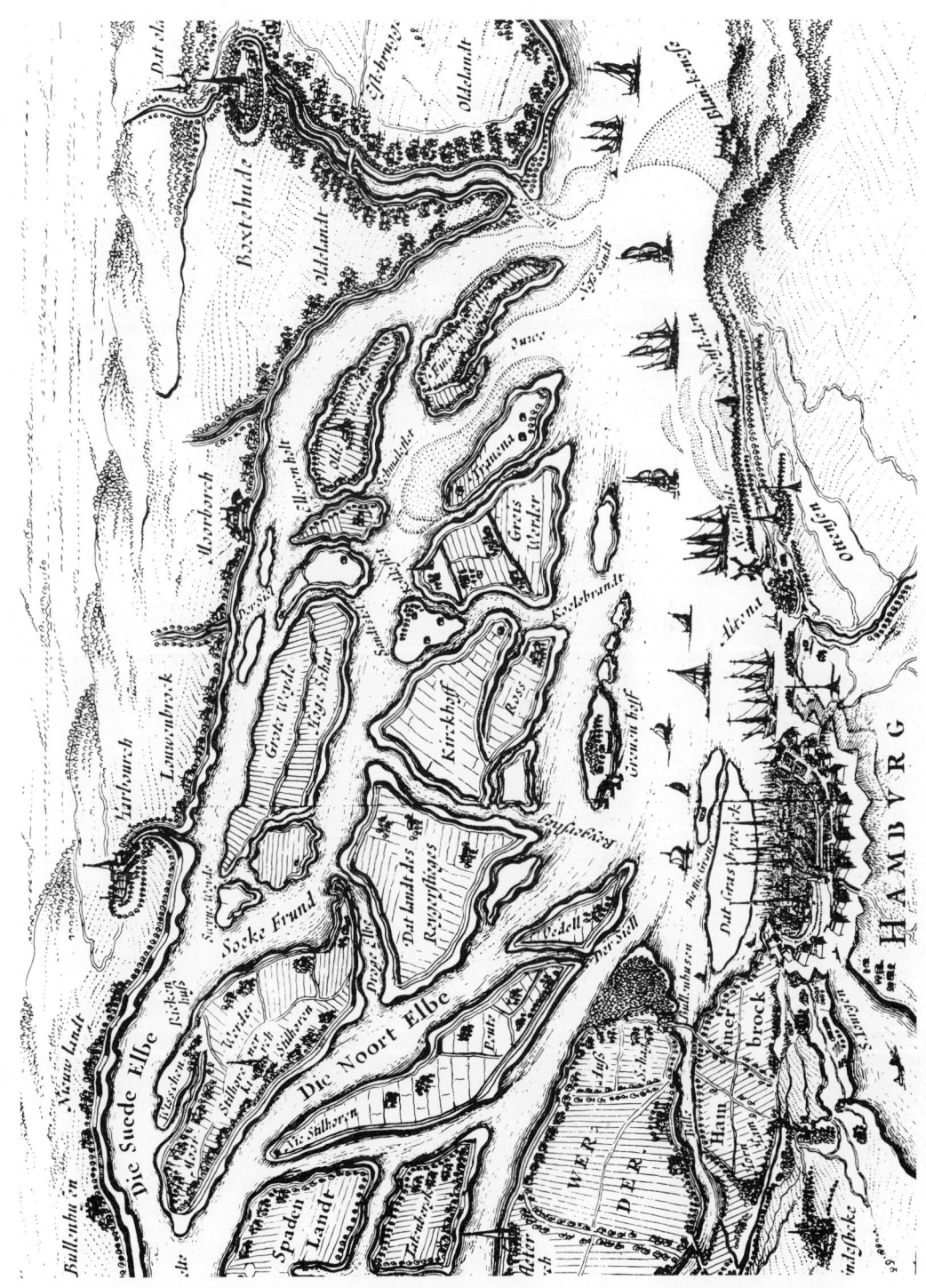

Abb. 48   Die Elbe bei Hamburg. Ausschnitt aus Wilhelm Blaeuws Elbkarte. Amsterdam 1628.

Rezeß und Stadtrecht
am Ende des 15. Jahrhunderts

Spätestens ab der Mitte der fünfzehnten Jahrhunderts zeigte die gesamtwirtschaftliche Entwicklung eher eine rückläufige Tendenz. Die Einwohnerzahl verringerte sich, das Steueraufkommen sank, die Zölle brachten weniger ein. Aus der Entwicklung des Rentenmarktes hat man ablesen können, daß es den kleinen Leuten, den Fischern, Schustern, Barbieren und Schneidern, noch am besten ging, sie konnten sogar noch Geld in Renten investieren. Dagegen mußten sich viele Handwerker verschulden, die von auswärtiger Rohstoffversorgung abhingen, so die Schmiede und insbesondere die Bäcker. Unzufriedenheit mit der Verwaltung gab bereits zu ersten Unruhen im Jahre 1458 Anlaß, die freilich noch einmal gütlich beigelegt werden konnten. Als aber dann die Arbeitsmarktlage sich weiter verschlechterte — besonders hart waren die Schiffszimmerleute, die Brauereiknechte, aber auch die Böttcher betroffen —, brachen höchst gefährliche Unruhen aus (1483). Seit 1481 war eine zunehmende Verknappung des Getreides zu verzeichnen. Auswärtige Geschehnisse waren die Ursache dafür, daß in den Niederlanden ein ungeheurer Getreidebedarf auftrat, der allenthalben in Nordeuropa die Getreidepreise in schwindelnde Höhen schnellen ließ und geradezu zur Teilnahme an Kornwucher einlud. In Hamburg stiegen die Brotpreise, so daß bald nicht nur die Ärmsten Hunger litten. Noch kritischer wurde die Versorgungslage, als 1482 der Ordensmeister von Livland ein Ausfuhrverbot für Getreide verfügte und viele Ausfuhrgebiete diesem Beispiel folgten. Manche Getreidehändler in Hamburg erlagen damals der Versuchung, das auch inzwischen

hier verhängte Ausfuhrverbot zu umgehen und zu Wucherpreisen Getreide ins Ausland, u. a. nach Island, zu exportieren. So warf man dem Bürgermeister Johann Huge vor, sich auf Kosten des Allgemeinwohls bereichert zu haben. Neuerdings ist auch ein Verdacht auf den Bürgermeister Dr. Heinrich Langenbeck gefallen, der alle Vorwürfe gegen die „rikesten und mögenhaftigsten" Kaufleute nicht sehr überzeugend zurückgewiesen hatte. Nicht ganz unverdächtig erscheint in der Tat, daß im Augenblick der allgemeinen Teuerung Dr. Langenbeck hohe Geldbeträge in den Ankauf von Renten investieren konnte.

Zum ersten Male führte die Empörung der Bevölkerung so weit, daß man dem Rat so etwas wie eine Gegenregierung präsentierte, doch fehlte es dieser an Durchhaltevermögen und Sachverstand. Der Aufstand wurde niedergezwungen. Allerdings kam es zu einem Rezeß, welcher die Einigkeit zwischen der erbgesessenen Bürgerschaft und dem Rat wieder herstellte. Die Verhandlungen führte auf seiten des Rates der Bürgermeister Dr. Heinrich Langenbeck. Ihm, dem glänzenden Juristen, wird die Neufassung des Stadtrechtes von 1497 verdankt. Innerhalb dieses Stadtrechtes fand ein sorgfältig nach althamburgischen und niederländischen Rechtsgrundsätzen ausgefeiltes See- und Schiffsrecht Platz. Herrliche, farbige Illustrationen veranschaulichen auch dem des Lesens Unkundigen die Konfliktmöglichkeiten innerhalb des Gemeinwesens und die Anwendung der entsprechenden Gesetze auf handgreifliche Art und Weise.

Albert Krantz –
ein kritischer Zeitgenosse

Bei seiner Schilderung der Unruhen in Hamburg, welche sich als Folgeerscheinungen der Getreideteuerung erklären ließen, hatte Bürgermeister Dr. Heinrich Langenbeck auf seine Stellung Rücksicht zu nehmen. Völlig unvoreingenommen hat sich dagegen ein kritischer Zeitgenosse über das Emporschnellen der Getreidepreise in Holland und die sich hieran anschließenden Wuchergeschäfte geäußert. Albert Krantz, seit 1480 ordentlicher Professor der Philosophischen Fakultät der Universität Rostock, späterhin Rektor und mehrfach Dekan, hat diese Entwicklung sehr genau beobachtet und schärfstens kritisiert, daß die Ostseegebiete trotz einiger Mißernten aus lauter Geldgier ihr ganzes Getreide exportierten und die heimische Bevölkerung darben ließen. Was er damals mit eigenen Augen sah und auch als Betroffener miterlebt hat, prägte nun ein für allemal sein erstaunlich hartes Urteil über den Kaufmannsstand: Wenn diese überhöhte Preise für ihre Waren verlangten, so würden sie sich damit herausreden, daß die Fracht auf dem Meer und auf dem Landwege durch mancherlei Gefahren bedroht sei und infolgedessen Risiken und mögliche Verluste mit aufgeschlagen werden müßten. Geldgier sei die einzige Motivation der Kaufleute, und diese Spezies gedeihe nur, sofern jeder insgeheim ausschließlich den eigenen Vorteil im Auge behalte. Solche Bemerkungen hat Albert Krantz in seinem historischen Werk „Wandalia" niedergelegt, das wie alle seine historischen Schriften erst nach dem Tode des Gelehrten im Nachlaß gefunden und veröffentlicht wurde. Albert Krantz war gebürtiger Hamburger (1448), sollte Geistlicher werden und studierte in Rostock Theologie und kanonisches Recht und unternahm allerlei Reisen, bevor er als Universitätslehrer öfter nach Rostock gelangte. Von 1486 an diente er Lübeck als Syndikus und führte als solcher für die Stadt und die Hanse Verhandlungen in allen Rechtsfragen, entwarf und schloß Verträge und Vergleiche. Niemand kannte die komplizierte Struktur des Hansesystems zu jener Zeit besser denn er. Da zog es ihn wieder zur Wissenschaft nach Mainz, wo er den Doktorgrad im kanonischen Recht erwarb. Von dort reiste er über die Schweiz nach Italien, er studierte wieder in Perugia, dann ging er nach Rom. Hier lernte er Humanisten und Historiographen kennen, die ihn stark beeindruckten und so beeinflußten, daß er selbst zum bedeutendsten Geschichtsschreiber des Nordens werden sollte.

1493 berief ihn das Hamburger Domkapitel als Lektor. Hiermit verband sich die Aufgabe, in Vorlesungen junge Theologen theoretisch und praktisch auszubilden. Albert Krantz hatte eine bequeme Amtswohnung am Schopenstehl zur Verfügung. Und über seinen Freund und ehemaligen Schüler Dr. Heinrich Langenbeck standen ihm alle Verbindungen zu den Spitzen der Gesellschaft offen.

Es konnte nicht ausbleiben, daß sich die für das Gemeinwesen Verantwortlichen schnell des Gelehrten bemächtigten, um den besten Kenner internationaler Rechtsverflechtungen, von denen der Umfang des Fernhandels abhing, mit ihren vollen diplomatischen Missionen zu beauftragen. Als Hamburg durch den Reichstag zu Augsburg 1510 der damals überhaupt nicht willkommene Status einer „Reichs-Stadt" zudiktiert wurde, war er es, der als 62jähriger hochangesehener Staatsmann 1511 sich zum Kaiserhof begab und sogar erreichte, daß das Reichskammergericht eine Klage gegen den Hamburger Rat zurückzog.

Trotz rastloser Beanspruchung durch alltägliche Aufgaben in vielen verantwortlichen Positionen hat Albert Krantz eine unglaubliche Fülle von Einzelbeobachtungen im Laufe seines Lebens zusammengetragen, ganze Bibliotheken exzerpiert und so die Grundlage für ein umfassendes historisches Werk geschaffen, das sich nach seinem Tode als wichtigste und bleibende Leistung des gelehrten Kirchenmannes erweisen sollte. Dieser Aufgabe, die Geschichte Nordeuropas zu schreiben, gehörte sein ganzer wissenschaftlicher Eifer. Mit kühler, kritischer Distanz schied er Sagen und Legenden (Abb. 49) aus der Historiographie aus. In ihm verbanden sich noch einmal die ganze moralische Kraft und

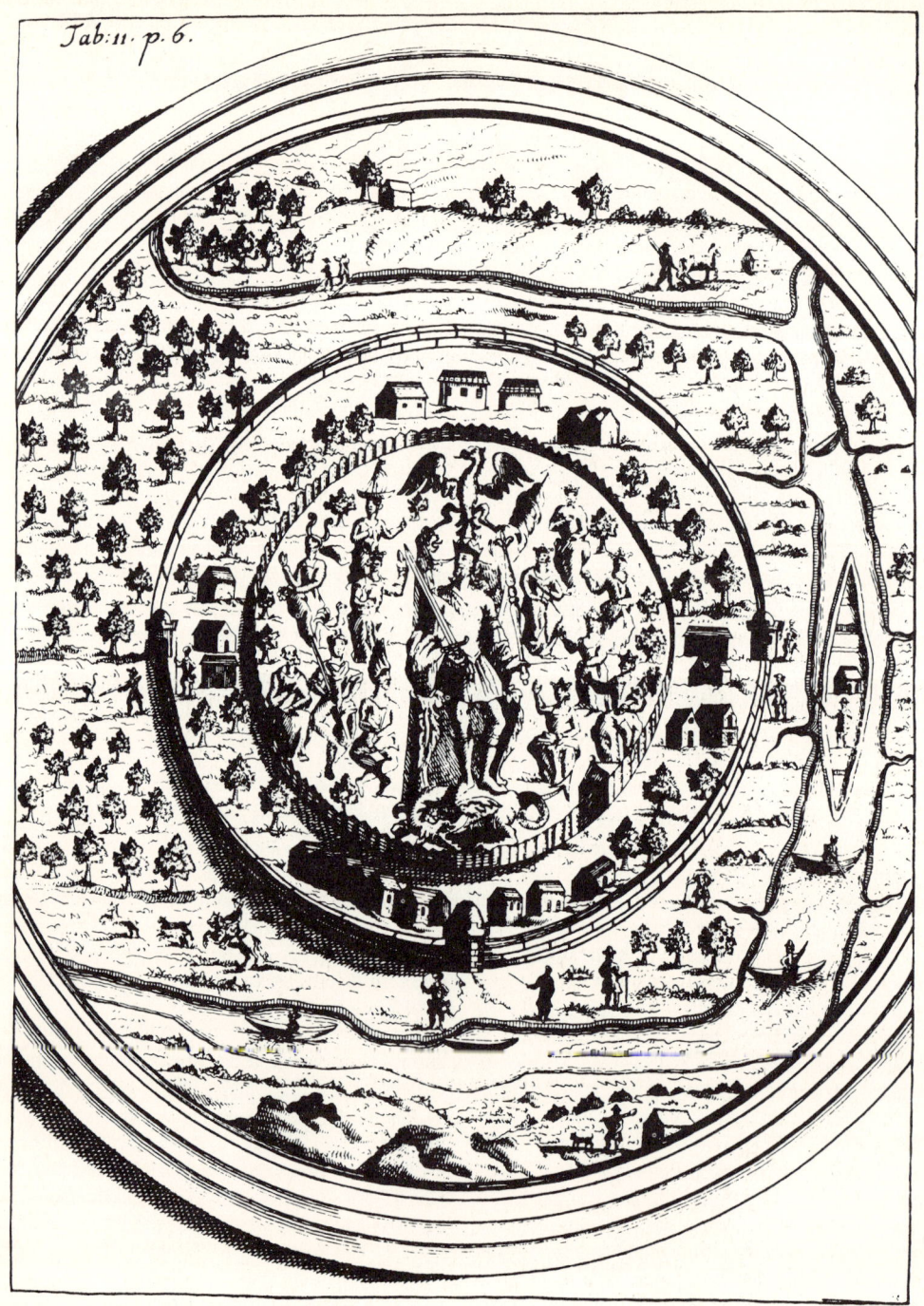

Abb. 49 Gott Hammon thronend in mitten einer Doppelringbefestigung. Mythischer Ableitungsversuch der Stadtgründung aus dem Namen „Hammaburg". Solchen und anderen Legenden begegnete Albert Krantz mit wissenschaftlich begründeten Geschichtsdarstellungen. Abgebildet bei N. Staphorst, Kirchengeschichte 1723, I. 1. Taf. II. S. 6.

humanistische Gelehrsamkeit des deutschen Katholizismus. Als Domdekan verantwortlich für die geistliche Betreuung Hamburgs, Stormarns, Holsteins und Dithmarschens bot er selbst ein leuchtendes, strenges Vorbild, dem nachzueifern die meisten der ihm Unterstellten bereits zu schwach waren. Ihm, dem treuen Sohn der Kirche, wurden noch, als er 1517 starb, Bemerkungen über die 95 Thesen Luthers in den Mund gelegt. Philipp Melanchthon gedachte seiner mit Ehrfurcht in einem Brief an den Konrektor des Johanneums, Johann Feder (1537). Und als nach erster Sichtung des wissenschaftlichen Nachlasses und der Veröffentlichung seiner Werke die Leistung dieses Mannes richtig bekannt wurde, setzte ihm, dem Heros der heimischen Historiographie, sein Nachfolger, der Domdekan Michael Rheder, im Dom einen Denkstein (1569). Heute befindet sich dieses Denkmal im Museum für Hamburgische Geschichte. Eine Inschrift erläutert die Karriere und das wissenschaftliche Werk, darüber befindet sich ein Brustbildnis, das Albert Krantz wiedergeben soll. Da wir sonst keine Darstellung des Gelehrten besitzen, ist auch nicht sicher, wieweit dieses postume Porträt ikonographisch verläßlich ist. Getroffen hat man in jedem Falle die allgemeine Vorstellung vom Universitätsgelehrten und Geistlichen, die sicherlich genauso gut auf Albert Krantz wie auf Martin Luther gepaßt hätte (Abb. 50).

Abb. 50 Denkstein für Albert Krantz (Ausschnitt), gest. 1517 in Hamburg.

Demokratische Zustände – das hätte der göttliche Platon sehen müssen!

Am Rande der Reformation führten mehr zufällige Einwirkungen zu ersten Ansätzen einer Vertretung der Bürgerschaft neben dem Rat. Soweit der geistliche Besitz eingezogen war, wurde er zwölf Armenvorstehern, auch Gotteskastenverwalter genannt, eines jeden Kirchspiels zur Verwaltung entsprechend großer Armenbezirke übergeben. Je drei von diesen, insgesamt also zwölf, traten zum Kollegium der Oberalten zusammen (1528). Und diese Instanz machte sich die Bürgerschaft zunutze, um eigene Vorstellungen und politische Forderungen in der Öffentlichkeit mit Nachdruck zu artikulieren. Doppelt soviele Bürger, jeweils 24, gehörten von jedem Kirchspiel dem nächstgrößeren Kollegium an, so daß nebeneinander zunächst die 48er und 144er, ab 1685, nach Zulassung des fünften Kirchspiels St. Michaelis, die 60er und 180er fungierten.

So wie die Aufgaben der Gotteskastenverwalter eine andauernde Tätigkeit verlangten, sollten die neuen Kollegien als Kontrollorgane bestehen bleiben. Ihnen lag es ob, Mißstände aufzuklären, notfalls für die Absetzung von Ratsmitgliedern zu sorgen. Dies wurde 1529 in dem wahrhaftig „Langen Rezeß", der in wohlgeordneter Reihenfolge die neuen Vereinbarungen zwischen Bürgerschaft und Rat unter 132 Artikeln aufführte, sorgsam festgelegt. An traditionsreicher Stätte, in dem von Adolf IV. gegründeten Maria-Magdalenen-Kloster, tagten die Kollegien, dort führten sie ihre eigenen Akten. Der Rat überließ sogar 1563 die Finanzverwaltung dem Kollegium der von der Bürgerschaft gewählten Kämmereibürger, freilich keine angenehme Aufgabe, nachdem die Staatsschulden gerade das Fünffache der Jahreseinnahmen erreicht hatten und Hamburg seit mehr denn zehn Jahren mit der Zahlung der Schuldzinsen in Verzug war. Ernstlich wurde einmal eine Straßburg betreffende Äußerung des Erasmus von Rotterdam auf Hamburg projiziert, wonach sich hier ein demokratischer Zustand zeigte, den zu erleben man dem göttlichen Platon gegönnt hätte.

Im Juli 1533 wurde nach einem Urteil des Reichskammergerichts die Wiederherstellung des Domkapitels und seine Wiedereinsetzung in alle weltlichen und geistlichen Rechte verlangt. Da suchte Hamburg zur Verteidigung der Reformation, weil nun alle Rechtsmittel ausgeschöpft waren, beim Schmalkaldischen Bund Unterstützung. Es trat ihm im Januar 1536 bei. Die Folge war für Hamburgs Haushalt eine ruinöse finanzielle Belastung gewesen, die der Bund mit sechs Sitzen für die Hamburger und hohem Ansehen honorierte. Doch hatten die Bundesmitglieder auch militärische Unterstützung zugesagt. Und als das schmalkaldische Bremen durch das Anrücken der Truppen der kaiserlichen Niederlande gefährdet war, setzten die Hamburger ihre Flotte ein und hielten der Nachbarstadt den Weg zur See frei. Ferner sandten sie ein kleines Landheer aus, insgesamt 1.250 Mann, hauptsächlich Bootsleute, aber auch 200 Reiter. Dieses Hamburger Kontingent drängte auf Kampf. Und als es tatsächlich am 23. Mai 1547 bei Drakenburg zu einem Treffen mit den Kaiserlichen kam, gab der Hamburger Elan den Ausschlag für den Sieg. Sie eroberten die kaiserliche Fahne, entführten sie in ihre Heimatstadt und hängten sie im Hause der Schiffergesellschaft auf — eine kostbar gehütete und späterhin noch viel bewunderte Réliquie des kampferprobten Luthertums.

In wirtschaftlicher Hinsicht wirkte sich die allgemeine Belebung der Nordseeschiffahrt nach dem Aufblühen der niederländischen Städte gegen Mitte des sechzehnten Jahrhunderts so recht aus. Von 1526 bis 1551 verdreifachte sich das Volumen des Staatshaushaltes in Einnahmen und Ausgaben. Freilich wäre diese Entwicklung nicht ohne die Verdrängung Christians II. von Dänemark, welcher seiner hansefeindlichen Politik wegen die wendischen Städte gegen sich aufgebracht hatte, denkbar gewesen. Christian aber hatte aus seinem niederländischen Exil heraus mit Eröffnung eines gefährlichen Kaperkrieges geantwortet. Zur Sicherheit des Handels hatte entschieden Dietmar Koels Seesieg über den Piraten Claus Kniphof und dessen 71 Gefährten beigetragen, die auf dem Grasbrook hingerichtet wurden. Aber auch Schwierigkeiten galt es zu bewältigen, so die Durchsetzung der Stapelrechte mit Hilfe polizeilicher Maßnahmen auf der Elbe. Am 15. September 1554 erhob Hamburg Klage vor dem Reichskammergericht gegen Herzog Otto von Harburg, die Städte Lüneburg, Stade und Buxtehude. Daraus ergab sich ein langwieriger Rechtsstreit über den Elbzoll. Und weil der Kaiser wiederum auch hier Hamburgs Elbhoheit unterstützte, neigte die Hansestadt immer stärker dem Status der Reichsunmittelbarkeit zu. Nach dem Tode des Hamburg freundlich gesonnenen Christian III. (1554) wandte es sich gänzlich vom alten Landesherrn ab.

Hamburg erschloß sich damals ganz neue Fahrtgebiete, fuhr nunmehr direkt England, die Niederlande, Portugal und Spanien an. Seine Schiffe bereisten alle Häfen des Mittelmeers. Unterdessen brachten die sich herausbildenden Gesellschaften der Flandern-, England-, Schonen- und schließlich der Bergen-Fahrer (1517/35) großen Reichtum nach Hamburg. Das Bier stand im Jahre 1548 immer noch vor dem Getreidehandel an erster Stelle im Export. Von zunehmender Bedeutung wurde die Islandfahrt im Hinblick auf die Einfuhr von Hering und Schwefel. Die Walfängerei dehnte sich weiter aus: am Win-

serbaum mußte schon 1612 eine neue Trankocherei eingerichtet werden.

Einen besonderen Aufschwung brachte die Aufnahme der aus Glaubensgründen vor Alba fliehenden „merchant adventurers" im Jahre 1567 mit sich, die ihren Tuchstapel von Antwerpen um so lieber hierher verlegten, als Hamburg bereit war, ihnen besondere Privilegien einzuräumen. Damit handelte die Stadt klar wider die Interessen der Hanse, die sogar elf Jahre später eine vorübergehende Ausweisung der merchant adventurers nach Stade (1578 bis 1611) durchsetzte. Zugleich mißachtete der Rat mit der Begünstigung der Engländer ein lutherisches Vorurteil, wonach Calvinisten fast genauso gefährlich wie Papisten einzustufen seien. Ferner suchte der Rat, den hier Handel treibenden Niederländern und Portugiesen eine Rechtsstellung zu verschaffen, die alle Vorteile des Bürgerrechts einbezog, ohne entsprechende Pflichten aufzuerlegen (Abb. 51). Hierüber kam es in den Bürgerschaftskonventen zu erheblichen Meinungsverschiedenheiten (1603/04), wie denn ebenfalls eine liberale Gewerbepolitik und die Erteilung von Konzessionen an Freimeister bei den Zünften sowie in den bürgerlichen Konventen

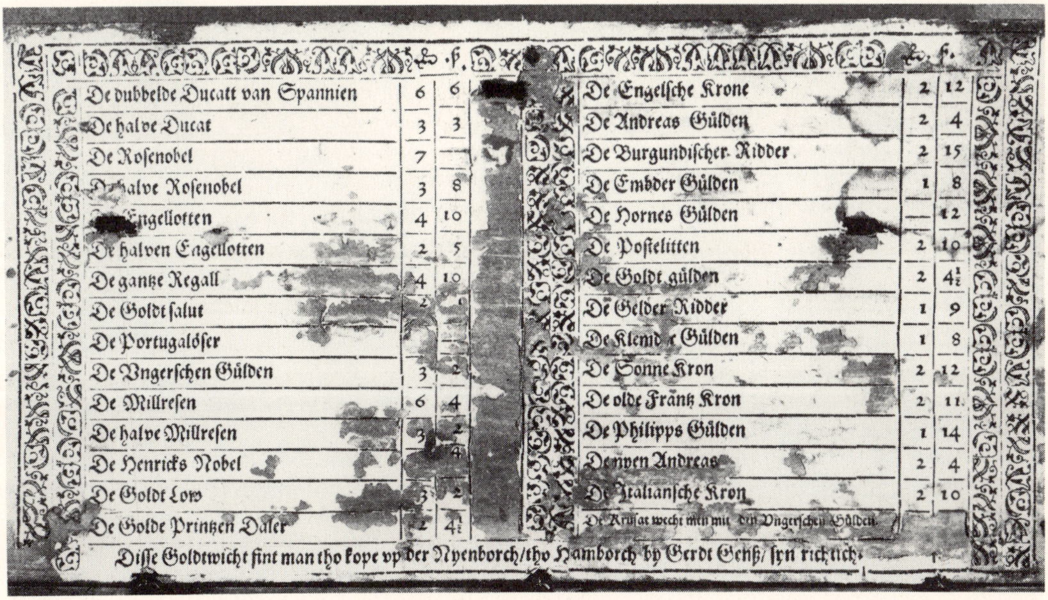

Abb. 51 Beschriftungszettel einer Goldwaage, verfertigt von Gerdt Gensz der aus seinem Amt als Eichmeister zu Antwerpen vor Alba geflohen war und eine Werkstatt auf der Neuen Burg zu Hamburg eröffnet hatte. Datiert 1590.

eine temperamentvolle Opposition hervorriefen. Gerade die Gewerbetreibenden sahen die größte Gefahr in der beruflichen Konkurrenz, welche der immer mehr sich verstärkende Zuzug der Fremden um 1600 mit sich brachte. In besonderem Maße waren an dem sich mehrenden Wohlstand Hamburgs die „sephardischen" Juden ab 1575 beteiligt, die ihre portugiesische Heimat aufgrund der unmenschlichen Verfolgung Andersgläubiger durch die spanische Inquisition verlassen mußten. Sie, die Nachkommen zwangsgetaufter Juden, erblickten in Hamburg so etwas wie das „Gelobte Land", in dem sie wieder dem Glauben ihrer Väter leben konnten.

Wir wollen nun dies für die Herausbildung neuer staatlicher Leitstrukturen so wichtige Kapitel nicht abschließen, ohne einer kostbaren Geschichtsreliquie zu gedenken, die das Museum für Hamburgische Geschichte verwahrt und dort als „Ilsabeenbecher" bestaunt wird (Abb. 52). Auf dem Fuße des Bechers findet sich eine Inschrift mit den wichtigsten Angaben zur Schenkung an das Ilsabeenhaus, ein Spital für bedürftige Witwen und Jungfern, die hier eine Altersversorgung suchten. Aus ihr dürfen wir entnehmen, daß eine Frau des Namens Wobbeke, Witwe des Bürgers Cord Werkes, den Becher gegen 1519 schenkte, um sich möglicherweise mit diesem kostbaren Gegenstand einen Platz im Spital zu erkaufen. Dem besten Kenner hamburgischer Goldschmiedearbeiten, Konrad Hüseler, gelang es, den silbernen Pokal dem Meister Dierek Ostorp zuzuschreiben, was für dessen Entstehung eine Einengung auf den Zeitraum zwischen 1515 und 1519 bedeutet. Auf dem Deckel erkennen wir nur bei genauer Betrachtung des Originals zwischen Blumenstengeln die 36 mm hohe sitzende Gestalt einer Hl. Elisabeth. Wir schließen daraus, daß schon bei Anfertigung des Prunkgefäßes das Ilsabeenhaus als Empfänger der Gabe ins Auge gefaßt war.

Seit Michaelis des Jahres 1528 soll das Gefäß der Überlieferung nach als Wahlurne gedient haben, um, einem altehrwürdigen Ritual folgend, die zwölf Oberalten zu bestimmen, die u. a. zu jenem Zeitpunkt die Verwaltung des Heiliggeist-Hospitals als auch des Ilsabeenhauses übernommen hatten. „Bei diesem löblichen Collegio sammelt man noch heute zu Tage in St. Elisabeths Becher die Stimmen, die den vorgeschlagenen Candidaten zur Ober-Alten Wahl gegeben, oder entzogen werden", weiß Staphorsts hamburgische Kirchengeschichte (Bd. IV, 1. Theil, Hamburg 1731) zu vermelden. Man kann gewiß seine Zweifel daran haben, ob tatsächlich der Becher seit Michaelis 1528 diesem wichtigen Zweck gedient

Abb. 52   Ilsabeen-Becher. Silber 1519.

wichtigen Zweck gedient hat. Aber daß er überhaupt und zumindest schon lange vor Staphorsts Zeiten so benutzt worden war und man in ihm nachträglich ein handfestes Zeugnis für die Anfänge einer hochgeschätzten Errungenschaft, nämlich der bürgerschaftlichen Vertretung sehen wollte, hat ihn tatsächlich im Bewußtsein unserer Mitbürger zu einem Symbol für die Existenzberechtigung republikanischer Einrichtungen werden lassen.

Hamburgs Hafenanlagen
im 16. Jahrhundert

Wer einen plastischen Begriff von den hamburgischen Zuständen um die Wende zum 16. Jahrhundert gewinnen möchte, dem sei noch immer das gedruckte Manuskript des Vortrages von Heinrich Reincke — ehedem Direktor des Hamburgischen Staatsarchivs — mit dem schönen Titel „Am Vorabend der Reformation" zur Lektüre empfohlen. Korruption, Sittenlosigkeit und der Niedergang der Kirche, der Verfall der Hanse bilden darin die dunklen Farbmotive zur Schilderung eines sich ausblutenden Zeitalters, während der durch Luthers Thesenanschlag gezündete Funke mit Beginn des zweiten Jahrzehnts auch in Hamburg eine hellere, durchaus als befreiend empfundene Epoche in Gang setzt. Enthusiasmus und gestalterische Phantasie ergreifen die ganze Stadt und jeden Bürger, der plötzlich nicht nur in kirchlichen, sondern auch in sozialen und allgemein politischen Angelegenheiten über die bürgerlichen Kollegien mitzureden angehalten wird. Eine so bisher nie dagewesene Solidarität zwischen Rat und Bürgerschaft, die, wie im vorigen Kapitel beschrieben, jetzt eine eigene Vertretung besaß, bildete für die Zeit der darauffolgenden Generation die wirkungsvolle Verteidigung aller mit der Reformation errungenen Wertvorstellungen.

So manchen Historikern haben übrigens die Schriftquellen nie genügt. Um den jeweiligen Gegenstand ihrer Forschungen von allen Seiten zu beleuchten, haben sie gelegentlich die verfügbaren Bildquellen mit herangezogen. Vorbilder wie diese können dazu ermutigen, einmal Pläne und Ansichten von Hamburg auf Erscheinungen durchzumustern, in denen wir Auswirkungen beispielsweise der Reformation erkennen dürfen. Und hier sind es wiederum die Hafenanlagen, welche unter diesen besonderen Bedingungen betrachtet werden sollen.

Im „Ersten Theil, zweitem Band" der Kirchengeschichte des Nikolaus Staphorst (Hamburg 1723) findet sich neben anderen frühen Hamburg-Darstellungen die mit dem Jahr 1522 bezeichnete Ansicht (Abb. 53), welche auf ein nicht mehr vorhandenes Gemälde in der Nicolai-Kirche zurückgeht. Sie präsentiert uns die Stadt in einer Zeit, da das vom Oberhafen nach Westen abzweigende Dovenfleet, hier im Vordergrund, noch als Elbe verstanden und benannt wurde und der Abschnitt zwischen Brooksbrücke und St. Katharinen noch zu Recht „Bei den Mühren" hieß. Auf gleicher Linie hatten seit der Mitte des 13. Jahrhunderts zunächst ein Deich und dann eine Stadtmauer Hamburg nach Süden geschützt. Unsere Ansicht bildet die letzte Ausbaustufe der mittelalterlichen Stadtfassade ab, nachdem gerade der Turmbaumeister Hinrich von Hannover die Turmpyramiden von St. Petri 1514/16 und Nicolai 1517/18 vollendet und der bereits seit 1434 existierenden Haube des Doms an die Seite gesetzt hatte. Wie ein Band faßt die Stadtmauer am jenseitigen Ufer die auseinanderfließende Silhouette zwischen Winserturm und Schaarkirche ein. Um die Befestigung immer sicherer zu machen, hatte Hamburg in den Jahren 1482 und 1500 insgesamt mehr als 28.000 Mark — durchschnittlich 1.500 Mark pro Jahr — ausgegeben. Dabei wurden offenbar weder das Bautor noch das Schaltor zu reizvollen Architekturakzenten genutzt. Mit besonderem Stolz allerdings wird auf dieser Ansicht unübersehbar die 1484 mit steinernen Pfeilern neu errichtete Hohe Brücke vorgeführt, flankiert von den wohl immer schon vorhandenen, 1461 erstmals erwähnten Tortürmen. Zusammen mit der Brücke und dem dahinter genau in der Mitte aufragenden Nikolai-Kirchturm bildeten sie geradezu das Stadtwappen nach. Sehr geschickt hatte als erster wahrscheinlich Hans Bornemann bei Vervollständigung der Bildtafeln des 1447 geschaffenen Heiligentaler Altars, jetzt im Museum Lüneburg, die Hamburger Wappenburg als Hafentor vor die Einmündung der Alster in die Elbe gesetzt.

Die stark übertreibende Ausweitung des Nikolaifleets zu einer breiten Wasserfläche (Abb. 53) dient der Hervorhebung des mit der Neuen Burg 1189 installierten, bis ins 20. Jahrhundert hinein von kleineren Schiffen belebten Hafens. Hier fuhren über-

Abb. 53 Hamburgs Elbseite. Kupferstich nach einem Gemälde in der St. Nikolai-Kirche, datiert 1522. Aus Staphorsts Kirchengeschichte.

haupt alle Schuten und Leichter ein, welche Waren von den größeren, auf Reede vor dem Eichholz westlich der Stadt liegenden Schiffen in der Innenstadt anliefern wollten.

Hinter dieser noch lange Zeit aus dem Stadtbild ablesbaren „Seepforte des Elbegebietes" im wahrsten Sinne des Wortes entwickelte sich zwischen Deichstraße und Cremon bis zur Trostbrücke hinauf das hansische Marktwesen zu Wasser und zu Lande. Alle wesentlichen Zentralfunktionen des Hafens waren hier angesiedelt: Waage, Kran und Zoll, welche alle Einfuhr- und Ausfuhrgüter nach einem streng gehandhabten Reglement passieren mußten. Für Streitfälle war sogleich das Niedergericht am Landeplatz zur Hand. Auch das Rathaus lag nur wenige Schritte entfernt gegenüber, falls besondere Genehmigungen einzuholen waren, alles nahe beieinander, auch der Bardowicker Gemüsemarkt neben dem Niedergericht und der Hopfenmarkt gleich hinter der Anlegestelle an der Holzbrücke. Der Maler der schönen Bilderhandschrift unseres Stadtrechts von 1497 war keineswegs genötigt, seine Motive noch weiter zu verdichten, um hansische Lebens-

wirklichkeit zwischen Kran und Niedergericht zu porträtieren (Abb. 54).

Zu diesem Zeitpunkt wurden die Enge und Platznot im Stadtzentrum schon längst als hinderlich empfunden, wie das in einer Bursprake von 1460 (45,7) mit dem Verbot „twischen deme richthuse unde deme krane" Kaufmannswaren wie Kupfergefäße, Wachs, Flachs oder Salz zu lagern, aufzustapeln oder länger liegen zu lassen, ausgedrückt wurde. Zwanzig Jahre später (Burspr. 69,17) wurde für bestimmtes dort zugelassenes Kaufmannsgut die Lagerfrist drastisch auf drei Tage und zwei Nächte begrenzt. Salzhändler, die immer wieder versuchten, ihre Ware eben dort auszuladen und anzubieten, waren bereits 1453 (Burspr. 24,3) angewiesen worden, ihr Salz möglichst direkt aus dem Schiff — in aller Regel ein kleineres Flußfahrzeug mit Klappmast — zu verkaufen.

Freilich anders als die oben bereits herangezogene Stadtrecht-Miniatur es abbildet, lagen die Kraweelen und Koggen für den Blick vom Niedergericht zum Niederhafen hinter Brücken und Türmen verborgen auf Reede vor Anker, zum mindesten die

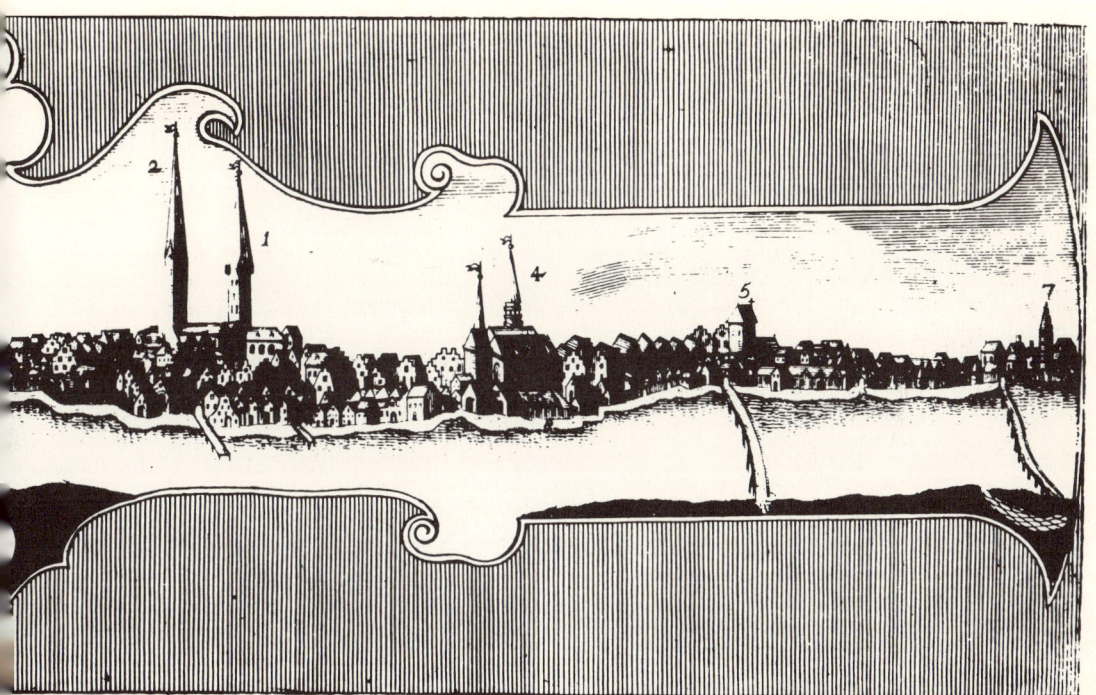

tiefergehenden Fahrzeuge, während die kleineren im Winkel von 90° nach Werfen eines Heckankers mit dem Bug vor der Stadtmauer an den Kajen und östlich der Hohen Brücke festmachten, wie wir es auf der von Staphorst benutzten Stadtansicht von 1522 beobachten können. Um aber ein Überfahren der Anker oder ein Vertörnen der Ankerleinen beim Schwoien der Fahrzeuge und zugleich recht folgenreiche Havarien zu vermeiden, mußte der Anker mit einer Boje gekennzeichnet werden (1461, Burspr. 47,1). Wer dies vergaß oder versäumte, hatte neben einer Strafe noch die Kosten im Falle der Beschädigung anderer Fahrzeuge zu tragen.

Wir wollen aber die wichtige Bildquelle jener Stadtansicht von 1522 nicht verlassen, ohne noch weitere Einzelheiten nachzutragen: Geradezu typisch in Ausnutzung des Tidenstromes bewegt sich ein Leichter unmittelbar vor der hier erstmals dargestellten Brooksbrücke, indem zwei Männer an Bug und Heck mit nur zwei Riemen das Fahrzeug in Stromrichtung halten, um im nächsten Augenblick mit dem auflaufenden Wasser treibend die Brücke zu passieren. Ferner erkennen wir zwei feste Anlegebrücken, die wie kurze Stummel unterhalb der Petrikirche und des Domes ins Wasser führen. Diese zusätzlich geschaffenen Hafenanlagen belehren uns einmal mehr darüber, daß auf-

grund der beengenden Situation im Nikolaifleet jetzt Ausweitungsmöglichkeiten vor der Stadt gesucht wurden. Außerdem brauchte man solche Brücken, um bestimmte Güter, die nur auf dem Brook gelagert werden durften — beispielsweise Schiffsmasten, Lang- und Bauholz aller Art, aber auch brennbare Güter wie Teer etc. —, mit entsprechend gebauten Leichtern überzusetzen. Zum dritten gewinnen wir mit Hilfe dieser Ansicht darüber Klarheit, daß rechts der Hohen Brücke, anders als in der älteren Literatur vermutet, noch kein Kran als Vorgängerbau des Neuen Krans vorhanden war.

Bevor Melchior Lorichs 46 Jahre später seine Elbkarte ausführen und Hamburg in einem neuen Gewande vorstellen konnte, waren wiederum die Stadtsilhouette sowie die ganze Hafensituation durch neue Befestigungswerke und zahlreiche Wasserbaumaßnahmen stark verändert worden. Die Flutkatastrophe des Jahres 1524 hatte nicht allein die tieferliegenden Wohngebiete verwüstet. Auch im Stadtdeich vor dem Winsertor hatte sie ein 60 F. breites Loch hinterlassen, das als Wehle noch lange Zeit hier sichtbar bleiben sollte.

Schon drei Jahre später mußten die sicherlich von der Flut herrührenden nachteiligen Veränderungen korrigiert werden. Für sehr viel Geld wurden gegenüber vom Grasbrook gewaltige Stacks „ad usum

*Abb. 54   Farbige Miniatur zur Eröffnung des im Rahmen des Stadtrechts von 1497 neugefaßten Schiffrechts:
„Van Schiprechte". Hamburgisches Staatsarchiv.*

Albee deducendee apud Grevenhof" in den Jahren 1527 bis 1532 angelegt, wie die Kämmereirechnungen ausweisen.

Dabei ging es vor allem darum, die volle Räumkraft des Elbstromes durch geschickte Lenkung zur Reinigung des versandeten Fahrwassertiefs vor dem Eichholz — „ad usum depes", wie es hieß — zu nutzen, wo die größten Schiffe bis dahin auf Reede ankern konnten.

Auch hier schon macht sich ein neuer, insbesondere das dritte Jahrzehnt über die ganze Stadt beflügelnder Elan eines gänzlich veränderten Lebensgefühls geltend, der sich zur Not auch über hansische Gebote hinwegzusetzen und bisher verschlossene Wege zu betreten erlaubte. Äußerst fruchtbar wirkte sich da der zwischen Rat und den in bürgerlichen Kollegien sich zu Wort meldenden Bürgern ausgehandelte Rezeß von 1529 aus. Alsbald wurde zur Erhaltung der Solltiefen im Hafen und in den Fleeten als Kontrollkommission die Düpe eingesetzt, die den Bemühungen des seit 1359 mit immer schärferen Strafandrohungen operierenden Rates (vgl. Burspr. 3,23 und 1383 7,21), den Gewässerverunreinigungen wie dem Werfen von „lastadz"(= Abfall) „in die Elve eder in dat deyp ofte mer edder hoor (= Viehmist) in de Alstere eder in de Vleth", entgegenzuwirken, jetzt endlich zum Erfolg verhelfen konnte. „Rat und Bürgerschaft wollen allen Fleiß auf Verbesserung des Tiefs auf der Elbe verwenden", wie es in Artikel 106 des Langen Rezesses heißt.

Zugleich wurden die wichtigsten Grundlagen für die Verstärkung des Island-Handels geschaffen, der durch einen von Hamburger, Bremer und englischen Kaufleuten mit dem isländischen Althing geschlossenen Vertrag beflügelt wurde. Hamburg versuchte geradezu in der Folgezeit, hier ein Monopol zu gewinnen, indem es die in Hamburg beheimateten Schiffer unter Androhung der Verweisung aus der Stadt davon abhielt, etwa außerhalb Hamburgs von anderen Städten aus Island-Handel zu betreiben. Hamburg wünschte, Mittelpunkt und Stapelplatz für die von dort eingeführten Handelsgüter, Fisch, Schwefel, Daunen, Wolle und Felle etc. zu werden. Nur drei Jahre später kamen die Englandfahrer mit der Idee, in verstärktem Maße den Handel mit englischen, noch unbearbeiteten Tuchen von Antwerpen nach Hamburg umzulenken, und gleichzeitig hier die Gewerbentwicklung zu stärken. Tatsächlich schloß der Rat, unterstützt durch die Älterleute, „zugunsten des Wandschnitts" einen Vertrag mit je einem Tuchfärber und einem Wandbereiter aus Antwerpen, die nach hier kommen sollten, um zu-

nächst für die Zeit von 6 Jahren jährlich 400 Stück englischen Tuches zu abgestimmten Preisen durch Färbung und Bereitung zu veredeln. Diese allen hansischen Verpflichtungen schädlichen, aber Hamburg in Zukunft sehr nützlichen Abmachungen zogen eine erhebliche Steigerung des Schiffsverkehrs aus London und Island nach sich.

Wir müssen aber noch einmal zu der Hamburg-Darstellung der ausgezeichnet veröffentlichten, und wiederum hier abgebildeten Lorichsschen Elbkarte zurückkehren (Abb. 55). Zunächst fällt dort die auf den Grasbrook vorgeschobene und diesen zum Teil in den Wall einbeziehende neue Befestigungslinie ins Auge. Der Ausbruch des Schmalkaldischen Krieges im Sommer 1546 und das Säbelrasseln Karls V. vor allem gegenüber den protestantischen Städten, auch der „Geharnischte Reichstag" zu Augsburg und die dort beschlossene Türkensteuer hatten Hamburg zwecks Verteidigung seines auf religiöser Grundlage neugeordneten Gemeinwesens zu ganz erheblichen Anstrengungen veranlaßt. Hamburg hatte nicht allein 111.207 Pfund im Jahre 1546 in die Kriegskasse des Schmalkaldischen Bundes eingezahlt und ein bedeutendes Kriegerkontingent gestellt. Vor allem erhöhte es für eine Rundumerneuerung bzw. Erweiterung seiner Wallanlagen drastisch die Ausgaben, die im Jahre 1547 mit 26.001 1/2 Mark den absoluten Rekord erreichten und zwischen 1548 und 1559 sich in Höhen zwischen 3.000 und 16.000 Mark bewegten. Deswegen hat Lorichs den Wall und die Rondelle als die jüngsten Errungenschaften zum Schutze der am Nordufer des Grasbrook wahrscheinlich schon seit Mitte des 13. Jahrhunderts hier tätigen und gerade zu Kriegszeiten für eine Seemacht besonders wichtigen Schiffbauer, aber mehr noch zur Sicherung des zugleich mit dieser Maßnahme entstehenden Binnenhafens deutlich genug hervorgehoben. Zugleich aber durfte das bedeutendste Hindernis für landseitige Hafeneinrichtungen fallen, nämlich die alte Stadtmauer auf der Linie Schartor, Hohe Brücke und Winsertum. Ihre Einebnung erlaubte es jetzt, den sogenannten Neuen Kran rechts der Hohen Brücke aufzurichten.

Die zweite Veränderung betrifft die Einfahrt zum Oberhafen. Dreimal, nämlich 1536 und schon wieder 1541, dann nach einigen Jahren der Ruhe 1555/56 weisen die Kämmereirechnungen erhebliche Ausgaben „ad fundum fluminis reparandum ante et extra portam Winserbohms" bzw. „ab alto ponte ad Winserbohm" aus, also für Wasserbauarbeiten auf der Strecke Dovenfleet vom Winserbaum bis zur Hohen Brücke. Auf Dauer war die immer wieder

Abb. 55   Ausschnitt mit der Darstellung Hamburgs aus der Elbkarte von Melchior Lorichs. Hamburgisches Staatsarchiv.

der schlechten Durchspülung wegen auftretende Verschlickung nicht durch Beseitigung der Symptome, sondern nur durch grundsätzliche Maßnahmen an der Einfahrt zum Oberhafen in den Griff zu bekommen. Deswegen waren das markante Fuhlenhörn, die Südostecke des Grasbrook, und der sogenannte Grandeswärder, eine kleine vorgelagerte Insel, im Jahre 1561 mit einem langen Stack verbunden worden, so daß wie mit einem Trichter die von der Oberelbe her strömenden Wassermassen hier einfallen und mit ihrer Räumkraft Oberhafen, Dovenfleet und Deep über einen längeren Zeitraum hin sauberhalten konnten. Für die Schattung des Binnenhafens bildeten diese auch auf der Elbkarte Lorichs' erkennbaren Maßnahmen die wichtigsten Voraussetzungen.

Eine dritte Maßnahme, nämlich die Anlage des sog. Neuen Grabens, ist durch Melchior Lorichs ganz falsch dargestellt worden. Hierzu sagen die hamburgischen Kämmereirechnungen des Jahres 1549: „Um sunte Laurenti (10. August) ym sommer vart de gravedorch dat brook gegraven, dadorch dat water dorch velt vor der Feddelen aver, darumme, dat de strom dem depo to(m) besten kommen scholde vor dem Ekholte to Hamborch."

Melchior Lorichs hat sich in einem sehr wesentlichen Punkt geirrt, indem er den Neuen Graben hinter dem Fuhlenhörn erst vom Oberhafen abzweigen ließ (Abb. 55). Dieser Irrtum ist an sich unerklärlich. Auch darf man, weil es hier an jedem Nachweis fehlen würde, nicht etwa von einer nachträglichen Veränderung des Grabenverlaufs ausgehen. Genau 20 Jahre später zeigt nämlich die „Landtafel der Grafschaft Holstein" 1588 den Eingang des Grabens in den Grasbrook weiter westlich des Leitdamms, den Kleinen Grasbrook hier abteilend.

Die sich nunmehr herausbildende Form des Grasbrook in Gestalt eines nach Süden weisenden gleichschenkeligen stumpfen Dreiecks sowie den Eingang des Neuen Grabens weit westlich hinter dem als Bakendamm bezeichneten Leitdamm finden wir auf Karten des 17. Jahrhunderts häufiger bestätigt. So auch auf der 1686 die dänische Belagerung Hamburgs darstellenden und hier erscheinende Kaltnadelradierung (Abb. 56).

Von besonderem Wert aber ist für unsere Untersuchung die Darstellung Hamburgs mit dem Stromteilungsgebiet und genauer, in Punktierung abgehobener Kennzeichnung der trockenfallenden Sände

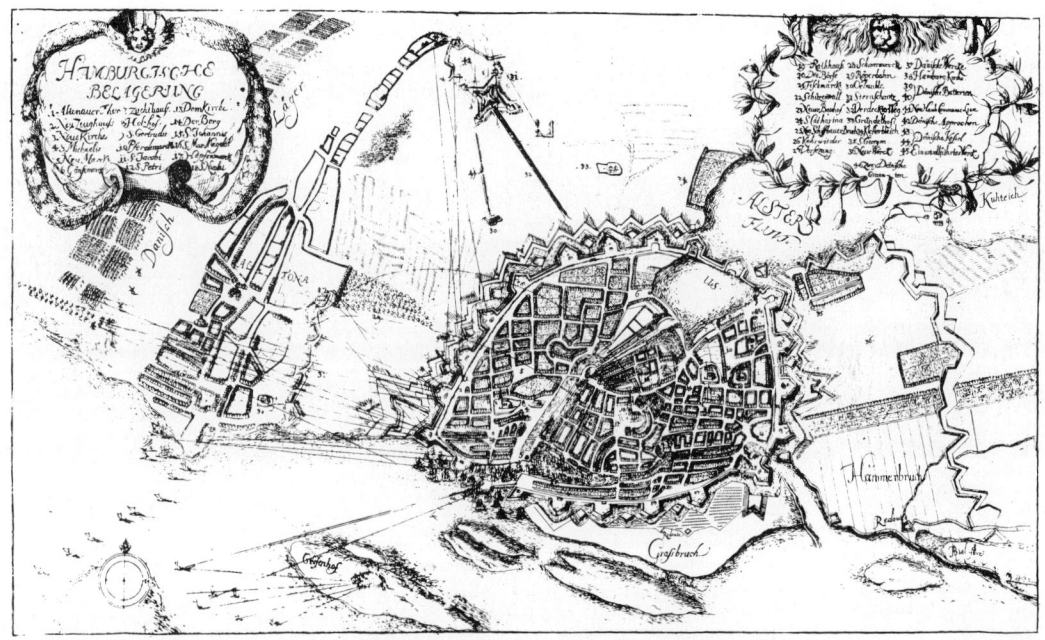

Abb. 56 Belagerung Hamburgs durch die Dänen im Jahre 1686. Kaltnadel-Radierung.

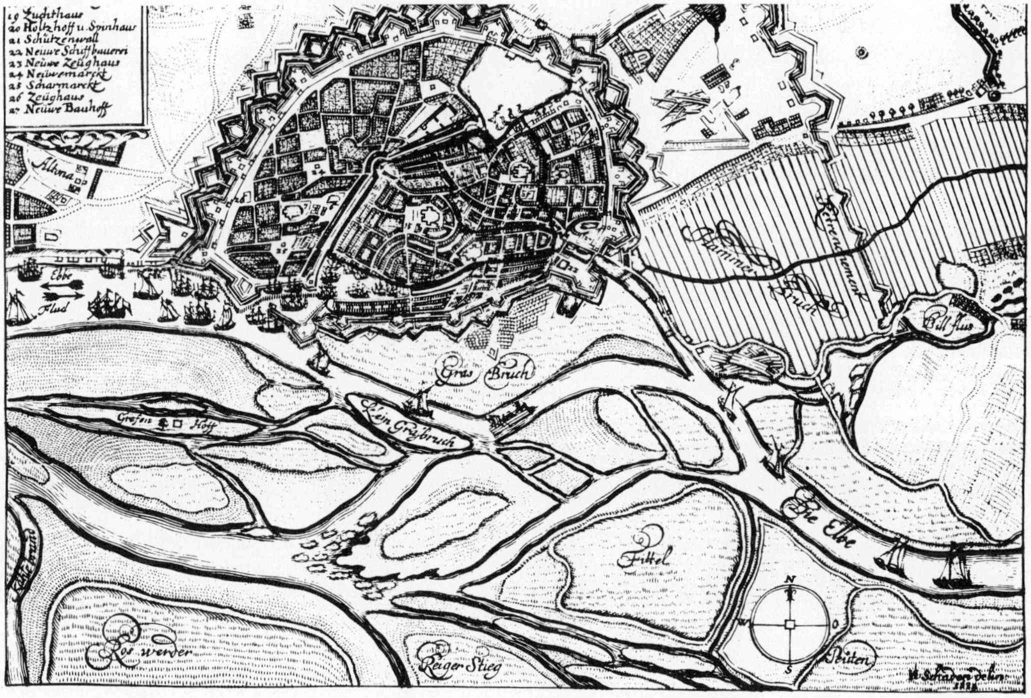

Abb. 57 Stromteilungsgebiet südlich Hamburgs. Gezeichnet von H. Schaden, gestochen von Joh. Wichmann, Kupferstich 1689.

Abb. 58 Hohe Brücke und Kajen. Ausschnitt aus dem Hamburgplan von Braun und Hogenberg. Kupferstich 1578/92.

(Abb. 57). Zwar erst 1689 von H. Schaden gezeichnet und von Johann Wichmann gestochen, bietet diese Darstellung jedoch die verständlichste Erklärung aller beschriebenen wasserbautechnischen Maßnahmen: Man kann gar nicht übersehen, wie schon von der Bunthäuser Spitze an zu Ungunsten der Süderelbe der Hauptstrom auf Hamburg zugelenkt wird und einen guten Teil des Wassers in gerader Linie zum Oberhafen hin abgibt. Und dann der Trick, daß durch Teilung des Grasbrooks in den Großen und den Kleinen die Niederelbe sich einen immer breiteren Weg auf das Eichholz zu gräbt und nunmehr dicht unterhalb des Nordufers ein von keiner Ebbe mehr ausgetrocknetes Fahrwasser jenseits des Niederbaumes schafft, läßt sich hier besonders gut ablesen. Der Neue Graben war — dies sehen wir ebenso deutlich — hierfür das richtige Rezept, während alle Investitionen in die Stacks beim Grevenhof völlig sinnlos blieben und buchstäblich in den ringsum lagernden Sänden versickert sein müssen.

Nicht ihrer technischen, aber doch der repräsentativen Funktion als eines „Tores der Elbe zum Meer" hin beraubt, entdecken wir — jetzt mitten

in der Stadt schon — die ehrwürdige, von den beiden Burgtürmen flankierte Hoge Brügge auf dem Stich von Braun und Hogenberg von 1578 (Abb. 58). Und dann die ehedem zinnengeschmückte, den alten Stadtgraben überquerende Scharbrücke! Hier stößt sie gegen eine neue Barriere, eben den Neuen Wall, der von Nord nach Süd um die Mitte des 16. Jahrhunderts bis mitten in den neuen Hafen hineingebaut worden war. An seinem Südende entstand ein erstes Baumhaus zur Kontrolle der Einfahrt zwischen den doppelten Pfahlreihen auf dem Wege vom Nieder- zum Binnenhafen oder umgekehrt.

In den Bursprаken war schon geregelt worden, daß große Schiffe außerhalb des Baumes die ganze Fracht beim Eichholz — aber auch nirgendwo anders — einnehmen sollten. Freilich waren Löschen und Laden auch innerhalb des Baumes, namentlich für die kleineren Schiffe, die an Zahl zunehmenden seetüchtigen Bojer beispielsweise, möglich, sofern eine Genehmigung des Rates zuvor eingeholt worden war. In jedem Falle aber mußten beim Passieren des Baumes auf dem Baumhause Meldung gemacht und Zeichen für die ordnungsgemäße

Verzollung des Ausfuhrgutes hinterlegt werden.

Bevor wir aber — nun immer der Darstellung von Braun und Hogenberg folgend — mit den Leichtern und Schuten unter der Hohen Brücke ins Nikolaifleet einfahren wollen, verholen wir uns an dem schon dicht mit Häusern bebauten Kehrwieder entlang zur Brooksbrücke. Dahinter erblicken wir den Schiffbauerbrook auf Steuerbordseite und die in Spanten dastehenden großen Schiffsneubauten. Schon 1380 bezeichneten die Kämmereirechnungen diesen Ort als „Brook, wo die Schiffe gebaut werden (paludem; ubi naves construuntur)". Hier scheint kaum Platz genug zu sein, daß an allen Fahrzeugen gleichzeitig gearbeitet wird, weswegen alles, was gerade bis über die Wasserlinie beplankt ist und eben schwimmen kann, mitten im Fleet verankert wird. Der Kupferstich von Braun und Hogenberg, datiert 1578/92, hält auf diese Weise ein Detail fest, das den Anordnungen einer Bursprake (1577/1589), Burspr. 144,33) ganz und gar entspricht. Offensichtlich nach einer beim Erhitzen von Pech zur Abdichtung von Schiffsnähten ausgelösten Brandkatastrophe erlaubte der Rat „binnen bomes" nur noch die Durchführung der allernotwendigsten, gerade die Schwimmfähigkeit von Schiffen erhal-

tenden Kalfatearbeiten: „Und wen die schepe also, … von unden up bit tom ersten averlope (Überlauf = Wasserlinie) gebraget sin, als denne mogen se buten bomes gelecht und alsdar gebraget (nach dem Kalfatern gepicht) werden."

Diese Regelung hat aber offensichtlich gut funktioniert und nicht etwa zur Stillegung der Werft am Schiffbauerbrook geführt. Hier entstanden fernerhin Schiffe mit Tiefgang bis ca. 1,75 m, der es immer noch erlaubte, ein Schiff, wie mehrfach dem hiesigen Schiffbau vorgeschrieben (vgl. 1594, Burspr. 146,70), „up dat varwater dagelikes to gebrukende" — und zwar „bequeme". Um so mehr Mühe gab sich andererseits nachweislich der Rat, im Dovenfleet vom Winserbaum bis zur Hohen Brücke eine gewisse Mindesttiefe zu halten, eben weil anders der Schiffbau und jeder Hafenverkehr schnell zum Erliegen gekommen wären. Ein Ausschnitt aus dem Plan Arnold Pitersens von 1644 beweist im Gegenteil, daß am Kehrwieder bis hin zur Brooksbrücke noch dreimastige Krawelen festmachten und auch auf dem Schiffbauerbrook noch größere Rümpfe gebaut wurden (Abb. 59).

Einer Anordnung des gleichen Artikels (1594:146,70), „neen schipbuwer schal ok grotere schepe buwen

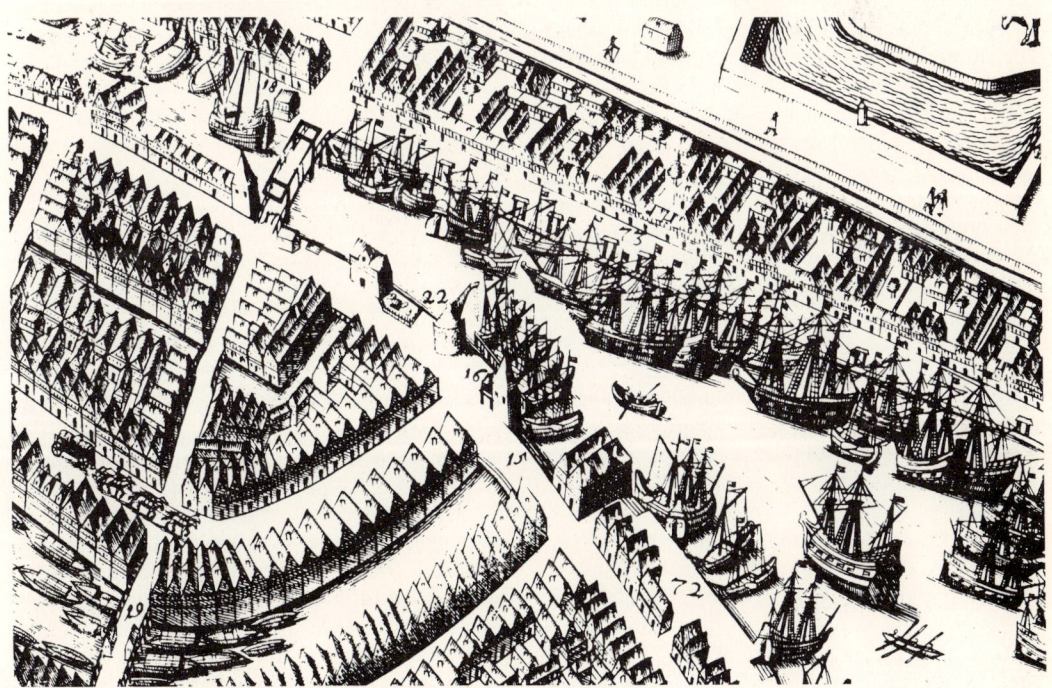

Abb. 59 Kehrwieder, Brooksbrücke und Schiffbauerbrook. Ausschnitt aus dem Hamburgplan von Arnold Pitersen, Kupferstich 1644. Hamburgisches Staatsarchiv.

als vorgeschrewen", entsprach übrigens ein jüngerer Fahrzeugtypus, der berühmte Hamburger Bojer, wie er 1524 zum ersten Male in Seeland aufkreuzte und in den folgenden Jahren nach London, Schottland, Irland, Norwegen und sogar nach Island fuhr, verdankt seine Entstehung den Hamburger Fahrwasserproblemen.

Hamburg brauchte den Schiffbau, sebstverständlich vorrangig für die Kauffahrtei, aber auch für den Bau von Barsen und richtigen Kriegsschiffen, um sich gegen Seeräuber, wie 1525 gegen Claus Kniephof, zu wehren oder zur erfolgreichen Unterstützung etwa Bremens mit einem Schiffsgeschwader 1547 während des Schmalkaldischen Krieges. Weil es indessen gar nicht so leicht war, gutes Eichenholz für die großen Spanten der auf dem Schiffbauerbrook sichtbaren Neubauten zu erlangen, versuchte der Rat, den Stapel mit Schiffbauholz durch Hinderung der Vorbeifahrt ganz und gar zu sichern und durch Ausfuhrverbote den Handel scharf zu reglementieren. Übrigens war den Schiffbauern ab 1537 gestattet, die in Reih und Glied am Schiffbauerbrook entlangstehenden Buden käuflich zu erwerben.

Es konnte nicht ausbleiben, daß der Rat den Schiffbau in den frühen vierziger Jahren genehmigungspflichtig machen mußte, schon um der Verteuerung des Baumaterials entgegenzuwirken. Gleichzeitig bemühte man sich auch zu verhindern, daß Hamburger Schiffer für fremde Rechnung als Strohmänner Neubauten auf Kiel legen ließen. Konsequenterweise wurde es darum verboten, brandneue Schiffe sofort weiterzuverkaufen, bevor sie zwölf Jahre auf dem Buckel hatten. Wer immer die Genehmigung erhielt, einen Neubau in Auftrag zu geben, war hernach verpflichtet, sobald das Schiff, wie es entsprechend den Hamburger Verhältnissen richtig heißt, „aus der Brücke gelegt" wurde, sich genau an die hier geltenden Spielregeln zu halten.

Die Konstruktion eben jener Brücke, die als Klappbrücke mit Kontergewichten ebenso wie die uns an niederländischen Kanälen noch heute geläufigen funktionierte, ist auf dem Stich von Pitersen des Jahres 1644 (Abb. 59) zu erkennen.

Wir setzen nun unsere Hafenrundreise wieder mit Hilfe des Braun-Hogenbergschen Plans fort und gelangen alsbald weiter östlich zur „Wandrahminsel". Auf ihrer Spitze begegnet uns zuerst der alte, 1675 an das Deichtor verlegte Bauhof, weiter östlich folgen die namengebenden Wandrahmen, Trockengestelle für die seit 1530 hier tätigen Wandbereiter und Tuchfärber. Einmal mehr wird uns klar, daß die Abmachungen des Rates im Hinblick auf die Exportausweitung im Tuchhandel und die Ansiedlung neuer Gewerbe nicht ohne erhebliche Investitionen in die Verbesserung der Gewerbegebiete durch Vorhaltung ausreichender Fahrwassertiefen hatten getroffen werden können. Um nur einmal die explosionsartige Vergrößerung Hamburgs bis 1690 an dieser Stelle zu verfolgen, legen wir hier einen Ausschnitt aus dem Plan von Peter Grooten — übrigens die nur in wenigen Punkten aktualisierte Originalkupferplatte Pitersens — vor, auf welchem wir erkennen, daß auf der Wandrahminsel nun nur noch Häuser stehen, die Wandrahmen indessen ganz auf den Grasbrook hinübergewechselt sind (Abb. 60). Auch die Schiffbauer haben einen neuen Platz am Oberhafen gefunden, und zwar zwischen dem Winserbaum und der Bastion Ericus, die in den Jahren zwischen 1616 bis 1625 von Jan van Valckenbourgh errichtet worden war. Gegenüber ganz links befindet sich der oben bereits erwähnte, erst 1675 fertiggebaute neue Bauhof, und zwar in großer Tätigkeit — Rollwagen bewegen sich dort hin und her, und Wasserfahrzeuge legen direkt an der Schleppe des Bauhofes an.

Mit einigen Bemerkungen zu den unterschiedlichen Darstellungen des Stadtzentrums, wie sie jeweils für den Braun-Hogenbergschen und den Plan Arnold Pitersens charakteristisch sind, sei diese kleine Studie abgeschlossen. Gewiß ist es keinem Zufall zu danken, daß Braun und Hogenberg (1578/92) von der Elbe her nach Hamburg hineinschauen und die Blicke der Betrachter zwecks bloßer Bewunderung des abgebildeten Gegenstandes genau auf die Wasserfront des erst gerade errichteten Börsengebäudes (1577–1583) lenken, das als wichtigstes Symbol der Neuorientierung des Handels gelten konnte. Wenn auch sehr klein, so sind dennoch innerhalb der Gesamtdarstellung funktional bedeutsame Gebäude, Hafenanlagen und Funktionsabläufe nachvollziehbar geordnet und gewertet. Das alte Rathaus, jetzt mit dem kleinen Anbau des Niedergerichts davor, steht für den Betrachter in Längsrichtung. Verglichen mit der Börse fällt es optisch kaum ins Gewicht. Wichtig sind indessen der Alte Kran mit, davor angedeutet, lagerndem Handelsgut und der Schauenburgische Zoll, ein zwar auch in Längsrichtung gestellter, langer Bau, der aber so in seiner Funktion als ein auf Stützen ins Fleet hineingeschobenes Gebäude deutlicher erkannt wird. Bei regnerischem Wetter konnten die Leichter und Prähme im Schutze dieses Vorbaues die Warenpakete zur Kontrolle öffnen. Auf unserem Plan sieht man gleich sich mehrere Fahrzeuge in diese Richtung drängen.

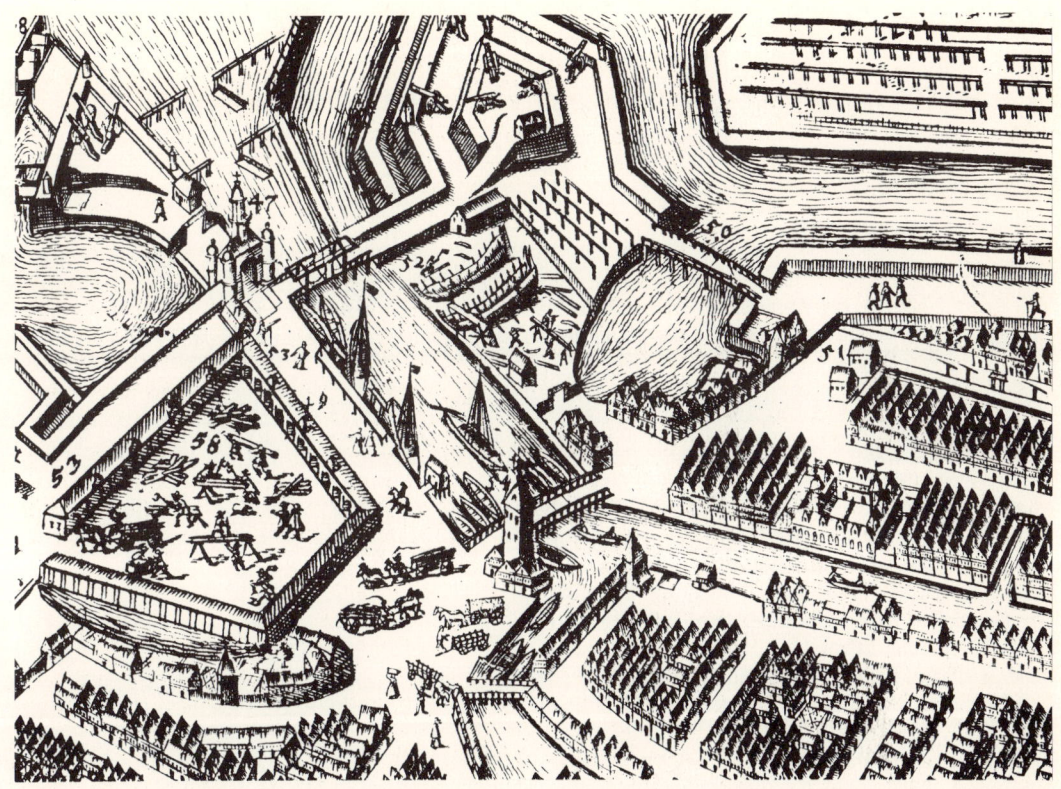

Abb. 60 Der 1675 an das Deichtor verlegte sog. Neue Bauhof, gegenüber ein neuer Werftbetrieb und ganz rechts oben die jetzt auf den Grasbrook verlegten Wandrahmen der Wandbereiter. Ausschnitt aus dem Hamburgplan von Arnold Pitersen 1644, aktualisiert 1690 durch P. Grooten.

Arnold Pitersen hingegen stellt — und dies 1644 kurz vor Ende des Dreißigjährigen Krieges — die Nicolai-Kirche in den Mittelpunkt des von Jan van Valckenbourgh 1625 fertiggestellten Festungsringes und schaut von hier aus über den Hafen und die Elbe in die Welt hinaus. Rathaus und Börse liegen in ziemlich gleichwertigen Positionen einander gegenüber, doch wird die Börse durch Darstellung der regen Geschäftstätigkeit in dem altehrwürdigen Gehege des Börsenplatzes noch aufgewertet. Der von hier aus über Waage und Kran zum Hafen hin gesteuerte Warenstrom und das damit verbundene Arbeitsleben haben, wie leicht erkennbar wird, längst schon vor Elias Galli auch Arnold Pitersen fasziniert, der tatsächlich jede Gelegenheit wahrgenommen hat, mit wenigen Strichen, aber doch zutreffend, das Marktgeschehen auf dem Hopfenmarkt, mehrspännige Lastfuhrwerke und dergleichen mehr in sein Hamburg-Porträt einzubeziehen. Nicht in sich ruhende Selbstbewunderung, vielmehr gegen-über der Außenwelt demonstriertes Selbstbewußtsein einer von Gott beschirmten, erwiesenermaßen unbezwingbaren, ‚festen Burg‘ eignet der künstlerischen Auffassung.

Wir brechen hier ab, wohl wissend, daß schon solche Deutungen in den Bereich der Spekulation führen. Dennoch aber bleibt festzuhalten, daß durch Heranziehung korrespondierender Bildquellen so manche dürren Auskünfte der Kämmereirechnungen und sehr spezielle Formulierungen in den Anordnungen der Burspraken, um diese nur einmal herauszugreifen, erst richtig verstanden werden. Wie gegenteilige Beispiele zur Genüge lehren, lassen sich gerade die Hafenanlagen und Hafenbauten des 16. Jahrhunderts eben nicht allein durch die Aneinanderreihung für sich kaum verständlicher Schriftzeugnisse annähernd sinngemäß beschreiben, sofern nicht eine gewisse Kenntnis der natürlichen Voraussetzungen des betrachteten Hafentypus und die Ausschöpfung der wichtigsten Bildquellen hinzukommen.

Repräsentationsbauten
aus der Zeit der Börsengründung

Die Erschließung neuer Welten durch den Fernhandel hatte gegen Ende der Hansezeit den Südwesten Europas und das Mittelmeer stärker in das Blickfeld Hamburgs treten lassen. Es konnte nicht ausbleiben, daß in der Folge so vorteilhafter wirtschaftlicher Verbindungen schon sehr bald die nuancierten Formen südländischer Repräsentation die sich wandelnde Sozialstruktur nach der Straßenseite hin sichtbar machten.

Markus Sprenger hatte schon 1556–1568 nach einem Entwurf des Bildhauers Wenzel der Katharinenkirche eine viergeschossige Turmfassade gegeben, überhaupt die erste Hamburgs im Renaissancestil. Diese ist in mehreren Ansichten, so in Kupferstichen von J. M. Winterstein von 1657 und Peter Schenk um 1700 (Abb. 61 u. 62) überliefert. Beide zeigen bereits eine Aufstockung der Fassade um zwei weitere Loggienstockwerke aus dem Jahre 1596. Jedes Geschoß war von dem darauffolgenden durch breite Gurtgesimse abgesetzt. Die Geschosse wirkten vergleichsweise niedrig und waren immer in drei nebeneinanderliegende Felder aufgeteilt. Die Mittelfelder der drei unteren Geschosse wurden von dem eigentlichen Portal und zwei Fenstern darüber eingenommen. Erst das vierte Geschoß hatte drei Loggien. Die vertikale Gliederung geschah durch Säulen — vermutlich wechselnder klassischer Ordnungen. Die Außenkanten der Geschosse begrenzten einzeln stehende Säulen. Säulenpaare faßten hingegen die Mittelfelder ein.

Wenzels Fassade verfremdete den Katharinenkirchturm zum italienischen Campanile. Die nachträgliche Aufstockung lehrt ja, daß dieser Eindruck auch damals bestand und sogar noch absichtlich gesteigert wurde. Mit dem Motiv der Aneinanderreihung von Loggien, welches „ein den Palästen der Lagune vergleichbares Hell-Dunkel erzeugte", war wenige Jahre zuvor Palladio berühmt geworden, indem er solche zum ersten Male zur Verkleidung eines älteren Bauwerks, des Palazzo della Ragione in Vicenza, der sogenannte Basilica Palladiana (1548), verwendet hatte. Die hier nun in Sandstein aus dem

Abb. 61   Turm von St. Katharinen mit der alten Renaissance-Fassade und der 1656/57 aufgesetzten neuen Kupferhaube von Peter Marquard. Kupferstich von Johann Winterstein, datiert 3. Juli 1657.

Abb. 62 St. Katharinen mit der alten Renaissance-Fassade am Turm. Kupferstich von Peter Schenk um 1700.

Weserbergland gehauene Architektur bildete bis zu ihrem Abriß im Jahre 1732 das älteste und eindrucksvollste, in jedem Falle das reinste Beispiel einer Renaissancefassade in Hamburg. Ganz ohne Zweifel hat es Bewunderung ausgelöst und zu ähnlichen Schöpfungen inspiriert. In ihm hatte Georg Baumann das nächstliegende Vorbild, als er die architektonische Gliederung für das Südportal von St. Petri überlegte.

Zuvor aber sollte sich an der alten Börse, sozusagen an der „Stirnseite" des Nikolaifleets, eine höchst eigentümliche Spielart der Renaissance etablieren. Das Gelände gegenüber dem Rathaus war bereits 1537 den Bardowikern sehr zu deren Ärger entzogen worden. Bis dahin hatten sie an diesem Ort Gemüse und Obst angeboten. Außerdem wurde dort das Niedergericht abgerissen und neu neben dem Rathaus wieder aufgebaut. Auf diesem Areal sollte

1558 der „gemeine Kaufmann", hervorgegangen aus den Gesellschaften der Flandern-, England- und Schonenfahrer (Abb. 63), die erste Börse Nordeuropas gründen. Zunächst sah man von ihr nicht mehr als einen von Sitzbänken und Gittern rechteckig eingefaßten Versammlungsplatz der Kaufmannschaft von 112 Fuß Länge und 42 Fuß Breite mit drei Eingängen. Das Gitter wurde in regelmäßigen Abständen von mannshohen Pfeilern unterbrochen. Auf diesen saßen wappentragende Löwen. Außer denen der genannten Gesellschaften und dem Börsenwappen präsentierten sie, um auch die übrigen aufzuzählen, die Symbole der Städte Amsterdam und Hamburg, der hansischen Kontore in London und Brügge, der Bergenfahrer (Abb. 64), des Braugewerbes und der Schiffer. So wurden noch einmal gegen Ende der Hansezeit die Institutionen des hamburgischen Kommerzes und seine weitreichenden

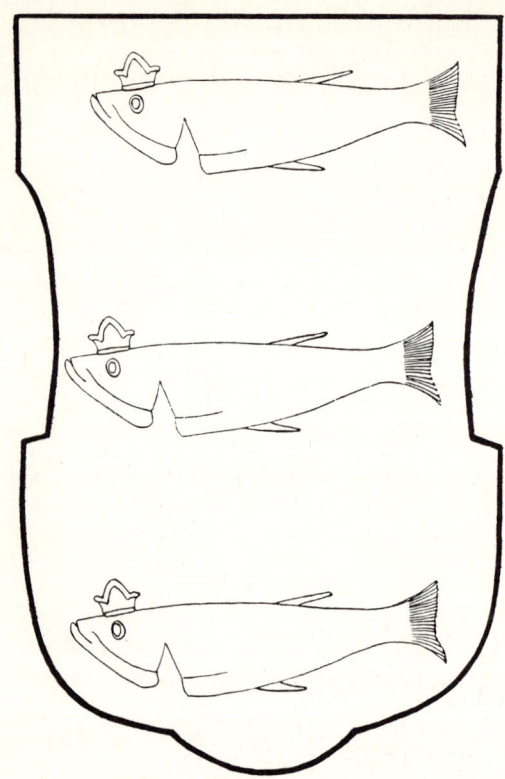

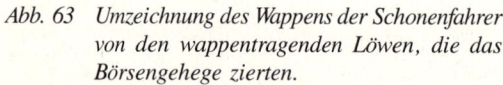

*Abb. 63   Umzeichnung des Wappens der Schonenfahrer
von den wappentragenden Löwen, die das
Börsengehege zierten.*

*Abb. 64   Wappen der Bergenfahrer von einem der Wap-
penlöwen, die das Börsengehege zierten.*

Verbindungen in einer bemerkenswert schlichten
Platzarchitektur beschworen. Dieses eigentliche
Kernstück, den umfriedeten Platz, vor Verwitterung
zu schützen und unter ein Dach zu holen, war
Hauptzweck des 1577 in Angriff genommenen und
1583 fertiggestellten Börsengebäudes (Abb. 65). Fol-
gerichtig bildete der Architekt das Erdgeschoß als
zum Börsenplatz hin offene Halle aus. Eine Porti-
kusanlage mit vierzehn hölzernen Säulen tuskischer
Ordnung, paarweise auf Postamenten stehend und
je zu zwei durch Ornamentriegel verbunden, trug
das rundum von Fenstern eingefaßte, flache Obergeschoß. Zu seiner Gliederung wurden die Säulenpaare hier wieder aufgegriffen, jetzt in korinthischer
Ordnung. Die Abstände jeweils zwischen den Säulenpaaren wurden im Obergeschoß außerdem durch
einzelnstehende Säulen halbiert. Das weich vorkra-
gende Gesims zwischen den beiden Geschossen ver-
lieh dem Gebäude eine eigentümliche Wirkung —

gelegentlich fühlte man sich an einen „Aufsatz-
schrank" erinnert, sah Einflüsse von Möbelarchi-
tektur. Offenkundig sollte dieser höchst sonderbare
Stil des „Timmermanns und Snitgers" Jan (oder Johann) Andres(s)en aus Amsterdam — auch als Mö-
beltischler bekannt — bei den Hamburgern Beifall
finden. Denn schon ein Jahr später gestaltete er
den Turm für St. Jacobi, ferner gab er 1591/92 der
Nikolaikirche eine neue Turmspitze nach dem Vorbild der Oude Kerk (1565) in Amsterdam.

Die reichen Gewandschneider und -bereiter haben sich eben diesen „Schrein" gewünscht, ihn bestellt und ganz bezahlt, nachdem die merchant
adventurers 1567 auf der Flucht vor Alba, aus Antwerpen kommend, in Hamburg Aufnahme gefunden und darum den englischen Tuchstapel hierher
verlegt hatten. Mithin ist das Gebäude auch als trot-
ziger Beweis ihrer Fortexistenz in einer neuen Heimat zu bewerten. Die Kostbarkeit wurde noch durch
das 1579 bereits eingedeckte, seitlich schwungvoll
glockenartig abgewalmte Kupferdach mit drei großen und zwölf kleinen Ziertürmen sowie die fünf

drachenköpfigen, von der Dachrinne zum Börsenplatz hin weit abgespreizten Wasserspeier entschieden betont. In ihrer Art blieb die alte Börse ein
singuläreres Bauwerk, das allerdings sehr viel später noch einmal den Klassizismus Hans Hamelaus
beeinflussen sollte.

Abb. 65 Präsentation der von Caspar Hasse erfundenen „Schlangen-Brant-Sprütze". Kupferstich um 1680.
Links das Börsengehege und das Börsengebäude, im Hintergrund links das Niedergericht und rechts
daran sich anschließend die Rathausfassade mit den Kaiserfiguren.

Das Wrack eines Waffenschmugglerschiffes aus der Elbe bei Wittenbergen

Am Abend des 2. Juli 1622 ereignete sich zwischen sechs und sieben Uhr auf der Elbe „eine halbe Meil von Hamburg bey der Newen Mühlen" ein entsetzliches Unglück, bei dem viele Menschen den Tod fanden. Eines der dort auf Reede ankernden Schiffe, vermutlich eine Kraweel „ungefähr von 70 Lasten mit allerhandt köstlichen Waaren beladen" und zum Auslaufen nach Cadix bereit, explodierte (Abb. 66). Der Hauptanteil der Ladung war offiziell als „Amidam", ein Stärkeprodukt, deklariert worden. Daß es sich allerdings um Schießpulver und nicht um Stärke handelte, hatte sich nach dem Unglück

schnell herumgesprochen. Die richtige Bezeichnung lesen wir in der Bildunterschrift eines zeitgenössischen Kupferstiches, der die oben zitierten Textstellen entstammen. Schon früher sind dieser berühmte Schiffsunfall und die Tarnung der Ladung in den Schiffspapieren mit dem ebenso einträglichen wie gefährlichen Waffenhandel während der spanisch-niederländischen Auseinandersetzungen in Zusammenhang gebracht worden. Und stets hat man dabei der Unterstützung Spaniens durch Lieferungen von Kriegsmaterialien und Lebensmitteln über das neutrale Hamburg besondere Aufmerksamkeit ge-

Abb. 66 Explosion eines mit Pulver beladenen Schiffes bei Neumühlen am 2. Juli 1622. Kupferstich.

widmet. Dieser Handel nahm seit 1599 besonders zu, als die Niederländer den Kampf gegen Spanien intensivierten. Es konnte nicht ausbleiben, daß die Niederländer Verbote gegen die Vorbeifahrt bestimmter Waren nach Spanien aussprachen, soweit sie geeignet waren, die Schlagkraft des Feindes zu unterstützen. Blei, Kupfer, Pulver, Lunten, Musketen wurden von den Generalstaaten als kriegswichtige Güter angesehen, die nicht nach Spanien gelangen sollten. Um nun das Passieren derartiger Waren wirkungsvoll zu verhindern, wurden bereits ab 1597 beträchtliche Mittel für Beschaffung und Ausrüstung von sogenannten Ausliegerschiffen ausgegeben. Niederländische Schiffe kontrollierten nicht nur die Deutsche Bucht, sondern patrouillierten auf der Elbe und kaperten dort nicht wenige Schiffe in den Jahren bis zum spanisch-niederländischen Waffenstillstand von 1609 und dann wieder nach Beginn neuer Kampfhandlungen ab 1621. Proteste der Hamburger gegen die niederländischen Ausliegerschiffe auf der Elbe wurden bezeichnenderweise von den Generalstaaten dahingehend beantwortet, man wolle zwar nicht für alle Zukunft auf der Elbe patrouillieren, doch müßten sich die Auslieger genau dort aufhalten, wo sie dem Feind am meisten Schaden zufügen könnten. Immerhin wußte die Amsterdamer Admiralität im November des Jahres 1599 davon zu berichten, daß in Hamburg an die 40 Schiffe mit Kriegsmaterialien und anderen Frachtgütern zum Auslaufen nach Spanien bereitlägen.

Und dabei waren es nicht einmal nur die Ausliegerschiffe der Generalstaaten. Nach dem Sieg über die spanische Armada (1598) führten britische Schiffe einen Kaperkrieg gegen Hamburgs Iberienhandel mit besonderem Ingrimm, gerade weil Hamburg ein Jahr zuvor die „merchant adventurers" nach Stade ausgewiesen hatte. Die Beschlagnahme und Schließung des Stahlhofes (1598) bildete nur den demonstrativen Höhepunkt der schlechten Beziehungen zur deutschen Hanse. Im gleichen Jahre brachten die Engländer neun Schiffe auf, die aus Hamburg mit ähnlicher Ladung an Bord, nach Spanien unterwegs, im Kanal aufgehalten werden konnten, wie kürzlich einmal sehr plastisch beschrieben worden ist.

Daß trotz so gefahrvoller Umstände und der erheblichen Risiken für die Schiffsbesatzungen, die Fahrzeuge und die jeweilige Ladung der Handel mit Kriegsgütern über Hamburg bis etwa um 1660 eher noch zunahm, vermag man sich mit den außerordentlich hohen Gewinnspannen in diesem Geschäft

Abb. 67   Bauchstücke von dem bei Wittenbergen aus der Elbe geborgenen Wrack eines Handelsschiffes, Ende 16. Jahrhundert.

zu erklären. Der Rat der Stadt Hamburg sah das einträgliche Treiben der Agenten aller miteinander kriegführenden Mächte in seinen Mauern nicht ungern, das Hamburg zum wichtigsten Zentrum des Waffenhandels jener Zeit avancieren ließ.

Vor diesem politischen und handelsgeschichtlichen Hintergrund muß man den bisher wichtigsten Wrackfund aus der Elbe betrachten, von dem 1976 zum ersten Male Gegenstände beim Baggern zutage gefördert und ins Museum für Hamburgische Geschichte gebracht wurden. Der Fundort wurde bei der grünen Fahrwassertonne Nr. 127 — querab vom Unterfeuer Wittenbergen — in 12,50 m Tiefe am Fuße des Südabhangs der Fahrwasserrinne festgestellt. Es ist hier nicht der Ort, die von dem Wrack übriggebliebenen Holzreste (Abb. 67) detailliert zu beschreiben, doch helfen sie uns, in etwa eine Vorstellung des Fahrzeuges zu gewinnen: Die Länge erreichte gewiß über die Steven knapp 30 m. Unser Schiff muß mit einer Kiellänge von mindestens 40 Ellen (= 22,92 m entsprechend der Hamburger Elle von 57,3 cm) nach den Erfahrungswerten um 1600 mit ca. 200 Lasten schon zu den größeren auf der Elbe verkehrenden Schiffen gezählt worden sein. Für das Jahr 1601 sind entsprechende Vergleiche zwischen Kiellängen und Lasten angestellt worden, wobei schon Kiellängen von über 37 Ellen (entspr. 170—180 Lasten) Ausnahmen bilden. Damals kam kein großes Schiff mit Ladung bis Hamburg. Das Löschen und Laden geschah schon vor Neumühlen — also noch weiter elbabwärts. Und nur bei Springhochwasser gelang es Schiffen von über 100 Lasten über den Blankeneser Sand (vgl. Abb. 48) hinwegzukommen. Nach der inzwischen vorgenommenen Jahresring-Untersuchung dürfen wir annehmen, daß dieses Schiff gegen Ende des 16. Jahrhunderts fertiggestellt worden ist. Zur Bewaffnung: Zwei Stabring-Steinbüchsen gelangten bereits bei den Baggerarbeiten 1979 ins Museum. Man hatte die unansehnlichen und vor Rost starrenden Gebilde zunächst für Abflußrohre gehalten. Nur einem Zufall war es zu verdanken, daß der frühere Leiter unserer Schiffahrtsabteilung, Dr. Walter Kresse, sich gerade im Hafen aufhielt, die richtige Deutung vor Ort geben und für die Verbringung ins Museum für Hamburgische Geschichte sorgen konnte. Drei weitere Geschütze, nämlich eine Steinbüchse, mit Kammer und einem Teil der hölzernen Troglafette erhalten, und zwei als Drehbassen in Gabeln beweglich gelagerte Rohre mit den zugehörigen Kammern und Keilen kamen 1981 hinzu (Abb. 68).

Ihrem Verwendungszweck entsprechend, müssen wir die Steinbüchsen zur Schiffsartillerie rechnen. Sie dienten dazu, Steinkugeln — meist aus Basaltlava — abzufeuern. Spätestens seit der Vernichtung der Armada im Jahre 1588 waren die Vorteile dieser Waffengattung für Seegefechte erkannt worden. Man wird wohl davon ausgehen dürfen, daß deswegen Steinbüchsen gegen Ende des Jahrhunderts auf Schiffen in zunehmendem Maße Verwendung fanden. Die Drehbassen, die man mit Hilfe ihrer Gabeln auf dem Schanzdeckel über dem Schanzkleid einhängen und von dort aus in jedem Augenblick neu auf bewegliche Ziele einrichten konnte, gelten hingegen als ausgesprochene Nahkampfwaffen. Sie waren erst um die Mitte des 16. Jahrhunderts entwickelt worden und entsprachen gänzlich der traditionelleren Seegefechtsart, die ja auch schon 1571 den Ablauf der Schlacht von Lepanto bestimmt hatte. Mit Nahkämpfen mußten allerdings Schiffe im Falle von Feindberührungen auf schmalen Wasserstraßen wie der Elbe jederzeit rechnen. Was nun unsere Stabringdrehbassen von Wittenbergen vor ver-

gleichbaren Waffen auszeichnet, besteht in der Konservierung eines für unser Schiff schicksalhaften Augenblicks: Beide Geschütze waren noch geladen und konnten nicht mehr abgefeuert werden, bevor das Schiff sank. Die noch erhaltene und auch geborgene Ladung führt uns auf handgreifliche Weise die Grausamkeit von Nahkämpfen mit den schrecklichen Wirkungen solcher Waffen vor Augen.

Abb. 69 *Schwert eines Kaufmannes. Aus dem Wrackfund von Wittenbergen.*

Abb. 68 *Drehbasse aus dem Wrack von Wittenbergen.*

König Christian IV.
und die hamburgische Elbpolitik

Die Elbpolitik Hamburgs war in der Zwischenzeit noch schwieriger geworden, seit König Christian IV. den Dänenthron bestiegen hatte (1588) und gegen Ende des Jahrhunderts Hamburg in Bedrängnis brachte. Die durch Lorichs Elbkarte 1568 nochmals untermauerte Elbhoheit betrachtete dieser nicht als ein Reichsprivileg, sondern als eine vom Landes-herrn an Hamburg delegierte, traditionelle Ehren-pflicht, für die Sicherung des Fahrwassers sorgen zu dürfen, woraus allerdings keinerlei Ansprüche auf Werkzoll, Tonnen- oder Bakengeld abzuleiten seien. Dabei war das erste Jahrzehnt des 17. Jahr-hunderts noch von einem recht guten Verhältnis zum Dänenkönig bestimmt gewesen, dem man schon 1603, um sich die Handelswege nach dem Norden offen zu halten, in feierlicher Form „Huldigung und Annehmung" zugebilligt hatte. Über die Lustbar-keiten aus diesem Anlaß — das Ringreiten und die Turniere, den Festumzug mit dem zum Sonnengott stilisierten Christian IV. an der Spitze — haben sich Berichte, so in einer Lüneburger Sammelchronik, erhalten, beispielsweise auch über den Austausch der Dokumente, die Reden und das Zeremoniell. Der König und sein Gefolge waren in Hamburg am 28. Oktober, „klock 10 schlege", von 19 Fähnlein bewaffneter Bürger empfangen worden. Diese wur-den durch zwei Ratsherren zu Pferde, Eberhard Esich und Hieronymus Vogler, angeführt, beide in auffällig prachtvolle Harnische gekleidet. Das Mu-seum für Hamburgische Geschichte besitzt diese Prunkharnische sehr wahrscheinlich noch heute. Es sind seine schönsten, übrigens die gleichen, die ein-mal fälschlich im Bürgermilitär-Arsenal des Bauhofs (1835–1871) als Rüstungen Adolfs IV. von Schau-enburg und Heinrichs von Schwerin gegolten und dort deswegen reliquienhafte Verehrung gefunden haben (Abb. 77).

Wie kürzlich einmal klargelegt worden ist, tra-ten nachhaltige Irritationen im Verhältnis zum dä-nischen König ein, als 1611 die merchant adventurers von Stade nach Hamburg zurückkehrten. Dabei hat-te Christian anfänglich auf Bitten der Hansestadt hin

Abb. 77 Reiter-Prunkharnisch aus dem Beginn des 17. Jahrhunderts, wahrscheinlich aus Anlaß der Annehmung Christians IV. gefertigt.

Verhandlungen über die Rückkehr der merchant adventurers in London diplomatisch unterstützt (1605). Offenkundig ist einer erst hiernach einsetzenden Neuorientierung der dänischen Grenzlandpolitik zuzuschreiben, wenn der König ganz unerwartet den erfolglosen Versuch unternahm, die englischen Kaufleute nach Krempe zu ziehen. Mit der Förderung Krempes und der Gründung Glückstadts (1617) verband sich die Hoffnung, an der Elbschiffahrt und dem Nordseehandel Profite wettzumachen, welche die Hamburger Untertanen ihrem Landesherrn schnöderweise vorenthielten.

Die königliche Konkurrenz, die raffinierte Rechtsauslegung zur Frage der Elbhoheit durch den Landesherrn und dessen Einlassungen gegen das Hamburger Stapelrecht ließen allmählich den Status einer reichsfreien Stadt, wie er durch das Urteil des Reichskammergerichts 1618 bestätigt werden sollte, willkommener denn je erscheinen. Die stärkere Hinwendung zum Kaiser blieb dem Dänenkönig nicht verborgen — sie provozierte ihn zu einer härteren Politik gegenüber Hamburg. Seine Probleme mit der unbotmäßigen Hansestadt hoffte er wohl auch im Rahmen seiner weit über Hamburg nach Norddeutschland hineinreichenden Pläne zu lösen, so daß nicht jede seiner überraschenden Aktionen in der Folgezeit auf und an der Elbe als unmittelbare Reaktion auf das Urteil des Reichskammergerichts gewertet werden darf. Vorübergehend besetzte er Stade; Glückstadt erhielt eine Befestigung (1620), und nahe Hamburgs wurden Truppen der Dänen zusammengezogen. Der Rat erkannte die bedrohliche Lage — der neue Festungsring war etwa zur Hälfte fertiggestellt, und auf Unterstützung seitens der bisher besonders hilfreichen Niederländer konnte man in diesem Falle nicht mehr bauen, weil diese gerade neue Handelsbeziehungen zu Dänemark anstrebten. Darum suchte Hamburg Verhandlungen mit Dänemark und erkaufte die Bewahrung des Friedens zu den kläglichen Bedingungen des Vertrages von Steinburg vom 8. Juli 1621: Ganz gegen Sinn und Inhalt des Kammergerichtsurteils sollte die Stadt auch weiterhin dem Dänenkönig und dessen Erben zur Huldigung verpflichtet sein.

Bald nach Beginn des niedersächsisch-dänischen Krieges (1625) stellte sich heraus, wie weit sich die Hamburger durch den Vertrag von Steinburg zu untertäniger Loyalität verpflichtet sahen. Gegen das Verbot ihres Landesherrn trieben sie Handel mit Spanien und waren überdies aus merkantilen Interessen auf strikte Neutralität bedacht. Diese Grundeinstellung erlaubte ihnen aber auch, beispielsweise das durch kaiserliche Truppen eingeschlossene Glückstadt mit Proviantschiffen zu versorgen. Um das taktisch zwischen den Fronten lavierende Hamburg ganz für das Reich zu gewinnen, gewährte der Kaiser der Stadt am 3. Juni 1628 ein besonders günstiges, großes Elbprivileg. Hiernach durfte auf und an der Elbe von Hamburg bis zur Nordsee und weitere fünf Meilen stromaufwärts keine Festung angelegt werden. Einzig Hamburg sollte mit Kriegsschiffen die Elbe befahren dürfen. Die realen Machtkonstellationen ließen es aber geraten erscheinen, soviel kaiserliche Huld gar nicht erst bekannt werden zu lassen. An eine Anwendung des Privilegs war vorerst ohnehin nicht zu denken, da dänische, englische und niederländische Schiffe den Strom kontrollierten.

Unbehindert segelte Christian IV. 1629 und auch 1630 die Elbe hinauf, um schließlich ab 1630 die Elbe bei Glückstadt zu sperren und einen eigenen Elbzoll einzurichten. Der Mut der Verzweiflung beseelte nun die Hamburger Kaufleute zu überraschender Tat. Sie rüsteten sofort eine Flotte aus, brachten vier Kriegsschiffe der Dänen auf und legten sich quer vor Glückstadt, beschossen die Stadt. Ihren Überraschungssieg kosteten sie böse aus, plünderten Cuxhaven und ließen den Danebrog hinter den siegreichen Schiffen durchs Wasser schleifen. So versuchten sie erstmals, dem durch Ferdinand II. 1628 zugestandenen Elbprivileg Geltung zu verschaffen. Übrigens ist das Kampfgeschehen auf zeitgenössischen Gemälden, kleinen hölzernen Tafeln, festgehalten worden, die man kürzlich in einem Hause in der Domstraße zu Hadersleben freigelegt hat. Die Hamburger hielten sich nur kurze Zeit, bis eine gut ausgerüstete Flotte aus Kopenhagen zur Entsetzung Glückstadts herangekommen war, der sie dann nicht mehr standzuhalten vermochten. Als im Jahre 1636 das große Elbprivileg nochmals bestätigt wurde, feierte Sebastian Dadler dieses Ereignis in Darstellungen einer Silbermedaille von 80 mm Durchmesser: Die Rückseite zeigt Hamburg aus der Vogelperspektive, umgeben von der gerade neun Jahre vorher fertiggestellten Stadtbefestigung Jan van Valckenbourghs. Auf der Vorderseite aber präsentiert sich vor der Hafeneinfahrt in der Pose des Kolosses von Rhodos jener Gott, der Hamburg regiert: nämlich Merkur, hier wehrhaft im römischen Feldherrnharnisch — eine augenfällige Verkörperung der Herrschaft aus der Sicht des Rates, beschirmt von Gottes Hand, die aus den Wolken herausreicht. Und im Hintergrund fahren gut bestückte Kriegsschiffe — hamburgische Kriegsschiffe! Ehe diese Vision so

Abb. 78 Die beiden Konvoischiffe „Wappen von Hamburg I" und „Leopoldus Primus" links im Vordergrund der Hamburg-Ansicht von Elias Galli, 1680.

greifbare Wirklichkeit wurde, daß Elias Galli auf seiner Stadtansicht von der Elbe her den zackigen Festungsring Valckenbourghs um zwei schwimmende Bastionen sozusagen, die ersten Konvoyer, erweitern konnte, sollten allerdings noch Jahrzehnte vergehen. Im Jahre 1643 bestrafte Christian IV. den Hochmut der Hamburger durch eine totale Blockade des Hafens, welche die Kauffahrtei gänzlich zum Erliegen brachte. Nur durch erhebliche finanzielle Aufwendungen wurde im Rahmen der Haderslebener Resolution ein zeitweiliges Stillhalten des gefährlichen Nachbarn erkauft. In dem wegen Kaperei für Hamburg besonders verlustreichen Jahr 1662 wurde überhaupt erst der Bau eigener Begleitschiffe beschlossen. Mit der „Wapen von Hamburg I" und der nach dem regierenden Kaiser benannten „Leopoldus Primus" besaß Hamburg ab 1668 zwei tüchtige, repräsentative Kriegsschiffe, die den Ruhm ihres Staatswesens nicht minder zu verbreiten geeignet waren, als dies der französische König 1631 bei Schaffung seiner Kriegsflotte von seinen Schiffen verlangt hatte. Sie sollten nicht nur „très bonnes à la guerre", sondern auch „propres à faire esclater sur les mers la magnificence de Sa Majesté" sein.

Abb. 79 Kaiser Leopold I. Heckfigur des Konvoischiffes „Leopoldus Primus".

Den Reliefschmuck für die „Wapen I" und die „Leopoldus I" (Abb. 78 u. 79) hatte Christian Precht d. Ä. gearbeitet, so auch als Heckfigur die kolossale Porträtstatue des Kaisers Leopold, jetzt im Museum für Hamburgische Geschichte — ein imponierendes Beispiel für provinzielle Umsetzung wienerischer Kaiserikonographie durch einen Hamburger Barockbildhauer! Wenn auch das Konvoiwesen bereits in den dreißiger Jahren des 18. Jahrhunderts an Bedeutung verlor und gegen Jahrhundertmitte gänzlich aufgehoben wurde, sind doch gerade diesem verhältnismäßig kurzen Kapitel hamburgischer Geschichte begreiflicherweise sehr gern panegyrische Darstellungen gewidmet worden. Im Mittelpunkt stand und steht die Gestalt Berend Jacobsen Karpfangers, des erfolgreichsten Admirals im Kampfe gegen das Piratenunwesen. Nach dem heldenhaften Untergang vor Cadiz nahm sein Bild in der Erinnerung fast die Züge eines neuen Simon von Utrecht an (Abb. 80).

Abb. 80 Hamburgischer Konvoikapitän. Heckfigur eines nicht näher bekannten Konvoischiffs. Um 1700.

Ein neues Rathaus

Spiegelte sich in der alten Börse noch die hansische Struktur der Kaufmannschaft und die wirtschaftliche Bedeutung des Tuchhandels wider, besagt der zwischen 1600 und 1602 errichtete Rathaus-Anbau etwas über aktuelle Erfordernisse der Politik und die Probleme des Stadtregiments. Einmal wurden neue Räume unterschiedlicher Zweckbestimmung benötigt, da neben dem Senat jetzt die Bürgerschaft in allen Lebensfragen des Gemeinwesens auf Mitentscheidung und Mitwirkung drängte (Abb. 65). Die Administration war schwieriger geworden, Juristen eroberten allmählich alle Felder der Innen- und Außenpolitik. Auf der anderen Seite spornte das Bemühen der Stadt um Reichsunmittelbarkeit zur Erfindung neuer Repräsentationsformen an, welche zugleich die Legitimation des Stadtregiments darzustellen geeignet waren. Die Rathäuser bedeuteten nun einmal die wichtigsten Objekte öffentlicher Architektur und waren daher unausweichlich zu Symbolträgern politischer Intentionen prädestiniert.

Schon das Rathaus von 1290 war nachträglich mit fünfzehn Phantasiebildnissen der „guten" römischen Kaiser ausgestattet worden. Der Ratsmaler Hans Bornemann hatte sie um 1470 für eine Galerie von Nischen, welche ein drittes Geschoß vortäuschten, auf Holzpaneele gemalt. Diese Galerie kaschierte die Massigkeit des tief heruntergezogenen Daches und steigerte gleichzeitig die Fassadenhöhe. Nunmehr sollten dieser Besinnung auf die vorbildlichsten Herrschergestalten des Imperium Romanum an dem Neubau wiederum fünfzehn leuchtende Beispiele des deutschen Kaisertums entgegengehalten werden. Man entschloß sich diesmal nicht wieder zu einem Nischenfries am dritten Geschoß, sondern

Abb. 81 Das Rathaus in Hamburg. Stahlstich von J. Gray und Chr. Laeisz.

verteilte Nischen über die ganze Fassade. Zwischen den Fenstern wurden im Erdgeschoß und den beiden Obergeschossen je fünf Nischen so angelegt, daß immer je drei übereinander standen. So bildeten sie zwischen den in Sandstein gearbeiteten Fenstern die senkrecht gliedernden Elemente (Abb. 81).

Zugleich erhielten sie eine tragende Funktion, welche an Renaissancebauten meist Pfeilern und Säulen wechselnder Ordnungen vorbehalten blieb. Die Geschosse wurden voneinander durch umlaufende waagerechte Gesimsbänder abgesetzt, auf denen die Indextäfelchen zur Benennung der jeweils darüberstehenden Statuen Platz fanden.

Offenkundig ließ sich bei Planung des Anbaus von 1602 die Steigerung des Raumbedarfs bis zur Jahrhundertmitte hin nicht annähernd voraussschätzen. Schon 1649 mußte man daher an einen Erweiterungsbau denken, welcher nun der Fassade des Anbaus von 1602 stilistisch anzugleichen wäre. So kamen noch einmal zwischen drei zusätzlichen Fensterachsen zweimal drei Nischen hinzu. Die sechs neuen Statuen wurden willkürlich ausgewählt, wiederholten teilweise bereits im Anbau von 1602 aufgestellte Bildnisse, abweichend allerdings in Stil und der geringeren Größe. Die letzte Figur der zweiten Gruppe stellt Ferdinand III. dar. Fritz Schumacher hat acht der großen Statuen aus der ersten Gruppe

und die sechs kleineren Kaiserfiguren von 1649 an der Nordseite des Museums für Hamburgische Geschichte in Nischen wieder so aufgestellt, wie sie einstmals in der Fassade des Rathauses an der Trostbrücke zur Geltung gekommen waren (Abb. 82).

Das kleine, schlichte Portal des Erweiterungsbaues von 1649 — jetzt rechts des Haupteinganges in der Außenwand des Museums für Hamburgische Geschichte — zeigt als einzigen Reliefschmuck in den Zwickeln zwei springende Löwen, die über Durchgangsmitte das Stadtwappen halten. Das Portal war flach in die Fassadenebene eingefügt. Dagegen stand das Hauptportal von 1602 — heute an der Nordwand im Zunftsaal des Museums für Hamburgische Geschichte — teils frei vor der Fassade. In letztere eingebunden war lediglich die Grundform des Triumphbogens. Davor erheben sich je eine korinthische Säule mit hohen, reliefverzierten Schaftringen auf Postamenten. Sie tragen einen stark verkröpften Architrav und darüber als freiplastisch wirkende Gruppe die heraldischen Löwen mit dem Stadtwappen. Rechts und links werden sie von geharnischten Kriegern begleitet. Sie haben die Funktion von Seitenakroteren, wie übrigens auch die alles überragende weibliche Gestalt oberhalb des Stadtwappens, die Victoria mit dem Kranz, als Mittelakroter des völlig aufgelösten Giebels gesehen wer-

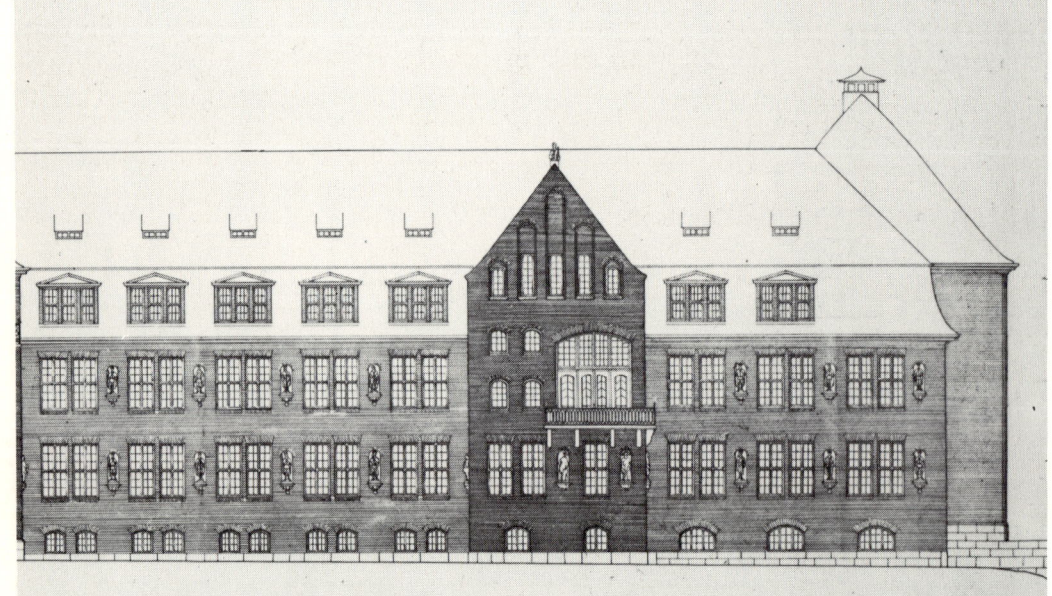

Abb. 82 *Verdingungszeichnung von Fritz Schumacher: Nordseite des Museums für Hamburgische Geschichte mit den in Nischen eingelassenen Kaiserfiguren vom Rathaus.*

Abb. 83 Das alte Portal der Petri-Kirche, Anfang 17. Jahrhundert.

den muß. Verteidigungsbereitschaft und die Hoffnung auf Sieg suggerieren diese drei Figuren. Ferner sind die beiden Frauenfiguren mit Kranz und
Palme in den Bogenzwickeln als Allegorien für Sieg
und Frieden zu deuten. Solche Themen lagen eben
nahe, als Hamburg sich wegen der Notwendigkeit
einer neuen Festungsanlage sorgte.

Die Gesamtwirkung, Fassade und Portal zusammen, war 1602 in Norddeutschland ohne Beispiel.
Der Friedrichsbau des Heidelberger Schlosses (1601)
des Baumeisters Johannes Schoch aus Königsbach
und des Bildhauers Sebastian Goetz aus Chur war

noch nicht vollendet, das Figurenprogramm mit der
Genealogie des Bauherrn von Karl d. Gr. an noch
gar nicht sichtbar, als Hamburg mit der Ausführung
der Rathausfassade begann. Allerdings hatte ein
Jahrzehnt zuvor Herbert Gerhard mit Fürstenfigu-
ren die Nischen in der Fassade der Michaelis-
Hofkirche in München (1538–1590) gefüllt. Und
auch an dem alten Gymnasium zu Braunschweig
(1592) war die Figurennische als Stilmittel schon zuvor einmal verwendet worden. Letztlich gehen alle
diese Beispiele, auch St. Jaques in Lüttich (1558),
in mehr oder minder bedeutender Nachahmung auf

den Ottheinrichbau (1556–1559) des Heidelberger Schlosses zurück. Der Baumeister Alexander Colins von Mecheln hat offensichtlich mit dieser Schöpfung den eigenen Lehrer, Cornelis Floris, zum Mittelteil des Antwerpener Rathauses (1561–1565) inspiriert. Von dorther mag der Gestalter der Hamburger Rathausfassade seinen Einfall bezogen haben. Auch ist es endlich kein Zufall, daß wenige Jahre später solche Nischenfiguren am Lüneburger Rathaus (1607) und am Apothekenerker des Rathauses in Lemgo (1612) erschienen.

Die kunsthistorische Ableitung der Hamburger Rathausfassade muß hier schon deshalb zum Zuge kommen, um die politischen Aussagen hinter der gewählten Formensprache leichter verständlich zu machen. Was war dem Beschluß zum Rathausbau vorausgegangen?

Nach neueren Berechnungen hatte Hamburg im Jahre 1616 fast vierzigtausend Einwohner, von denen nur ein geringer Prozentsatz das Bürgerrecht und über die bürgerlichen Kollegien oder gar den Rat politische Einwirkungsmöglichkeiten besaß. Noch um die Mitte des vorhergehenden, des 16. Jahrhunderts, waren es kaum 17.000 Einwohner gewesen. Es konnte nicht ausbleiben, daß der Rat eines so erfolgreichen Gemeinwesens, verblendet durch Obrigkeitsvorstellungen der lutherischen Orthodoxie, bald mit den Ansprüchen und dem Repräsentationsbedürfnis von Renaissancefürsten wetteiferte. „Unterthanen" sah er in den Mitbürgern, die übrigens noch lange nicht das Recht besäßen, „sick dajegen uplehnen un thowedder setten", und sei die „Avericheit" noch so gottlos und tyrannisch (1602). Diesem lutherisch begründeten Obrigkeitsdünkel hätte man in den Grenzen eines bürgerlichen Gemeinwesens kaum deutlicher Ausdruck verleihen können als durch die Kaiserfiguren zum Schmuck

der Rathausfassade (1602), den man ja mit Planung und Bau der Nischenfassade von Anfang an vorgesehen hatte, selbst wenn die Auswahl der Kaiser bis zur Fertigung der letzten Figur im Jahre 1619 noch gewisse Variationen erlaubte. Diese Deutung der Rathausfassade wird noch wahrscheinlicher, wenn wir nur einen Augenblick lang daran denken, daß Georg Baumann mit dem neuen zweigeschossigen Südportal der Petrikirche 1605 ein ganz ähnlich gelagertes ideologisches Programm für die Kirche entwickelt hat (Abb. 83). An diesem Portal waren gewiß die in Nischen untergebrachten vier Sitzstatuen der Evangelisten, die sich mit starken Wendungen und Gesten dem eintretenden Kirchenbesucher mitzuteilen suchten, das Eindrucksvollste. Alle vier Gestalten erinnern in ihrer gestikulierenden Dramatik an die Weisheitslehrer der Antike. Hier usurpieren sie stellvertretend für die orthodoxe Geistlichkeit eine Mittlerfunktion Christi bei der Verkündung des Gotteswortes etwa in folgendem Sinne: „Niemand kommt zum Vater, denn durch mich!"

Doch zurück zur Rathausfassade: Bedenken wir, daß man damals gewohnt war, durch ähnliche Porträtgalerien gegenwärtige Fürstenherrschaft historisch legitimiert zu sehen, wird der Anspruch des Rates erst recht klar. Er widerlegt mit Bestimmtheit die Vorstellungen Alfred Lichtwarks, der Senat habe von jeher vermieden, durch äußere Repräsentation zu glänzen. Die Oberalten mußten den Rat sogar daran erinnern, daß er schließlich aus der Mitte der Bürgerschaft gewählt sei. Dabei war die Stellung der meisten Ratsmitglieder keineswegs unabhängig, gelegentlich suchten sie die merkwürdigsten Verdienstmöglichkeiten, etwa die Bezahlung für Teilnahme an einem Leichgefolge, um dem Trauerzuge mehr Gewicht zu geben.

Das neue Festungswerk

Die Keilform des mittelalterlichen Hamburg sollte als deutlich begrenzter Sektor im Halbrund des neuen Bollwerks sichtbar bleiben, das der vielbeschäftigte Festungsbaumeister aus den Niederlanden, Jan van Valckenbourgh, in den Jahren zwischen 1616 und 1625 errichtete. Das gewaltige Unternehmen, welches die Stadt in eine Baustelle nie gekannten Ausmaßes verwandelte, schob die Verteidigungslinie nach Westen auf den Höhenrücken der Geest weit über die Alster vor. Die verbesserte Treffsicherheit und erheblich gesteigerte Reichweite der modernen Vorderladergeschütze zwangen allenthalben die Städte in Europa zur Erneuerung ihrer Wallanlagen. Hier sollten sie indessen nicht allein dem Schutz des Bestehenden zugute kommen, weil die Planung denkbare Wachstumsprozesse zu berücksichtigen hatte. Innerhalb des Festungsringes wurde neben dem alten Siedlungsareal gleich noch einmal soviel Bauland für die künftige Stadtentwicklung gesichert. Die mit den Schanzarbeiten verbundenen Erdbewegungen und die Abtrennung der gestauten Alster bedeuteten den stärksten städtebaukünstlerischen Eingriff in die Stadtlandschaft seit den Anfängen im 9. Jahrhundert n. Chr.

Der fortifikatorische Zweck wurde, wie sich noch vor Abschluß der Bauarbeiten zeigen sollte, in wünschenswerter Weise erreicht. Kaum eine andere deutsche Stadt hat den Dreißigjährigen Krieg so schadlos überstanden. „Die Stadtgräben um den Wall sind also tief und breit, daß sie Einem der erstlich hinab sihet, einen Schrecken einzujagen bedunken", hebt Martin Zeiller in seiner Beschreibung hervor, welche den Stadtgrundriß des Matthäus Merian in der Topographie Saxoniae (1653) erläutert. Glaubensflüchtlingen, Handwerkern und Künstlern bot Hamburg Zuflucht und Arbeit.

Der Fernhandel zu Wasser und zu Lande fand hier mitten im Dreißigjährigen Kriege eine Insel des Friedens vor. Nach Balthasar Schupp saßen die Hamburger hier so sicher, wie die Kinder Israel im Lande Gosen, als der Herr ganz Ägypten mit allerlei Plagen schlug. Das bis dahin größte Beispiel öffentlicher Architektur diente hier der renaissancehaften Analogie zu der uneinnehmbaren Stadtbefestigung eines stets um Freiheit und Unabhängigkeit ringenden Inselstaates, der See- und Handelsmacht Rhodos, der uralten Hüterin des Seerechts (Abb. 84).

Abb. 84   Die günstige Lage der erfolgreich zwischen den Großmächten lavierenden Stadt hat Sebastian Dadler auf einer prunkvollen Medaille von 70 mm Durchmesser im Jahre 1636 veranschaulicht.

Der Zimmermann Hans Hamelau
auf Palladios Spuren

Der etwa 1610/15 geborene Holsteiner Hans Hamelau war ab 1649 als Bau- und Zimmermeister beim Hamburger Bauhofe tätig. In den beiden Jahrzehnten bis zu seinem Tode 1670 hat er durch seine Architektur an einer besonderen Prägung des Stadtbildes mitgewirkt. In die ersten Jahre seiner Tätigkeit fallen eine ganze Reihe technischer Anlagen, auch eindrucksvolle Wehrbauten wie das neue, einen Holzbau ablösende Millerntor (1659–1663) mit Gewölben, Portalen und einem Turm.

Ein Gemälde von J. G. Stuhr von 1690 bringt die Wucht des eigentlichen Portals vorzüglich zur Geltung, flankiert von Säulenpaaren auf Postamenten, darüber die seitlichen Ansätze eines gesprengten Giebels, den drei Figuren als Eck- und Mittelakrotere zieren. Das Erdgeschoß mit dem Tor wirkt wie ein Podest für den zweistöckigen Turm über quadratischem Grundriß. Auf dem runden Turmdach sitzen vier Gauben, darüber eine Laterne. Zu den technischen Bauten, die Hamelau zugeschrieben werden, gehörte wahrscheinlich auch das 1655 vor der äußersten Spitze des Kehrwieder errichtete „Blockhaus" mit einer ganz ähnlichen Laterne.

Wie die Festungsbauten und eigenen Mühlen, so konnte auch ein Kornmagazin für Freiheit und Unabhängigkeit der Bürger unentbehrlich werden. Und schon bald — nämlich bei der Belagerung durch die Dänen 1686 — mag als vorteilhaft empfunden wor-

Abb. 85   Das Alte Kornhaus, erbaut von Hans Hamelau.

den sein, daß Hans Hamelau 1660/61 das Kornhaus (Abb. 85) in Hamburg besonders geräumig baute. An diesem bewies der Zimmermann sein großartiges Können und erreichte dabei einen letzten Höhepunkt des Fachwerkbaus überhaupt. Wenn man Hamelau gelegentlich in Verkennung seiner eigentlichen Begabung und Verdienste eine „weniger künstlerische als kräftige Bauweise" nachsagte, so gründete sich dieser Ruf vornehmlich auf die Solidität des Kornhauses, dessen unverwüstliche Statur schon die schweren Eichenbalken und das breite Dachgesims nach außen verrieten. Das rundum freistehende Haus war horizontal mehrfach durch gurtartig vortretende Gesimse zwischen den Geschossen gegliedert. Wie Fremdkörper nahmen sich die vermutlich aus Sandstein gefertigten, in Rusticatechnik gequaderten Portale aus, welche dem Tordurchgang des Millerntores glichen. Rundum füllten Fenster alle Fächer der einzelnen Geschosse, nur nicht die Fächer an den Hausecken.

In diesen kreuzten sich schmalere Balken zu rautenähnlichen Oberflächendekorationen. Wilhelm Melhop hat vermutet, daß die Häuser Brauerstraße Nr. 2 und Nr. 3 sowie das Gebäude Steinstraße 75/77 mit seinen herrlich geschnitzten Türstürzen (1681), ferner Jakobikirchhof Nr. 7–10 unter Einwirkung des Kornhauses entstanden seien.

Hierher gehört nun auch das älteste Opernhaus Hamburgs am Gänsemarkt — nicht, wie man einmal nach Paul Heinekens Tuschezeichnung (1727) zu erkennen glaubte, ein Holzschuppen, sondern ein Fachwerkständerbau mit Ziegelaufachung (Abb. 86). War die Art der Konstruktion bisher nicht eindeutig gesichert, kann nunmehr jeglicher Zweifel ausgeräumt werden: Die entsprechenden Details auf den beiden bereits behandelten Darstellungen Hamburgs, von der Alster aus gesehen, lassen die Ziegelaufachung aufgrund der roten Einfärbung der Ausfachungen klar erkennen.

Die Darstellungen sind gut zu datieren, weil sie gerade noch die Ruine der am 10. März 1750 durch Blitz und Feuer zerstörten Großen Michaeliskirche im Hintergrunde erkennen lassen. Diese wurde vom 6. März 1751 an abgerissen, um dem Neubau Preys und Sonnins Platz zu machen (1762). So vermitteln denn die beiden Gemälde eine Vorstellung von der

Abb. 86   Das erste Hamburger Opernhaus, erbaut 1677 von G. Sartorio. Ausschnitt aus dem Stadtprospekt von Heinecken. Hamburgisches Staatsarchiv.

Schönheit des Alsterprospekts um 1750/51, als im Opernhaus am Gänsemarkt noch Aufführungen gegeben wurden. Zwei Jahre später wurde es geschlossen und am 15. April 1765 abgerissen. Die Zeichnung von Heineken und die beiden Ölgemälde heben das mächtige Walmdach und das kräftige Gesims zwischen den Geschossen besonders deutlich hervor. Das ganze Gebäude war in äußerst knapper Bauzeit, nämlich im Sommer 1677 „angelegt und gebauet und auf Weynachten gantz fertig" gewesen, „sodaß aufs Neue Jahr darin gespiehlet wurde". Besonders haltbar war das Opernhaus wohl nicht konstruiert. Übrigens deuten die äußeren Anzeichen eher auf das von Hamelau verwendete Fachwerkschema hin. Unerhört eigenwillige Erfindungen, wie man sie vielleicht gern dem Girolamo Sartorio zuschriebe, finden sich nicht. Ihn hatte man zum Bau der Oper herangezogen. Der italienische Architekt, „der ein gantz hölzernes Theatrum mitten in der Stadt Amsterdam, Hamburg und sonsten dergleichen mit großem Ruhm und ohnschädlich aufgebauet habe", konzentrierte sein Ingenium vermutlich ganz auf die hochberühmte Bühnenmaschinerie und die Ausstattung des Zuschauerraumes.

Im Grunde seines Herzens ist Hans Hamelau der Baukunst seiner Zunft, der Fachwerkarchitektur, treu geblieben. Und doch war es ihm bestimmt, Elemente des Palladianismus niederländischer Prägung in Hamburg einzuführen und lokal einzufärben. Der Rat schickte ihn 1661 auf eine Studienreise nach Holland, damit er dort nach geeigneten Vorbildern für den Bau des Baumhauses suchen sollte.

Offenkundig empfand sich das durch den Dreißigjährigen Krieg in Rückstand geratene Zentraleuropa wirklich als „kunstgeschichtliche Provinz", weswegen auch die Hamburger Künstler sich ihre Lehrer in Holland suchten, so Matthias Scheits, der bei Philips Wouwerman in Haarlem ab 1650 in die Schule gegangen war. Es wäre höchst verwunderlich, hätte Hans Hamelau als Repräsentant des öffentlichen Bauwesens in Hamburg nicht diese Reise unternommen, um in erster Linie von Philipp Vingboon zu lernen, der bis 1675 Stadtbaumeister in Amsterdam war. Er muß ihn bereits als Autoren des ersten Stichwerks, „Afbeeldsels der vornaemste Gebouwen", gekannt haben, das 1648 erschienen war und schon 1664 neu aufgelegt werden mußte.

Vingboon aber hatte sich die Werke Palladios zum Vorbild genommen und war von den Schöpfungen des Palladianismus in Frankreich begeistert. Hier fand er den Weg zurück bis zu den Bauprinzipien Vitruvs erforscht, des Hofarchitekten des Kaisers

Augustus. Claude Perrault, Schöpfer des Louvre-Ostflügels (1667), übersetzte im Auftrage Ludwigs XIV. die Werke Vitruvs ins Französische, in seiner Nachfolge brachte der Schotte Colin Campbell 1715 einen „Vitruvius Britannicus" heraus. Sogar einen „Danske Vitruvius" gab es ab 1749. Hans Hamelau hat keinen „hamburgischen Vitruv" geschrieben. Die Hollandreise hätte wohl kaum genügt, aus dem Zimmermann einen gewandten Theoretiker zu machen. Mit den Augen des an der Praxis orientierten Baumeisters hat er das ihm notwendig Erscheinende aufgenommen und benutzt, um seine von der Fachwerkstruktur her bestimmte Vorstellung der Architektur weiterzuentwickeln. Dafür geriet ihm das Baumhaus zum bleibenden Beweis (Abb. 87). Das Gebäude mußte in das Elbufer hinein gebaut und auf Steinpfähle gegründet werden. Es hatte eine Grundfläche von 22,6 m x 11,8 m. Es wurde zur Unterbringung einer Zollstation am Eingang des Binnenhafens benötigt, nämlich dort, wo zwischen Steinhöft und Kehrwieder die Hafeneinfahrt des Nachts gegen Schmugglerschiffe und andere ungebetene Gäste mit einer floßartigen Sperre verschlossen wurde. Tagsüber war die Kontrolle des Schiffsverkehrs von der Sicht abhängig. Um einen guten Rundblick über den Binnenhafen und die Elbe zu gewinnen, schob Hamelau das Gebäude weit über das Wasser vor und plante auch in der Höhe einen prachtvollen Ausguck mit ein. In seinem Reisehandbuch aus dem Jahre 1674 beschrieb Greflinger den Hamelauschen Bau am „Niederbaum, da ein schönes Haus und ein herrlicher Prospect ist, die gantze Stadt und unzählbare Schiffe zu sehen".

Noch zu Lebzeiten Hamelaus, der wahrscheinlich 1670 starb, wurde die alte Börse renoviert und nach dem Wasser hin erweitert (1669/70), wobei man den neuen Trakt stilistisch anglich (Abb. 88). Im gleichen Jahre (1669) wurden die Waage und das sogenannte Commercium errichtet. Auch dieses Gebäude wurde der Börse angepaßt, es nahm den gleichen verspielten Möbelstil auf und wirkte mit seinem geschwungenen Walmdach wie eine Kopie des Pavillons aus dem Dachgarten des Baumhauses, nur daß das als Halle geöffnete Untergeschoß gleich dem der alten Börse mit einem aus vier Säulenpaaren gebildeten Portikus geschmückt war. Zur Dachbekrönung war eine Statue der Justitia mit Schwert und Waage gewählt worden. Die „Neue Waage" bei der Hohen Brücke, welche 1590 schon erwähnt wurde, brannte 1676 zusammen mit dem „Neuen Kran" daneben ab. Beide wurden anschließend wieder aufgebaut, wobei in Proportionen und Stil für die Neue Waage

Abb. 87 Das Baumhaus, errichtet von Hans Hamelau. Rötelzeichnung von Valentin Ruths.

das Commercium zum Vorbild genommen wurde. Bis zum völligen Verbrauch wurden so die Börse und das Baumhaus stilistisch ausgeschöpft und zu einer charakteristischen Prägung des Hafenbereichs von der Trostbrücke bis zum Steinhöft im „italienischen Stil" verwendet.

An der Ostseite des Alsterbassins schuf Hans Hamelau zwei moderne Zweckbauten, streng, wie es ihre Bestimmung verlangte. Für die Errichtung des Spinnhauses, „da leichtfährtige Personen, und die unter des Scharffrichters Hand gewesen sind, sitzen und ihre Arbeit auff eine gewisse Zeit thun müssen" (Greflinger), hatte der im Jahre 1662 verstorbene Senator Dr. Peter Rentzel eine größere Summe hinterlassen. Zur Verwirklichung kam es 1665/66. Hamelau legte das Gebäude mit dem First quer zum Werk- und Zuchthaus von 1618/20 und mit der Rückseite an die heutige Ferdinandstraße, damals noch ein einfacher, am Alsterufer entlanggeführter Holzdamm. Der Verzicht auf jegliche Pilastergliederung zeigt an, daß für Hamelau die plastische Signifikanz des Baukörpers vorrangig blieb: das quergelagerte Bauwerk mit Walmdach und davor ein nur wenig hervortretender gegiebelter Mittelrisalit. Hamelau genügten die Fenster zur Gliederung der Fassade. Neun Fensterachsen, von denen die mittlere ganz durch das Portal beansprucht wurde, bildeten

die Grundlage des axialsymmetrischen Aufbaus. Das Portal begleitete rechts und links in beiden Geschossen je ein Fenster. Dieser Teil wurde als breiter Mittelrisalit nach vorn geschoben, darüber ein riesiges Giebeldreieck mit Reliefdarstellungen im Tympanon. Frontispiz und Portal enthielten den einzigen Bauschmuck.

Kaum stand das Spinnhaus, brannte das Zuchthaus ab. Hans Hamelau ließ es dann zwischen 1666 und 1670 wieder neu entstehen. Diesem Bau gab er die gleiche Grundform wie dem Spinnhause, nur wesentlich größer und breiter noch. Er legte ihn rechtwinklig gegen die Südostecke des Spinnhauses, so daß beider Fassaden die Ost- und Südseite eines größeren Platzes begrenzten. Am Zuchthaus wurde nun wieder die Einwirkung des Palladianismus spürbar, indem das Bauwerk auf ein Podium gestellt wurde und die Fassade eine Gliederung aus lisenenhaft feinen und schmalen Pfeilern tuskischer Ordnung erhielt. Da diese vom Podium bis zum Dach reichten, sind sie sogar als Kolossalpilaster zu bezeichnen, wiewohl sie gar nichts Mächtiges an sich haben. Offenkundig hat Hans Hamelau noch die feineren Gliederungen bevorzugt und gelegentlich wie am Baumhaus lieber verschiedene Ordnungen in Stockwerken übereinandergestellt, wohl um den breiten Kolossalpilaster zu vermeiden.

Abb. 88 Alter Krahn, Commercium mit einer Justitia-Figur auf dem Dach, daneben Börse und Börsenvorplatz, rechts das Rathaus. Kupferstich C. G. Fritzsch, Ende 17. Jahrhundert.

Privatbauten großbürgerlichen Zuschnitts

Die bisher ausgewählten Beispiele öffentlichen und kirchlichen Bauwesens — ihrerseits von meist bedeutenderen Vorbildern der europäischen Baukunst abhängig — setzten Maßstäbe für die private Architektur und inspirierten zur Nachahmung. Hildamarie Schwindrazheim hat treffend beschrieben, wie stark hinter dem Portal des Hauses Rödingsmarkt Nr. 60 (1631), das heute im Barockgarten nördlich des Museums für Hamburgische Geschichte frei aufgestellt ist, das große Rathausportal von 1602 erkennbar wird: die Schlankheit der Säulen, die Leichtigkeit des Bauwerkes und die plastische Loslösung von der Fassade!

Doch gibt es noch treffendere Beispiele: Das Portal des Hauses Fischmarkt Nr. 8 erweist sich bei näherem Hinsehen im Aufbau als abbreviatorische Wiederholung des Petriportals, wobei auf die Kontur der italienischen Renaissancekirchenfassade und den Säulenschmuck verzichtet wurde.

Die Form des Portals wurde zu der eines Trimphbogens vereinfacht. In den unteren Nischen rechts und links standen zwei Marsfiguren. Die Nischen darüber wurden von den Zwickelreliefs eigentümlich zur Seite abgedrängt und mußten daher sehr schmal werden. Sie enthielten jeweils eine Renaissanceherme. In den Zwickeln fanden sich die Alle-

Abb. 89 Zwickelfigur, die Göttin der Architektur darstellend, mit Baumodell eines neo-palladianischen Stadtpalastes in Händen. Von einem Portal des Bauhofs am Deichtor.

gorien der Victoria und der Pax in Gestalt weiblicher Personen. Die teigige Ausführung und die fehlerhafte Architektur lassen auf mangelhafte Kunstfertigkeit und Unverständnis des Nachahmers schließen. Er bewunderte das Petriportal, aber begriff die Ordnung nicht. In ganz ähnlichem Verhältnis zum Petriportal stand das Portal des Hauses Deichstraße 29. Hier wurden die Nischen sogar nach oben hin mit aufwendigen Muschelformen abgeschlossen.

Vorsichtig, gleichwohl absichtsvoll knüpfte das sogenannte „Alte Schloß" in der Düsternstraße Nr. 43/51 mit seinem Bauschmuck, welcher jetzt an der Ostseite des Museums für Hamburgische Geschichte nach dem Holstenwall zu eingelassen ist, an die staatliche Repräsentation des Rathauses von 1602 an. Das breite, quer zur Straße gelagerte Patrizierhaus zeigt an der Frontseite sechs Nischen nebeneinander. Die beiden äußeren enthalten Wappen, die übrigen sind mit Büsten der vier Weltkaiser Ninus, Cyrus, Alexander Magnus und Caesar gefüllt. Riesige gekreuzte Palmwedel dazwischen deuten an, daß sich der Bauherr vom Weltregiment auch einen Weltfrieden versprach. Dieser Gedanke lag bei der Errichtung des Hauses, etwa zwei Jahrzehnte nach dem Westfälischen Frieden, immer noch nahe.

Der Lizentiat Schrötteringk hat es in den Jahren zwischen 1660 und 1670 errichten lassen. Weil die Konstruktion des Daches und die Ausbildung der Erker an das Kornhaus (1660/61) erinnern, hat Wilhelm Melhop die Vermutung ausgesprochen, das „Alte Schloß" sei von Hans Hamelau erbaut worden. Für diese Überlegung spräche zwar die höchst eigenwillige Verbindung eines traditionellen Stilelements öffentlicher Architektur in Hamburg, der Nischenfassade mit Kaiserdarstellungen, und des damals hier aufkommenden Palladianismus niederländischer Prägung, dessen auffälligstes Kennzeichen gewiß die Kolossalpilaster klassischer Ordnung bildeten. Gerade aber den Kolossalpilaster hat Hamelau nur mit größter Zurückhaltung verwendet. Außerdem durfte der Leiter des Bauhofes Privataufträge nicht annehmen, und nichts zwingt zu der Unterstellung, Hamelau habe sich beim „Alten Schloß" eine Ausnahme gestattet. Was daraus geworden wäre, zeigen die „Baumodelle" in Händen der die Architektur verkörpernden weiblichen Gestalten in den Zwickeln eines Tores vom Bauhof am Dammtor (Abb. 89 u. 90), den Hamelau nach Schließung des alten Bauhofes auf dem Wandrahm hier errichtet hatte.

Abb. 90 Zwickelfigur, die Göttin der Architektur darstellend, vgl. Abb. 89.

Die soziale Kehrseite
des wirtschaftlichen Aufstiegs

Man kann sich nicht mit der charakteristischen Neugestaltung Hamburgs im 17. Jahrhundert zufriedengeben, ohne auf die sozialen Probleme aufmerksam zu machen, welche das Anwachsen der Stadt in jeder Hinsicht zur Folge hatte. Die in den vorangegangenen Kapiteln geschilderten Bauten einschließlich der Festung Valckenbourghs sind nur Einzelbeispiele eines gewaltigen Baubooms von bisher nicht gekannten Ausmaßen: Am Winserbaum war 1612 das Teerhaus entstanden, dann war 1616 innerhalb

des Dammtores der Kalkhof mit einem 10 m breiten Verbindungskanal zur Alster hin angelegt worden, um die von Segeberg herangefahrenen Kalksteine gleich an der Stadtperipherie zu verarbeiten. Ab 1618 lieferten Horneburg, Hadeln und sogar Amsterdam Ziegel für die neue Stadtbefestigung. Welche Dimensionen die allgemeine Bautätigkeit damals annahm, zeigt besonders deutlich ein Vertrag über eine Holzlieferung des Herzogs von Mecklenburg an den Bauhof im Werte von 63.000 Mark Banco.

Abb. 91   Drastische Darstellung der Zustände im Pesthof als bildliche Unterstützung eines Spendenaufrufs des Jahres 1748. Kupferstich von F. S. Heintze (Ausschnitt).

Lohnforderungen im Baugewerbe, namentlich der Zimmerknechte, waren die unausbleibliche Folge und wurden in der Regel mit steigenden Preisen auf dem Nahrungsmittelsektor begründet. Der Rat bemühte sich um Stabilität, wobei er sich nicht mit dem ‚Einfrieren' der Löhne begnügte, sondern sich durch Anlegen eigener Getreidevorräte die Möglichkeit sicherte, in schlechten Erntejahren, schlimmstenfalls auch bei Blockaden — wie die dänische von 1643 — oder Belagerungen — wie die dänische von 1686 (Abb. 56) —, Teuerungen entgegenzuwirken. Darum also der Bau des riesigen Kornhauses, das der Leiter des städtischen Bauhofes, Hans Hamelau, 1660/61 im Auftrage des Rates fertigstellte — ein Jahr also vor Erreichung der höchsten Einwohnerzahl des Jahrhunderts (Abb. 85). Ähnliche Überlegungen spielten bei der Verlagerung des Bauhofes von der Wandrahminsel nach dem Deichtor (1675) eine gewichtige Rolle (Abb. 60), weil auch dieses Institut preisregulierend eingreifen mußte, wenn plötzliche Nachfrage nach Baumaterialien zu ungewöhnlichen Preisentwicklungen Anlaß geben sollte. Das atemberaubende Wachstum der Stadt sprengte eben jeden Rahmen und warf überdies soziale Probleme auf, wie sie beispielsweise durch gewisse Verbesserungen (1658/60) an der traditionsreichen Armenordnung gar nicht aufzufangen waren. So wohnten 1662 bereits 400 Arme im „Gast-, Pest- und Krankenhaus" (Abb. 91), ohne daß rechtzeitig entsprechende Mittel zu ihrer Versorgung verfügbar gewesen wären. Ihre Kinder fanden vorübergehend im Waisenhaus Aufnahme — 700 lebten dort auf engstem Raume im Jahre 1662! Sobald die Armen aus dem Pesthof entlassen wurden, mußten sie ihre Kinder wieder mitnehmen. Erst 1679/81 konnte ein neues, geräumigeres Waisenhaus gebaut werden. Wieviele nicht in Hamburg ortsansässige Hilfebedürftige und Kranke tagtäglich abgewiesen werden mußten, vermeldet keine Statistik. Im übrigen gab es auch Klagen über die unzureichende Essensversorgung in den Krankenhäusern. Die Zunahme der Bettelei geriet zum Dauerthema der Bürgerkonvente, wobei der Aspekt des ‚Unwesens' ins Auge stach (Abb. 92). Angesichts einer galoppierenden Misere, derer man kaum Herr wurde, kann man die im ganzen günstige wirtschaftliche Entwicklung oder gar den Aufschwung der Künste nur als die „Butterseite" dieser Geschichtsperiode sehen.

Vor allem die geschilderten sozialen Probleme führten zu einer völligen Entzauberung des Stadtregiments und einer Geringschätzung des Rates, die in ungeheurem Gegensatz zu dessen gottähnlicher Unnahbarkeit zu Beginn des Jahrhunderts stand. Jetzt mußten die Ratsmitglieder schon ihre Zunge gehörig in acht nehmen, wegen Beleidigung der Bürgerschaft wurde so mancher von ihnen nach 1660 zum Rücktritt gezwungen. Angehörige der Verwaltung hatten sich wegen angeblicher Verfehlungen vor der Bürgerschaft zu verantworten. Und als, gleich Volkstribunen, Jastram und Snitger zwischen 1634 und 1686 sich an die Spitze der Bürgerschaft setzten, verfiel der Rat in Agonie, war handlungsunfähig. Die Anhängerschaft Jastrams aber konnte sich bald noch besser Gehör verschaffen, als das neue Kirchspiel St. Michaelis, in dem so viele Kleinbürger und Handwerker ansässig waren, vom 11. Mai 1685 an zugelassen wurde, und gleichzeitig die beiden bürgerlichen Kollegien, die 48er auf 60 und die 144er auf 180 Mitglieder verstärkt wurden. Jastram und Snitger sollten über ungeschickte Verhandlungen mit dem Dänenkönig stolpern, der 1686 Hamburg durch einen Belagerungsring einschloß (Abb. 56). Sie wurden bezichtigt, Hamburg den Dänen verraten zu wollen, und büßten derartige Verleumdungen noch im gleichen Jahre mit dem Tode. Diese Bezichtigungen mögen um so glaubwürdiger aufgenommen worden sein, als die Feinde vor den Toren den Eindruck erweckten, sie würden den Kampf der Volkstribunen gegen den Obrigkeitsdünkel des Rates — nicht ungebeten — schon propagandistisch unterstützen. All diese Ränke verloren sich sofort ins Nichts, als der Große Kurfürst Hamburg militärische Hilfe schickte und Dänemark zur Aufgabe der Belagerung zwang.

Mit dem Tode von Jastram und Snitger waren aber die anarchischen Zustände keineswegs aus der Welt geschafft. Unter Bürgermeister Meurer (1686—1690) nahmen die Zustände im Rathaus groteske Formen an. Bis zu 2.000 Bürger versammelten sich unter den Kronleuchtern des Ratssaales. Wer am lautesten schrie, bekam in diesem Getümmel unzweifelhaft recht. Die Versammlungsteilnehmer verliehen ihren Argumenten gelegentlich recht handgreiflich Nachdruck. Kein Wunder, daß die Entscheidungen, die sogenannten „Kronenschlüsse", das Gemeinwesen keinen Schritt voranbrachten. Zu allem Unglück bildeten die in nuancenreichem Richtungsstreit zerfallenen Geistlichen weitere Parteien und hetzten diese gegeneinander. Der Rat aber, durch das Odium aufkommender Vetternwirtschaft belastet, stand alldem ohnmächtig gegenüber, ja er mußte sich die Zuwahl von Mitgliedern gefallen lassen oder auch die Entfernung mißliebiger Persönlichkeiten hinnehmen, wie immer es der Popularenpartei gefiel. Der

Abb. 92 *Bestrafung der faulen Insassen des Zuchthauses zu Hamburg. Kupferstich um 1740.*

Wunsch nach Mitwirkung am Stadtregiment war angesichts der legalen Möglichkeiten verständlich. Doch fehlte es an jeder geregelten Form für Meinungsfindung, Beschlußfassung und Realisierung von Beschlüssen, wie sie unter dem Kronleuchter des Ratssaales gefaßt wurden.

„Alarm, Alarm in aller Welt — daß Gott erbarm!" kommentierte die Inschrift einer für das 61. Convivium der Bürgerkapitäne des Jahres 1690 geschaffenen Silberkanne (Abb. 93) und spiegelt damit die Besorgnisse des nicht allein für die äußere Sicherheit zuständigen Oberkommandos der Bürgerwache wider, die übrigens ganz auf der Seite der Bürgerschaft stand. Bei ihren Patrouillen, die sie im Auftrage des Rates und der Weddeherren zur Kontrolle der an Zahl ständig zunehmenden „Schutzverwandten" — Einwohnern ohne Bürgerrecht — im Gängeviertel unternahmen, muß den Bürgerkapitänen die Gefahr für den Bestand des Gemeinwesens besonders deutlich vor Augen gestanden haben. Wohl selten ist das Eingreifen einer kaiserlichen Kommission mit soviel Erleichterung begrüßt worden wie damals, als Hugo Damian Graf Schönborn mit 2.000 Mann Infanterie und 300 Reitern aus Preußen, Hannover und Wolfenbüttel am 13.5.1708 einmarschierte, um zunächst den Aufruhr zu bändigen und dann in langwieriger Arbeit die Forderungen der Bürgerschaft mit den Funktionen des Rates in Einklang zu bringen. Sie ließ sich dabei von dem Grundsatz leiten, daß die Herrschaft nicht dem einen oder dem anderen Organ zufalle, sondern unteilbar in der gemeinsamen Verantwortung von Rat und Bürgerschaft läge. Im Jahre 1712 wurden die von Rat und Bürgerschaft bestätigten Regelungen in einem vom Kaiser ratifizierten Rezeß festgelegt, der als vorbildliche Verfassung bis 1860 Bestand haben sollte.

Abb. 93   Schenkkanne der Hamburger Bürgerkapitäne, gefertigt von Paulus Schütte im Jahre 1690.

Piraten auf der Opernbühne

„Siehe, wie fein und lieblich ist es, wenn Brüder einträchtig beieinander wohnen!" Einen Kanon mit diesem so gut in die Zeit passenden Appell enthält ein Notenblatt, das Dietrich Buxtehude und Jan Adam Reincken zusammen mit anderen Musikern einüben, wie ein Gemälde des Johannes Voorhout aus dem Jahre 1674 darstellt (Abb. 94). In einer Zeit, da der Rat zu einem reinen Werkzeug der Bürgerschaft wurde, schlossen sich hier Fürsten, Künstler und vermögende Ratsherren enger zusammen — der nach Hamburg geflüchtete Herzog Christian Albrecht, sein Hofkomponist Johann Theile, Jan Adam Reincken, der Bürgermeister Peter Lütkens und vor allem der vermögende Ratsherr Gerhard Schott waren es, die, jeder auf seine Weise, dazu beitrugen, daß vom 2. Januar 1678 an die Hamburger in ihrer

Oper am Gänsemarkt eine neue Attraktion besaßen (Abb. 86). An dem riesigen Fachwerkgebäude des ersten Opernhauses wurde gespart, während die Bühne mit allem erdenklichen technischen Raffinement ausgestattet wurde. Ihretwegen suchten die Künstler beim hamburgischen Schauplatz ein Engagement, und sei es auch noch so bescheiden. Der schwedische Architekt Nicodemus Tessin vermerkte bei seinem Aufenthalt 1687 in Hamburg, daß die Bühne 24 m tief gewesen sei, durch Vorhänge in drei hintereinanderliegende Kompartimente geteilt werden konnte und jeweils 15 Seitenkulissen besaß. In unglaublicher Geschwindigkeit waren je nach den Erfordernissen von Musik und Text während des Aktes Bühnenbilder beliebig zu verändern. Die abwechslungsreichen Reliefwirkungen haben vermut-

Abb. 94   Häusliche Musikszene mit Darstellung Jan Adam Reinckens am Cembalo, rechts daneben mit einem Notenblatt auf den Knien Dietrich Buxtehude. Gemälde von Johannes Voorhout, 1674.

lich mit der rhythmischen Staffelung des dreidimensionalen Raumes auf inszenatorische Höhepunkte zu ein optisches Vorbild für die Terrassendynamik in der frühklassischen Musik der Mannheimer Schule abgegeben. Ferner ließen sich mit Hilfe von Himmelsmaschinen Tänzer, Musikanten oder Sänger gruppenweise in die Wolken erheben: Wenn bisher eine Apotheose durch illusionistische Malerei in der Fläche einzufangen war, so geriet nunmehr der Inhalt des ganzen Bildes in dreidimensionale Bewegung! Kein Wunder, daß auch in Hamburg die Residenten auswärtiger Mächte die propagandistische Anwendbarkeit eines solchen Mediums, das damals mehr beeindruckt haben muß als heute der Film, schnell erkannt haben und es zur Verherrlichung von Krönungen, Hochzeiten und Geburtstagen ihrer Fürsten in prunkvollen Ballettopern genutzt haben — sie mieteten gleich das ganze Haus. Aber auch Hamburgs Geschichte und Gegenwart fanden sich bald auf dem Spielplan wieder: Dort führte man im Jahre 1701 — sozusagen als ein dreihundertjähriges Jubiläum — den Sieg über Klaus Störtebeker und Gödeke Michels als Oper auf (Abb. 43). Die Partei der Popularen wird mehr Gefallen noch an der „Hamburger Schlachtzeit" oder dem „Hamburger Jahrmarkt" (1725) gefunden haben.

Möglicherweise mokierte sich dieselbe Popularenpartei wieder einmal zu Reinhard Keisers Musik über die plattsnackende Deern auf dem Markusplatz in Venedig (1707), eine Parodie zu André Campras „Le Carneval de Venise", als Barthold Hinrich Brockes (1680–1747) eine seiner zahlreichen Bildungsreisen nach Holland, England, Frankreich oder die Schweiz durchführte. Während Hamburg nach dem Hauptrezeß von 1712 bald an Österreich, bald an Rußland hohe Geldbeträge auszuzahlen genötigt war, unter der Pest litt, so daß vom 27. August bis Ende des Jahres 1713 hier über 7.000 Menschen starben, während also Hamburg mit Ächzen und Stöhnen in ein Jahrhundert eintrat, das der Mitte des neunzehnten Jahrhunderts „charakterlos" und „gesinnungsschwach" schien, entfaltete sich in Brockes ein Talent, das in Hamburg Hagedorn und Reimarus und außerhalb der Stadt, um nur Beispiele

anzudeuten, über Rousseau mit seinen Erlebnissen moralisch untermauerter Naturschönheit letztlich den Urvater der Kunstgeschichte, Johann Jacob Winckelmann, inspiriert hat. Brockes, Ratsherr und dichtender Amtmann zu Ritzebüttel, verdient hier hervorgehoben zu werden, weil er mit seinem nur scheinbar eskapistischen „Irdischen Vergnügen in Gott" und anderen Werken der Putzsucht und Künstelei die liebenswerte Schöpfung, die Natur, entgegensetzte und den Bemühungen der Neuberin sowie Lessings um eine Erneuerung jeder Kunst den Boden bereitet hat. Die Neuberin konnte auch deswegen in Hamburg mit mehr Aufmerksamkeit rechnen, weil Brockes in seiner moralischen Wochenschrift, dem „Patrioten", zu einem Feldzug für eine umfassende Bildung der Frau 1724 aufgerufen hatte: „Region, Hauswesen, zierliches Deutsch, Zeichnungskunst, Musik, Beredsamkeit, Vernunft, Natur- und Sittenlehre, Rechnungs- und Meßkunst, Erd- und Himmelsbeschreibungen samt den vornehmsten Geschichten, insbesondere ihres Vaterlandes" sollten die Mädchen erlernen dürfen. Die großen Hamburgerinnen des 18. und des 19. Jahrhunderts haben es in erster Linie Brockes zu verdanken, daß sie vom Schicksal befreit wurden, nur „ihren Catechismus herzusagen, einige Gesänge zu singen, Caldaunen zu stopfen, Kochfleisch, Sulzen und allerlei Früchte einzumachen, mit den Mädchen zu zanken, in Gesellschaft angenehm zu schweigen, bei Gelegenheit rot zu werden, zu sparen, mit ihren Möpsen zu spielen und etwas auf dem Capitains' Convivio zu tanzen".

Die Entschlackung der Oper von äußerlichem Zierrat (Abb. 95) und italienischer Stimmakrobatik mußte auch Brockes wünschen. Ein völlig neuer, von Natürlichkeit geprägter Stil kam insbesondere der aufkommenden Auffassung von Theater zugute, um deretwillen Jahrzehnte später der rührige Schauspieldirektor K. E. Ackermann 1763 ein Komödienhaus dort baute, wo noch kurz vorher das mittlerweile bis zur Baufälligkeit ruinierte und dann abgerissene Opernhaus Gerhard Schotts gestanden hatte. Dem neuen Haus sollten Lessing und Schröder zu künstlerischer Weltgeltung verhelfen.

Das zerstörte TROJA,

Oder:

Der durch den Tod Helenen versöhnte

ACHILLES,

Wurde

An dem Theuren *Carols*-Tage

Wegen des neulichen von Ihro Röm. Kayf. und Cathol. Maj. unfern
allergnädigften Kayser und Herrn, über die Türcken befochtenen Sieges/
und der darauf höchft glücklich erfolgten Eroberung der fehr wichtigen
Veftung Temeswar,

Zu allerunterthänigfter Bezeugung der hierob gefchöpfften Freude
In einem *Muficalifchen* Singe=Spiel
Auf dem Hamburgifchen Schau=Platz
vorgeftellet im November, 1716.

HAMBURG/ gedruckt bey Friderich Conrad Greflingern.

*Abb. 95 Titelkupfer der Oper von Reinhard Keiser „Das zerstörte Troja" mit einem Text von Johann Joachim
Hoe, die 66. Oper, welche in Hamburg aufgeführt wurde.*

Abb. 96 Georg Philipp Telemann übernahm 1721 die Stelle des Hamburger Musikdirektors.

Instrumentenbauer —
als Bönhasen gejagt!

Allerdings waren es nicht allein die dichtenden Ratsherren, vermögende Operngründer und berühmte
Komponisten (Abb. 96), denen die Hochblüte der
Barockmusik in Hamburg zu danken wäre. An diesem Ruhm waren in gleicher Weise Instrumentenbauer wie Arp Schnitger (1648–1720), Joachim
Tielcke (1641–1719) mit seinen Lauten und Streichin-
strumenten beteiligt, deren Schöpfungen sich in ganz
Europa steigender Wertschätzung erfreuten. Dennoch wurde es ihnen nicht leicht gemacht, ihr Brot
hier zu verdienen. An dieser Stelle möchten wir
exemplarisch das Schicksal einer dieser Instumen-
tenbauerfamilien, von der das Museum für Hamburgische Geschichte ein herrliches Cembalo besitzt
(Abb. 97), etwas ausführlicher darstellen, weil es
in hervorragender Weise geeignet ist, die Lebens-
verhältnisse in Hamburg zu Beginn des 18. Jahrhunderts widerzuspiegeln.

Einen weit über Hamburg hinausreichenden Ruf
als guter Instrumentenbauer genoß damals Hans
Christoph Fleischer. Am 28. Mai 1638 in St. Petri
getauft, war er erst am 12. April 1672 in dieser Stadt
Bürger geworden. Hauptsächlich befaßte er sich mit
dem Bau von Lauten und Theorben, Instrumenten
also, für die es noch lange Zeit einen guten Markt
geben sollte, die aber doch durch das Aufkommen
einer neuen Notenliteratur und deren freiere Instru-
mentierung allmählich an Bedeutung verloren. Die
jüngere Komponistengeneration des ausgehenden 17.
und beginnenden 18. Jahrhunderts schrieb ihre Werke meist gleich für das Cembalo, das seiner technischen Perfektion und vielseitigen Verwendungsmög-
lichkeiten wegen eine gewisse Rationalisierung in
der musikantischen Praxis erlaubte. Die nachträgliche Ausstattung mancher Cembali mit einem Lautenzug ermöglichte es, gelegentlich sogar ganz auf
die Heranziehung von Lautenisten zu verzichten.

Nichts bezeugt den Wandel aller Voraussetzungen
für neue Konstruktionen im Instrumentenbau nach-
drücklicher als eine Nachricht über entsprechende
Versuche des Lautenmachers Hans Christoph Fleischer. Der Sohn Johann Christoph ging ähnliche

Wege. Nach jahrelangem Experimentieren konnte
er schließlich der Öffentlichkeit eine bemerkenswerte Kreation vorstellen. Voller Stolz pries er diese
im März 1718 in Hamburger Zeitungen an. Sogar
in die März-Ausgabe der „Breslauischen Sammlung
von Natur- und Medicin- wie auch Kunst- und Li-
teraturgeschichten" ließ er die Beschreibung seines
sogenannten Theorbenflügels (Preis: 400 Reichstaler) einrücken. „Die Arbeit ist ganz anderer Inven-
tion denn ordinair und will mich nicht scheuen,
solches den größten Monarchen der Welt zu präsen-
tiren." Mehr als Monarchen sollten sich gewiß
die reichen Weber in Schlesien angesprochen fühlen, die des Absatzes ihrer Erzeugnisse wegen besonders enge Handelsverbindungen mit Hamburg
unterhielten. Die Anzeige in der „Breslauischen
Sammlung…" machte überdies — ebensowenig für
den schmaleren Geldbeutel gedacht — ein „8. füßi-
ges Lauten-Claveßeng" zu 200 Reichstalern bekannt. Die Familientradition der Lautenmacherei hat
demnach recht nachhaltig das Klangideal des Cem-
balobauers Johann Christoph bestimmt.

Der geschäftstüchtige Johann Christoph Fleischer
versäumte nicht, in den Annoncen vom März 1718
auf die Lagerbestände seines Hauses hinzuweisen:
Tasteninstrumente, die für 60 Taler aufwärts bis
1.000 Taler lieferbar seien. Soviel Glück und Erfolg
hätte ihm wohl niemand voraussagen können. Gegen 1693/94 war ihm der Vater gestorben. Die Mutter, Margarethe, hatte neun Kinder geboren; davon
lebten noch acht im Alter zwischen fünf und acht-
zehn Jahren, als der Vater ihnen genommen wurde. Johann Christoph war der Älteste und hätte
einmal die Werkstatt erben sollen. Hierzu aber fehlten ihm zu diesem Zeitpunkt gewiß die wesentlichsten Voraussetzungen. Noch war er nicht Meister.
Er und sein Bruder Carl Conradt, damals 14 Jahre
alt, hatten allenfalls Gelegenheit, als der Orgel- und
Clavichordbauer Johann Middelburg die verwitwete
Mutter 1694 heiratete, in der Werkstatt des Stiefva-
ters mitzuarbeiten, welche dieser von Hans Christoph Fleischer übernommen haben muß. Denn nur

als Einheirat kann diese Eheschließung verstanden werden, die Johann Middelburg mit der Verantwortung für mindestens sechs unversorgte Kinder belastete.

Middelburg hat sich gewiß nicht träumen lassen, daß 13 Jahre nach Einheirat in die Fleischer-Werkstatt seine berufliche Existenz plötzlich wieder gefährdet werden könnte. Er wohnte und arbeitete damals am Dornbusch. In Hamburg ging es politisch drunter und drüber. Rat und Bürgermeister waren nahezu machtlos, Werkzeuge in der Hand von Demagogen. Neubesetzungen im Rat geschahen gegen die bisherigen Regularien nach irgendwelchen undurchschaubaren, opportunistischen Beweggründen oder wurden gar willkürlich rückgängig gemacht, wobei zum Teil erheblicher Druck auf die Bürgermeister ausgeübt wurde. Mit Unruhe beobachtete der Kaiserhof in Wien die innenpolitischen Wirren und war vor allem darum besorgt, die wechselseitigen Beziehungen von jeder Irritation freizuhalten. Unter keinen Umständen sollten der über Hamburg führende Kupferhandel und der Absatz schlesischer Webereierzeugnisse Schaden leiden. Die Einsetzung einer kaiserlichen Kommission wurde immer dringlicher in Betracht gezogen. Es konnte nicht ausbleiben, daß unter so anarchischen Verhältnissen die hiesigen Ämter (Innungen) ihrer eigenen Machtstellung inne wurden und ihre Privilegien weidlich nutzten. U. a. setzten sie gerade nach 1704 verstärkt die „Bönhasenjagd" auf Freimeister in Gang. Bönhasen, so nannte man die „selbstgemachten" Handwerksmeister, die angeblich furchtsam wie Hasen, auf Böden versteckt, schlechte Arbeit leisteten, Pfuscher, die anständigen und in Ämtern organisierten Handwerkern und deren Familien die Nahrung stahlen! Kastendenken und Futterneid bestimmten jedenfalls das Tischleramt, die fleißigen und gut verdienenden Instrumentenmacher in Hamburg als Bönhasen zu jagen. Im Jahre 1707 statteten die Tischler Johann Middelburg einen „Besuch" ab, verwüsteten die Werkstatt und beschlagnahmten sein Handwerkszeug.

Mittlerweile hatte Johann Christoph Fleischer als Neunundzwanzigjähriger im Jahre 1705 das Hamburger Bürgerrecht erworben und hierfür zwanzig Mark Courant bezahlt. Zur Bürgerbewaffnung trug er eine Muskete bei, wie der Eintrag ins Bürgerbuch ausweist. Seit 1615 galt als Voraussetzung für jeden, der sich mit der Absicht trug, hier ein eigenes Geschäft zu gründen oder zu heiraten, zuvor den Bürgerbrief zu erwerben. Vermutlich hatte Fleischer die Wanderjahre gerade hinter sich und richtete jetzt

zusammen mit dem jüngeren Bruder Carl Conradt eine eigene Werkstatt ein. Carl Conradt wird ihn ab 1705 für mindestens drei Jahre als Geselle tatkräftig unterstützt haben.

Der Zeitpunkt der Werkstattgründung war nicht schlecht gewählt. Denn die Oper steuerte gerade einem neuen Höhepunkt zu; sie hatte seit 1695 in den letzten zehn Jahren allein an Eintrittsgeldern 184.498 Taler eingenommen, wie Johann Mattheson im „Musikalischen Patrioten" vorgerechnet hat. Im gleichen Zeitraum sind nach Mattheson 936 Aufführungen über die Opernbühne gegangen, davon immerhin 47 neue Werke. Junge Talente fühlten sich nach Hamburg hingezogen, wie Georg Friedrich Händel, der von 1703 bis 1705 hier weilte, zunächst zufrieden mit einem Platz in der Zweiten Geige, dann als Orchesterleiter und Komponist. Für die Aufführungen des Jahres 1705 steuerte Händel gleich zwei Opern bei: „Almira, die Königin von Castilien" und „Nero". Das Orchester umfaßte damals ungefähr sechzig Instrumente.

Hinzu kam der private Bedarf an Musikinstrumenten. Die ehedem maßgeblichen Schichten, die alten Familien, resignierten angesichts der politischen Turbulenzen, die Hamburg schon länger als ein Vierteljahrhundert unregierbar erscheinen ließen, und suchten neue Betätigungsmöglichkeiten im Bereich der Künste. Mehr und mehr hatte die Hausmusik an Bedeutung erlangt. Als Barthold Hinrich Brockes nach langen Bildungsreisen 1704 wieder in Hamburg eintraf, suchte er keine öffentliche Anstellung in seinem gelernten Beruf. Der vermögende Jurist, studierte Botaniker, Philosoph und Dichter warf sich auf die Übersetzung schöner Bücher aus dem Italienischen, begann Lyrik zu schreiben. Eine Gewohnheit, die er sich als Student in Halle vor Jahren bereits zugelegt hatte, pflegte Brockes nach seiner Rückkehr in die Heimatstadt besonders konsequent: Er gab jede Woche ein privates Konzert. Hier bot sich wohl auch Gelegenheit, die eigene, übrigens schnell vertonte Lyrik auszuprobieren und manches vorzustellen, was später einmal Eingang in die Publikation des „Irdischen Vergnügens" finden sollte.

Die Konjunktur war demnach der Gründung einer Instrumentenbauerwerkstatt recht günstig. Doch sollte es den Brüdern Fleischer nicht viel besser gehen als ihrem Stiefvater. Sie wurden im Jahre 1708 von den Tischlern überfallen und ihres Arbeitsgerätes beraubt. Sie sollten 150 Taler für die Vergünstigung bezahlen, weiterhin Instrumente bauen zu dürfen, obendrein 30 Taler zur Ausrichtung eines

Abb. 97   Cembalo von Carl Conradt Fleischer.

Festmahles für die von der Bönhasenjagd strapazierten Meister. Hundertachtzig Taler! Wie lange mußte damals ein Komponist arbeiten, um eine solche Summe zu verdienen, der doch von der hiesigen Operndirektion für die Erstellung eines Auftragswerkes nur 50 Taler kassierte! Die Höhe der Forderungen läßt erkennen, wie günstig die Tischler die Einnahmen der Instrumentenbauer einschätzten und welche Motive sie bei der Bönhasenjagd leiteten. In Zukunft sollten die Fleischer-Brüder das Instrumentengehäuse und das Untergestell, „Korpus und Vierkandt", Hamburger Tischlermeistern zur Ausführung übergeben. Die Brüder stemmten sich begreiflicherweise gegen solche Bedingungen. Diese hätten einen unvertretbaren Eingriff in den musikalischen Kern ihrer Arbeit bedeutet, zumal die Hamburger Cembali anders als die italienischen keine Scheidung von Gehäuse und Instrument zuließen, sondern konstruktiv untrennbar miteinander verbunden waren. Trotz aller Drohungen, die Kaiserliche Kommission aus Wien um Hilfe anzugehen, welche mittlerweile in Hamburg eingetroffen war und an der kommenden Verfassung arbeitete, behielt das Tischleramt das beschlagnahmte Arbeitswerkzeug der Fleischers ein. Dabei hätten die Tischler allen Grund gehabt, Auseinandersetzungen mit der Kaiserlichen Kommission zu meiden, denn diese verlangte schließlich wegen der Zunahme solcher „Widerwärtigkeiten" von allen Ämtern gegen härtesten, aber letztlich erfolglosen Widerstand die Vorlage sämtlicher Stiftungsurkunden, Privilegien oder „Special-Rollen". Schon am 4. Dezember 1710 konnte die Kommission als Ergebnis dieser Bemühungen ein neues „Reglement der Ämter und Brüderschaften in Hamburg" veröffentlichen.

Wenn wir in den folgenden Jahren wenig von den Brüdern Fleischer hören, liegt das an den allgemein widrigen Verhältnissen, denen Hamburg ab 1712 ausgesetzt war. Zwar erhielt es damals die von der Kaiserlichen Kommission endlich fertiggestellte, zunächst mit Skepsis aufgenommene Verfassung, deren Rang eigentlich erst im Laufe des 18. Jahrhunderts richtig begriffen wurde. Aber äußere Einwirkungen, Besetzungen des Umlandes, die Brandschatzung Altonas durch schwedische Truppen, Einquartierungen von dänischen und russischen Einheiten sowie entsprechende finanzielle Erpressungen machten ihren hemmenden Einfluß auf den Handel geltend. Dann brach eine verheerende Pest aus, die in Hamburg etwa 12.000 Menschenleben forderte. Vom Sommer an ließ Friedrich IV. von Dänemark Hamburg an der Landseite rundum, von der Elbe bis Billwärder, durch einen Cordon einschließen. Der Kurfürst von Braunschweig-Lüneburg hielt die Elbinseln versperrt. Der Rat tat nach dem damaligen Stand des Wissens sein Bestes für die Gesundheit der Bevölkerung, richtete eine Quarantänestation bei der Ölmühle ein und ließ die Pesttoten auf einem besonderen Friedhof außerhalb des Dammtores beisetzen.

Für die Menschen in der Stadt ging es ums Überleben, nur darum, der Krankheit oder der durch die Abriegelung von jeder Lebensmittelzufuhr verursachten Hungersnot zu entkommen. Der Außenhandel war natürlich ganz zum Stillstand gekommen. Die Oper blieb selbstverständlich geschlossen. Wer hätte sich auch wohl für Musik oder Musikinstrumente interessieren sollen? Der dänische Sperrcordon wurde erst am 26. April 1714 wieder aufgehoben. Hannover hob im Mai den bis zum Grasbrook vorgeschobenen Pestcordon auf, richtete aber — wie sich zeigen sollte, sehr berechtigt — für Durchreisende eine fünftägige Quarantäne ein. Tatsächlich brach dann die Pest kurz noch einmal wieder aus, so daß ein einigermaßen geregelter Gang des Lebens sowie eine normale Abwicklung aller geschäftlichen Unternehmungen ab Sommer des Jahres 1714 vermutet werden darf.

Wenige Monate nach Aufhebung des Pestcordons zahlte Carl Conradt Fleischer am 26. Oktober 1714 20 Mark Courant ein, um das Bürgerrecht dieser Stadt zu erwerben. Da er hier als „Bürgersohn" (civis filius) galt, hätte genau dieser Betrag für die Erlangung des sogenannten „Kleinen Bürgerrechts" ausreichen müssen. Tatsächlich aber hat er am 23. August des folgenden Jahres noch einmal 12 und am 3. Januar 1716 eine letzte Rate von 8 Mark eingezahlt, wie aus dem Retardaten-Buch hervorgeht; demnach insgesamt 40 Mark! Zur Bürgerbewaffnung trug er eine Muskete bei. Der Erwerb des „Großen Bürgerrechts" zur doppelten Gebühr ist wohl nur so erklärlich, daß Carl Conradt in der Zwischenzeit die Rechte des Bürgersohnes aufgegeben hatte. Das konnte geschehen sein, indem er in einer anderen Stadt das Bürgerrecht erworben hatte. Dies würde uns auch erklären, warum sich in Hamburg kein Eintrag über seine Eheschließung findet, welche vor 1712 stattgefunden haben muß. Denn am 3. Juni 1712 wurde seine älteste Tochter, Anna Ida, geboren.

Aus dem Vorhergehenden müssen wir folgern: Bald schon nach der gemeinsamen Werkstattgründung mit dem älteren Bruder und den Auseinandersetzungen mit dem Tischleramt (1708) hat sich der

Geselle Carl Conradt auf Wanderschaft begeben. In der Fremde heiratete er 1711 oder früher Florentina, in deren Vaterstadt er, um eine Werkstatt zu führen, das Bürgerrecht erwerben mußte. Wirtschaftliche Gründe, vor allem wohl die besonders günstigen Aussichten für Instrumentenbauer in Hamburg, veranlaßten ihn schließlich aber doch, in die Heimat zurückzukehren. Diese Absicht ließ sich allerdings erst nach völliger Aufhebung des Pestcordons im Mai 1714 verwirklichen. Die Übersiedlung fand vermutlich nach der Geburt seiner zweiten Tochter, Sophia Elisabeth, statt, also nach dem 24. Juli 1714.

Wie schwer ihm der Neuanfang gefallen sein mag, darüber haben uns die Ratenzahlungen beim Erwerb des Großen Bürgerrechts bereits belehrt. Erst nach der letzten Rate kann er im Jahre 1716 Selbständigkeit erlangt haben. Danach besserte sich seine wirtschaftliche Lage zusehends. Schon vier Jahre nach der Rückkehr nämlich gelang es ihm, im Bereich des Gerhofes, des mittelalterlichen Gerberhofes in der Neustadt, und zwar nahe dem „Eisernen Heinrich" ein vermutlich bebautes Grundstück zu übernehmen. Von der Kirche St. Petri aus erreichte man diesen Besitz, indem man nach Westen über den Reesendamm (Jungfernstieg) ging und auf den Eckturm der mittelalterlichen Befestigung, den „Isern Hinnerk", an der Südwestecke der späteren Binnenalster, zuhielt. Beim „Isern Hinnerk" verließ man alsbald die Altstadt durch das alte Dammtor. Unmittelbar davor begann der Gänsemarkt. Zur Rechten befand sich der Zugang zum Schott'schen Opernhaus, Zur Linken, etwa dort, wo heute die Gerhofstraße beginnt, richtete Carl Conradt Fleischer die neue Werkstatt ein. Vorteilhafter hätte er das Grundstück gar nicht wählen können. Gerade damals wurden in diesem Viertel viele neue Straßen und Brücken gebaut. Die Neustadt füllte sich mit quirligem Leben.

Carl Conradt Fleischer waren nur wenige Jahre erfolgreichen Schaffens in Hamburg vergönnt. Schon am 1. September 1722 heiratete der Instrumentenmacher Christian Zell die Witwe Carl Conradts. Sie war sehr darauf angewiesen, sich schnell wieder zu verehelichen, denn ihre fünf Kinder waren alle noch sehr klein. Die älteste Tochter, Anna Ida, hatte gerade erst ihren zehnten Geburtstag gefeiert. Eine Grundbucheintragung zeigt, daß Christian Zell das Haus am Gänsemarkt noch im gleichen Jahr überschrieben wurde.

Wir besitzen nicht allzu viele Notizen, die Auskunft über das Leben der Familie Fleischer geben.

Um so wichtiger erscheint es, das Wenige und Bekannte vor dem Hintergrund durchgehender historischer Entwicklungen ergänzbar darzustellen. Einen wesentlichen Zuwachs an geschichtlichen Informationen bieten uns nun die Schöpfungen der Instrumentenbauer selbst, die Cembali und Clavichorde, die sogar etwas über das Verhältnis der beiden Brüder Johann Christoph und Carl Conradt zueinander mitteilen können. Das älteste aus einer Fleischerwerkstatt erhaltene Instrument, soweit bisher bekannt, signiert von Johann Christoph, ist erst vor wenigen Jahren aus einer amerikanischen Privatsammlung nach Deutschland zurückgekehrt. Der Inschrift nach entstand es 1710 in Hamburg und wurde 1724 nochmals von Johann Christoph restauriert. Es handelt sich um ein einmanualiges Cembalo. Weicht es hinsichtlich der schwarzen Untertasten und der weißen Obertasten von der in Hamburg üblicherweise umgekehrten farblichen Ausstattung der Manuale ab, so zeigt es doch schon die für hier gebaute Cembali späterhin verbindliche Gestalt mit der S-förmigen Diskantzarge. Das Instrument wurde mit einem 8-Fuß- und einem 4-Fuß-Register ausgestattet. Vermutlich erst aus Anlaß der Reparatur von 1724 ist dann der Lautenzug eingebaut worden. Wie es heißt, war diese Ergänzung allerdings dem Gesamtklang des Instruments so abträglich, daß man ihn bei der 1971 erfolgten Restaurierung wieder entfernt hat. Fein ist der Resonanzboden mit Blumen und Rankenwerk ganz im herkömmlichen Stil ausgemalt worden, reizvoll ist auch die durchbrochen gearbeitete, abgesenkte Rosette des Schallochs gebildet. Instrumente, wie das hier kurz beschriebene, haben Johann Mattheson in seinem „Neu-Eröffneten Orchestre" (1713) zu der Bemerkung hingerissen, Hamburg besitze in den Fleischers hervorragende Instrumentenbauer.

Mit der spärlichen Überlieferung nur weniger Fleischer-Instrumente hängt es wohl zusammen, daß wir erst wieder im Jahre 1722 eine Signatur Johann Christoph Fleischers an einem Clavichord finden. Es wird heutigentags in dem „Stiftelsen Musikkulturen Främjande" in Stockholm verwahrt. Ein weiteres Clavichord, des Jahres 1723, ebenso von Johann Christoph signiert, befindet sich im Drottningsholm-Theater, Stockholm. Und dann gibt es noch ein drittes Clavichord von der Hand des gleichen Meisters aus dem Jahre 1729 in dem Museum von Stade.

In all diesen Jahren hat Johann Christoph Fleischer nicht nur neue Instrumente erfunden und gebaut. Er hat auch ältere, ihren Besitzern höchst wertvolle Instrumente restauriert und dabei viel von anderen gelernt, wie wir vermuten dürfen.

Zufällig ist uns an einem Ruckers-Instrument aus dem Jahre 1640 eine Signatur überliefert, die Johann Christoph solche Restaurierungsarbeiten im Jahre 1729 bescheinigt.

Als Geselle war Carl Conradt Fleischer ab 1705, wie wir gesehen haben, wohl am Bau der frühesten Instrumente beteiligt, von denen allerdings keines erhalten und auf uns gekommen ist. Als das Berliner Cembalo gebaut wurde, war Carl Conradt schon längst nicht mehr in Hamburg. Hier hat er erst als Meister nach seiner Rückkehr signieren können, vielleicht nicht einmal vor 1716, jenem Jahr also, in welchem er seine Selbständigkeit durch Kauf des Großen Bürgerrechts erworben hatte. Von Carl Conradt Fleischer in Hamburg hergestellte Instrumente sind eben deswegen so selten, weil sie nur in den Jahren zwischen 1716 und 1721 entstehen konnten.

Um so größer war unsere Überraschung, als 1978 im New Yorker Kunsthandel ein Cembalo auftauchte, das Carl Conradt Fleischer 1716 in Hamburg gebaut und mit seinem Namenszug versehen hat: „Carl Conradt Fleischer Me Fecit in Hamburg 1716". Der in Form einer Harfe geschnittene Resonanzboden trägt eine feine, ohne jede Restaurierung oder gar Lackierung frisch bewahrte Blumenmalerei, wie sie in ähnlicher Weise den meisten Barockinstrumenten eigentümlich ist — oder wenigstens war. Bereits auf dem Stimmstock setzen kräftig geschwungene Girlanden ein, die den Steg des Lautenzuges beiderseits begleiten und im Falle des hier beschriebenen Instruments auf willkommene Weise eine Bestätigung für das Vorhandensein dieses Registers von Anfang an liefern. Schon auf dem Resonanzboden liest man dann, vom Manual her gesehen, in roten Buchstaben die Inschrift mit der Signatur Carl Conradt Fleischers auf einem flatternden Schriftband. Darüber und darunter liegen Vergißmeinnicht.

Der Blumendekor wird von der Diskantzarge her in Friesen allmählich gesteigert. Der schwingenden S-Form folgen zunächst hingestreute Feldblumen. Hinter dem ersten Steg liegt ein weiterer Fries mit Kornraden, Margeriten und einem Feldrosenstrauch. Das innere Dreieck beleben allein drei größere Blumen: eine rosa-weiße Tulpe, eine ähnlichfarbene Rose und im spitzen Winkel eine Orchideenranke. Unvergleichlich schön ist der Blütenkranz gebunden, der den zweimal abgetieften, zart durchbrochen gearbeiteten Stern des Schalloches einfaßt. Es dürfte schwerfallen, in der Entwicklung der Schallochrosetten von der Laute bis zum Cembalo ähnlich phantasiereich gestaltete Beispiele ausfindig zu machen. Den erwähnten Blumenkranz bilden dicke Blüten von weiß-rosa Tulpen, teils geschlossenen Seerosen, weiß-rosa schimmernden Lilien und Narzissen.

Schöner aber als alle diese Blumen zusammen leuchtet das Gefieder des stattlich großen Papageien, des „Hellroten Ara", der in den tropischen Wäldern von Südamerika bis nach Mexiko hin zu Hause ist. Stolz zeigt er sich von der Frontseite, die Schwingen ausbreitend, in voller Farbenpracht. So kannten ihn von umherreisenden Tierschauern her oder gar von Abbildungen bereits seit dem 16. Jahrhundert natürlich nicht nur die Maler. In seinem „Irdischen Vergnügen" (Teil 8, 1746) hat Barthold Hinrich Brockes die minuziöse Beschreibung eines anderen Papageien hinterlassen, die in dem Zweizeiler gipfelt:

„Du trägest, schönes Thier, geschmückter Papagey,
von Pflanzen, Laub und Gras die schönste Liberey."

Die schönste Livree, das herrlichste Festkleid der Fürsten bescheinigt hier Brockes einem exotischen Vogel, wie wir ihn ähnlich auf dem Fleischer-Cembalo finden.

1978 konnte das Museum für Hamburgische Geschichte dank großherziger Spenden das Cembalo Carl Conradt Fleischers erwerben und damit an seinen Herkunftsort zurückführen.

Theater und andere Spektakel

Französische Kultur und französische Sitten prägten das Leben Hamburgs in der zweiten Hälfte des 18. Jahrhunderts in entscheidender Weise. Etwa 40.000 vertriebene Franzosen hatten hier Zuflucht gesucht. So war es denn kein Wunder, daß nicht nur die Kleidung, sondern auch die Sprache, die Zeitungen und das Schauspiel hiervon beeinflußt wurden. Natürlich ließ die Reaktion auf diese Form der Überfremdung nicht länger auf sich warten. Nachdem die Neuberin Hamburg 1740 verlassen hatte,

waren es vor allem K. E. Ackermann, Conrad Ekhoff und Friedrich Ludwig Schröder, die der deutschen Sprache durch ihre hohe Schauspielerkunst ein neues und begeistertes Publikum gewannen. Ackermann und seine als Schauspielerin noch berühmtere Frau Dorothea wagten es, auf eigene Kosten 1765 ein Vielzwecktheater zu errichten, das sie u.a. durch Vermietung zum Zwecke gesellschaftlicher Veranstaltungen wirtschaftlicher zu nutzen und eher zu finanzieren hofften (Abb. 98). Tatsächlich

Abb. 98   Das „Ackermann'sche Comödienhaus" im Opernhof, erbaut 1765. Darstellung um 1827.

Abb. 99 *Johann Melchior Goeze, streitbarer Haupt-*
pastor zu St. Katharinen.

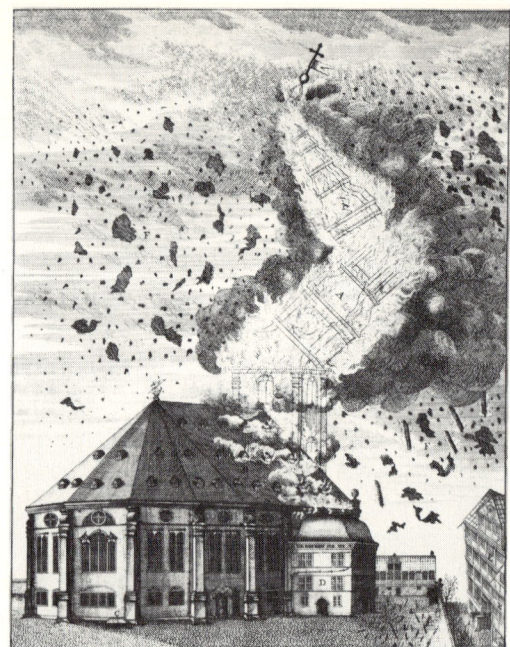

Abb. 100 *Den Brand der Großen Michaeliskirche im*
Jahre 1750 deutete Hauptpastor Goeze als
Zeichen des Himmels angesichts vermeint-
licher Sittenlosigkeit. Kupferstich von F. N.
Rolffsen, 1750.

schufen sie auf diesem Wege die glücklichsten Voraussetzungen für die bedeutendste Blüte des hamburgischen Theaterwesens. Im April 1767 riefen
Ackermann und seine Truppe Lessing nach Hamburg, der hier als Dramaturg und Kritiker für die
„Hamburgische Entreprise" tätig werden sollte. Er,
der Gegner französischer Wortkünstelei und der
schrecklichen „Haupt- und Staatsaktionen" auf der
Bühne, schien der rechte Mann zu sein, die von
Friedrich Ludwig Schröder und Conrad Ekhoff ein-
geschlagene Richtung des „Bürgerlichen Schauspiels" nach Kräften zu beflügeln.

Es konnte nicht ausbleiben, daß der nicht gerade
zur Diplomatie und zur Beschwichtigung neigende
Denker und Dichter, der neue Dramaturg Hamburgs, in den Theaterstreit vom Jahre 1769 kräftig
eingriff. Ausgerechnet ein Pastor aus Bergedorf, Jo-

hann Ludwig Schlosser, hatte ihn ausgelöst. Es war
bekannt geworden, daß es von seiner Hand einige
Dramen gäbe, Jugendsünden sozusagen, weil während der Studentenzeit verfaßt. Über ihn brach ein
Unwetter herein. Von der Kanzel der St. Katharinenkirche herab verurteilte Hauptpastor Johann
Melchior Goeze (Abb. 99) solches Tun, zumal jedes Schauspiel der Sittlichkeit entbehre. Streitschriften flogen hin und her, und der Senat mußte eingreifen, um diesen lächerlichen Streit der unerfreu-
lichen Auswirkungen wegen nachdrücklich zu un-
terbinden. Lessing aber war tief getroffen von dieser
Entgleisung des Hauptpastors zu St. Katharinen
(Abb. 100) und vertraute seinen Unmut in einem Brief
vom 11. Oktober einem Freund, Friedrich Nicolai,
an: „Sagen Sie unserem Freunde, daß ich nicht erst
böse zu werden brauche, um von unserem Theater
mehr Übels zu sagen als Goetze dazu zu sagen gewußt hat. Ich wünschte von Herzen, daß auf Goet-
zens Schrift alle Theater in ganz Deutschland verschlossen werden möchten. In zwanzig Jahren würden sie doch wieder geöffnet; und vielleicht griffe
man sodann die Sache von einer bessern Seite an."

136

Die elenden Vertheidiger des Theaters, die es mit aller Gewalt zu einer Tugendschule machen wollen, thun ihm mehr schaden als zehn Goetzes."

Über Lessings „Hamburgische Dramaturgie", die Paul Raabe einmal das „Große Purgatorium der deutschen Literatur" genannt hat, können wir uns in diesem Rahmen nicht so ausbreiten, wie es der Sache nach angemessen wäre. Sein erfolgreichstes Bühnenstück allerdings, „Minna von Barnhelm", sei hier besonders hervorgehoben, zumal die kritische Würdigung des Soldatenlebens und Offizierdaseins erst einmal von den offiziellen Stellen „geschluckt" werden mußte, ehe die Uraufführung erlaubt wurde.

Lessing liebte das gesellige Leben in Hamburg, war in Kneipen und Cafés zu Hause, traf sich mit Freunden im „Eimbeckschen Haus" oder auf der Dachterrasse des Baumhauses (Abb. 101). Zu diesen Freunden zählten allerdings nicht nur die Gelehrten, wie der Rector Johannei, Johann Müller, oder der erfolgreiche Erzieher Johann Bernhard Basedow, sondern auch Kaufleute, wie Johannes Schuback, in dessen Jorker Landhaus im Alten Land Lessing am 8. Oktober 1776 Eva König heiratete.

Wie Laokoon, der Apollon-Priester von Troja, zusammen mit seinen Söhnen sich mühte, der Fesselung durch die todbringenden Schicksalsschlangen zu entrinnen, so kämpfte Lessing gerade in Hamburg mit fairer, gleichwohl scharfer Kritik gegen die Atmosphäre mythischer, irrationaler Unterdrückung durch die gottgewollte Obrigkeit. Die nämlich brauche, wie er oft genug erfuhr, nur in die Druckereien zu schicken, schon sei sie aller Auseinandersetzung mit Kritik überhoben. Nicht umsonst schrieb er, man möchte meinen, geradezu präventiv: „Wir lachen, wenn wir hören, daß bei den Alten auch die Künste bürgerlichen Grenzen unterworfen gewesen. Aber wir haben nicht immer Recht, wenn wir lachen. Unstreitig müssen sich die Gesetze über die Wissenschaften keine Gewalt anmaßen; denn der Endzweck der Wissenschaften ist Wahrheit, Wahrheit ist der Seele notwendig; und es wird Tyrannei ihr in Befriedigung dieses Bedürfnisses den geringsten Zwang anzutun."

Um für seinen kritischen Standort völlige Unabhängigkeit zu erringen, hat Lessing sich in Hamburg als freier Schriftsteller etabliert, der als Unternehmer von dem, was er dachte, schrieb und in eigener Druckerei herausbrachte, seinen Unterhalt bestreiten wollte. Raubdrucker haben seine hiesige Existenz finanziell ruiniert. Hamburg, gefesselt durch Furcht vor dem irrationalen Prediger göttlicher Strafgerichte und dem selbsternannten Zensor der Staatsgewalt, Hauptpastor Goeze, war noch nicht reif, das von Lessing angeregte deutsche Nationaltheater sogleich zu verwirklichen. Lessing mußte, um nicht zu verhungern, in Wolfenbüttel zu Ende

Abb. 101 Lessing zwischen Herder und Claudius auf der Terrasse des Baumhauses.

Abb. 102   Hermann Samuel Reimarus, Gymnasial-professor und Philosoph, Verfasser der von Lessing veröffentlichten „Fragmente…".

denken, was ihn in Hamburg beschäftigt hatte — insbesondere die gegen alle Orthodoxie gerichteten Schriften des alten Reimarus (Abb. 102), die zur Schöpfung des „Nathan" führten. Schon im April 1770 hatte Lessing eine wenigstens vernünftig bezahlte Bibliothekarsstelle in Wolfenbüttel angenommen, doch sehnte er sich mit allen Fasern seines Herzens nach Hamburg zurück, das ihn anscheinend nicht mehr brauchte. Vereinsamt starb Lessing in Wolfenbüttel im Jahre 1781. Die Hamburger Theaterleute wünschten ihn mit einer Trauerfeier zu ehren, wozu nach langem Hin und Her auch die Erlaubnis gegeben wurde. So schnell wollte der Senat, ganz und gar von Goeze beeinflußt, den Fragmentenstreit, gedeutet als Angriff auf die Religion, nicht verzeihen. Zu seinem Tod faßte daher am 7. März 1781 der Senat den Beschluß: „Daß davon keine Notiz zu nehmen".

Wir wollen dieses Kapitel allerdings nicht abschließen, ohne eines aufregenden Spektakels zu gedenken, das unmittelbar vor Ausbruch der Französischen Revolution den Hamburgern alle Achtung vor den Erfindungen und dem Unternehmergeist der Franzosen abnötigte. Am 23. August des Jahres 1786 nachmittags um 4.30 Uhr startete über der Sternschanze der kühne Luftschiffer Blanchard zu einem Ballonflug über Hamburg (Abb. 103). Der hiesige Kupferstecher F. N. Rolffsen hat das Ereignis in allen seinen Momenten vom Start der Auffahrt, dem Höhepunkt des Fluges, dem Herablassen eines Schafes an einem Luftballon bis hin zur Landung minuziös festgehalten. Außerdem besitzen wir eine wunderbare Schilderung des Ganzen von der Hand Georg Friedrich Schumachers (1771–1852),

eines großen, in Altona geborenen Pädagogen. Wenigstens einige Bemerkungen seines Berichtes seien hier wörtlich wiedergegeben: „Der Zustrom von Menschen war ungeheuer. Schon die beiden Städte Hamburg und Altona hatten davon hinlänglich geliefert, aber zu diesen kamen aus ganz Holstein, Mecklenburg, Hannover unendliche Massen. Wehmütig mag den armen subordinierten Wesen zu Mute gewesen sein, die in Hamburg und Altona zurückbleiben mußten, um das Haus zu hüten, während ihre Herren hinausströmten, um das herzerhebende Schauspiel einer Himmelfahrt zu genießen. Man schätzte die versammelte Menschenmenge auf der großen Fläche auf über 100.000. Die Füllung des Ballons geschah innerhalb der Sternschanze; wer hineinwollte, mußte ein Billett von zwei Reichstalern lösen. 2.000 Billetts wurden verkauft. … Endlich — ein Kanonenschuß fiel als Signal — noch einer, dann der dritte. Mir pochte das Herz vor unbändiger Erwartung. Den obern Teil des Ballons sah ich schon lange, während er immer mehr anschwoll, er hob sich langsam, festgehalten am Seile. Unten an demselben hing eine kleine Gondel, und in derselben saß in feiner weißer Matrosentracht, rundem Hut und seidener Schärpe der kühne Schiffer, ein kleines gewandtes Männchen, statt der Ruder zwei Fahnen in den Händen, die das resp. Wappen der benachbarten Städte im Schilde führten. Er gab das Signal, die Seile wurden gelöst, und frei war er, wie der Vogel in der Luft. Der Ballon hob sich, erst langsam, dann immer schneller, und das Zujauchzen der unendlichen Menge war fast betäubend…

Noch ein unerwarteter Anblick wartete unser. Blanchard hatte ein Experiment mit dem erst erfundenen Fallschirm verheißen. Er hielt Wort. Von dem schwarzen Punkt, der immer ziemlich senkrecht über dem Heiliggeistfelde schwebte, löste sich ein kleines Pünktchen, sank und sank, und ward allmählich kennbar als ein Schaf, welches schwebend unter dem tragenden Fallschirm sanft der Erde sich näherte, und endlich ohne zu fallen, sich auf seine vier Füße niederließ. Wie wenig das Heldentier alteriert war, zeigte sich, indem es sogleich ganz ruhig anfing, zu grasen. Daß es indes sehr bald als eine wichtige Person des Schauspiels sorgfältig der Sternschanze zugeführt ward, versteht sich. Tausende drängten sich, das Schaf zu sehen. Ob es wohl anders ausgesehen, wie andere Schafe? Schwerlich. Aber so sind die Menschen. Zeige mal jemand einen ordinären Kiesel und spreche: Den nahm ich mit vom Ätna; gewiß wird jeder den interessanten Kiesel sehen wollen — "

Abb. 103 Die 20. Luftfahrt des Herren Blanchard 1786 in Hamburg. Kupferstich von F. N. Rolffsen.

Eine vorbildhafte Armenanstalt

Von 1766–1800 wuchs die Zahl der Einwohner Hamburgs um ca. 30.000 auf 105.225. Es versteht sich von selbst, daß dieser Bevölkerungszuwachs soziale Probleme in einer Größenordnung heraufbeschwor, die mit allgemeiner Mildtätigkeit und Einrichtungen wie dem Pesthof, dem Waisenhaus, dem Spinnhaus und dem Zuchthaus nicht annähernd zu bewältigen waren. „Bis zur französischen Okkupation", so schreibt Buek 1859 in seinen „Hamburgischen Alterthümern", „wurden in das Zuchthaus aufgenommen:

1. die durch Rathsdecrete dahin verurteilten,
2. die von den Praetoren, Landherren und Patronen hingesandten Personen,
3. Bettler, die von den Bettelvögten aufgegriffen waren, welche unter der Zuchthausverwaltung standen, nach Errichtung der Allgemeinen Armenordnung aber 1788 der Armenpolizei untergeordnet wurden,
4. Arme, die sich freiwillig zur Aufnahme stellten."

Eine 5. „Classe", die ebenfalls bis 1805 geführt wurde, umfaßte Zöglinge, die „auf Anhalten der Eltern, der Vormünder, des Mannes, der Frau oder der Verwandten nach beigebrachten hinlänglichen Beweisen" dort untergebracht wurden.

Hamburgs ökonomische Ausgangslage war im übrigen nicht besonders günstig, weil von 1763 bis 1777 ein ständiger Wertverfall, vor allem bei Immobilien, die Staatskasse ebenso empfindlich wie jeden grundbesitzenden Bürger traf. Dazu kamen noch die Naturkatastrophen des Jahres 1771, erst die Flut im Sommer, die Deichbrüche, eine Schneekatastrophe dann im folgenden Winter. Die Sturmflut vom Juli 1771 beschrieb Professor Büsch auf dem Obeliskendenkmal an der Alster in lateinischen Worten, hier deutsch: „Die Elbe, von Regengüssen eines trüben Sommers angeschwollen, drang über unsere Fluren ein, drohete unserer Stadt ungewohnte Gefahren."

Einen ersten Höhepunkt sozialen Elends erlebte Hamburg 1786, als der „zwölfte Theil der Bevölkerung entweder im Spital Unterhalt suchen oder betteln mußte". Nach damaligen Feststellungen bedurfte man eines halben Talers pro Woche, um ein Existenzminimum zu bestreiten. Unter diesem Minimum lagen nach damaligen Feststellungen 7.391 Personen. Scharen von Obdachlosen bevölkerten die Wallanlagen, nicht weniger die Märkte und Plätze, was natürlich die Fremden bemerkten. Hautkrankheiten und Ausschläge, wie Krätze, grassierten, also ganz typische Erscheinungen, wie sie ähnlich in der Zeit des größten Elends ab 1945 nach dem Zweiten Weltkriege wieder auftraten und noch in bester Erinnerung sind.

Die Verelendung nahm im letzten Jahrzehnt des Jahrhunderts noch an Umfang zu. Auf ca. 100.000 Einwohner kamen damals 9.000 Elendsfälle. In der Zeit von 1792–1799, also in sieben Jahren, starben in Hamburg 4.772 Menschen mehr als im gleichen Zeitraum geboren wurden. Der enorme Bevölkerungszuwachs rekrutierte sich fast ganz aus Zuwanderern.

Die 1765 ins Leben gerufene „Gesellschaft zur Beförderung der Künste", später kurz „Patriotische Gesellschaft" genannt, sah in der Tat eine patriotische Aufgabe in der Bewältigung dieses Problems. Mary Lindemann hat in einem Beitrag zum „Jahrbuch der Sozialarbeit" Nr. 4 (1981) unter dem Titel „Bürgerliche Karriere und patriotische Philanthropie: Armenpolitik in Hamburg vor und nach der Reform von 1788" ihren zutreffenden Eindruck formuliert, „daß die Verwaltung und Gestaltung des neuen Armenwesens durch eine Handvoll unternehmensfreudiger, regsamer Männer geprägt wurden". Hier sind vor allem Caspar Voght (1752–1839), Johann Arnold Günther (1755–1805) und Johann Georg Büsch (1728–1800) zu nennen (Abb. 104). Auch darf man Anton Johann Kirchhof (1725–1800) nicht vergessen, der als für das allgemeine Armenwesen zuständige Ratsherr für die politische Durchsetzung sorgte. Der Hamburger Historiker Franklin Kopitzsch hat in einer Monographie „Grundzüge einer Sozialgeschichte der Aufklärung in Hamburg und Altona" (1982) für dieses Thema ein unglaublich reiches Quellenmaterial fruchtbar gemacht.

In dem hier vorgegebenen Rahmen können Art und Bedeutung der 1788 ins Leben gerufenen Allgemeinen Armenanstalt nur mit wenigen Strichen

Abb. 104 „Der Menschen Liebe von Menschen Freunden" — idealisierte Ansicht des Hamburger Schul- und Arbeitshauses, Stahlstich L. Wolf, 1805.

skizziert werden. Ein wesentliches Motiv der Hamburger Reformer war die Einsicht in die Gefahr einer gesellschaftlichen Spaltung in Arme und Reiche. Zur Überwindung dieser tatsächlich aktuellen Bedrohung setzte man vor allem auf eine bessere Bildung der Armen, und zwar in der Hoffnung, sie an die bürgerliche Lebenssphäre heranzuführen. Man dachte vor allem an ihre Eingliederung als Handwerker, Soldaten oder niedere obrigkeitliche Bedienstete. Die Organisation des Armenwesens wurde in Form der Selbstverwaltung konzipiert, in die alle bestehenden Wohlfahrtseinrichtungen eingebracht werden sollten. Das Sammeln der notwendigen Mittel sollte offiziell geschehen, um auf diese Weise die Bettelei ganz abzulösen. Durch eine straffe Organisation der Selbstverwaltung ließ sich tatsächlich eine sparsamere und sehr effiziente Verwendung des

gesamten Spendenaufkommens erreichen. Auf diese Weise konnte man auf direktem Wege Bedürftige und Kranke unterstützen, die Erziehung der armen Jugend finanzieren und auf eine „Erweckung und Förderung des Arbeitsfleißes" hinwirken. Zu diesem Zwecke wurden Lehrbetriebe eingerichtet. Auf der anderen Seite galten Arbeitsanstalten wie das Zuchthaus und Spinnhaus weiterhin als abschreckend, so daß wirklich niemand in die Versuchung geführt wurde, freiwillig „auszusteigen" und diesen Anstalten zur Last zu fallen. Wenn viele diesem Schicksal doch nicht entgehen konnten, so lag das in aller Regel keineswegs an ihnen selbst, sondern beispielsweise an plötzlich auftretenden, nicht zu bewältigenden Mietproblemen, an finanziellen Schwierigkeiten, wie sie mit einem teuren Umzug verbunden waren, an dem Verlust der Kundschaft bei einer Rezession, an Krankheiten, an Unfällen.

Daß die Allgemeine Armenanstalt so große Erfolge erringen sollte, verdankte sie der Einfachheit des Modells und dem Durchsetzungsvermögen der in Hamburg wirkenden Reformer. Sie wußten die Bürger zu aktivieren, daß sie als Spender, als Sammler von Spenden auftraten, aber auch als Kämpfer gegen jede Form der Bettelei, indem sie in Zukunft Almosen verweigerten, aber als Armenpfleger oder als Armenvorsteher für die Sache eintraten. Besonders die ehrenamtliche Tätigkeit der Armenpfleger wurde gerühmt, weil diese sich in rührender Weise eines jeden einzelnen Schicksals angenommen hätten.

Die tatsächliche Effizienz der Allgemeinen Armenanstalt Hamburg führte zu mannigfachen Nachahmungen dieses Beispiels. So hat Johann Georg Büsch einen den Braunschweiger Verhältnissen angepaßten Entwurf erarbeitet, welcher auf dem Hamburger Modell fußte. Caspar Voght hat auf Bitten des Kaiserhofes in Wien Erläuterungen über die Allgemeine Armenanstalt Hamburg abgegeben. König Friedrich Wilhelm III. von Preußen bat Johann Caspar von Voght 1803 nach Berlin. Dort besuchte dieser zusammen mit dem reformierten Prediger Bouquet die Armen-Anstalten der französischen Kolonie, „die wahrlich ihren Ruf nicht verdiene. Es giebt hier überhaupt 6.000 Familien, die zu der Gemeinde gehören und sie haben 1.000 Arme und diese kosten ihnen 42.000 Taler, das ist ungeheuer — aber ganz natürlich. Sie haben neue Stiftungs-Häuser, geben keine Arbeit und viel Almosen. In ihrem Hospital wurden noch drei Wahnsinnige, von denen keiner wütend ist, in stinkenden Cachots aufbewahrt. Ich habe entsetzlich darüber gelärmt und hoffe, mein Besuch wird das Schicksal dieser Armen erleichtert haben." Zum gleichen Thema befragte Goethe Voght, als sie 1806 in Karlsbad zusammentrafen. Seine Tagebuchaufzeichnungen von Anfang August verzeichnen: „Mit Baron Voght von Hamburg ökonomische Einrichtungen in Flottbek (Abb. 105) und von den Armenanstalten in Hamburg. Bei letzter 3.300 Kinder jährlich 40—50.000 Taler, 180 Vorsteher, Hamburg in 60 Quartiere. Ausschuß als Oberkollegium von 20 Personen…"

Abb. 105   „Ansicht des Freiherrlichen Voigtschen Landhauses in Klein-Flottbek" — Stahlstich von L. Wolf, 1805.

142

Modelle einer besseren Welt:
Kinder- und Armenkolonien vor den
Toren Hamburgs

Im Todesjahr des großen, erfolgreichen Erziehers Basedow 1790 gründete Franz Heinrich Ziegenhagen in Billwerder a. d. Bille auf einem eigens für diesen Zweck erst 1789 erworbenen Bauernhof eine Erziehungsanstalt. Ziegenhagen hat uns eine plastische Schilderung dieses zunächst keineswegs einladenden Landsitzes überliefert: „Das Guth liegt in einer hohen Marschgegend und der Boden ist sehr vortrefflich zu allerlei Getreideanbau; aber freilich war es in einen Zustand versetzt, in welchem sich die Vortrefflichkeit kaum halb beweisen konnte. Zugewachsen oder zugefallen waren die Graben, welche zum Abzuge des Wassers erforderlich sind. Unbenutzt blieb der Schlamm derselben, welcher doch eines der besten Düngemittel ausmacht. Verfault und verstopft waren zum Teil die Leitungsröhren, welche die Graben miteinander verbinden, ja sie fehlten einigen Feldern gänzlich. Die Wassermühle, welche zum Fortmahlen des Wassers gebraucht wird, konnte unter solchen Umständen nur geringe Hilfe leisten." Wenn man nun noch erfährt, die Wohngebäude seien schlimmer als die Viehställe gewesen, dann kann man sich wohl vorstellen, welche pädagogischen Wirkungen von jenem ein Jahr vor der Gründung der Erziehungsanstalt erst erworbenen „Tusculum" ausgehen mochten. Wie nun auch immer: Die theoretische Begründung lieferte Ziegenhagen zwei Jahre später in seiner „Lehre vom richtigen Verhältnisse zu den Schöpfungswerken, und die durch öffentliche Einführung derselben zu bewirkende allgemeine Menschenbeglückung" nach. In Landwirtschaftskolonien wollte er auf der Basis von Gemeindeeigentum in Gemeinschaftsarbeit kollektives Leben entfachen, um weg von der Stadt wieder zur Beherrschung der Natur zurückzufinden, sich dort des wahrhaft „Guten wieder zu erinnern". Er geißelte den Luxus und die bestehenden sozialen Unterschiede, indem er sofort auf Hamburger Verhältnisse, gerade auch auf die Flut von 1771, verwies: „In Hamburg wohnen viele tausend

Menschen in Kellern, welche so tief liegen, daß bei hohem Wasser es in ihre Wohnungen dringt, und zuweilen selbige bis oben an den Boden anfüllt, so daß bei schneller Überraschung Menschen in ihren Wohnungen ertrunken sind." Er kritisierte die verpestete Luft in den Gängevierteln. „Da ist die Luft, vorzüglich in den engen Gassen, sehr oft mit mephitischen, verdorbenen Dünsten in dem Grade geschwängert, daß sie gleichsam einen sichtbaren Sumpf ausmachen, den weder der Wind noch die Sonnenstrahlen ganz austrocknen können." Er wollte vor allem den dort eingepfercht lebenden Menschen „zur Menschenfreiheit" und einem „natürlichen", glücklichen Leben gemäß den Absichten des Schöpfers verhelfen (Abb. 106).

Zwei Schritte sollten nacheinander vollzogen werden:

1. Gründung einer Kinderkolonie als Produktions- und lebenslängliche Erziehungsgemeinschaft auf der Basis eines landwirtschaftlichen Betriebes. Aufgeklärte Väter sollten das Projekt finanzieren und jeder 10.000 Taler zahlen. Weiß Gott, keine Kleinigkeit! Einen gewissen Anreiz bot er den reichen Eltern durch eine anmutige soziale Abstufung innerhalb seines Modells: Elternlose Freischüler, von der Anstalt ausgewählt, sollten die Kinder der zahlungskräftigeren Patrizier bedienen dürfen. Zuvor sollten die Eltern möglichst gesunder und schöner Kinder, die mit sieben Jahren eingeliefert werden sollten, Abmachungen über die jeweiligen künftigen Ehepartner derselben untereinander verabreden.

2. Sobald nun die erste Generation herangewachsen sei, sollten die Kolonien durch gewählte Älteste gelenkt werden, nach demokratischer Verfassung. Selbstverständlich seien aber die Lehrer aufgrund ihrer Vertrautheit mit dem System in Theorie und Praxis die einzigen denkbaren Kandidaten. Die Kolonisten sollten den Überfluß ihrer landwirtschaftlichen Produkte in aller Welt absetzen und

durch ihre Tätigkeit ganz ohne Frage die Welt-schiffahrt beleben.

Zur Darstellung des abwechslungsreichen Tages-verlaufs gab Ziegenhagen den Stundenplan der Zög-linge, die Stundentabelle, gleich mit bekannt:

4 Uhr	Aufstehen im Sommer.
6 Uhr	Aufstehen im Winter. Den ganzen Kör-per unter fließendem Wasser waschen. Ein wenig Garten- und Feldarbeit lei-sten. Landwirtschaftliche Hausarbei-ten, mechanische Übungen, Spazier-gänge.
7 Uhr	Frühstück: Obst und Brot. Tiere füt-tern.
8–11 Uhr	Wissenschaften und Künste bei Leh-rern, die aus der Stadt herbeieilen.
11–12 Uhr	Garten- und Hausarbeiten. Die Kolo-nistinnen helfen, die Küche zu besor-gen.
12 Uhr	Ein diätisches Mittagsmahl.
Bis 2 Uhr	Schmetterlingsfangen, Käfer, Raupen und Mineralien sammeln.
2–4 Uhr	Unterweisung in Künsten und Hand-werk.
4 Uhr	Brot, Wasser, Milch.
Bis 6 Uhr	Arbeit in der Landwirtschaft.
6–7 Uhr	Völlig auskleiden und ein Luftbad neh-men. Unterweisungen in der Schwimm-kunst. Im Winter Gymnastik.
7 Uhr	Abendbrot, Spielen.
9 Uhr	Schlafengehen.

Ziegenhagen hat alle diese theoretischen Erörte-rungen, die ja nur zum allergeringsten Teil ver-wirklicht wurden, in seiner „Lehre vom richtigen Verhältnisse zu den Schöpfungswerken und die durch öffentliche Einführung desselben allein zu be-würkende allgemeine Menschenbeglückung" zu propagieren gesucht (Abb. 107). Vergeblich warb Zie-genhagen mit diesem Buch bei den Mächtigen der Welt, bei Königen und Geistlichen für seine Ideen. Ganz anders als Basedow, dessen „Elementarwerk" von 1774 nicht weniger begeistert aufgenommen war, als seine Bitten um finanzielle Unterstützung Gehör gefunden hatten — der Freund Lessings und Men-delssohns, der Geistliche und Physiognomiker La-vater, war einer seiner eifrigsten Propagandisten —, blieb Ziegenhagen ohne jede Resonanz und mußte schließlich im Jahre 1800 seinen Hof in Billwerder verkaufen. Immerhin läßt sich seine Sozialutopie aus den Tagen der Französischen Revolution aufgrund des involvierten Freiheitsgedankens konsequent über Jahrhunderte hinweg von Thomas Morus ableiten.

Abb. 106   Ziegenhagens Lehrbetriebe: in der Schmiede — Kupferstich von Daniel Chodowiecki, 1791. Illustration zu Ziegenhagens „…Schöpfungswerken".

Ganz anderer Natur war da der Industrielle und Kaufmann Johann Daniel Lawätz, ein Mann der Pra-xis und Evolution. Er gehörte 1812 mit zu den Be-gründern der Schleswig-Holsteinischen Patrioti-schen Gesellschaft. Genauso wichtig nahm er die Gründung der „Gesellschaft für Schleswig-Holstei-nische Geschichte". Ganz auf der Linie der Patrio-tischen Gesellschaften lag auch sein 1815 erschie-nenes Buch „Über die Sorge des Staates für seine Armen und Hilfsbedürftigen". Ähnlich wie Caspar Voght sah er die beste Armenfürsorge in der Schaf-fung von Arbeitsplätzen. In Altona/Neumühlen sie-delte er Industriebetriebe an, beschäftigte in seinen Spinnereien ca. 800 Mitarbeiter. Es spricht für Un-ternehmungsgeist und die Fähigkeit zu Diversifika-tion, daß er gleichzeitig eine Leinen- und Segel-tuchweberei, eine Tuchweberei, eine Strumpf- und Wollfabrik, eine Bleiche und eine Färberei sowie eine Kalkbrennerei baute und etwa für 1.000 Arbei-

fen und daß deshalb die Herausgeber und Redakto-ren der öffentlichen Blätter angehalten werden sollen, jederzeit die Quelle anzugeben, aus welcher sie solche Berichte und Nachrichten geschöpft haben". Natürlich litt das Niveau der Zeitungen, Wochen- und Monatsschriften erheblich darunter, sofern sie sich allen Auflagen der Zensur fügten. Der ehedem so weit verbreitete und hochgeachtete „Correspondent" hatte sich bei dem Versuch, unparteiisch zu berichten, den Ökelnamen „Großmutter" der politischen Blätter zugezogen.

Aus so manchen Verfügungen spricht Angst vor Aufruhr. Angst beispielsweise vor überregionaler, gar internationaler Organisation der Gesellen, denen die Teilnahme an Treffen im Ausland durch zeitlich begrenzte Wanderverbote unmöglich gemacht, jeder briefliche Kontakt mit außerhamburgischen Gesellenvereinigungen und bei Strafandrohung überhaupt die Beratung eigener beruflicher Angelegenheiten in Versammlungen verboten wurde.

Sogar Gassenhauer irritierten den Rat. Es durften daher Musikanten nur Lieder singen, sofern sie eine Lizenz besaßen und die Lieder in gedruckter Form, genehmigt und gestempelt durch die Polizei, bei sich trugen. Spottbilder, in Kupfer gestochen, wurden gelegentlich kassiert und die Offizin verknackt, falls man sie identifizieren konnte. Es versteht sich von allein, daß Druckereien der strikten Anordnung, alle Drucksachen mit Angabe der Provenienz zu versehen, nie Folge leisteten, sobald es sich um ziemlich scharfe Karikaturen handelte.

Trotz der weiter sich verschärfenden Maulkorbbestimmungen waren alle liberalen Kräfte in Hamburg auf Dauer nicht zum Verstummen zu bringen, wie sich schon im Jahre 1837 erweisen sollte. Im benachbarten Königreich Hannover hatte der neue Herrscher, Ernst August, Herzog von Cumberland, seit 1837 die unter der Herrschaft seines Vorgängers 1833 eingeführte fortschrittliche Verfassung in zwei „Patenten" de facto außer Kraft gesetzt. Hiergegen protestierte eine Göttinger Professorengruppe, die „Göttinger Sieben". Sie wurden prompt auf Veranlassung des Königs aus ihren Ämtern entlassen. Ohne jetzt noch der oben erwähnten Bundesbeschlußfassung zu achten, druckte der „Hamburger Correspondent" am 28. November 1837 eine von 70 Hamburger Juristen, Medizinern, Philologen und Theologen unterfertigte Zustimmungsadresse ab, die natürlich den Hannöverschen Gesandten Charles Hanbury in Hamburg zu diplomatischen Schritten beim Senat herausforderte. Nahezu gleichzeitig mit den Göttingern veröffentlichten Wurm (17.11.) und

Dr. Heckscher (27.11.) zwei juristisch begründete Streitschriften gegen das verfassungswidrige „Patent" Ernst Augusts. Damit nicht genug, am 11. Dezember 1837 druckte der „Hamburger Correspondent" Nr. 292 eine Anzeige satirischen Inhalts ab, gemünzt auf das „Patent" sowie auf Seine Majestät, Ernst August, König von Hannover, und dessen Hamburger Gesandten Hanbury, die dem hiesigen Zensor bestimmt nicht der Verschlüsselung wegen entgangen war. Hier der Wortlaut: „Vor einiger Zeit ist einem im Hannöverschen Reisenden in der Nähe von Lüneburg sein Hund abhanden gekommen, selbiger ist echt englischer Rasse, vom Geschlechte der Bulldoggs. Er hört auf den Namen Patent und trägt ein messingnes Halsband mit den Buchstaben EAK v.H. Wer diesen Hund in Hamburg, Zuchthausstraße Nr. 47 abliefert, hat eine Belohnung von 2 Louisdor entgegenzunehmen." Prof. Wurm hätte übrigens die durch den Verfassungsstreit ausgelöste Göttinger Universitätskrise gern dazu genutzt, die sieben gemaßregelten Professoren Dahlmann, Albrecht, die Brüder Grimm, Gervinus, Ewald und Weber nach Hamburg zu holen, um mit ihnen gemeinsam eine Hamburger Universität zu gründen! Er hoffte — vergebens — auf Unterstützung bei Karl Sieveking, der diesen von Wurm, Dahlmann und Niebuhr 1828 schon einmal vorgetragenen Gedanken jetzt ablehnte, weil die Verwirklichung das Ende der Göttinger Universität hätte bedeuten können und gewiß als scharfer Affront gegen Ernst August verstanden werden mußte.

Gewittrige Schwüle kennzeichnete die politische Situation Hamburgs. Die vier greisen Bürgermeister behinderten jeden Fortschritt. Und der älteste unter ihnen, Bürgermeister Dr. Bartels, hörte groteskerweise nicht mehr auf, die Verfassungsreform von 1712 als das unantastbare hamburgische Verfassungskunstwerk zu preisen.

An Hamburg sich erinnernd, schrieb der im Pariser Exil lebende Heine 1840 in seiner Börne-Denkschrift: „Wie der Wanderer im Sommer nach einem Labetrunk schmachtend, so schmachte ich manchmal nach jenen frischen, erquicklichen Dummheiten, wie sie nur auf dem Boden unseres Vaterlandes gedeihen." Der selbstherrlich regierende Senat bremste jede technische Neuerung. Hamburgs Wasserversorgung und -entsorgung waren katastrophal zu nennen, die hygienischen Verhältnisse in den überbevölkerten Gängevierteln unbeschreiblich, die Organisation und die Gerätschaften des Feuerlöschwesens sowie die Ausbildung der hierfür nötigen Mannschaften hoffnungslos veraltet.

Abb. 111 „Das Innere unserer Werkstatt": Blick in die Lehrlingswerkstatt des „Rauhen Hauses".

Angesichts dieser dumpfen Verhältnisse im politischen Bereich nimmt es kaum wunder, daß die am öffentlichen Wohl ihrer Vaterstadt interessierten, jedoch von der politischen Mitwirkung weitestgehend ausgeschlossenen Bürger ihre Ideen durch Gründung von Vereinen und Gesellschaften in die Tat umzusetzen versuchten. Das Vereinsleben bildete geradezu eine Ventilfunktion für verhindertes politisches Engagement, soweit es sich nicht auf den Weg der Subversion abdrängen lassen wollte. Die Palette reichte vom „Wissenschaftlichen Verein" (1817) bis zum „Garten- und Blumenbau-Verein" (1836), der es immerhin auf Anhieb auf 300 Mitglieder brachte. Wiederum war es ein demokratischer Kopf, Teilnehmer an den Befreiungskriegen, der Hilfslehrer Ernst Zinserling, der den erwähnten „Wissenschaftlichen Verein an der Gelehrtenschule des Johanneum zu Hamburg" 1817 für Primaner und Gymnasiasten begründet hatte. Den Teilnehmern bot er im Sinne eines studium generale eine großartige Möglichkeit der Weiterbildung. Dieses Vereins wegen war 1835 der in Wesselburen nicht ausreichend geschulte Friedrich Hebbel nach Hamburg gekommen, der, sofort Sekretär und dann Vorsitzender, diesen Verein seiner größten Blüte entgegenführen sollte.

Die mehr philanthropisch gesonnenen Bürger wie Karl Sieveking unterstützten Einrichtungen wie das Rauhe Haus, die 1832 eröffnete „Rettungsanstalt für sittlich verwahrloste Kinder", eine Gründung des Pastors Johann Hinrich Wichern (1808–1881), dem Hamburg mit seinen gegen Mitte des Jahrhunderts noch wachsenden sozialen Problemen die segensreiche Einrichtung der „Inneren Mission" (1848) zu danken haben würde (Abb. 111).

Obwohl hier nicht aller Gründungsideen gedacht werden kann, sollten doch der Kunstverein von 1820 und der Hamburger Künstlerverein von 1833 mit den Gensler-Brüdern, Vollmer, Heesche, Speckter und Gottfried Semper nicht unerwähnt bleiben. Eine besondere Entwicklung aber nahm das Interesse für die vaterstädtische Historiographie, das sich nicht an Savignys „Gesellschaft für Deutschlands ältere Geschichtskunde" (Berlin 1816) orientierte, sondern den Sonderfall Hamburg ins Auge fassen wollte. Es betraf die eigene Geschichte, daß am 13. August 1821 der ehedem so bezeichnete Maria-Magdalenen-Kirchplatz zu Ehren Graf Adolfs IV., des Siegers von Bornhöved (1227), umbenannt und durch das Engagement der politisch fortschrittlich denkenden Offiziere des Bürgermilitärs die alten Waffen des Bürgermilitärarsenals als historische Reliquien heroischer Großtaten im Bauhof ab 1835 der Öffentlichkeit zugänglich gemacht wurden. Ein Jahr später folgte der Aufruf Georg Bueks mit dem Titel

„Skizze eines in Hamburg zu errichtenden historischen Vereins", dem 1839, befördert durch Prof. Wurm, den Oberalten Röding, den seit 1823 in Hamburg tätigen Ratssekretär und Stadtarchivar Dr. Johann Martin Lappenberg (1794–1865), die Gründung eines „Vereins für Hamburgische Geschichte" im Jahre 1839 folgte.

Natürlich ließen sich die politischen Geister nicht völlig auf derartige Betätigungsfelder abdrängen. Wirklich politische Ziele verfolgten der 1839 gegründete „Bund der Gerechten", der sich 1847 in „Bund der Kommunisten" umbenannte, oder der aus dem „Verein der Nichtgrundeigentümer" 1846 hervorgegangene „Hamburger Bürgerverein" mit rund 300 Mitgliedern. Der rührige Vorsitzende, übrigens allen Hamburgern durch seine Verdienste um die Geschichte unserer Stadt bekannt, nämlich Johann Gustav Gallois (1815–1872), verstand es, mit Geschicklichkeit und mildem Spott die Interessen des minderberechtigten Kleinbürgertums bewußt zu machen und zu fördern. „Gemeinnutz" und „Wohl-

fahrt" waren zwar die plakativen Leitbegriffe der Bürgervereine, allerdings ging es immer um die Schaffung eines Forums für die Diskussion aller kommunalpolitischen Belange, insbesondere nach den Unfähigkeitsbeweisen des Stadtregiments in den Krisenjahren 1829/30, 1847/48 und vor allem während des großen Brandes von 1842. Wichtiger als jede Ventilfunktion der Vereine war ihre komplementäre Wirkung im Hinblick auf die Beratung von Zukunftsfragen, soweit diese weder durch den Rat noch die erbgesessene Bürgerschaft wahrgenommen wurden. Wo wären beispielsweise die politischen und sozialen Interessen der Juden in einer künftigen Verfassung genannt worden, wenn nicht Isak Wolffson und Anton Ree 1846 eine entsprechende Gesellschaft zur Wahrnehmung entsprechender Belange geschaffen hätten? Wo die Bildungsinteressen der Arbeiter ohne den 1844 bereits gegründeten Verein? Und wo endlich wären die ethischen Grundlagen für eine neue Staatsverfassung entwickelt worden, wenn nicht Baumeister, Gallois und Trittau

Abb. 112   „Kampf der Rechten und Linken mit den Waffen des historischen Rechts". Karikatur zur Beschränkung der Redefreiheit in der „Reform". Zeitgenössische Lithographie.

1846 eben zu diesem Zweck den „Verein hamburgischer Juristen" ins Leben gerufen hätten?

Dennoch mußte jede Opposition (Abb. 112) sich weiterhin als Subversion verstehen. Kritik in Maßen, wie sie sich in den „Hamburger Nachrichten", den „Vaterstädtischen Blättern" oder im „Freischütz" gelegentlich andeutete, mochte wohl die Zensur passieren. Das radikal-demokratische Witzblatt Wilhelm Marrs, dieser in vielen Farben schillernden, beruflich erfolglosen und um so mehr politisch engagierten Gestalt, wurde kurz nach ihrem ersten Erscheinen (1847) schon wieder verboten.

> „Süsse, heilige Zensur,
> Laß mich geh'n auf Deiner Spur,
> Leite mich an Deiner Hand
> Wie ein Kind am Gängelband."

Mit solchen Versen sang sich der gleiche Wilhelm Marr, der später einmal alle demokratischen Grundsätze verraten und zu einem Judenhasser der schlimmsten Sorte sich entwickeln sollte, damals noch in die Herzen der Demokraten.

Im übrigen bildete die Bürgerrechtsverleihung eines der wichtigsten Steuerungsinstrumente in Händen des Rates zur Durchsetzung seiner restaurativen Politik. Seit dem 29. Oktober 1845 hatten die Antragsteller sozusagen als Einstand 500,— Crtm. „Caution" auf dem Weddebüro bar abzuliefern oder hamburgische Staatspapiere von entsprechendem Wert zu hinterlegen. Nach fünf Jahren durfte man sich die Kaution wieder auf der Kämmerei zurückzahlen lassen, falls die Weddeherren nicht aufgrund unliebsamer Vorfälle die Einbehaltung verfügten. Das Recht des Groß-Bürgers kostete dann noch einmal 750,— Mark Crt, dazu 7,— Mark Stempelgebühren. Klein-Bürger entrichteten 80,— Mark Crt, und nur 60,— Mark, falls sie das vierzigste Lebensjahr bereits überschritten hatten — zuzüglich 5,— Mark Stempelgebühren. Freilich, nur Christen durften Bürger werden. Die wohlhabenden Juden wurden ihnen nur im Hinblick auf Gebührenzahlungen gleichgestellt, ohne gleiche Rechte beanspruchen zu dürfen: „Mitglieder der hiesigen israelitischen Gemeinde entrichteten für das Recht ein eigenes Bank-Folium zu halten, und auf Transito zu declariren, 750,— Mark Crt. Söhne solcher Israeliten, welche diese beiden Rechte bereits erworben haben, gelangen in den Genuß derselben gegen Entrichtung von 25,— Mark Crt., und brauchen, wenn sie Christen geworden sind, zur Erlangung des Groß-Bürgerrechts nicht mehr zu bezahlen als Groß-Bürgersöhne." Schon aus finanziellen Gründen mußte na-

türlich die Masse der Zuwanderer klein anfangen. Nur wenige sahen sich in der Lage, die hohe Kaution und noch einmal 750 Crtm. aufzubringen.

Jedoch ob Klein- oder Großbürger: Zum Wehrdienst im Bürger-Militär wurden beide eingezogen. Übrigens war dies der Grund, weswegen späterhin das Bürgermilitär, da es sich weitestgehend aus kleinbürgerlichen Kreisen rekrutierte, stets für mittelständische Gesichtspunkte Partei ergreifen sollte.

Anders als man hätte meinen sollen, war mit dem Erwerb der einen oder anderen Form des immer teuren Bürgerrechts keineswegs eine abgestufte Mitwirkung in den gesetzgebenden Körperschaften — weder in der des sich selbst ergänzenden Rates noch der Bürgerschaft — verbunden. Zu Bürgerschaftskonventen waren allein die 180 über die Kirchspiele bestimmten Vertreter, dazu die als „Personalisten" bezeichneten Spitzenvertreter der Verwaltung und alle jene sogenannten „Erbgesessenen" zugelassen, die ein Haus in Hamburg (= Erbe) oder im zugehörigen Landgebiet und mindestens im ersten Falle 1.000, im anderen Falle 2.000 Reichstaler Eigengeld in ihrem Grundstück besaßen — so die Regelung seit 1712, wie Franklin Kopitzsch kürzlich einmal sehr schön in einem Aufsatz über „Bürgerliche Mitsprache und städtische Selbstverwaltung im alten Hamburg (bis 1848)" für eine 1984 erschienene „Geschichte der Hamburgischen Bürgerschaft" zusammengefaßt hat.

Der innerstädtische Grundbesitz war und blieb allerdings in festen Händen. Zu Wohlstand gelangte Einwanderer, die sogleich das Bürgerrecht erworben hatten, gerieten nur in Glücksfällen an ein Grundstück, ein sogenanntes Erbe, und gewannen erst hierdurch politische Mitwirkungsrechte.

Wer nun weder das große noch das kleine Bürgerrecht zu erlangen vermochte und doch unbedingt hier heiraten und ein Gewerbe für eigene Rechnung treiben wollte, trat für eine Gebühr zwischen 1 und 12 Crtm. jährlich in den Staatsverband (= nexus) als Schutzverwandter ein (Verordn. 14. Bd. S. 278f.). „Andere", so heißt es dort weiter, „sind nicht zur Schutzverwandtschaft anzuhalten." Allerdings waren die Schutzverwandten ausdrücklich vom Hauserwerb und zugleich jeder politischen Mitwirkung ausgeschlossen.

Nach der Februar-Revolution wurden durch Bundestagsbeschluß vom 3. März 1848 die Bundespreßbestimmungen aufgehoben, und Hamburg beendete die Zensur am 9. März. Wenige Wochen später erhielten am 16. April 1848 alle volljährigen Staatsbürger Hamburgs das Wahlrecht zur Schaffung einer deutschen Nationalversammlung. Und am 7. September 1848 beschloß die Bürgerschaft die Wahl einer verfassungsgebenden Versammlung. Das Eis schien geschmolzen. Noch im gleichen Jahre fochten in einem ersten Wahlkampf „Patrioten", auch „Heuler" genannt, gegen „Demokraten", die auf den Ökelnamen „Wühler" hörten, um 188 Sitze in der „Konstituante", welche den Auftrag hatte, eine neue Stadtverfassung zu schaffen (Abb. 113).

Bereits am 11. Juli 1849 legte die Konstituante mit der „Verfassung des Freistaates Hamburg" einen Entwurf vor, hinter welchem als treibende Kraft und inspirierender Kopf der kommenden Jahrzehnte Dr. Hermann Baumeister (1806−1877) stand. Daß hiernach die Ratsherren nur noch auf Zeit gewählt werden sollten, war ein wesentlicher Grund für die Ablehnung, weil man gerade für die Gesetzgebung die „personelle Kontinuität" nicht entbehren zu können glaubte. Eine neunköpfige Revisionskommission, gebildet aus Rat und Bürgerschaft — übrigens ohne Beteiligung der Konstituante — erarbeitete

einen Kompromiß. Und als dieser nun tatsächlich am 23. Mai 1850 im Rat- und Bürgerschaftskonvent angenommen wurde, legte wieder eine urkonservative Oppositionsgruppe unter der Wortführung des Wasserbaudirektors Heinrich Hübbe heimlich dagegen Beschwerde beim Deutschen Bundestag ein. Preußen und Österreich ließen am 9. August 1851 den Senat wissen, daß sie in dem Entwurf eine Gefährdung der inneren Ordnung erblickten und dringend von der Inkraftsetzung abraten müßten. Darüber hinaus verliehen sie dieser Auffassung auf übliche Weise Nachdruck: Mit ohnmächtiger Wut mußten die Hamburger im Februar die Einquartierung von 5.000 österreichischen Soldaten hinnehmen und für die erheblichen Kosten der Unterbringung in Vorlage treten. Allerdings sollte Hamburg von den Aufwendungen in Höhe von 1.070.000 Mark Banco so gut wie nichts zurückerstattet erhalten. Scharfe Proteste provozierten die Besatzungstruppen durch ihr unberechenbares Verhalten, so das Eindringen in die Wohnung eines mißliebigen Jour-

Abb. 113 „Der Sitzungssaal der Bürgerschaft im Patriotischen Hause zu Hamburg". Nach einer Zeichnung von I. Gottheil. Zeitgenössischer Stahlstich.

*Abb. 114   „Der Zusammenstoß der Österreicher und des Volkes am Joachimsthale zu Hamburg am 1. Pfingst-
feiertage". Zeitgenössische Xylographie.*

nalisten und dessen Mißhandlung. Zu schweren
Ausschreitungen kam es beim Pfingstfest vor allem
in St. Pauli „vor dem Schmuck'schen und Mittel-
straß'schen Locale" (Abb. 114). Die Steinwürfe der
belästigten Bürger wurden mit Schüssen beantwortet. Es gab Verletzte und Tote. Am 22. Juli 1852
folgte eine Aufforderung des Deutschen Bundesta-
ges, von einer Annahme des Entwurfs Abstand zu
nehmen. Die Reformbestrebungen traten für lange
Zeit wieder in den Hintergrund, bis auch in Preußen ein liberaleres Denken einsetzte. Nach weite-
rem Hin und Her stimmten endlich Rat und
Bürgerschaft am 11. August 1859 den Grundlinien
einer zu erneuernden Verfassung zu. Die letzte Versammlung von Hamburgs Erbgesessener Bürgerschaft trat am 24. November 1859 zusammen.
Endlich, zwölf Jahre nach Zusammentreten der Konstituante, verabschiedete der Senat am 28. September 1860 ein neues Staatsgrundsetz. Obwohl es
kaum die Wünsche und Hoffnungen auf eine wirklich repräsentative Verfassung widerspiegelte, waren doch die 198 Abgeordneten der neuen Bürgerschaft von echtem Elan zur Erneuerung des ganzen
Staatswesens erfüllt. Am letzten Tag des gleichen

![Torsperrenschild]

*Abb. 115   Torsperrenschild mit Öffnungs- und Schlie-
ßungszeiten, veränderbar je nach Sonnenauf-
und Untergang.*

Jahres sollte die Torsperre fallen (Abb. 115).

Diese wenigen skizzenhaften Bemerkungen zur
politischen Grundstimmung der ersten Hälfte des
19. Jahrhunderts mögen genügen, um restaurative
Tendenzen als Ursachen für die allgemeine Stagna-
tion aller in den folgenden Kapiteln beschriebenen
Einzelentwicklungen leichter ausfindig machen zu
können.

Marktleben und Transportwesen nach der Franzosenzeit

Wie dies für alle übrigen Lebensbereiche galt, so knüpften auch Marktleben und Transportwesen an die ‚gute alte Zeit' des 18. Jahrhunderts an, als hätte es nie eine französische Besatzung und etwas mehr Aufgeschlossenheit für Modernität gegeben. Noch bis zur Mitte des 19. Jahrhunderts oder doch wenigstens bis zum Großen Brand von 1842 waren kaum Veränderungen zu verzeichnen, die man als wesentliche Abweichungen von den Beschreibungen, wie sie bereits in Verordnungstexten des Jahres 1773 enthalten waren, verstanden hätte. Kajen, Rödingsmarkt, Meßberg, Schaarmarkt, Fischmarkt und Zippelhaus waren da als gewisse „Standörter" genannt worden, wohin „Consumbtibilien" (= Lebensmittel) und andere Waaren des täglichen Verbrauchs „aus Evern und von Wägen gebracht oder in Körben und Säcken getragen werden". Zum Markt am Meßberg wurde noch hinzugefügt, er sei nahe vor dem Deichtore gelegen und ein Ort „hauptsächlich zur Anfuhr der oberländischen Korn-Gefäße", womit die Transporte auf Oberelbekähnen gemeint waren. „Rundum wohnen Getreidehändler. Man trifft dort täglich vor- und nachmittags die vereidigten Messer und Träger." Für Seefischereifahrzeuge, soweit sie die Masten nicht legen konnten, waren die Außenkajen und der Schaarmarkt am bequemsten zu erreichen. Die kleineren Fischerboote mit legbaren Masten fuhren unter der Hohen Brücke hindurch (Abb. 116) ins Nikolaifleet ein und machten an der Holzbrücke fest. Von hier aus brachten sie die Fische direkt auf den Hopfenmarkt, „wenn sich nicht die Käufer auf den Evern selbst eingefunden". Auf dem alten Fischmarkt beim Dom, „ohnferne der Schmiedestraße", wurden „nur Karpfen, Karutschen und andere Teich- und Revierfische" angeliefert, „womit sonst die Amtsfischer auf dem Hopfenmarkte ausstehen..." Zwiebeln, Wurzeln, Kräuterwaaren bezog die Hausfrau weiterhin am besten vom Zippelhaus.

So schien denn das Marktwesen allerbestens geregelt, zumal durch weitere polizeiliche Verordnungen der Verkauf an der Haustür, aber auch das „Beengen der Gassen durch Verkäufer und das Auslegen der Waaren in eigenmächtig und ohne Erlaubnis errichteten Buden, auf Beyschlägen (= Treppenabsätzen), auf in den Gassen gesetzten Tischen, auf Schubkarren... gänzlich und bey Strafe der Confiscation der Waaren verboten" worden war (1.9.1819). Ärger und Lärm allerdings gab es regelmäßig, wenn die Fischer-Ewer früh morgens festmachten und einige handfeste Aufkäufer sich vordrängten „oder wohl gar den Fisch-Ewern entgegenfahren und sich zu Herren der ganzen Ladung machen wollen" — zum Nachteil übrigens der Hausfrauen und Bürger, die es vorzogen, direkt beim Fischer zu kaufen. Gegen diese Form der Ruhestörung und die damit verbundenen Handgreiflichkeiten mußte der „Marktvoigt Rölte, nöthigenfalls mit Hinzuziehung von Polizey-Officianten", einschreiten (1.4.1819). Der Tumult wurde noch weit größer, wenn an dem Landeplatz der Seefischer bei der Holzbrücke „widergesetzlich" Fahrzeuge mit Bauholz und Torf-Ewer ihre Ladung anzulanden suchten (23.4.1819).

Im Straßenverkehr war es nicht besser. Da mußten bestimmte Verkehrsregelungen geschaffen werden, um die Fuhrwerke daran zu hindern, etwa vor dem Bauhof am Oberhafen in zweiter Reihe zu parken. Wie sollte es dann wohl noch möglich sein, das dort angelandete Holz rechtzeitig in den Bauhof zu schaffen. Und dies mußte geschehen, denn die „dort aufgebrachten großen Bäume" durften mit polizeilicher Genehmigung allenfalls 24 Stunden am Hafenrand gelagert werden. Dann wiederum mußten Ordnungshüter gegen das regellose Füttern von Pferden vor größeren Gespannen mitten im Stadtverkehr einschreiten, obwohl für diesen Zweck doch besondere Plätze ausgewiesen waren!

Nicht weniger lebhaft ging es auf den Fleeten zu. Zur ordnungsgemäßen Abwicklung des Geschäftslebens waren „allgemeine Usancen im Waarenhandel" festgesetzt. Die Bedingung, Handelswaare „von Bord zu empfangen", verpflichtete den Lieferanten, „die Waare in einer an die Seite des See- oder Flußschiffes gelegten Schute von den Arbeitsleuten des

Abb. 116 Gemüseewer mit gelegtem Mast unter der Hohen Brücke auf der Rückfahrt vom Markt. Links oben: Das leerstehende Eckhaus an der Butenkajen wird gerade abgerissen. Zeichnung von Theodor Riefesell, 27. November 1885.

Verkäufers bis auf die (Waag-)Schale oder ins Maaß zu liefern", während die Bezeichnung „hinter den Speicher zu liefern" den Transport mit der Schute bis an den Speicher heran bedeutete und den Verkäufer verpflichtete, durch eigene Leute das Handelsgut in der Schute wiegen zu lassen oder auf dem Speicherboden, „nachdem die Arbeitsleute des Käufers sie aufgebracht haben (Abb. 117). Die Gefahr und die Kosten des Aufbringens sind in solchem Falle für Rechnung des Käufers." Diese Beispiele mögen genügen, um die Arbeitswirklichkeit und die für sie typischen Konflikte ein wenig zu illustrieren.

Den Warenverkehr zwischen See- bzw. Flußschiffen und den Speichern wickelten mit ihren Leichtern, Schuten (aus dem Holl. „schoit") und Bollen (aus dem Engl. „bowl" = Gefäß) die Ewerführereien in „Reihefahrt", sozusagen im Taxibetrieb ab. Wer hingegen Frachtgut elbauf- oder -abwärts transportieren zu lassen wünschte, konnte seine Bestellung direkt beim Kapitän in verschiedenen Knei-

Abb. 117 „Hinter dem Speicher zu liefern": Männer auf dem Speicher rechts erwarten in verschiedenen Luken stehend Transportfahrzeuge mit Ladegut. Fleet zwischen Brauerstraße und Hopfensack. Theodor Riefesell, 7.9.1891.

Abb. 118   „Zum Dithmarscher Keller, Destillation und Weinhof". Anlaufpunkt für Mitfahrgelegenheiten auf Elbewern ins Nieder- und Außenelbegebiet. Theodor Riefesell, 1885.

Abb. 119   Das Legen der Masten vor der Hohen Brücke. Theodor Riefesell, 18.10.1885.

pen neben den Fleeten anbringen. Allein sechs verschiedene Anschriften für Oberländer Schiffsgelegenheiten verzeichnete das Hamburger Adressbuch von 1816 am Dovenfleet, eine am Meßberg, eine am Winserbaum, gleich neun elbabwärts an Buten- und Binnenkajen (Abb. 118), ob nach Glückstadt, Wilster, Neuhaus, Otterndorf oder gar Busenhafen, wie Büsum damals hieß. Direkt nebeneinander bei Brinckmann / Herrlichkeit 87, im Otterndorfer Keller / Herrlichkeit 88 und im Dithmarscher Keller / Herrlichkeit Nr. 90 verkehrten die Schiffer, deren Ewer ca. zweimal wöchentlich nach Cuxhaven, Ritzebüttel, St. Margarethen, Meldorf, Heide und Büsum abgingen. Es versteht sich von allein, daß es ebenso viele Anschriften einschlägiger Kneipen für Fuhrleute nachzuschlagen gab, die Transporte über Achse in jeder Himmelsrichtung zu übernehmen bereit waren. Wurden in der Steinstraße vor den Gasthöfen die Wagen nach Bergedorf, Eckernförde, Schleswig, Flensburg, Hadersleben, Kiel, Lübeck, Neumünster beladen, bevorzugten die Rendsburger und Kellinghusener Fuhrleute das „Weiße Roß" am Groß Neumarkt. Im Jahre 1838 waren es

16.948 Fuhrwerke, die an Hamburgs Toren ein- und ausfahrend gezählt wurden.

Die Elbschiffer, die Ewerführer, die Fuhrleute kannten die notwendigen Tricks und bürokratischen Kniffe, um alle Hindernisse dieser komplizierten Welt — den Zoll, die Akzise (= innerstädtische Abgaben für Konsumgüter), die Tor- und die Baumsperre zu überwinden. Baum- und Torsperre fielen erst am 21. Dezember 1860, und bis dahin mußten sich alle Wagen und Kähne nach der Sonne und den entsprechend geregelten Öffnungszeiten richten (Abb. 115). Die Wasserfahrzeuge waren zudem auf strikte Einhaltung des Tidenkalenders angewiesen, weil sie nur mit auflaufend Wasser den Hafen erreichten und in die Fleete einfahren konnten. In ganzen Rudeln drängten sie sich dann vor der „Hohen Brücke" und legten gleichzeitig die Masten (Abb. 119), als geschähe dies auf ein choreographisches Zeichen von Geisterhand hin, um nach Unterquerung der Brücke diese sofort wieder aufzustellen.

„Bei Neu- und Vollmond ist der Eintritt der Fluth am Niederbaum zu Hamburg um 0 Uhr 48 Minuten, und der der Ebbe um 5 Uhr 6 Minuten…", so

Abb. 120 Ewerboot mit Amtsnummer vor dem Blockhaus. Mit Tusche grau-lavierte Sepia-Zeichnung von Christian Ernst Bernhard Morgenstern, 1828.

beginnen regelmäßig die „Fluth- und Ebbebeobach-tungen" seit 1818. „Die Dauer der Fluth beträgt 4 Stunden 18 Minuten und die Dauer der Ebbe 8 Stunden 6 Minuten. Die Größe der ordinairen Fluth beträgt 6 Fuß, 8 Zoll und die der Spring-Fluth 7 Fuß, 3 Zoll." Aufgrund der starken Ausbaggerung und Kanalisierung der Elbe haben sich bis heute diese Verhältnisse ja gründlich verschoben. Heute währt die Steigdauer der Flut normalerweise 5 Stunden und 4 Minuten, die Falldauer der Ebbe dann 7 Stunden und 21 Minuten. Der mittlere Tidenhub beträgt 3,4 m gegenüber jenem von 1818, der mit 1,91 m ausgerechnet werden kann.

Eine außerordentlich kritische Darstellung der hamburgischen Verhältnisse erkennt man in einer mit Tusche grau lavierten Sepia-Zeichnung Christian Ernst Bernhard Morgensterns, vom sogenannten Blockhaus, datiert vom Künstler 1828 (Abb. 120).

Wie die Torhäuschen an den Stadttoren der Hamburger Ausfallstraßen, dienten solche Gebäude an den Einfahrten zum Ober- und hier zum Niederhafen als Anlaufstationen für die Errichtung einer Verbrauchsgütersteuer bei der Einfuhr von „Consumbti-bilien", wie es so schön hieß. Die unter dem amtlichen Begriff der Accise eingeführte und gerade dem kleinen Mann verhaßte Steuer erregte, wie wir noch sehen werden, den Zorn des ganzen Mittelstandes. Unser Bild zeigt das staatliche Gebäude anders als es je war, in absichtlich herabziehender Art und in völlig desolatem Zustand. Das angeblich verrottete Dach ist offensichtlich behelfsmäßig mit einem Segel abgedichtet worden. An der Schiffstreppe machen kleine Boote mit der Aufschrift „Hamburg" und zwei Buchstaben mit einer Nummer dahinter fest. Kleine Leute gehen mit ihren auswärts erstandenen Habseligkeiten, Rucksäcken, Paketen und

Abb. 121 „Hamburger Architekturphysiognomien": Am Klinksberg. Nach einer Zeichnung von E. Schliecker.
Um 1865.

Tabletts auf der Galerie um das Haus herum, um den Accise-Einnehmern dieses alles vorzuführen. Nach Erlegung des Betrages dürfen sie dann weiterfahren.

Der Consumptions-Accise-Tarif von 1815 legte Steuern für Einfuhrgüter der folgenden Art fest:

Brennholz in Scheiten und Bündeln
Holzkohlen
Torf
Kalk aus der Fremde
Grüne Seife
Filzhüte
Wein
Brandtewein
Cognac
Spiritus oder Sprit
Arak
Liqueure
Roggen zu Mehl
Mengkorn zu Viehfutter
Fleischwaren wie Kalb, Schwein, Hammel,
    Lamm
Seefisch etc.

Ein weiteres Accise-Häuschen stand übrigens an der Einfahrt zum Oberhafen. Dort zahlten die „Elbkähne", welche vor allem das Mecklenburger Getreide von der Oberelbe nach Hamburg brachten, die „Consumptions-Steuer". Dabei handelte es sich um solche Fahrzeuge, wie sie Eduard Schliecker auf seiner leicht ironisch gefärbten Darstellung vom Klingenberg-Fleet um 1865 porträtiert hat (Abb. 121).

Die Verordnungen für das Jahr 1815 halten unter dem 10. März in Verordnung XIX, Artikel VIII, dazu fest: „Wagen und Pferde, auch Schiffe, Ever und Schuten, welche zu beträchtlichen Accise-Defraudationen gebraucht werden, sollen mit evtl. Vorbehalt des Regresses gegen den Urheber der Defraudation solange haften, und auf des oder der Contravenienten Kosten solange in Arrest bleiben, bis die Strafe erlegt." Und damit der Accise-Einnehmer am Niederbaum die Übersicht besser behielt, ward noch angeordnet (Februar 1815): „Kein Schiff soll in einem Leichterschiff, einem Ever, einer Jolle oder irgendeinem anderen Fahrzeuge lö-

Abb. 122 Vor Ausfahrt unter der Wandrahmsbrücke werden die Masten gelegt. Blick auf den Meßberg. Theodor Riefesell, 28. November 1886.

schen oder aus demselben laden, wenn das Fahrzeug nicht abseiten der Stadt mit einer Nummer versehen ist, bey 10 Thalern Strafe für jeden Übertretungsfall."

Natürlich betrafen diese Verordnungen in besonderer Weise die Arbeit der Ewerführer, die oftmals im Nebenerwerb, jedenfalls nicht etwa in zünftig oder überhaupt ständiger Arbeit organisiert, mit ihren Leichtern, Jollen und Schuten die Waren von großen, auf Reede ankernden oder an Dalben liegenden Segelschiffen abholten und auf den Speichern ablieferten. Sie vor allem hatten sich mit den komplizierten Bestimmungen der Hamburger Zoll- und Accise-Verordnungen herumzuschlagen. Da konnte es schon einmal passieren, daß ihnen der Ältermann eines Hamburger Handwerkeramtes in die Quere kam, weil er das Boot auf unerlaubt eingeführte zunfthandwerkliche Produkte zusammen mit den in Amtshilfe herbeigerufenen Accise-Einnehmern überprüfen wollte. Unter den erfolgreicheren mittelständischen Betrieben dieses besonders Hamburg-typischen Dienstleistungsgewerbes sollten die Ewerführereien gegen Ende des Jahrhunderts eine führende Rolle einnehmen, die alles, was es nur zu transportieren gab, vom Hafen in die Stadt und wieder hinausschafften und am Wachstum Hamburgs

im 19. Jahrhundert einen ganz entscheidenden Anteil hatten. Bis zu 70.000 Einheiten sollten in den 80er Jahren die Alsterschleuse pro Jahr passieren. Nur die Zeichnungen von Theodor Riefesell vermögen einen hinreichenden Eindruck von diesem unglaublichen Gewimmel auf Hamburgs Fleeten zu vermitteln (Abb. 122).

Es schien doch wichtig, dieses komplizierte und vielfach verästelte Verkehrs- und Versorgungssystem etwas ausführlicher zu schildern, weil sonst kein Mensch begreift, wie denn über Jahrhunderte hin die immer größer werdende Stadt überhaupt funktionieren konnte und von welchen Bedingungen ihre Lebensfähigkeit abhing. Man darf ohne Übertreibung noch hinzufügen, daß diese Systeme noch in Teilen nach dem Zweiten Weltkriege vorhanden waren und angewendet wurden. Auf der anderen Seite waren es die gleichen Infrastrukturen, auf denen Technik und Industrie in Hamburg bis zur Entwicklung fortschrittlicherer Verkehrsanlagen aufbauen mußten. Wie aber sollte man von einem Senat, der sich hingebungsvoll der Wiederherstellung der guten alten Zeit widmete, ein zukunftsorientiertes Konzept für die Entwicklung des Hafens und der Großschiffahrt erwarten?

Hamburgs Zukunft –
versunken im Schlick

Als nach Beendigung der Franzosenzeit und Aufhebung der Kontinentalsperre sich die völlig zum Erliegen gekommene Schiffahrt wieder erholte und nach Verselbständigung der bis dahin spanischen Provinzen in Süd- und Mittelamerika sowie der Loslösung Brasiliens von Portugal (1822) ganz neue Fahrtgebiete von Hamburg aus angesteuert werden konnten, zeigte sich, daß die schwere Vernachlässigung aller Wasserbauarbeiten eine zunehmende Verschlickung zur Folge gehabt und zur erheblichen Minderung der Hafenkapazitäten geführt hatte.

Man behalf sich weiterhin mit dem Aufrühren des Fahrwassergrundes bei ablaufend Wasser durch eine Stromegge, die ein über die Elbe hin- und herpendelnder Ewer hinter sich herschleppte. Man verschloß die Augen vor der Tatsache, daß sich der Schlick nur ein paar 100 m weiter stromabwärts wieder absetzte und zu einem neuen Verkehrshindernis auftürmte. Zu den fortschrittlichsten Errungenschaften des Hafenbaus gehörten damals die sog. Drehewer, etwa 17 m lange hölzerne Fahrzeuge mit einer Breite von 4,30 m, die einen Laderaum von

Abb. 123 „Drehewer" auf dem Osterbekkanal. Foto von A. Bruhn, 1909.

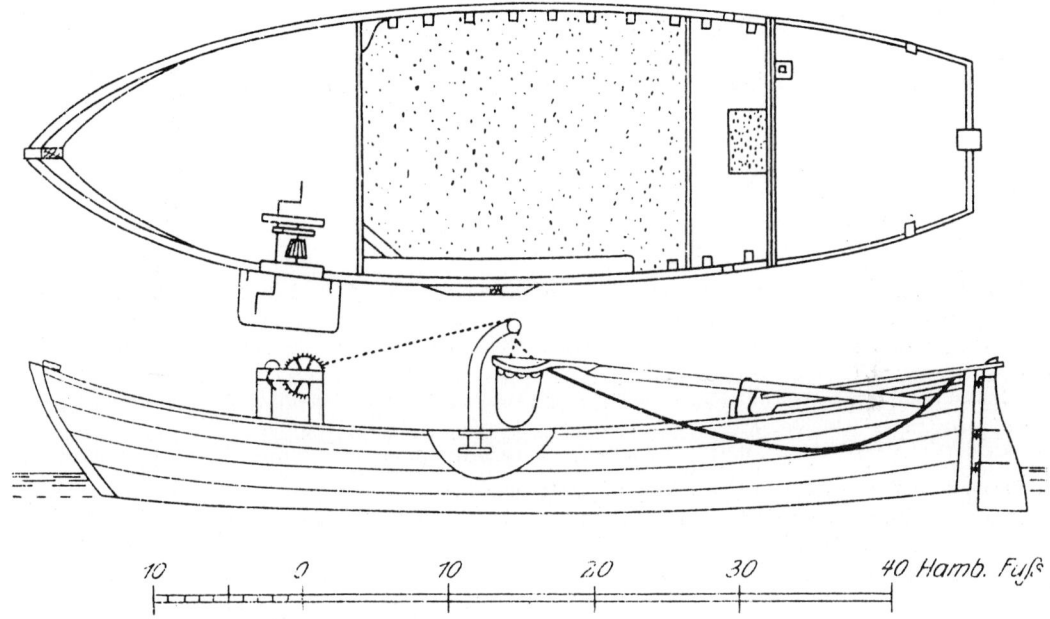

Abb. 124   Zeichnung eines Drehewers. Peter Walther Thele, 1913.

ca. 17 m³ Fassungsvermögen besaßen (Abb. 123). Peter Walther Thele hat in einem Vortrag vor der „Schiffbautechnischen Gesellschaft" schon 1913 aus amtlicher Sicht in einer Bilanz des hamburgischen Baggereiwesens eine genaue Darstellung dieser vorsintflutlichen Hilfsmittel, insbesondere des Drehewers gegeben, der an Backbordseite mit einem langstieligen Ketscher ausgerüstet war (Abb. 124). Das obere Stielende des Ketschers war mit einem Drehgelenk an der Bordwand in Hecknähe über der Wasserlinie befestigt. Mit einer schwenkbaren Davit wurde der Arm des Ketschers, an dessen Vorderende sich ein vorn geschärfter Ring von 700 mm Durchmesser und einem daranhängenden Lederbeutel befand, auf den Grund abgelassen und so weit wie möglich nach achtern gezogen. Sodann wurde mit Hilfe einer Handwinsch die über eine Rolle an der Davit laufende Zugleine eingeholt und die mit dem Ketscher eingefangene Portion von 30 l Hafenschlick in den Laderaum befördert.

Dieser Zustand dauerte noch bis zu den Beschlüssen von 1832 und 1837, endlich dampfgetriebene Eimerbagger zu beschaffen, an. Entsprechend der schnelleren Fertigstellung konnte zuerst ein kleineres Gerät als „Bagger II" 1833 in Dienst gestellt werden, bestehend aus einem von der Hamburger Werft P. H. T. Richter gelieferten Holzrumpf und einer Maschineneinrichtung der Londoner Firma Hunter & English (Abb. 125).

Im Sinne einer allgemeinen Erleichterung der Hafenverkehre wurden jetzt die immer zahlreicher aufkreuzenden Dampfschiffe, bisher noch längs außerhalb des Rummelhafens verstreut, schon der Feuersgefahr wegen im westlichen Bereich des Jonashafens zusammengefaßt und bekamen dort einen besonderen Anlegeplatz mit Lagervorhaltung für Steinkohle westlich des Hornwerkes. Von dort aus wurde ein Weg mit Kaimauer hin zum Johannisbollwerk geführt und davor eine Wassertiefe von 13 Fuß (= 3,72 m [!]) ausgebaggert. Die kleineren Seeschiffe wollte man in einem eigenen Hafen hinter dem „Hölzern Wams" — so hieß im Volksmund die Accisemauer zwischen Blockhaus und Grasbrook — im Stadtgraben mit einer neu zu schaffenden Einfahrt von Süden her unterbringen. Diese Zufahrtsregelung wurde übrigens angeordnet, um mit diesem Hafen außerhalb der Zollinie zu bleiben.

Man kann sich leicht vorstellen, in welches Mißverhältnis die Verwirklichung solcher Veränderungen im Hafen zu den Planungen geriet, zumal der ab 1833 verfügbare Dampfbagger häufig reparaturanfällig und ohnehin nicht in der Lage war, über die vielfach vor dem Rummelhafen beklagte Verschlammung hinaus allenthalben im Niederhafen die ge-

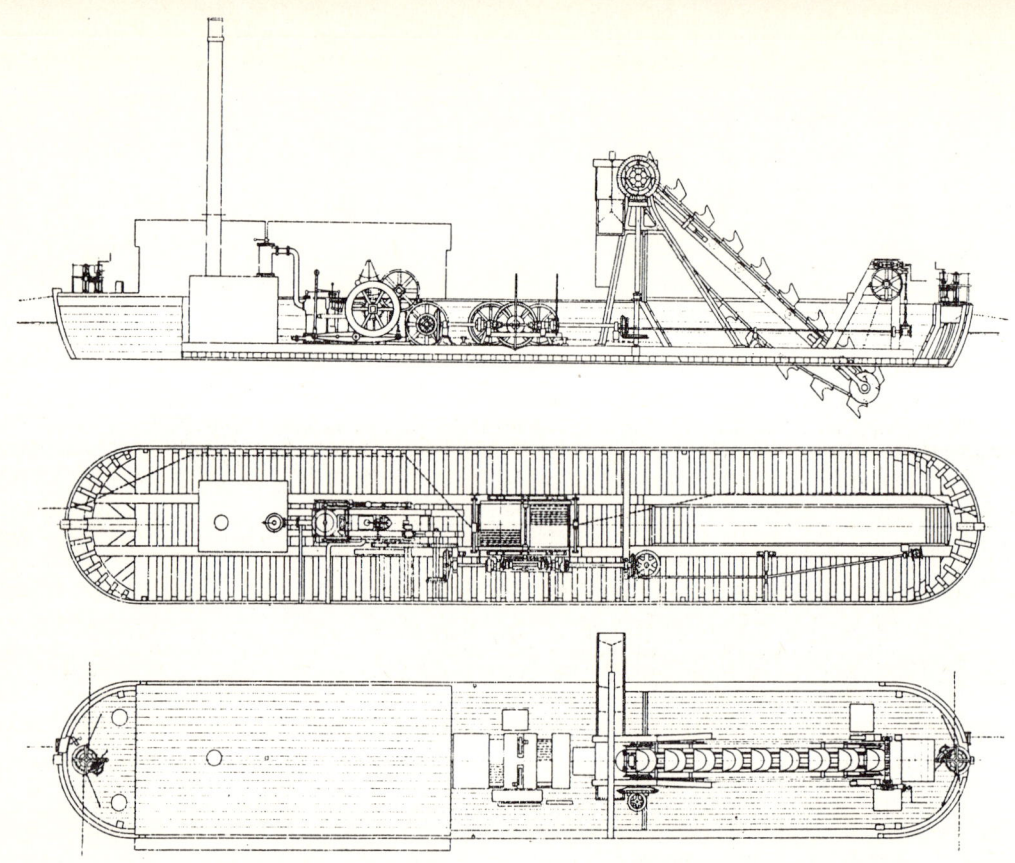

Abb. 125 Der älteste Hamburger „Bagger II", der 1832 in Dienst gestellt wurde. Peter Walther Thele, 1913.

wünschte Solltiefe annähernd zu gewährleisten. Wir nehmen diese Schwierigkeiten in einem Augenblick zur Kenntnis, der uns ganz ähnliche Probleme beschert. Nach 1842 sah Adolph Friedrich Vollmer (1806–1875) Anlaß, die Fahrwasserprobleme beim Blankeneser Sand in einem an Caspar David Friedrich erinnernden Gemälde festzuhalten. Es zeigt, wie bei Flaute des abends große und kleine Segler die Tonne an der engsten Stelle passieren (Abb. 126).

Nicht selten und doch zu Unrecht werden heutzutage die vielen ideenreichen Projekte belächelt, die unter der Ägide der Wasserbaudirektoren Woltmann und Heinrich Hübbe (1803-1871) in der Absicht einer grundlegenden Erneuerung des ganzen Hafensystems in Vorschlag gebracht wurden. In einer so wichtigen Angelegenheit waren natürlich Gutachten von auswärts, möglichst aus England, vonnöten, deren erstes Charles Vignoles 1836 mit einer Empfehlung von Dockhäfen lieferte. Wer an die großen Sturmfluten von 1962 und 1976 zurückdenkt, wird Verständnis ebenso für Vignoles' als auch für

den Plan des Holländers D. Mentz aufbringen müssen, der — ja nur wenige Jahre nach der Flutkatastrophe von 1825! — die Stadt von der Wasserseite einschließlich des Niederhafens eindeichen und die Einfahrt in diesen von Westen her, dicht unterhalb des Johannisbollwerks, durch Kammerschleusen ermöglichen wollte. Auf diese Weise wäre der Wasserstand im Niederhafen und allen mit ihm verbundenen Fleeten stets gleich hoch geblieben und die Zulieferung an den Speichern innerhalb dieses Systems tidenunabhängig geworden. Dagegen sprachen allerdings folgende Tatsachen: zunächst die nicht ausreichende Wasserfläche des von Mentz einbezogenen Niederhafens; dann die Behinderung des Verkehrs durch Schleusenzeiten und die Schwierigkeit künftiger Hafenerweiterungen an den Hauptschleusen — und dies bei täglich zunehmendem Schiffsaufkommen! Mit Recht durfte man sich fragen, ob der bei Hamburg nicht gar so gewaltige Tidenhub einen derartigen Aufwand rechtfertigte.

Mehr Sinn für die Realität und nicht weniger Mut

*Abb. 126   Verengung der Fahrrinne am Blankeneser Sand. Adolph Friedrich Vollmer, Öl auf Holz, 1842, bez.
u. r. „A. V. 1842".*

bewiesen der für Hamburg auf vielen Feldern als
Ingenieur erfolgreich tätige William Lindley und der
englische Hafenbaumeister J. Walker. In einem großen Wurf schlugen sie vor, den ganzen Grasbrook
— aber nur diesen — systematisch für eine wohl-
überlegte Folge von sechs Dockhäfen aufzuteilen.
Drei römisch zu beziffernde Hafenbecken sollten im
ausgebaggerten Stadtgraben untergebracht und parallel südlich dazu drei weitere — mit lateinischen
Versalien zu kennzeichnende — Hafenbecken von
West nach Ost den Grasbrook teilen, durch Kammerschleusen zugänglich und untereinander verbunden sein. Alle Hafenbecken seien mit Straßen- und
Eisenbahnanschlüssen und Kränen auszustatten. Die
Becken Nr. I—III müßten sofort ausgebaut, hingegen A—C als Reserve vorbehalten werden. In den
Zeichnungen wurden ferner Positionen für Speicher
und Lagerplätze der ersten Ausbauphase angedeutet. Daß die durchaus divergierenden Vorschläge in
Einklang gebracht und in einem gemeinsamen Plan,
abgezeichnet von Walker, Lindley und Hübbe, am
10. Oktober 1845 der Commerzdeputation zugeleitet und erläutert werden konnten, war den unendlichen Bemühungen des Wasserbaudirektors Hübbe
zu verdanken. Der außerordentlich gebildete und an
Kenntnis der hiesigen Hafenverhältnisse nicht zu

übertreffende Wasserbaudirektor Hübbe hatte kaum
eine Chance, sich gegenüber dem ungeheuer einflußreichen Partner, William Lindley, und dessen
Dock-Ideen durchzusetzen, weil man dem englischen Ingenieur seit Errichtung der Hamburg-Bergedorfer Eisenbahn und seiner Verdienste um das hamburgische Sielwesen weit mehr zutraute als ihm.
Man erkennt dies deutlich daran, daß es Hübbe den
Kopf gekostet hat, sich in der Öffentlichkeit kritisch
zu der vom Senat unterstützten Lindleyschen Erschließung des Hammerbrooks zu äußern, die sich
gerade im Hinblick auf falsch berechnete Tidenver-
hältnisse und ein deswegen nicht funktionierendes
Entwässerungssystem als reine Fehlplanung erweisen sollte. Dies war um so erstaunlicher, als 1785
bereits eine erste vorläufige Skala in Fuß- und Zoll-
werten (1 hamb. Fuß = 0,286 m) am Niederbaum
und ab 1791 sogar sieben Meßstellen zur Prüfung
der Wasserstände eingerichtet worden waren. Re-
gelmäßige Beobachtungen der Elbwasserstände wurden aber erst seit 1843 vorgenommen, also drei Jahre
nach Beginn der Lindleyschen Hammerbrookplanung. Übrigens wurde erst 1859 ein „selbstregistrie-
render Flutmesser" bei St. Pauli aufgestellt.
    Hübbes Stellung mußte hier beleuchtet werden,
um zu zeigen, daß sein Beitrag zu der gemeinsa-

men Hafenplanung auf den Vorschlag begrenzt wurde, nämlich im Sinne der bereits 1837 gefaßten Beschlüsse, den Niederhafen weiter nach Nordwesten, gerade noch am Hornwerk vorbei, in Richtung St. Pauli, auszubauen und dort mit zwei Landungsbrücken abzuschließen. Nach Lage der Dinge war dieses Element aus dem ganzen Plan das einzig brauchbare und machte deutlich, daß Hübbe wie später sein Nachfolger für einen offenen Tidehafen plädieren mußte. Im Niederhafen standen nach dessen Erneuerung in langen Reihen Duckdalben zur Verfügung, jeweils in Bündeln von 5–9 Pfählen und in Abständen von 14–19 m in den Elbgrund gerammt. Die Dalbenreihen bildeten dann wieder 45-50 m breite Gassen, in denen sich die Schiffe oftmals päckchenweise nebeneinander drängten. Die Leichter hingen dann dazwischen, die sozusagen als schwimmende Pontons viel zu geringer Größe beim Löschen und Laden behilflich waren, und führten die Transporte zu den Bestimmungsorten durch. Dazu kamen die vielen Flußschiffe, die wie die Leichter Waren von den Seeschiffen übernahmen oder Transportgüter dort abgaben. Die Seeschiffe mußten also über die entsprechenden Einrichtungen, Taljen, Winschen und Ladebäume verfügen, um das Löschen und Laden ohne all die heute im Hafen vorhandenen Hilfsmittel durchführen zu können.

Falsch war es übrigens gewesen, noch in den zwanziger und dreißiger Jahren für Industrieansiedlung Plätze auf den abgeräumten hafenseitigen Bastionen und dem Grasbrook zu vergeben, zumal

über dessen Umgestaltung bereits seit 1825 nachgedacht wurde. Werften wie die v. Somm'sche und Fabriken, alles was sich auf dem Grasbrook seit 1814 vorfand, hätte bis 1850 wieder abgeräumt werden müssen, falls der Dockhafenplan von Walker, Hübbe und Lindley des Jahres 1845 zum Zuge gekommen wäre.

In diesem Zusammenhang wird meist außer acht gelassen, daß aufgrund der geschilderten Verhältnisse Fortschritte der Industrialisierung erst nach Abschluß der Hammerbrookerschließung durch Lindley in der zweiten Jahrhunderthälfte zu erwarten gewesen wären. Denn erst einmal bedurfte es der technischen Infrastrukturen, beispielsweise des später tatsächlich geschaffenen, rechtwinkelig geordneten Fleetsystems und einer ausreichenden Aufhöhung des gesamten Geländes, um die notwendigen Voraussetzungen für Gewerbe- und Industrieansiedlung bieten zu können. Inzwischen aber kam eine solche Entwicklung gar nicht erst richtig in Gang, weil sich der Hafenausbau aufgrund der Inkompetenz und Entschlußlosigkeit über Jahrzehnte dahinschleppen sollte. Gerade die Schiffbauer litten unter dieser Situation, weil sie ihre Werftplätze auf dem Grasbrook aufgeben sollten. Um Ersatz bemüht, verpachtete der Rat schließlich vier Werftplätze auf dem nördlichen Teil Steinwerders, dessen Ufer ab 1838 mit Baggergut aufgehöht und gegen Hochwasser gesichert worden waren, an die Betroffenen: an Opffermann, v. Somm, Johns und Wiechhorst.

Der große Brand –
und die große Stunde William Lindleys

Die politischen Entwicklungen seit Beginn des Jahrhunderts waren nicht ohne Konsequenzen für das Stadtbild geblieben. Als Folge des Reichsdeputationshauptschlusses war der Besitz des Domkapitels 1803 Eigentum der Stadt geworden. So auch der Dom, der keinerlei Funktion als Kirche mehr erfüllte und, den als Denkmal zu bewahren und zu konservieren, damals noch niemand hätte fordern können oder mögen. Also wurde er zwischen 1804 und 1807 abgerissen. Friedrich Johann Lorenz Meyer verewigte ihn und seine Baugeschichte in einem „Blick auf die Domkirche in Hamburg" 1804 (Abb. 127). Daß Unwiederbringliches verlorengehen könne, machte hier erst die „artistische Sektion" des 1839 gegründeten Vereins für Hamburgische Geschichte durch Rettung zahlreicher kulturgeschichtlicher Denkmäler während des Brandes von 1842 allgemein bewußt. Eigenhändig barg der Maler Otto Speckter Kunstwerke aus der brennenden PetriKirche — die dramatischen Erlebnisse und die Zerstörung jenes Stadtzentrums, das selbst Architektur gewordener Ausdruck des geregelten Gemeinwesens in „guter alter Zeit" war, hat Speckter in zwölf Lithographien festgehalten. Die aus jedem Bilde sprechende Trauer (Abb. 128) vermochte der Künstler nicht zu unterdrücken, sie saß aber auch dem unerbittlichen Streiter für eine demokratische Verfassung im Halse, Christian Friedrich Wurm (1803–1859), der angesichts der Feuersbrunst schrieb: „Als der Petri-Turm fiel, ging es uns nicht nahe, als wenn eines Freundes Auge gebrochen wäre? Wie sein Glockenspiel uns nicht mehr weckte, als wenn die lieblichsten Stimmen verklungen wären in Todesschweigen?" Nach dem Großen Brand hatte sich Wurm nicht lange mit der Trauer über das Verlorene aufgehalten; er ergriff die Chance, sozusagen als Forderung des Tages, einen „doppelten Neubau" zu propagieren, den der Häuser und den der Verfassung.

Der „Hamburger Correspondent" war die Quelle gewesen, aus der Heinrich Heine in Paris von den schrecklichen Ereignissen Kunde erhalten hatte. Mit Wurm und allen Hamburgern beklagte er die Zerstörung des Petri-Turmes sowie der ganzen Stadt: „mein altes, schiefwinklichtes, schlabberiges Hamburg", und die Sprengung des Rathauses: „Wie oft ergötzte ich mich an den Kaiserbildern, die aus Hamburger Rauchfleisch gemeißelt, die Fassade zierten." (Abb. 129) Und mit Wurm hoffte er auf eine geistige Erneuerung, indem er scheinheilig weiterfragte: „Sind denn die hoch- und wohlbepuderten Perücken gerettet, die dort den Häuptern der Republik ihr majestätisches Ansehen geben?" Im Jahre 1842 waren alle vier Bürgermeister über siebzig und achtzig Jahre alt. Kein Wunder also, daß es irgendwann einmal zu einer Katastrophe kommen mußte! Hatten doch die alten Herren es glänzend verstanden, jedem Elan zu einer Erneuerung die Spitze abzubrechen. Sie verschlossen einfach die Augen angesichts der immer krasser hervortretenden Probleme, mit denen sie allein schon im Rückblick auf die Stadtgeschichte hätten rechnen müssen.

Die explosionsartige Vergrößerung Hamburgs während des ganzen 19. Jahrhunderts war in Hamburgs Geschichte nicht ohne Parallele, wie ein Rückblick auf die Entwicklung im 17. Jahrhundert lehrt. Auch die neuerliche Expansion blieb nicht immer unter Kontrolle, was zu verdeutlichen sein wird. Seit 1811 war die Bevölkerung allein innerhalb der Stadtgrenzen bis 1851 von 106.938 auf 176.360 Einwohner gestiegen. Längst reichte das zu Beginn des 17. Jahrhunderts innerhalb der neuen Stadtbefestigung verfügbare Stadtareal nicht mehr aus. Jetzt war die Enge ganz unerträglich geworden, und um so grauenvoller wirkten sich die völlig unzureichenden hygienischen Verhältnisse aus. Die Abwässer liefen über Gräben und Mittelrinnen in den Straßen zu den Fleeten ab. Feste Abgänge ließ man bedenkenlos, sofern die Häuser an den Fleeten standen, durch sogenannte Lauben ins Wasser hinabfallen. Ein Großteil der Bevölkerung deckte seinen Wasserbedarf allerdings dicht daneben wieder aus den Fleeten, der Alster und der Elbe. Über vergleichsweise sauberes Quellwasser aus weiter entfernt liegenden Brun

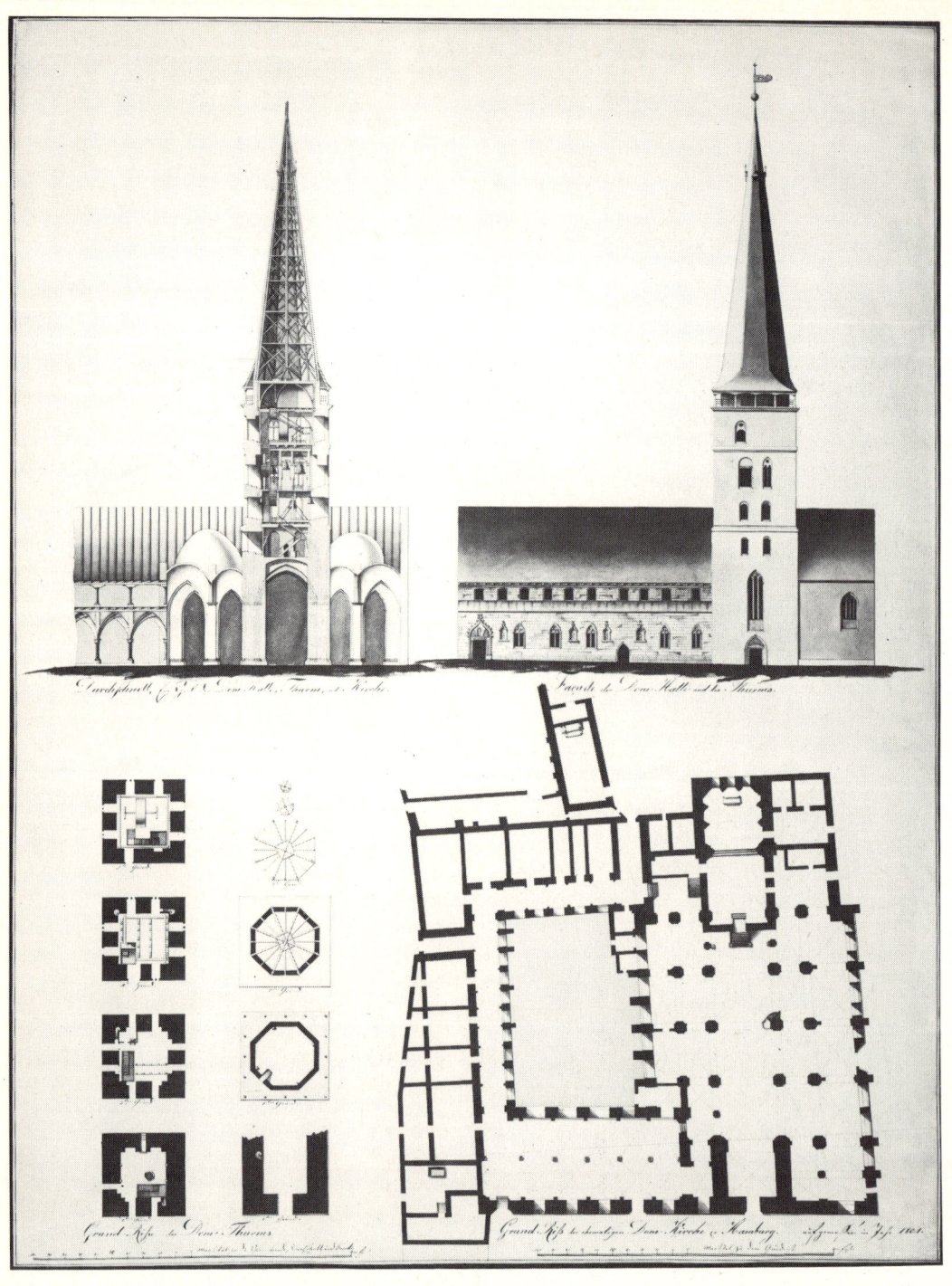

Abb. 127 Grundriß der ehemaligen Hamburger Domkirche sowie „Durchschnitt" und „Façade" der „Dom-
Halle und des Thurms" 1801.

Abb. 128 Brand der Nikolaikirche 1842. Lithographie von Otto Speckter.

Abb. 129   Brand des Eimbeckschen Hauses 1842. Lithographie von Otto Speckter.

Abb. 130   Feuerspritze der Hamburger Feuerwehr 1792. Foto nach dem Original im Museum für Hamburgische Geschichte.

172

nen, das über völlig veraltete Holzleitungen herangeführt werden mußte, verfügten nur die Mitglieder der wenigen Brunnengemeinschaften. Ein Hamburger Brand war indessen mit solchen Rinnsalen nicht zu löschen (Abb. 130). Scherz beiseite! Man hatte nicht im mindesten daran gedacht, Schlüsse aus der Tatsache zu ziehen, daß aufgrund der Bevölkerungszunahme und der wachsenden Enge innerhalb des Stadtmauerringes die jährlichen Löscheinsätze von durchschnittlich 30 im Jahre 1770 auf 120 im Jahre 1835 gestiegen waren.

Es konnte nicht ausbleiben, daß der sich bisher unfehlbar dünkende, ewig gestrige Senat wenigstens durch die Verderben bringende Feuersbrunst sich so weit erleuchtet fand, daß ihm für einen Augenblick die Sünden und Versäumnisse — nicht nur im Hinblick auf das lächerlich rückständige Feuerlöschwesen — einfielen. Daß mit einem Schlage das ganze Stadtzentrum ausradiert war, stimmte die Bevölkerung nachdenklich und ließ die Verantwortlichen gewiß nicht ruhig schlafen (Abb. 131).

Entsprechend hektisch fiel die Reaktion des Senates aus: Erst einmal eine Sonderkommission (10. Mai) bilden — das ist immer gut. Dann muß der Lindley her, wo doch nur die Engländer etwas von Technik verstehen, und zwar sofort (Abb. 132). Die für das hiesige Bauwesen zeichnenden Herren waren froh, wenigstens über das Direktorium der Hamburg-Bergedorfer Eisenbahn A.G. umgehend Verbindungen zu deren „Engineer in Chief" aufnehmen zu können, dessen Genie seit dem bravourösen Ereignis einer exklusiven Probefahrt mit dem Feuerroß schon im April 1842 und der Lobrede des Rechtsanwalts Dr. August Abendroth beim abendlichen Dinner ein für allemal feststand. Schon am 12. Mai sprach man William Lindley an, der — so schien es gar — auf diesen Brand nur gewartet hatte und als Hilfsangebot fix und fertige Pläne für die Nutzung des eingeäscherten Stadtraumes aus der Tasche ziehen konnte. Am gleichen Tage beriet er diese mit Baudirektor Carl Ludwig Wimmel und dem Oberingenieur Paridom Gottlob Heinrich, dann Wasserbaudirektor Heinrich Hübbe einbezogen. Ferner traten die 1841 gewählten Mitglieder einer „Bera-

Abb. 131 Ruinen um die Binnenalster nach dem Brand von 1842. Daguerreotypie von Steltzner.

173

Abb. 132 Behelfsheim für Obdachlose des Hamburger Brandes von 1842, im Hintergrund die Ruine von St. Petri. Johann Jacob Gensler (1808–1845), Bleistift, Feder und Aquarell, 1842.

tenden Kommission", die Herren Alexis de Chateauneuf, Klees-Wülbern und Ludolff, hinzu. Alle diese Herren vereinigten sich zur „Technischen Kommission", die auf der Grundlage der Lindleyschen Pläne Vorschläge erarbeitete und diese der am 16. Juni 1842 gegründeten „Rath- und Bürgerdeputation" — einem von den bürgerlichen Kollegien unabhängigem Gremium — zuleitete. Die „Rath- und Bürgerdeputation" war mit weitgehenden Vollmachten zur Mittelbeschaffung, Enttrümmerung, gegebenenfalls Enteignung sowie Feststellung und Ausführung des Wiederaufbauplans gebildet worden. Man kann William Lindley nachträglich gut verstehen, daß er, da er als einziger fertige Pläne auf den Tisch legen konnte und deswegen innig auf Erteilung eines Exklusivauftrages hoffte, nun eine Verwässerung seines Gesamtvorschlages befürchten mußte. Mit dem ihm eigenen Einfallsreichtum betrieb er auf einem zweiten Gleis öffentliche Agitation für die Annahme seines Planes und brachte 600 Unterschriften für eine Senatseingabe zusammen.

Außerdem bemühte er sich — allerdings vergeblich —, den späteren Bürgermeister Dr. Kirchenpauer für eine positive Darstellung seiner Wiederaufbaupläne zu erwärmen. Wie sehr er sich darüber ärgerte, daß es ihm nicht gelang, unter Umgehung des vorgeschriebenen Instanzenweges sich dieses Projekt im Handstreich zu sichern, geht aus seinen Tagebucheintragungen hervor. Ebenso sicher ist aber auch, daß die Architekten und allen voran Carl Ludwig Wimmel an einer städtebaukünstlerischen Lösung des Wiederaufbaus interessiert waren, für die sie keine ausreichenden Anhaltspunkte in den Ingenieurplänen Lindleys ausfindig machen konnten. Wie wäre sonst je das von einem der Nachfolger Wimmels im 20. Jahrhundert, Fritz Schumacher, so gepriesene „Kunstwerk Hamburg" entstanden?

Völlig entnervt reiste Lindley nach London und kehrte erst am 9. September 1842 wieder. Für sein persönliches Anliegen durfte er in Zukunft auf noch mehr Unterstützung hoffen, zumal ihm einer der für die Baudeputation verantwortlichen Senatoren, Martin Johann Jenisch, sehr gewogen war und außerdem als „Cämmerey-Bürger" in der Baudeputation tätig wurde.

Aber zurück zum 9. September. Lindley traf rechtzeitig genug in Hamburg ein, um das glänzende Ereignis der Goldenen Hochzeit des einundachtzigjährigen Bürgermeisters Dr. Bartels mit seiner Anwesenheit auszuzeichnen. Einige Tage später übermittelte ihm Syndikus Dr. Amsinck die offizielle Mitteilung seiner Ernennung zum „beratenden Ingenieur der Deputation für den Wiederaufbau". Auf diesem Wege gelangte William Lindley in eine verfassungsmäßig überhaupt nicht abgesicherte Stellung eines technischen Dirigenten der Baubehörde, die jährlich bestätigt werden mußte.

So erklärte sich, daß alle jene die Baudeputation tangierenden Fragen und Bauvorhaben zur gutachterlichen Stellungnahme oder zur Verfolgung im Sinne eines Planungsauftrages über Lindleys Tisch gingen. Seine Stellung erlaubte es ihm ferner, jede Amtshilfe in Anspruch zu nehmen, so daß es ihm tatsächlich möglich war, in nahezu alle Bauvorha-

ben der öffentlichen Hand persönlich einzugreifen. Die jährliche Bestätigung seiner Verträge mit Hamburg empfand er berechtigterweise durchaus als vorteilhaft, weil ihm so die Freiheit blieb, durch Nebeneinkünfte aus Privataufträgen das ihm von Hamburg gebotene Salär etwas aufzubessern.

Wir können und wollen nicht das Verdienst William Lindleys bestreiten, gegen viele Widerstände bedeutende Verbesserungen vorgeschlagen und auch in die Tat umgesetzt zu haben. Bevor er jedoch seine Arbeit hier aufnehmen konnte, mußte Lindley das Wiederaufbaugebiet erst einmal richtig vermessen, weil es bis dahin überhaupt keine verläßlichen Stadtpläne mit einigem Anspruch auf Genauigkeit gab (Abb. 133). Die Notwendigkeit einer Besielung der Stadt hatte er bereits 1841 gesehen und entsprechende Voruntersuchungen und Messungen zu diesem Zweck und ohne jeden Auftrag angestellt. Hierauf konnte er zurückgreifen, als er nach dem Brand aufgefordert wurde, das neu zu errichtende Stadtzentrum vor Verlegung der Straßenpflasterung mit Sielen auszustatten. Im März 1843 konnte er

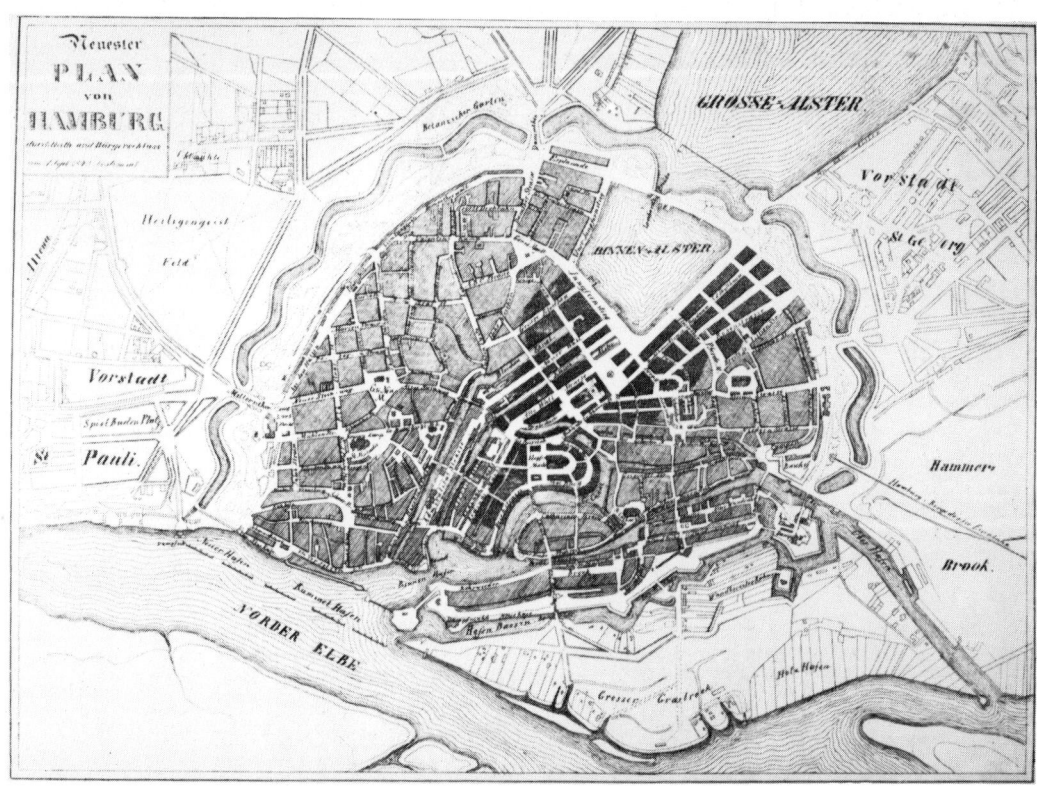

Abb. 133   „Neuester Plan von Hamburg mit Darstellung des abgebrannten Zentrums 1843".

bereits die Pläne dazu vorlegen. Sein grundlegendes Prinzip ging von insgesamt 10 Stammsielen für die ganze Stadt aus, die in zwei verschiedenartige Systeme einzubinden waren.

Einfach war die Entwässerung der westlichen Neustadt im Geestbereich, weil hier die Siele mit starkem Gefälle und hochwasserfrei zur Elbe abgeleitet werden konnten. Im Bereich der Marscheninseln mußte das Gefälle geringer bleiben, zudem mußten Schleusen eingebaut werden, um zur Zeit des von der Flut die Elbe heraufdrückenden Hochwassers die Abwässer zu sammeln und diese dann mit dem Niedrigwasser erst abfließen zu lassen. Anschlüsse an die Alster sorgten gelegentlich für Durchspülung und Reinhaltung der Siele. Trotz mancher technischen Schwierigkeiten waren 1845 bereits 11 km Siele fertig, Ende 1860 sollten schon 48 km daraus werden. Entsprechend den von ihm selbst gegebenen Anregungen wurde Lindley fer-

ner das Projekt einer neuen Wasserversorgung (Abb. 134) zur Planung und Realisierung übergeben. Das Wasser bezog er 3,5 km elbaufwärts aus dem damals noch sauberen Strom. Zur Herstellung des notwendigen Wasserdrucks errichtete er in Rothenburgsort 1846 einen Wasserturm von 65 m Höhe. In den Turm wurde der Schornstein einer Dampfmaschine mit eingebaut, die das Wasser auf die notwendige Höhe pumpte. Schon 1848 wurde die Anlage in Betrieb genommen. Ende des Jahres 1850 waren bereits 4.000 Häuser an die staatliche Wasserversorgung angeschlossen, wiewohl die Beteiligung an den Erschließungskosten Voraussetzung für die Verlegung von Anschlüssen war. Wenn die Wasserversorgung schon 26 Jahre später hygienische Mängel erkennen ließ, so deswegen, weil weder Lindley noch irgend jemand anders die unglaublich schnell voranschreitende Verschmutzung der Oberelbe hätte vorhersehen können. Trotz erster Anzei-

Abb. 134 „Stadt-Wasserkunst, entworfen und ausgeführt von W. Lindley in den Jahren 1844—1861, fortgesetzt bis 1863" mit Angabe der „Gesamtkosten der ganzen Anlage ca. Banco-Mark 2.700.000,—. Betriebskosten ca. Curant-Mark 140.000,—, Hamburg 1863".

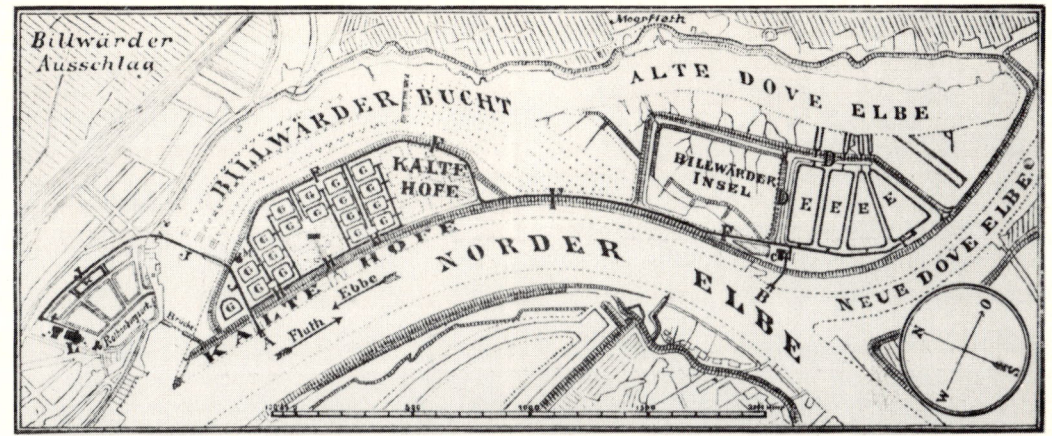

Abb. 135 „Die neue centrale Sandfiltrations-Anlage zur Wasserversorgung Hamburgs". Zeitgenössische Zeichnung von William Lindley.

chen einer katastrophalen Entwicklung für die Trinkwasserversorgung konnte sich die Bürgerschaft 1876 noch nicht zur Annahme eines Antrages verstehen, das der Elbe wenig oberhalb Hamburgs entnommene Wasser durch den Bau einer Filtrieranlage (Abb. 135) zu reinigen. Erst 18 Monate nach dem heißen Cholera-Sommer 1892 wurde ein solches Filtrierwerk fertiggestellt, wozu die kritischen Stellungnahmen Robert Kochs beigetragen haben. Ihn hatte man aus Berlin herbeigerufen, um die Seuche an Ort und Stelle zu bekämpfen.

Es will daher nicht viel bedeuten, daß nahezu alle Einrichtungen, welche Hamburg Lindley verdankt hatte, gegen Ende des Jahrhunderts längst überholt oder durch moderne Anlagen mit zureichenden Kapazitäten ersetzt waren. Um die Jahrhundertwende mag man die Abbildungen von dem ersten Gaswerk des Jahres 1843 auf dem Grasbrook schon als pionierhafte Leistung einer archaischen Zeit bestaunt haben, desgleichen das neuere Gaswerk, das nach Vernichtung des alten durch die Sturmflut im November 1845 dann von Lindley errichtet worden war (Abb. 136). Ihm war die Planung der Gasversorgung übertragen worden, deren Verlegung er mit der der Wasserver- und -entsorgung kombinieren konnte. Damit aber der Grasbrook, das künftige Energieherz Hamburgs, ausreichende Mengen Kohle in Empfang nehmen konnte, sorgte er für den Bau eines entsprechend großen Landekais. Schon 1846 lief die Versorgung an. Als 1874 das Gaswerk in staatliche Hände überging, übernahm Hamburg ein recht profitables Unternehmen, welches mit beachtlichen Gewinnen im Budget zu Buche schlug. Die am Gras-

brook vergaste Kohle und alle weiteren Mengen zur Hausbrandversorgung wurden hauptsächlich aus England beschafft. Englische Kohle war des preiswerten Schiffstransportes wegen auch noch 1913 billiger als Inlandkohle zu haben.

Schon im Jahre 1840, also zwei Jahre vor seiner Anstellung als städtischer Berater, hatte Lindley, dieser rastlose Geist, die örtlichen Entwicklungsmöglichkeiten für Industrien untersucht und am 1. Oktober des gleichen Jahres einen Erschließungsplan für den Hammerbrook fertiggestellt. Auch diese Vorarbeiten hatten sich gelohnt, weil er 1848 einen Auftrag für diese Erschließungsarbeiten erwirken konnte. Seinen Plänen kam gelegen, daß die Grundbesitzer mit Schuttmassen vom Hamburger Brand das Terrain auffüllten. Die günstigen Wassertransportwege, die Verfügbarkeit beliebiger Mengen Wassers und die künstlich erreichte Geländeaufhöhung machten den nunmehr weniger vom Hochwasser gefährdeten Hammerbrook zu einem günstigen Standort für jegliche Industrieansiedlung. Er wählte hierfür das von der Akzise-Grenze eingefaßte Terrain des sogenannten „inneren Hammerbrook".

Es mag sehr wohl sein, daß nunmehr seine schier unerschöpfliche Arbeitskraft an eine unüberschreitbare Grenze gelangt war. Denn es war die Hammerbrookplanung, die wegen falsch berechneter Wasserstände und erheblicher Kostensteigerung aufgrund nachträglicher Pumpenumbauten und Deicherhöhungen zum ersten Male Zweifel an der Unfehlbarkeit Lindleys aufkommen ließ. Die Kritik des von Lindley zuvor beiseitegedrückten Wasserbaudirektors Hübbe fußte auf einer sehr viel

177

Abb. 136 „Gasfabrik auf dem Grasbrook". Zeitgenössischer Stahlstich.

intensiveren Kenntnis der hiesigen Tiedenverhält-
nisse. Aber nicht nur Schwächen im Hinblick auf
die technische Planung hatte Hübbe Lindley vorgeworfen. Offen behauptete er, daß von der Geländeer-
schließung dem Senat nahestehende Persönlichkeiten
profitieren würden. In der Tat hatten in der Zeit vor
dem Großen Brand, als Lindley dort seine ersten
Messungen vornahm, die ihm befreundeten und über
das Projekt der Hamburg-Bergedorfer Eisenbahn
A.G. geschäftlich verbundenen Herren Dr. August
Abendroth, H.C. Meyer und Justus Rupperti große
Flächen im Hammerbrook, auf dem Grasbrook und
in der Marsch des Billwerder Ausschlag aufgekauft.
Hübbe kostete es den Kopf, daß er auf diese Verbindungen aufmerksam zu machen wagte (1856). Da
aber sein Sturz wohl schon seit Jahren von Lindley
gewünscht und betrieben worden war, solidarisier-
te sich die Öffentlichkeit mit dem Hamburger Wasserbaudirektor gegen den Engländer. Der hatte
durch Tod inzwischen seine besten Freunde in der
hamburgischen Gesellschaft verloren. Zuerst war
H.C. Meyer 1848 gestorben, dann Dr. Banks 1851
und schließlich Senator Jenisch 1857.

Die Befangenheit des Senats gerade zum Zeitpunkt des wichtigsten politischen Umbruchs, nämlich unmittelbar vor Realisierung einer neuen Verfassung, schlossen jede weitere Begünstigung Lindleys aus. Senator Martin Hieronymus Hudtwalcker
(1787–1865) wies im Oktober 1856 auf die verfassungsmäßig unhaltbare Stellung Lindleys hin und
monierte zugleich, daß die 1814 „creierte Stellung
eines Stadtbaumeisters — seit dem Tode Wimmels
1845 — nicht besetzt ist und … nur deshalb, weil
der Einfluß eines solchen Mannes gefürchtet wird".
Und da sich zu jener Zeit das Oberaltenkollegium
als das einzige noch arbeitsfähige Organ zur Kontrolle des Senats verstand, hatte die zunehmende
Kritik seiner Mitglieder ein um so größeres Gewicht. Schließlich stellte sich noch der nicht als Par-
teigänger irgend einer Interessentengruppe zu ver-
dächtigende C.F. Reichhardt in einem Aufsatz mit
dem Titel „Hamburgs Staatsbauwesen" (1857) auf
die Seite der Kritiker, indem er Zweifel an der Bedeutung der von Lindley geschaffenen Ingenieurwer-
ke anmeldete, die seiner Auffassung nach einer
gewissen Anglomanie des Senates wegen über Gebühr bewundert würden.

Da die Dinge nun einmal so mißlich standen, hätte

Abb. 137 „Die Nikolaikirche in Hamburg." Nach einer Zeichnung von R. Koch.

Lindley zu diesem Zeitpunkt noch unter Verzicht auf die Wahrnehmung privater Bauaufträge den Posten eines Stadtbaumeisters angenommen. Zu spät! Er war längst zur Symbolfigur für Verfilzungserscheinungen zwischen dem alten Senat und dem neuen Unternehmertum geworden. Unmittelbar vor Amtsantritt der neuen Bürgerschaft verließ William Lindley am 25. Oktober 1860 Hamburg für immer.

An der Trostbrücke hatte sich indessen auf dem Trümmergrundstück des alten Rathauses ein neues Zeitalter in dem Patriotischen Gebäude von Theodor Bülau etabliert, das als roter Backsteinbau neugotischer Richtung „völlig abweichend vom Geschmack jener Zeit" ausfiel. Als sei mit dem ehrwürdigen Bauplatz alle politische Initiative an „Hamburgs gutes Gewissen", die Patriotische Gesellschaft, übergegangen, stellte diese Christian Friedrich Wurm mit dem Vorsitz einer „Sektion für vaterstädtische Angelegenheiten" (2.12.1844) ein außerparlamentarisches Forum zur Verfügung, damit — frei von der petrifizierten Staatsgesinnung Metternichscher Prägung — wenigstens hier die wichtigste Zukunftsfrage des Gemeinwesens, die Behebung von „Mängeln unserer bürgerlichen Verfas-

sung", besprochen werden konnte. Hier im Patriotischen Gebäude kam 1848/49 die Konstituante zusammen (Abb. 113), hier eröffnete der „Hamburger Verein zum Schutze der Auswanderer" sein segensreiches „Nachweisungsbüro". Und hier endlich sollte 1860 nach Herstellung einer neuen Verfassung die erste gewählte Bürgerschaft ihre Arbeit aufnehmen. Beflügelt durch die Vollendung des Kölner Dombaues nach wieder aufgefundenen Plänen, entstand gleichfalls in neugotischem Stil ab 1861 an Stelle der 1842 zerstörten eine neue domartige Nikolai-Kirche, aus Sandstein und gelbem Backstein nach Plänen von George Gilbert Scott (Abb. 137). Mit diesem Kirchenbauwerk war zugleich das Herz eines nach dem Großen Brand durch Lindley, Semper und de Chateauneuf völlig neu rhythmisierten Stadtzentrums geschaffen worden, in dem später einmal Fritz Schumacher das „Kunstwerk Hamburg" erblicken sollte. Gelingen konnte dies allerdings nur, weil — anders als in der Politik — glücklicherweise neben Technikern wie Lindley große Architekten wie Gottfried Semper und Alexis de Chateauneuf Vertreter einer schöpferischen Generation zu Worte gekommen waren.

Mittelstandspolitik – hamburgisch

Der Weg zur Begründung jeder mittelständischen Existenz außerhalb der eindeutig privilegierten Ämter war schwierig, zumal wenn es am Startkapital, oft nur an kleinen, aber dennoch entscheidenden Beträgen mangelte. Dabei war die Bereitschaft zur Unternehmensgründung hier allgemein nach 1815 groß. So mancher jedoch fiel Wucherern in die Hände und kam der hohen Zinsen wegen nie auf einen grünen Zweig. Das Hamburger Adreßbuch von 1850 nennt die Errichtung einer sogenannten „Vorschuß-Anstalt für Hülfsbedürftige" für das Jahr 1831 schon, und zwar „durch Actien-Zeichnung à 50 Mark Courant…, um dem Wucher dadurch entgegen zu arbeiten, daß die Anstalt den kleineren Handwerkern und sonstigen geschäftstreibenden Personen zinsfreie Vorschüsse von 5–50 Thalern gibt, welche Geld zur Betreibung ihres Geschäfts bedürfen und für die richtige Wiederbezahlung einen Bürgen stellen können". Bis 1850 sollte die Anstalt insgesamt 1848 Vorschüsse leisten und abrechnen.

Eine „Zweite Wohlthätige Vorschuß-Anstalt", gegründet im August 1837, half „Gewerbeleuten" zu folgenden Bedingungen: „a) Es muß die Überzeugung erlangt werden, daß der Vorschuß wirklich zur Aufhülfe eines erlaubten und nützlichen Gewerbes verwandt werde. b) Jeder Vorschußsuchende muß zwei selbstschuldige, sichere, sich solidarisch verpflichtende Bürgen für die Rückzahlung stellen. c) Er muß von jedem ihm vorgeschossenen Thaler 4 ß (Schilling) monatlich abtragen — und das ganze gegen 1% Zinsen zur Deckung der Kosten der Anstalt."

Die vielfältigsten Initiativen wurden nun in Gang gesetzt, ideenreiche Erfinder sahen Chancen, ihre Entdeckungen wirtschaftlich zu nutzen. Aber nicht jede Firma hielt sich, so etwa die Eisenhütte des Herrn Mettlerkamp, welche „Eisenguß für die Erbauung größerer mechanischer Hülfsmittel, als Dampfmaschinen, hydraulische Werke" lieferte, ob für „zivil-" oder „Schiffbaukunst", wie es in der Werbung heißt: „ohne Zeitverlust und zu billigen Preisen". Denn wer wollte schon eine deutsche Dampfmaschine bauen lassen. Für den ersten Hamburger Dampfbagger, im Jahre 1833 in Dienst gestellt, wurde zwar der hölzerne Rumpf von der hiesigen Firma P.H.T. Richter gebaut, während die Antriebsmaschine von der Londoner Firma Hunter & English kam (Abb. 125). Ebenso verhielt es sich mit den Dampfschiffen. Die ersten hier beheimateten Fahrzeuge dieser Art lieferte fast ausnahmslos England, wie etwa die „Thames" der Sloman-Reederei. Engländer bauten die Lokomotiven für die 1842 fertiggestellte Hamburg-Bergedorfer Eisenbahn. Die Eisenbahnwagen allerdings produzierte in der Folgezeit eine vom handwerklichen Wagen- und Karosseriebaubetrieb zur Waggonfabrik avancierte Firma Croissant & Lauenstein, von der noch die Rede sein wird. Die Beispiele ließen sich beliebig vermehren, um die durch Freihandel eingeschränkten Betätigungsfelder, aber auch die Durchsetzungskraft phantasiereicher Ingenieure, Techniker und Handwerker aus allen hiesigen Sparten des mittelständischen Gewerbes aufzuzeigen.

Daß die verschiedenen Stände und sozialen Gruppierungen endlich sich selbstbewußt zu Wort melden konnten, dankten sie der Aufhebung der Zensur im März 1848. Von diesem Augenblick an zeigte sich überdeutlich, wie wenig die hiesigen Ämter noch für die Handwerker in ihrer Gesamtheit sprachen. Die politisch radikal-demokratisch orientierte „Reform" wurde damals als mittelständische Zeitung begründet. In ihrer 36. Nummer, Jahrgang 1848, wurden die Auffassungen eines in Hamburg vom 2. bis 6.6.1848 abgehaltenen Handwerker- und Gewerbekongresses wiedergegeben: „Der Handwerker, welcher den Kern der Bevölkerung bildet und so lange in gedrückten und untergeordneten Verhältnissen lebte, will sich emancipieren von allem Zwange, der hemmend auf seine fernere Entwicklung einwirkt… Fort mit dem Zunftzwang, ist das Losungswort des Handwerkers, fort mit der Gewerbefreiheit, welche Frankreich in Not brachte und deren schädliche Folgen Preußen schon jetzt spürt, nur eine zeitgemäße Gewerbeordnung wird zum Glücke und Wohlstande Aller beitragen."

Aus dieser Haltung ist mit Sicherheit kein „latenter Antikapitalismus" im ideologischen Sinne — verstanden als Feindschaft gegen das Handelskapital — abzuleiten, nur weil man sich mit Ablehnung der Gewerbefreiheit gegen eine hemmungslose Industrialisierung wandte, sondern es ging doch in erster Linie schlicht um die Selbsterhaltung des Mittelstandes. Die Gegnerschaft bestand punktuell gegenüber den Kaufleuten und eindeutig auch gegenüber der Commerzdeputation in der Sache, soweit nämlich diese für eine absolut schrankenlose Gewerbefreiheit eintraten.

Das wahrhaft umwälzende Faktum, daß zur Erarbeitung einer neuen Verfassung für Hamburg ein Gremium, die sogenannte „Constituante", eingesetzt wurde, nötigte den Mittelstand zur Formulierung eines eigenen politischen Programms. In der Ausgabe Nr. 54 des Jahres 1848 gab die „Reform" im Zusammenhang mit Hinweisen auf die künftige Arbeit und Zusammensetzung der Constituante die „Grundsätze der Mittelstandspolitik" bekannt:

1) Möglichste Vereinfachung und Sparsamkeit und Wohlfeilheit der Staatsverwaltung.
2) Gerechte Versteuerung nach dem Vermögen und Einkommen.
3) Unparteiische, rasche, billige und öffentliche Rechtspflege durch unabhängige Gerichte.
4) Herbeiführung eines unentgeltlichen Volksunterrichts in Staatsschulen.
5) Verantwortlichkeit der Beamten und Behörden.
6) Vollständige und ungesäumte Durchführung der Grundrechte.

An anderer Stelle wird allerdings der Kapitalkonzentration in Händen weniger der Kampf angesagt. Privateigentum wurde zwar als Grundvoraussetzung individueller Freiheit und Unabhängigkeit angesehen, jedoch sei das Kleineigentum hierzu ausreichend. Man stellte sich eine Gesellschaft der Kleinproduzenten, mithin eine allgemeine Ausweitung des Mittelstandes „als Kern des Staates" vor, wie Wolfgang Schmidt in einem Beitrag „Arbeiter und Bürger in der Revolution von 1848/49 in Hamburg" zu dem 1983 erschienenen Sammelband „Arbeiter in Hamburg" zusammengefaßt hat. Um eben dieses Ziel zu erreichen, mußten erst einmal die „Grundsätze", wie die oben angeführte Steuergerechtigkeit, durchgekämpft werden, zumal in Hamburg, das einen gewichtigen Teil zur Finanzierung des Staatshaushaltes immer noch durch Einnahme der Accise, der sog. Consumptionssteuer, bestritt. Für deren Beibehaltung kämpften natürlich die sogenannten „Patrioten" als Vertreter der wohlsituierten Bürger wie Hauseigentümer und politisch in der Erbgesessenen Bürgerschaft stimmberechtigten Kreise, dagegen für den ganzen Mittelstand mit

flammenden Protesten die Demokraten.

Schon in der Nummer 4 der „Reform", Jahrgang 1848, meldete sich ein erklärter „Nicht-Grundeigenthümer" aus St. Pauli — wahrscheinlich der Hamburg-Chronist J. G. Gallois — gegen die Accise zu Wort: „Möchten sich alle Wohlgesinnten, vorzüglich der Mittelstand, dem auch ich angehöre, mit mir verbinden, dieses schreckliche Wort aus der Liste unserer Steuern und Abgaben zu streichen…, diese drückendste aller Abgaben, welche fast nur den armen, leidenden Theil unserer Volksklassen am schwersten niederbeugt."

Und dann das „Thorsperrengeld" (Abb. 138), das als reine Wegelagerergebühr verstanden wurde! Ein Fußgänger bezahlte am Stadttor 4 ß (Schilling), eine Kutsche samt allen Insassen nur 12 ß. Während der Reiche aber ausschließlich an Wochenenden und dann mit ganzer Familie auf sein Landhaus fuhr, waren es die „Bürger und Handwerker", die „von Geschäfts wegen" ständig durch das Tor in die Vorstädte passieren mußten. Es konnte nicht ausbleiben, daß der Unmut gegen Accise und Torsperrengeld sich, wie tatsächlich am 8. Juni 1848 geschehen, auf das handgreiflichste Bahn brach. Denn hier erst einmal Chancengleichheit zu schaffen durch gerechte, an Einkommen und Vermögen orientierte Steuern und die Abschaffung der die Kleinen Leute am stärksten treffenden Gebühren, bedeutete nur einen Schritt in die Richtung des angestrebten Ziels.

Wer ein Landhaus oder Luxuspferde besaß, vielleicht noch über männliche und weibliche Dienstboten verfügte, wurde allerdings mit einer milden Luxussteuer belegt, sofern man nicht nachweisen konnte, daß die Pferde und Dienstboten größtenteils zum Erwerbsbetrieb dienten.

Weil aber der Fiskus 50.000 Mark Banco schon als ein Spitzenvermögen ansah, gehörten zu den reichen Leuten in Hamburg natürlich auch jene Bäcker und Fleischer, die in der Lage waren, 16.000 Mark pro Backgerechtigkeit oder 12.000 Mark für einen Platz am Neuen Schragen auf dem Hopfenmarkt hinzublättern. Gegen sie und die politisch einzig zählenden Grundbesitzer konnten selbstverständlich politische Nullen wie die „Nicht-Grundbesitzer" eine Höherbesteuerung der Spitzenvermögen so leicht nicht durchsetzen. Daher wurde die Forderung des Mittelstandes nach Aufhebung der Accise logischerweise von dem Vorschlag flankiert, die Gebühren- und Abgabensenkung durch eine sparsamere Staatsverwaltung aufzufangen. Man scheute sich nicht länger, das Stadtregiment mit Schlagzeilen etwa „Wie man das Geld in die Elbe wirft" zu bedenken, als

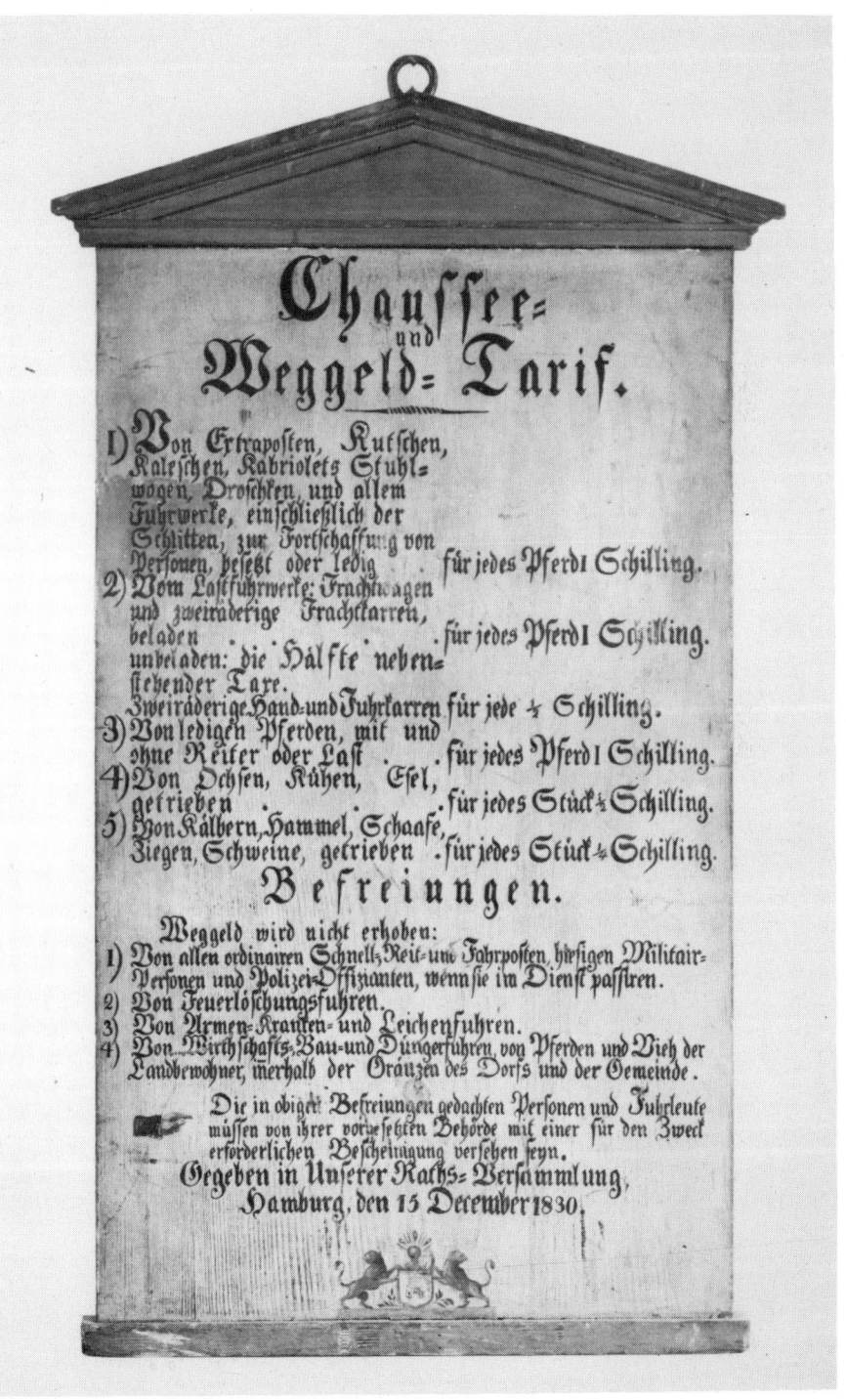

Abb. 138 „Chaussee- und Weggeld-Tarif." Tafel mit Bekanntmachung vom 15. Dezember 1830.

Abb. 139 Gesamtplan der „Hamburgischen Gewerbe- und Industrieausstellung 1889".

Hamburgische
Gewerbe- und Industrie-
Ausstellung 1889.
. . .
Nachdruck verboten.

sich einmal der Verdacht regte, die Staatsbagger würden an ganz falscher Stelle zu unsinnigen Kosten eingesetzt.

Wie weit die Selbsthilfeeinrichtungen Hamburgs denen anderer Regionen tatsächlich voraus waren, wird gelegentlich völlig übersehen. Schon im Sommer 1847 ward hier nicht etwa von studierten Herren, sondern dem Faktor der Buchdruckerei „Börsenhalle", Reckhahn, dem Buchbinder Hausbrandt und dem wortgewaltigen Tischler Joachim Friedrich Martens der „Verein zur Hebung des Gewerbestandes" mit den folgenden Zielsetzungen begründet: Grundsätzlich sei eine vernünftige Gewerbeordnung anzustreben anstelle des anachronistischen Ämterreglements. Zur Hebung des Gewerbestandes plante man

1) die Errichtung gemeinsamer Werkstätten, vorzugsweise für Holz- und Metallarbeiter
2) Vermittlung beim Ankauf von Rohmaterialien
3) Gründung von Sonntagsversammlungen
4) Schaffung eines Lokals für unbeschäftigte Arbeiter zur Auswahl für arbeitgebende Meister
5) Gründung von Sonntagsschulen für Lehrlinge
6) Gründung von Kranken-, Unterstützungs- und Witwenkassen
7) Anlegung von Magazinen, vorzugsweise für die Ausfuhr berechnet
8) Einführung jährlicher Gewerbe-Ausstellungen (Abb. 139).

Diese zu Werbezwecken für den Verein im Hamburger Adreßbuch von 1850 wiederabgedruckten Programmpunkte lassen einen stark sozialistisch gefärbten Charakter des geplanten Zusammenschlusses in Form einer Assoziation erkennen. Hier machte sich der Einfluß des Tischlers Martens geltend, der in Hamburg auch zu den Gründungsmitgliedern des „Bundes der Gerechten" gehörte, späterhin unter dem Namen „Bund der Kommunisten" bekannt. Schon im November 1848 zählte der Verein 1000 Mitglieder, eine bunte Mischung von Metall-, Holz-, Tabakarbeitern, Buchdruckern, Schneidern, Schuhmachern, Tapezierern, Malern und Lackierern und „Gypsern". Diese hier 1847 einsetzende Entwicklung ist um so bemerkenswerter, als erst im darauffolgenden Jahr am 18. Juni ein in Berlin tagender „Kongreß der Handwerker- und Gesellenvereine" sehr ähnliche Zielsetzungen beschloß. Der Genossenschaftsgedanke, die Selbsthilfe durch Assoziation, erhielt weiteren Auftrieb durch entsprechende Modelle, die parallel zueinander für die stark verschuldeten kleinen Landwirte Friedrich-Wilhelm Raiffeisen und für das mittelständische Gewerbe

Hermann Schulze-Delitzsch in den Jahren zwischen 1848 und 1850 entwickelten und in die Tat umsetzten. Nur zielten diese Modelle, denen sich zum Ärger der Kommunisten auch ihr Hamburger Mitglied Martens anschloß, auf eine Förderung der individuellen Existenz des Kleinproduzenten ab. Manche Historiker sehen hier die erste scharfe Trennlinie für nunmehr eigenständige Entwicklungsbahnen einer Mittelstands- und einer Arbeiterbewegung. Gute Marxisten sagten diesem Mittelstand voraus, er werde an dem moralischen Widerspruch zwischen der Solidarität fordernden Genossenschaftsidee und des von Schulze-Delitzsch geförderten egoistischen Konkurrenzdenkens zugrunde gehen. Erstaunlicherweise aber erwies sich das Schulze-Delitzsche Konzept als ungeheuer attraktiv und lebensfähig. Der Hamburger Historiker Arnold Sywottek hat einmal die Genossenschaftsidee als „konkrete Utopie des kleinen Mannes" zutreffend getauft. Daß sie nicht nur überall in Deutschland, sondern auch in Hamburg sehr früh zündete, liegt an den noch damals geltenden Verhältnissen, wie sie in einer Notiz der schon gelegentlich zitierten „Reform" Nr. 9, 1848, angeprangert wurde:

„Weshalb lassen die Hamburger Meister, welche Läden haben, die Schuhe und Stiefeln größtenteils in St. Pauli machen und verkaufen dieselben als in Hamburg verfertigte Ware? Drücken vielleicht beim Einbringen solcher Arbeit nach der Stadt die (kontrollberechtigten) Älterleute (oder Zünfte) die Augen zu, da sie doch sonst so scharf aufpassen, wenn ein armer Meister aus St. Pauli selbst ein Paar Stiefelchen in der Stadt zu verkaufen sucht?"

Zähneknirschend mögen die kleinen Meister dabei an die Rohstoffversorgung der Hamburger Amtsschuster durch die amtseigene Gerberei oder das vom Tischleramt schon früh in grauer Vorzeit im Schappendom eingerichtete Verkaufsmagazin für Möbel aller Art gedacht haben. Jetzt wollten sie denen einmal zeigen, was sie auf dem Wege der Assoziation zu leisten imstande waren.

Unsere Darstellung zur Lage mittelständischer Betriebe um die Mitte des 19. Jahrhunderts bliebe unvollständig, wenn wir hier nicht noch einige Bemerkungen über den Kampf gegen die totale Handelsfreiheit anfügen würden. Als im März 1848 auch in Hamburg für die Wahl des Frankfurter Bundesparlamentes die Aufstellung der Kandidaten anstand, da maß das mittelständische Blatt „Reform" die Aspiranten an dieser Elle. Natürlich bescheinigte sie ihrem Wunschkandidaten, dem Zimmermeister Friedrich Georg Stammann, unter Hinweis auf „seine besondere Bildung und Geistesthätigkeit, …der ihm angeborenen Wärme, Lebendigkeit, Vorurtheilslosigkeit und Entschiedenheit, die Eignung, das Gewerbe, die Industrie, die Interessen der Handwerker und Arbeiter" am besten zu vertreten. Die „Reform" fand sogar freundliche Worte für den liberalen Börsenadvokaten Dr. Moritz Heckscher und den strebsamen Führer des Reformvereins der Juristen, Dr. Baumann. Hart aber ging sie mit den Kandidaten der Börsenpartei, Edgar Roß und Ernst Merck, ins Gericht, denen sie vorwarf, aus purem Egoismus und rigorosem Profitstreben „ihre einzige Aufgabe in dem Freihandel" zu erkennen. „Deutschland hat aber nicht den Beruf und die Aufgabe, ein solches Separatglück zu erstreben, noch gar mit England gegen deutsches Volk gemeinsame Sache zu machen." Wie wir an der Importentwicklung bereits aufgezeigt haben, war dieser Vorwurf des mittelständischen Gewerbes gegen die Praxis der noch jahrzehntelang fortgesetzten Freihandelspolitik mehr als berechtigt.

Hamburg erhielt dafür die Quittung schon im Jahre 1854, als das Königreich Hannover sich dem Deutschen Zollverein anschloß und sofort, wie Friedrich Jerchow es kürzlich einmal sehr plastisch beschrieben hat, zahlreiche Industriebetriebe Filialen in Harburg eröffneten, wie die berühmte Firma Stock-Meyer. Nach Jerchow war 1854 das hamburgische Kapital mit 75 % an dem rasanten Aufbau der Harburger Industrie beteiligt.

Während also in Hamburg Gewerbe und Industrie bis zur Aufhebung des Zunftzwanges 1864 sowie der Einführung der Gewerbefreiheit und bis noch über den von Preußen erzwungenen Beitritt zum Norddeutschen Bund (1867) hinaus zum Zollanschluß 1888 eindeutig benachteiligt blieben, kamen die entsprechenden Vorteile auf der anderen Seite den produzierenden Unternehmern in Harburg zugute.

Es konnte nicht ausbleiben, daß nunmehr dort das mittelständische Gewerbe, die Klein-Produzenten, dem Konkurrenzdruck seitens der größeren Fabriken ausgesetzt waren. Eben darum war jetzt auch in Harburg die Zeit für wirksame Assoziationen und Genossenschaften gekommen. So wurde denn am „Mittwoch, dem 24. Juli 1861, abends präcise 8.00 Uhr im Holtermann'schen Saale zu Harburg durch Bürgermeister A. Grumbrecht zur Gründung eines ‚Spar- und Vorschußvereins'" aufgerufen, der überhaupt erfolgreichsten Unternehmung dieser Art, aus welcher einmal die „Hamburger Bank von 1861. Volksbank eG." hervorgehen sollte. Texte des Harburger Anzeigers erinnern inhaltlich an die weiter oben geschilderten Hamburger Initiativen: „Die sogenannten Blutsauger — von denen auch hier wie an anderen Orten ein Liedchen zu singen wäre, — werden das neue Institut gewiß mit scheelen Augen ansehen."

Die Tidenhäfen Dalmanns

Die Ideen des auf Hübbe folgenden Wasserbaudirektors Johannes Dalmann werden, da sie nun einmal Unterstützung fanden und gebaut wurden, in den üblichen Litaneien unserer Hafenpanegyrik als „genial" und „unglaublich einfallsreich und neu" hingestellt und damit völlig unzutreffend geschildert. Dalmanns Erfolge beruhten im Grunde auf einer jahrelangen Schulung durch seinen gelehrten Vorgesetzten Hübbe und weiterhin auf einer aus eigener Anschauung entwickelten Kenntnis der Tiden- und Strömungsverhältnisse im ganzen Stromteilungsgebiet. Er tat daher nichts eigentlich Neues, als er nach Hübbes Suspendierung ab 1857 — wie schon Wasserbauer Jahrhunderte vor ihm — durch genau überlegte und gezielte Maßnahmen die Stromgeschwindigkeit der Norderelbe intensivierte, um die Energie des Flusses zur Austiefung seines Bettes möglichst nahe vor der Stadt zu nutzen. Auch er wußte sich die Elbe selbst als tatkräftigen Mitarbeiter zu sichern.

Die wesentlichsten Eingriffe waren die Schaffung der Bunt-Häuser Spitze bei Moorwerder, der Durchstich der Kaltehove, Abschneidung der Billwerder Insel und Mündungsverschiebung der Dove-Elbe. Das waren nicht bloße Stromkorrekturen, sondern Teilstücke eines von der Natur der Elbe inspirierten, schlüssigen Gesamtkonzeptes, wie sein anonym am 19. und 21. Juli 1856, also noch vor Ingangset-

Abb. 140 „Großer Grasbrook mit Hafen-Bassin im Stadtgraben." Ausschnitt aus einer Karte von 1849.

Abb. 141   Sandtorkai um 1878. Foto.

Abb. 142   Dampfkräne am Sandtorkai. Xylographie um 1880.

189

zung dieser Arbeiten, in zwei Nummern der „Hamburgischen Nachrichten" publizierter Aufsatz zeigte, der den Titel trug: „Was soll denn jetzt mit unseren Hafenanlagen geschehen?" Darin plädierte er dafür, die Idee der Dockhäfen endgültig fallenzulassen, weil der Tidenunterschied von 2 m diesen Aufwand nicht rechtfertigte. Auch Engländer würden normalerweise auf den Bau von Dockhäfen verzichten, wenn sie nicht der enormen „Größe der Flut wegen" hierzu gezwungen wären. Die Handelskammer unterstützte den durch Dalmann mit der Entschiedenheit des in Jahren auf der Elbe erworbenen Sachverstandes vorgetragenen Gedanken der Tidehäfen, zumal der freie Verkehr zwischen Elbe und Hafenbecken weniger umständlich, weniger zeitraubend und demnach wirtschaftlicher erschien.

Im Bereich des alten Stadtgrabens (Abb. 140) richtete er zunächst ein 3.500 F. (= 1001 m) langes und bis zu 400 F. (= 114 m) breites Hafenbecken parallel zur Elbe ein, das über den Brooktorhafen vom Kopf her mit einer Schleuse verbunden war. Diese hatte er einrichten müssen, um einem Verschlam-

mungseffekt vom Brooktorhafen her entgegenzuwirken. Dalmann hatte durch jahrelange Beobachtungen der Tidenhöhen im gesamten Stromteilungsgebiet auch genauere Kenntnis von deren Höhenunterschieden zwischen Ober- und Niederhafen. Weil diese gerade sechs Zoll betrugen, konnte er hieraus seine Schlüsse für die Notwendigkeit einer Schleuse zwischen Brooktor- und Sandtorhafen ziehen.

Der Sandtorkai (Abb. 141), eingerichtet für das Zusammentreffen von Landtransportwegen, Eisenbahnsträngen und Wasserstraßen und deren Nutzung zu jeder Tages- und Nachtzeit, stellte für Hamburg schon etwas gänzlich Neues dar und war insofern vorbildlich für alle folgenden modernen Hafenanlagen Hamburgs bis in unsere Zeit. Im Niederhafen war ja das Löschen und Laden mit Hilfe der Leichter deswegen so umständlich gewesen, weil es Kaimauern mit ausreichender Wassertiefe davor bis dahin überhaupt nicht gegeben hatte. Jetzt legten die Dampfschiffe, eines nach dem anderen, und im Jahre 1867 schon insgesamt 665 Exemplare dieser Gattung, hier an. Auf den Schienen direkt über der

Abb. 143 Hamburg und der nördliche Teil der Elbbrücke über Wilhelmsburg um 1815. Kolorierter Kupferstich von Cornelius Suhr nach einer Zeichnung von Christopher Suhr.

Mauerkante standen 27 Kräne, 19 Dampfkräne (Abb. 142) und 8 hydraulische Handkräne bereit, das Ladegeschäft so bequem wie möglich abzuwickeln und Frachtgüter sogleich auf Eisenbahnwaggons zu heben. Dies war der große Schritt, der mit dem Sandtorkai in Richtung auf unser Zeitalter getan wurde. Es konnte daher nicht ausbleiben, daß in unseren Tagen immer wieder diesem Bauwerk die Bedeutung eines technischen Kulturdenkmals ersten Ranges nachgesagt wurde. Den Verkehr zwischen dem Großen und dem Kleinen Grasbrook hatte ab 12. Januar 1853 eine Seilzugfähre abgewickelt. Sie hatte zugleich den Anschluß an die Fährverbindung über die Süderelbe in Verlängerung der 1813 erbauten Franzosenbrücke (Abb. 143), welche 1852 als Fahrdamm zur Harburger Chaussee ausgebaut worden war, gebildet. Als Nachfolgerin der Seilzugfähre diente von 1860 bis 1887 eine Dampffähre (Abb. 144) bis zum Endausbau der Elbbrücken nach Harburg.

Bald folgten der Kaiserkai, der Grasbrookkai, der Hübnerkai und der Strandhafen. Im Jahre 1872 waren am Nordufer der Norderelbe nahezu alle Baumöglichkeiten erschöpft. Steinwerder gegenüber wurde einbezogen. Seit am 27. November 1862 der Schiffer J. Fock auf seinem Ewer „Johanna Catharina", von Brake aus kommend, die ersten Fässer nordamerikanischen Petroleums unter Hamburger Flagge angelandet hatte, liefen immer mehr „Tanker", die nicht anders aussahen als alle Segelschiffe bisher, mit hunderten von Ölfässern im Bauch den Hafen an. 1873 wurde auf dem Kleinen Grasbrook ein Petroleumhafen eingerichtet (Südwesthafen). Eine gewisse Abrundung erfuhr das damalige Hafenpanorama 1872 mit den Elbbrücken für den transelbischen Schienenverkehr und im Jahre 1875 durch Fertigstellung des Kaiser-Speichers, den man als „Wahrzeichen des Hafens" ansah. Auf diese Weise entstand das uns allen vertraute Bild mit den vielen Spezialhäfen, die wie die Finger einer Hand von der Elbe her in das Stromteilungsgebiet hineingreifen (Abb. 145).

Abb. 144 Dampffähre zwischen dem Kleinen und dem Großen Grasbrook (1860–1887). Foto.

Abb. 145 Blick auf den Grasbrook mit Sandtorhafen, Kaiserkai (1872) und Kaispeicher (1873/74). Stahlstich von Adolf Eltzner, 1882, nach einer Zeichnung von Wilhelm Heuer.

Mit der Eisenbahn nach Hamburg

Wer über die Anfänge des Eisenbahnwesens in unserer Region nachsinnt, kann immerhin zunächst zwei Kristallisationspunkte dieser Geschichte auf dem heutigen Staatsgebiet der Freien und Hansestadt Hamburg ausmachen. Da ist einmal der Altonaer Bahnhof, der ehedem die durch Erlaß des Königs von Preußen am 1. März 1884 ins Leben gerufene „Königliche Eisenbahndirektion in Altona" beherbergt hat — heute Bezirksamt Altona. Dieses Bauwerk symbolisiert zugleich dänisch inspirierte Eisenbahnpolitik und den Beginn einer staatlich organisierten, von Preußen betriebenen Eisenbahn. Dagegen steht der kleine, nach Plänen von Chateauneuf aus Holz gebaute Bahnhof in Bergedorf der Hamburg-Bergedorfer Eisenbahn von 1842 — heu-

te das älteste in der Bundesrepublik erhaltene Bahnhofsgebäude — für die Urgeschichte, die mythenreiche Pionierzeit privater Eisenbahn-Unternehmer in Hamburg (Abb. 146).

Besonders auffällig erscheint bei erster Betrachtung die Elbe als trennende Barriere, die erst 1851 bei Wittenberge, dann 1872 mit den Elbbrücken zwischen Hamburg und Harburg überwunden wurde, denen die Brücken bei Dömitz 1874 und bei Lauenburg 1878 folgten. Deutlich wird hier, was vielleicht in Vergessenheit geraten ist, daß das südliche Holstein und Hamburg über günstigere Verkehrsmöglichkeiten unvergleichlich viel stärker nach Südosten mit den Wirtschaftsräumen Mecklenburg und Brandenburg, den Städten an der Oberelbe, wie

Abb. 146 „Carl Hechners eiserner Pavillon" und der „Hamburg-Bergedorfer-Eisenbahnhof". Gezeichnet und lithographiert von W. Heuer, Druck und Verlag Charles Fuchs, Hamburg 1842.

Magdeburg, und vor allem mit der Großstadt Berlin verbunden waren, als mit den südwestlich der Elbe gelegenen Gebieten.

Für die Anlage der ältesten Bahntrassen waren die morphologischen Gegebenheiten der Landschaft von wirtschaftlicher Bedeutung. So bewogen vor allem Rentabilitätsgründe die Berlin-Hamburger Eisenbahngesellschaft, ihre Trasse in Verlängerung der alten Hamburg-Bergedorfer Strecke (1842) durch den Sachsenwald über Büchen und Boizenburg zu führen (1846). Sie widersetzten sich damit einer massiven Forderung des Dänenkönigs, die Linie über Geesthacht und Lauenburg zu führen. Eine Überwindung der starken Höhenunterschiede im Hügelland rund um Lauenburg hätte die Gesamtkosten der erforderlichen Umwege, Rampen und zusätzlichen Unterbauten wegen in nicht mehr vertretbarem Maße gesteigert. Wir wissen übrigens, daß strategische Überlegungen und Zeitnot die Ursachen dafür gewesen sind, die Strecke von Flensburg über Apenrade nach Hadersleben 1864 noch in einiger Entfernung von den Fördespitzen und den tief unten liegenden Ostseestädten über den Höhenrücken zu führen. Proteste blieben nicht aus. Schon

Schleswig hatte sich zehn Jahre zuvor im wahrsten Sinne des Wortes umgangen und entschieden benachteiligt gesehen, doch waren hier, wie wir noch zeigen werden, zusätzlich politische Gründe im Spiel. Stichbahnen mußten gebaut werden, um solche Fehler späterhin wieder auszugleichen.

Die besondere Trassenführung der ältesten Eisenbahnlinie in Holstein, errichtet 1844 durch die Altona-Kieler Eisenbahn-Gesellschaft, orientierte sich nun nicht vorrangig an den landschaftlichen Gegebenheiten. Hier sprachen einmal wirtschaftliche Argumente mit, indem die Unternehmerin die Strecke durch dichter besiedelte Gebiete führen wollte, um eine stärkere Beanspruchung dieses Verkehrsmittels zu erreichen. Die politische Argumentation sollte allerdings dieser wie allen folgenden Linien in Holstein und Schleswig ein besonderes Gepräge geben. In Wiederaufnahme der gegen Hamburg gerichteten Politik Christians IV. verfolgte Dänemark das Ziel, schwerpunktmäßig die Niederelberegion mit den Häfen Altona, Elmshorn und vor allem Glückstadt gegenüber Hamburg zu stärken. Dem Sog des jeden Handel und Verkehr an sich ziehenden und so zentral gelegenen Hamburg suchte

Abb. 147   Slip der Husumer Werft um 1900. An dieser Stelle sollte die sechsgleisige Schiffseisenbahn von Flensburg ihren Endpunkt haben. Postkarte.

es entgegenzuwirken, indem es Konzessionen für auf Hamburg gerichtete Linien oder Verbindungen grundsätzlich nicht erteilen ließ. Holstein sollte nicht zum Hinterland Hamburgs denaturieren, vielmehr von diesem ganz und gar unabhängig bleiben.

Lübeck, das begreiflicherweise eine Eisenbahnverbindung nach Hamburg besonders dringlich wünschte, wurde nach Süden hin total blockiert. Der Dänenkönig widersetzte sich — bis die internationale Empörung ihn zum Einlenken zwang — sogar einer als Kompromißlösung vorgeschlagenen Stichbahn, die Lübeck wenigstens eine Anbindung an die Berlin-Hamburger Strecke ermöglichen sollte, weil leicht vorherzusehen war, daß auch dieser Umweg bald vorzugsweise dem Verkehr zwischen Hamburg und Lübeck dienen würde. So war es dann auch, als diese Stichbahn 1851 schließlich doch gebaut wurde und ihren Betrieb aufnahm.

Offenkundig befürchtete Dänemark, daß die stets von den Eisenbahnunternehmern geforderten Nord-Süd-Verbindungen immer einen auf Hamburg konzentrierten Durchgangsverkehr fördern würden, ohne daß solche Linien in irgendeiner Weise den ländlichen Regionen zugute kämen. Für das auf funktionsfähige Schiffahrtslinien vorrangig angewiesene Inselreich Dänemark war es überhaupt sinnvoller, Querverbindungen — wie die von Kiel nach Altona — einzurichten, um die Wege von Kopenhagen zu den unter seiner Verwaltung stehenden Nordseehäfen noch zu beschleunigen.

Nach den Ereignissen der Jahre 1848–1850 begreift man noch um so eher, warum die dänische Krone der Errichtung einer Linie von Flensburg über Husum nach Tönning (1851) den Vorzug gab, während eine direkte Verbindung zwischen Schleswig und Holstein der eiderdänischen Annexionspläne wegen, die auf eine völlige Trennung der beiden Herzogtümer und die Einverleibung Schleswigs ins dänische Reich hinarbeiteten, zunächst absolut unerwünscht war und erst nach dem Anschluß an Preußen 1867 im Jahre 1869 zustande kam. Dänisch orientiert war schon die utopische Idee, eine sechsgleisige Schiffseisenbahn von Flensburg nach Husum (Abb. 147) zu bauen, um mit Hilfe komplizierter Schleusensysteme und des Schienenstranges den Weg der Seeschiffe von der Ostsee zur Nordsee über diese Landbrücke zu führen. Daß auf halber Strecke noch eine Werft mitten auf der Geest vorgeschlagen wurde, macht deutlich, daß man das Ziel der Schaffung von Arbeitsplätzen sogar bei originellen Eisenbahnprojekten nicht aus dem Auge verlor.

In der Tat erschien eine Eisenbahn von Flensburg

über Eggebek, Sollerup, Oster-Ohrstedt und Husum/Rödemis nach Tönning wirtschaftlich sinnvoller, und zwar so sinnvoll, daß eine englische Reederei, die Northern Steam Packet Company, für deren Bau und Betrieb gleich eine 100jährige Konzession erwarb. Auf diesem Wege sollten der Anschluß an die ergiebigen Viehzuchtgebiete Jütlands erreicht und, unter Berücksichtigung des schon immer bedeutenden Husumer Viehmarktes, Viehtransporte zusammengestellt werden, die von der gleichen englischen Firma von Tönning aus nach England verschifft werden konnten. Tönning, der letzte Stapelplatz (Abb. 148) an der Mündung der Eider und des Eiderkanals, wichtigster Hafen der schleswig-holsteinischen Westküste bis zur Fertigstellung des Kaiser-Wilhelm-Kanals 1895, hatte 1847 einen eigenen Fettviehmarkt einrichten dürfen, der übrigens der Bedeutung der Husumer Viehmärkte kaum Abbruch tat. Vier Jahre nach Einrichtung der Flensburg-Tönninger-Eisenbahn wurden 1859 über Tönning bereits 21.862 Ochsen ausgeführt, während vorher der Husumer Fettviehmarkt, noch ganz und gar abhängig von dem regionalen Bedarf, seinen Auftrieb von 5.590 im Jahre 1835 auf 8.520 Stück Vieh im Jahre 1859 steigern konnte. Aufgrund seiner Lage am Eiderkanal und der Anbindung an das Eisenbahnnetz besaß Tönning verkehrstechnische Voraussetzungen, die kaum weniger günstig als die der Stadt Kiel waren.

Der Betreiber der Eisenbahn Flensburg–Tönning, der vielseitige Unternehmer Sir Morton Peto, hatte übrigens gleichzeitig eine Abzweigung von dieser Linie östlich Husums bei Oster-Ohrstedt in Richtung Rendsburg durchsetzen können. Diese führte in einem Halbbogen durch das Danewerk über eine schmale Geestzunge weiter nach Klosterkrug, Owschlag und dann direkt nach Süden bis Rendsburg.

Inzwischen war schon längst — und zwar am 15. Dezember 1846 — der Eisenbahnverkehr zwischen Hamburg und Berlin aufgenommen worden. Dennoch sollten aufgrund der dänisch-deutschen Kommunikationsprobleme noch zwanzig Jahre vergehen, ehe das schleswig-holsteinische Eisenbahnnetz und das der Hamburg–Berliner Bahn im Jahre 1866 durch die 7 km lange „Verbindungsbahn" zwischen Altona und Hamburg verknüpft werden konnten.

Die oben skizzierten Beweggründe dänischer Konzessionspolitik erscheinen uns heute durchaus nicht immer als selbstverständlich, weil wir uns jede Erscheinung — auch die der Urgeschichte unseres Eisenbahnwesens — von der Aufgabenstellung der

Abb. 148   Brigg im Hafen von Friedrichstadt an der Eider. Die Postkarte aus der Zeit kurz nach 1900 zeigt die ehemalige Bedeutung der am Schleswig-Holstein-Kanal gelegenen Häfen.

preußischen Verwaltung her zu erklären suchen. Da Querverbindungen von den Ostsee- zu den Nordseehäfen bereits bestanden, sollte eine Süd-Nord-Erschließung durch Einarbeitung eines vertikalen Liniensystems zur wichtigsten Aufgabe preußischer Eisenbahnpolitik nach 1867 werden. Man denke hier nur die Süd-Nord-Verbindungen von einigem Belang:

Rendsburg (mit Drehbrücke) — Schleswig 1869,
Bad Oldesloe — Neumünster 1875,
Kiel — Eckernförde — Lindaunis (Schleibrücke) — Flensburg 1881,
Neumünster — Heide 1877,
Heide/Weddinghusen — Tönning (mit Eider-Dampffähre) 1877,
Heide — Friedrichstadt (Eider-Brücke) — Husum 1885/87,
Husum — Tondern 1887.

Obwohl doch die Gründung der „Königlichen Eisenbahndirektion in Altona" 1884 ein Zeichen dafür setzen sollte, daß das Eisenbahnwesen in Zukunft als staatliche Aufgabe zu betrachten sei, sind es bis zum Ende der 80er Jahre private Eisenbahngesellschaften gewesen, welche sich die Aufgabe der Süd-Nord-Erschließung Schleswig-Holsteins zu ei-

gen gemacht und durch das Erkennen des Nachholbedarfs daran auch recht und schlecht verdient haben.

Sogar die „kolonisatorischen" Problemstrecken wurden zunächst nur von Privatfirmen angegangen, wenn man etwa an die Linien Heide — Büsum, damals ja noch gar nicht als Seebad oder als Fischereihafen bedeutend, im Jahre 1878, dann Michaelisdonn — Marne 1880 oder Marne — Friedrichskoog, 1884 (Güterverkehr; ab 1898 auch Personenverkehr) errichtet, denkt. Für diese Entwicklung war eine Herabsetzung der Qualitätsnormen hinsichtlich des Unterbaus etc. durch den „Verein deutscher Eisenbahnverwaltungen" von entscheidender Bedeutung. Ohne den zunächst überhaupt nicht besonders rentablen Ausbau dieser verkehrstechnischen Infrastrukturen wären später weder die Rübenzuckerindustrie in St. Michaelisdonn noch die ungeheure Steigerung des Kohlanbaus in Dithmarschen oder gar die ab 1900 von Tönning, Büsum und Friedrichskoog aus verstärkt betriebene Krabbenfischerei geschweige denn der Aufbau der Büsumer Fischkonservenindustrie möglich gewesen.

Durch eine flexible Vertrags- und Erwerbspolitik sicherte sich die Königliche Eisenbahndirektion Schritt für Schritt die bereits ausgebauten größeren Unternehmungen, indem sie diese zunächst auf Rechnung des Staates ihre Betriebe mit dem eingespielten Personal weiterführen ließ. So wurden als erste die Altonaer-Kieler Eisenbahngesellschaft, die Hamburg-Altonaer Verbindungsbahn, die Berlin-Hamburger und die Schleswigsche Eisenbahn-Gesellschaft übernommen, und erst 1890 folgten nach Ausbau aller Anschlüsse die Westholsteinische Eisenbahn-Gesellschaft sowie die Schleswig-Holsteinische Marschbahn-Gesellschaft.

Übrigens aus ähnlichen Gründen, wie sie auch Dänemark bewogen hatten, war das Königreich Hannover zunächst nicht an einer direkten Schienenverbindung mit Hamburg interessiert. Erst der Sieg Preußens und seiner „sezessionistischen" Verbündeten über die noch „bundestreuen" Staaten im Jahre 1866 änderte die bis dahin kleinräumig orientierte Interessenlage und brachte Hamburg nach der Hamburg-Altonaer Verbindungsbahn den Eisenbahn-

anschluß über die Elbbrücken 1872. Es versteht sich von selbst, daß zur Deckung des gewaltigen Verbrauchsgüterbedarfs Hamburgs allein aus dem Bereich der Niederelbe sich die Transportschiffahrt, zumal unter so preiswerten Bedingungen, mit den kleinen, wendigen und flach gebauten Ewern zu einem konkurrenzlosen und leistungsfähigen System herausbildete, dem wenigstens bis 1890, wie die entsprechend schlechten Dividenden zeigen, weder die Unterelbische Bahn (Abb. 149) noch die Marschbahn bemerkenswerte Frachtraten abjagen konnten.

Erst als in zunehmendem Maße Geschwindigkeit und Pünktlichkeit für den Transport etwa leicht verderblicher Lebensmittel gefordert wurden, zeigte die Bahn ihre volle Überlegenheit gegenüber den tideabhängigen Transportschiffen. Die Fertigstellung der Schienenverbindung zwischen Hamburg und Cuxhaven bildete die wichtigste Voraussetzung für den Ausbau des dortigen Fischereihafens und die Industrialisierung der Fischerei im Elbmündungsbereich.

Abb. 149 Kehdinger Kreisbahn am Süderdeich. Postkarte um 1900.

Das Ende des „Hamburgischen Separatglücks" und die sozialen Folgeerscheinungen der Industrialisierung

Mit allen Fasern ihres Herzens hatten sich die Mitglieder des Hamburger Senats gegen den Zwangsbeitritt zu dem vom Königreich Preußen dominierten Norddeutschen Bund (1867) gesträubt. Sehr viel besser hatten sie sich seit 1815 im Deutschen Bund aufgehoben gefühlt, der ihnen ausreichenden Spielraum für die Gestaltung einer eigenen auswärtigen Politik gelassen hatte. Und nun waren ihrer Vaterstadt alle wesentlichen Symbole staatlicher Eigenständigkeit, die Handelsflagge als Wahrzeichen der Außenhandelspolitik, die in aller Welt aufgebauten Konsulate sowie das Gesandtschaftsrecht (Abb. 150), die Post, das Telegraphen- und Eisenbahnwesen, sogar das eigene Militär auf kaltem Wege genommen worden. Man kann sehr wohl verstehen, daß gerade jene Generation, die anfangs mit gewissem Liberalismus das ins Schwanken geratene Staatsschiff über die Revolution von 1848 hinweggesteuert hatte, einer vollkommenen Aushöhlung jeder Eigenstaatlichkeit durch Preußen massiven Widerstand entgegensetzen mußte. Dieser artikulierte sich allerdings nicht in machtvollen Demonstrationen, sondern in beleidigten Reaktionen des hamburgischen Protokolls, beispielsweise gegenüber einem königlichen Staatsgast aus Preußen, giftigen Wortspielen in senatu, Äußerungen von Abscheu und Ekel. Vor allem waren es die seit den 40er Jahren mit Hamburgs auswärtigen Angelegenheiten befaßten Herren Senator Gustav Heinrich Kirchenpauer (1808—1887) und Syndicus Carl Merck (1809—1880), die darüber zu tragischen Symbolgestalten ihres entrechteten Staates wurden. Sie reagierten als Verhandlungspartner bald subversiv, bald störrisch, jedenfalls nicht so elastisch, wie dies zur Wahrnehmung und Aufbereitung des notwendigsten Verhandlungsspielraumes geboten gewesen wäre. In Wahrnehmung der alten Hamburger Freihandelspolitik lagen sie freilich auf der Linie der Handelskammer, befanden sich jedoch keineswegs mit dem Mittelstand und der Mehrheit aller Hamburger auf einer Linie, die im

Sinne eine Verbesserung ihrer beruflichen Aussichten eher eine industrie- und gewerbefreundliche Schutzzollpolitik wünschten. Wie der hiesige Mittelstand sich darüber hinaus weit mehr von nationalem Anschluß als vom „Hamburgischen Separatglück" erhoffte, ließ sich bald ebenso die Mehrheit der Hamburger von den Impulsen des mächtigen Preußen in dieser Richtung beeindrucken. Mag sein, daß es sogar imponierte, als die Preußen 1864, ohne den Senat überhaupt nach einer Durchreiseerlaubnis zu fragen, via Hamburg ihre Truppen in den deutsch-dänischen Krieg transportierten. Theodor Storm und viele andere Flüchtlinge aus Schleswig-Holstein hatte man vorübergehend in Hamburg treffen können. Mit ihnen und den Siegern des deutsch-dänischen Krieges fühlte man sich solidarisch. Weit weniger interessierte hier das sich anschließende Ränkespiel der Siegermächte Preußen und Österreich. Die Unterstützung der Hamburger Wirtschaft im Krisenjahr 1857 durch den berühmten „Silberzug" verpflichtete allenfalls Wirtschaftsführer und Bankiers zu gewissen Krokodilstränen, als Preußen 1866 die Österreicher ausschaltete und auch von den Hamburgern verlangte, diese in Zukunft als Feinde zu betrachten. Was zählte, waren schließlich militärische Erfolge, wie die des Krieges von 1870/71, in welchem nicht zuletzt das als Ersatz für eigenes Militär 1867 gegründete 76er Regiment erste Lorbeeren erwerben konnte. Sogar die in der Franzosenzeit verlorenen Fahnen wurden nach Hamburg zurückgebracht. Die von Bismarck endlich herbeigeführte Reichsgründung als Verwirklichung des mit heißen Emotionen begleiteten Hoffens auf den Nationalstaat wurde als berauschendes Ereignis empfunden, dem der Hamburger Senat — mit seiner Kirchturmspolitik entschieden auf verlorenem Posten — nichts Attraktives oder gar Überzeugendes entgegenzusetzen hatte.

Zu Beginn der 1880er Jahre geriet Hamburg immer stärker in die Zwangslage, dem Zollverein beitre-

Abb. 150 *Hamburgische Gesandtenuniform, die Syndicus Dr. Carl Merck in Paris getragen hat.*

ten zu müssen. Aufgrund eines Bundesratsbeschlusses sollten Altona und die Unterelbe zum Zollinland erklärt werden. Für Hamburg, das hierdurch isoliert worden wäre, führte Bürgermeister Versmann die Verhandlungen mit großem Geschick. Im Juni 1881 trat Hamburg dem Zollverein bei. Innerhalb der Stadt mußte es einen Freihafen (Abb. 151 u. 152) ausbauen (1883—88), ganze Wohngebiete sollten niedergelegt werden, Umsiedlungsaktionen von nie gekanntem Ausmaß und Gesamtkosten von 106 Millionen Mark, von denen das Reich allerdings 40 Millionen übernahm, waren die Folgen dieses Beitritts.

Mit dem Ausbau des Eisenbahnnetzes (Hamburg — Bergedorf: 1842; Hamburg — Berlin: 1846; Überelbeverkehr nach Fertigstellung der Brücken: 1872) und der damit verbundenen Ausweitung des Hinterlandes hatte die Bedeutung des Hafens erheblich zugenommen. Waren zwischen 1836 und 1850 schon 46.258 Menschen über Hamburg nach den USA ausgewandert, betrug allein 1853 die Zahl der Emigranten 24.000, im folgenden Jahre mußten schon 50.000 Menschen ihren Weg über Hamburg nehmen. Die Reedereien Sloman und Hapag wetteiferten in der Beschaffung immer neuerer Auswandererschiffe, die das Museum für Hamburgische Geschichte in instruktiven Bildern und Modellen zeigen kann. Ein scharfer Konkurrenzkampf entbrannte damals, man unterbot sich gegenseitig in den Fahrpreisen. Besonders viele Osteuropäer sind über Hamburg ausgewandert, zwischen 1880 und 1914 allein 2,5 Millionen. Es konnte nicht ausbleiben, daß diese armen, gelegentlich wenig selbständigen Reisenden Opfer betrügerischer Anschläge wurden. Im Jahre 1886 gab es, wie kürzlich einmal ermittelt worden ist, 40 Wirte mit 319 Zimmern, die für 2.042 Personen zugelassen waren: also 6,4 Personen pro Zimmer! Als 1892 die Cholera (Abb. 153) ausbrach, glaubte man zunächst an Einschleppung der Seuche aus Osteuropa. Diese irrtümliche Annahme trug aber dazu bei, daß noch im gleichen Jahre Auswanderer-Baracken auf dem Amerika-Kai errichtet wurden, in denen insgesamt 1.400 Betten zur Verfügung standen. Ganz moderne Baracken, zum Teil im Pavillon-Stil, entstanden ab 1901 auf der Veddel, die ab 1907 über 5.000 Betten verfügten.

Die im Hafen beschäftigten, einheimischen Werktätigen hatten bis zur Verabschiedung der Zollanschlußverträge Wohnungen in Elbnähe bevorzugt. Tausende wohnten allein in jenem Bereich, der im Zuge der Zollanschlußarbeiten ab 1883 niedergelegt werden sollte (Abb. 154). Die schlimmsten Aus-

Abb. 151   Speicherbau im Freihafen auf der Kehrwiederspitze. Foto von G. Koppmann, 1887.

wüchse des Spekulantentums hatte man — viel zu spät eigentlich, denkt man an die explosionsartige Vergrößerung der Stadt — durch das Baupolizeigesetz von 1865 zu bekämpfen gesucht. In einem 2. Baugesetz von 1882 wurden zahlreiche Bestimmungen für den Bau von „Wohnhöfen, Terrassen und Passagen" noch verschärft, als es fast schon wieder zu spät war. Diesmal hatten sich die Bauspekulanten auf den Umzug von etwa 20.000 Menschen einrichten können, die ihre Wohnungen im Zollanschlußgebiet verlieren würden. Längst waren die Menschenmassen nach Aufhebung der Torsperre 1861 in allen Richtungen weit über die alten Stadtgrenzen hinaus in neue Wohngebiete vorgedrungen, etwa nach Barmbek, wo 1870 eine Mietskaserne neben der anderen aus dem Boden geschossen war.

Die sozialen Einrichtungen konnten mit dieser kaum überschaubaren Entwicklung zur Großstadt überhaupt nicht schritthalten. Für Mildtätigkeit gab es schier unbegrenzte Möglichkeiten, die auch in hochherziger Weise, wie eh und je in Hamburgs Geschichte, genutzt worden sind. Vorbildlich war die

Stiftung des Armen- und Krankenhauses der israelitischen Gemeinde durch Salomon Heine 1841, der die Gründung der Alsterdorfer Anstalten 1863 durch Pastor Heinrich Sengelmann an die Seite zu stellen ist. Johann Hinrich Wichern widmete seine persönliche Kraft der Arbeit im „Rauhen Hause" (Abb. 111) ab 1833, finanziell gefördert durch Karl Sieveking, schuf die „Innere Mission" und wirkte in vielen Schülern lange nach, so in Robert M. Sloman, der 1880 auf der Veddel 54 kleine Siedlungshäuser, je mit vier Zimmern, Küche, Vorplatz, Keller, Bodenraum, Vor- und Hintergarten, mit Anschluß an die Wasserleitung, errichten ließ: kleine Paradiese für diejenigen, die dort zu wohnen das Glück hatten. Und ganz sicherlich hat noch manchen Bürger mehr zu guter Tat veranlaßt, daß 1845 Johann Martin Lappenberg, der Leiter des Staatsarchivs, „Die milden Privatstiftungen zu Hamburg" einer historischen Würdigung unterzogen hatte. Daß aber durch noch so tatkräftige Stifter die zunehmenden sozialen Probleme gar nicht zu bewältigen waren, veranlaßte Hamburg dazu, die öffentlichen Samm-

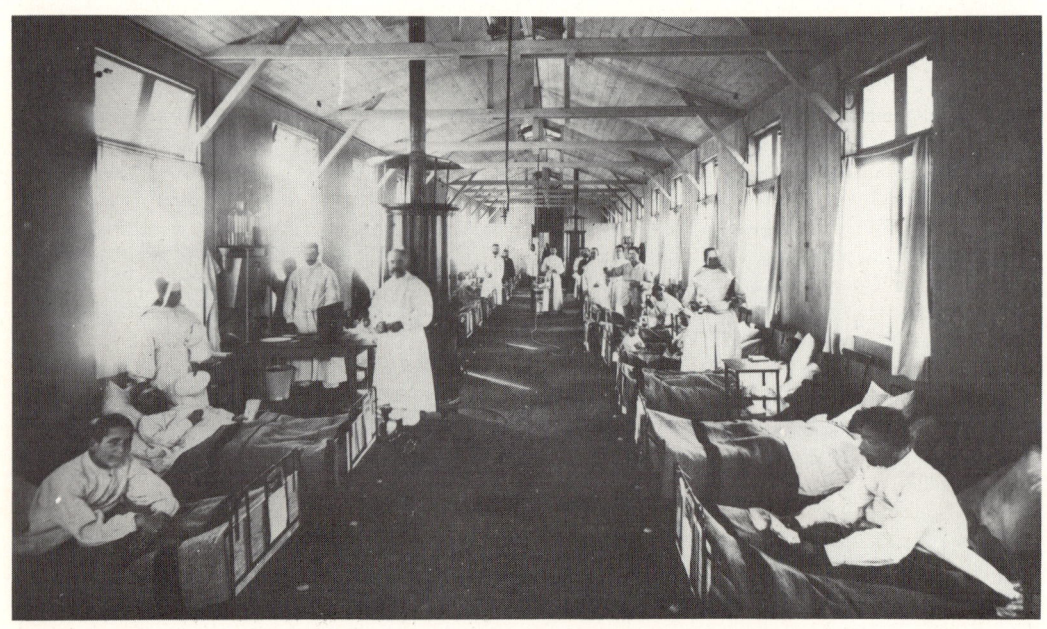

Abb. 152   Feierliche Eröffnung des Freihafens im Oktober 1888 am geschmückten Brooktor.

Abb. 153   Inneres einer Cholerabaracke vor dem Marienkrankenhaus. Foto 1892.

Abb. 154   Bau des Zollkanals. Foto G. Kooppmann, 1887.

lungen für die „Allgemeine Armenanstalt" und das Waisenhaus 1861 aufzugeben und entsprechende Ausgaben im Staatshaushalt zu verankern. Von 1860 bis 1884 steigerte sich die Budgetsumme von 12 auf 27 Mio. Mark, wobei in besonderem Maße die sozialen Leistungen zu Buche schlugen.

Die stetige Verbesserung der technischen Infrastruktur (Abb. 155), der Schritt vom Zeitalter des Handwerks zu einem Zeitalter der Industrie, vom Zunftwesen zur Gewerbefreiheit, besonders gut aber sichtbar in der Entwicklung vom Holzschiffbau über die Kompositbauweise zum Eisenschiffbau hatten also kaum abschätzbare Konsequenzen. Weiterhin blieben in der Verfassung von 1860 jene, denen ein bedeutendes Verdienst an Hamburgs steigendem Wohlstand zuzuschreiben war, die Arbeiter nämlich, unberücksichtigt (Abb. 156). Die aber sollten sich bald immer deutlicher, zumal in Hamburg, Gehör verschaffen. Am 23. Juli 1869 war bei der Waggonfabrik Lauenstein, Ecke Repsold-/Spaldingstraße, ein Streik ausgebrochen, als die Werksleitung die Herabsetzung von Löhnen verkündet hatte. Tätlichkeiten blieben nicht aus, ein Toter war zu beklagen. Der Streik führte schließlich zum Ruin des Unternehmens. Im Jahre 1870 folgte ein Streik der Zim-

merer. Arbeitskämpfe in größerer Zahl aber kennt dann erst das letzte Jahrzehnt des Jahrhunderts: 1890/91 streiken 3.000 Tabakarbeiter, dann die Buchdrucker, im Juli 1891 die Brauer, wieder die Brauer am 2. Februar 1892, ein Jahr später die Korbmacher. Neben das Motiv des Lohnkampfes trat mit dem Hafenarbeiterstreik im Dezember 1896 die politische Motivation, weil die rechtliche Benachteiligung im Wahlrecht für die Bürgerschaft mittlerweile sehr schmerzlich empfunden wurde. Im Jahre 1880 waren von 454.000 Einwohnern nur 30.500 als Bürger zur Bürgerschaft wahlberechtigt gewesen, nur 19.800 hatten von ihrem Wahlrecht Gebrauch gemacht. Grotesk war mittlerweile die Diskrepanz zwischen dem Wahlrecht für den Reichstag, das allen männlichen volljährigen Staatsbürgern zustand, und dem exklusiven Bürgerrecht in Hamburg. Trotz der Verbesserung durch das Gesetz über „Staatsangehörigkeit und Bürgerrecht" vom 2. November 1896, wonach das Bürgerrecht ohne die vorher übliche Entrichtung von 30 Mark von jedem Manne erworben werden konnte, der drei Jahre hintereinander in Hamburg 1.200 Mark versteuert hatte, spielte in dem Hafenarbeiterstreik 1896/97 das politische Motiv eine gewichtige Rolle. 16.000

Abb. 155 „Der Große Kran im Hafen von Hamburg", errichtet auf der Spitze des Asia-Kais am Kranhöft 1787, ein eiserner Dampfdrehkran mit einer Hebekraft von 150.000 kg. Die Zeichnung von Karl Schildt zeigt die Verladung Kruppscher Riesengeschütze für die Chikagoer Weltausstellung.

Arbeiter traten damals in den Streik (Abb. 157).

Wie sehr die Gewerkschaften an Bedeutung durch den Hafenarbeiterstreik gewonnen haben, verdeutlicht der Anstieg der Mitgliederzahlen von 1895 bis 1897:

    1895 — 12.692 Mitglieder
    1896 — 18.244   ,,
    1897 — 25.961   ,,

Eine ähnliche Steigerung sehen wir von 1904 auf 1905, wie die Zahlen von 1903 bis 1905 deutlich werden lassen:

    1903 — 38.466 Mitglieder
    1904 — 42.391   ,,
    1905 — 63.998   ,,

In dem „neuen", prunkvollen Rathaus konnte der Arbeiter sich zunächst nicht wiederfinden, obwohl man einen Entwurf eigens ausgewählt hatte, der es dem Bürger möglich machen sollte, das Rathaus ohne Überwindung von Treppenstufen zu betreten, um so Senat und Bürgerschaft gleichberechtigt auf glei-

cher Ebene zu begegnen. Aber der Arbeiter? Nicht allein in dem rückwärts gewandten Renaissancestil wirkte das Rathaus befremdlich auf ihn. Es stellte die späte Vollendung einer städtebaukünstlerischen Aufgabe vor der Jahrhundertwende dar, den „Schlußstein" des „Kunstwerks Hamburg" sozusagen, und es griff auf eine unmittelbar nach dem Großen Brand bekannt gewordene Idee Karl Sievekings zurück, das neue Rathaus möge man jenseits der Börse an der Kleinen Alster errichten und sich dabei zugleich vom Dogenpalast zu Venedig, vom Palazzo Vecchio in Florenz, von flandrischen Rathäusern und von Houses of Parliament in London stilistisch inspirieren lassen. Einer freien Arbeitsgemeinschaft von Architekten unter Leitung von Martin Haller blieb es vorbehalten, diese und neuere Gedanken nachvollziehbar zu einem Hamburger Rathaus zu verschmelzen. Am 26. Oktober 1897 konnte das Gebäude an Senat und Bürgerschaft übergeben werden. Alfred Lichtwark faßt die Ge-

Abb. 157 „Bild aus dem Hamburger Hafen während der Streikzeit". Karikatur zu angeblich „freiwilligen Arbeitern" während des großen Hafenarbeiterstreiks von F. Graetz.

samtleistung nach dem Brande folgendermaßen zusammen: „Beim Wiederaufbau wurde mit großem Raumgefühl ein neues Stadtzentrum gebildet um die durch ein Wunder erhaltene Börse, das neue Rathaus und die mit monumentalen Quais, wundervollen Wassertreppen — den schönsten, die ich kenne — und zierlichen Arkaden ausgestattete Kleine Alster" (Abb. 158). Tatsächlich birgt die rechtwinklige Abwendung der Rathausfassade gegen die monumental gerahmte Kleine Alster einen bühnenhaften Überraschungseffekt — sozusagen die Spielmöglichkeit mit einer „scena per angolo", die sich mit dem Blick vom Jungfernstieg über die langen Kaimauern entwickelt und dann über die viertelrunde Treppe in die Vorplatz-Diagonale einmündet. Schöne Spielereien? Gewiß hatte es Vorrang, Hamburg ein ansprechendes und würdiges Stadtzentrum zurückzugeben. Allerdings war nun eigentlich der Arbeiter an der Reihe, dem gelegentlich die unerträglichsten Wohnverhältnisse — etwa auf dem Hammerbrook — zugemutet wurden.

Abb. 156 „Hein smitt op!", Originalhandschnitt, zweifarbiger Scherenschnitt von C. Friedrichsen.

Abb. 158 Das neue Rathaus (1889–1897), gesehen von der Kleinen Alster her über die Vierteltreppe. Erbaut nach Plänen von Martin Haller für 9 Millionen Mark. Über dem Hauptportal ein vordem schon an der Innenseite des Deichtores verwendeter Sinnspruch: „libertatem quam peperere majores digne studeat servare posteritas" — zu deutsch: „Die Freiheit, welche die Vorfahren errungen, mögen die Nachkommen sich würdig zu erhalten suchen".

206

Der Bau des Kaiser-Wilhelm-Kanals aus Hamburger Sicht

Fahnen und Girlanden, festliche Roben und viel Musik gehörten wie stets bei solchen Anlässen dazu, als am 3. Juni 1887 der greise Kaiser Wilhelm I. in Holtenau bei Kiel den Grundstein für den Kiel-Kanal legte. Daß man dieses erst seit 1864 hin und her erwogene Projekt nun endlich klar vor sich sah und in Angriff nehmen konnte, war einem Hamburger zu danken, dem Reeder H. Dahlström, der im Auftrag der preußischen Regierung nach entsprechenden Geländeuntersuchungen den endgültigen Verlauf festlegte und die Planung zur Entscheidungsreife vorantrieb. Von der Elbe über Brunsbüttel und Rendsburg zur Kieler Förde ließ sich das Projekt am günstigsten realisieren. Nach der Zustimmung des Reichstages und des preußischen Landtages ging

es jetzt an die Durchführung. Für 156 Millionen Mark entstand das Riesenbauwerk in nur acht Jahren, wobei Teilabschnitte schon zwei Jahre früher befahrbar waren. Dies lag übrigens auch daran, daß man auf der Kanalstrecke zwischen Giselau-Schleuse und Holtenau-Schleuse den alten Schleswig-Holstein-Kanal weitestgehend mitbenutzen und ausbauen konnte.

Als erstes Schiff durchfuhr die „Hohenzollern" Wilhelms II. die ja vordringlich aus militärischen Gründen erwünschte Wasserstraße. Ohne deren Existenz wäre die Schaffung einer an allen deutschen Küsten einsetzbaren Kriegsflotte aus ökonomischen Gründen völlig illusorisch geblieben. Morgens um vier Uhr am 22. Juni 1895 erreichte des Kaisers

Abb. 159   Ansicht des Hamburger Hafens. Hans Bohrdt, Öl auf Holz, 1900.

Abb. 160 Feuerwerk auf der Binnenalster aus Anlaß der Feierlichkeiten zur Eröffnung des Kaiser-Wilhelm-Kanals. Zeichnung von E. Niese, 1895.

Abb. 161   Der Lotse auf der Jakobsleiter. Originalzeichnung von Hans Bohrdt.

Schiff Brunsbüttel. Flottenmanöver am folgenden Tag in Kiel mit Beteiligung von Gastschiffen aller seefahrenden Nationen, wieder Musik, feierliche Roben, Girlanden und Fahnen. Bis 1919 durfte der Kanal zu Ehren des Amtsvorgängers Wilhelm II. „Kaiser-Wilhelm-Kanal" heißen. Heute, da die Bundesmarine im Rahmen strategischer Überlegungen nur weit geringere Bedeutung besitzt, ist der Nord-Ostsee-Kanal zur meistbefahrenen Wasserstraße der Welthandelsschiffahrt avanciert. Hamburg hat hiervon mehr als Kiel profitiert, indem sein Hafen nunmehr auch für Seeschiffe von der Ostsee her in nur einem Tage erreichbar wurde (Abb. 159).

In Hamburg hatten die Eröffnungsfeierlichkeiten ihren Anfang genommen. Am Abend des 19. Juni war die Alster von Scheinwerfern taghell erleuchtet. Inmitten des Wassers erhob sich wieder eine Kaiserinsel aus Holz, Pappmaché und viel goldener Farbe. Ruder- und Kanuclubs bewegten sich mit schöngeschmückten, teilweise auch zu Wikingerbooten umgestalteten Wasserfahrzeugen durch die festlich illuminierte Nacht. Wieder einmal war die Alster zur Bühne des Welttheaters geworden (Abb. 160).

Übrigens blieb der Bau des Kaiser-Wilhelm-Kanals und der Erweiterungen von 1907 bis 1914 nicht ohne Folgen für das Eisenbahnwesen und die ganze Verkehrsstruktur Schleswig-Holsteins. Eisenbahnhochbrücken bei Levensau und Grünenthal und zwei auch für den Straßenverkehr mitgenutzte Eisenbahn-Drehbrücken in Rendsburg und Ostermoor sicherten den Nord-Süd-Verkehr über den Kanal. Den krönenden Abschluß bildete die pirouettenartig wirkende 2.500 m lange und 42 m hohe Rendsburger Hochbrücke (Eröffnung 1913). Zum Zeitpunkt ihrer Eröffnung war aus dem Dänemark mit zahlreichen Schiffahrtswegen ehedem so intensiv verbundenen Handelshafen Kiel eine große Stadt der kaiserlichen Kriegsmarine mit gewaltiger Werftindustrie geworden, während der zuvor so bedeutende Eiderkanal in seinen Überbleibseln schon museal wirkte und Tönnings zuvor schon beleuchtete Stellung als wichtiger Ausfuhrhafen der Geschichte angehörte.

Die durch die Kanaleröffnung ausgelöste Zunahme des Schiffsverkehrs zog einen erheblichen Ausbau des Befeuerungssystems auf der Außenelbe nach sich. Das heroische Kapitel der bemannten Feuerschiffe, das sich heute nach gerade 170 Jahren dem Ende zuneigt, hatte 1816 mit der Indienststellung der „SEESTERN" begonnen. Seit 1875 wiesen bereits vier Feuerschiffe den Weg zur Elbe; hinzu kamen 1891 ein Feuerschiff vor dem Oste-Riff und 1905 als „Elbe 5" ein weiteres querab der Hafeneinfahrt von Cuxhaven. Eingedenk der tragischen Verluste des ersten Feuerschiffs „SEESTERN" 1824 und der ersten „BÜRGERMEISTER OSWALD" 1936 mit allen Besatzungsmitgliedern und Lotsen an Bord, wird der Betrachter der Darstellungen Hans Bohrdts zu diesem Thema noch tiefer beeindruckt. Schon mancher Seelotse hat bei kleinen Manöverfehlern des Versetzbootes den Tod gefunden. Um 1900 hat Hans Bohrdt die hier abgebildete wilde Seeszene (Abb. 161) gezeichnet, die den Lotsen schon in der Jakobsleiter auf dem Wege nach oben zeigt, während die kleine Mannschaft Anstalten macht, das in Lee des Dampfers liegende Versetzboot achteraus nach Lee wegtreiben zu lassen. Mit dem Peekhaken wird das Vorschiff gerade abgedrückt und die Vorleine über den Bugpoller vorsichtig gefiert. Im Hintergrund liegt der Lotsenschoner bereits auf der Lauer, um das Versetzboot, sobald es frei vom Dampfer treibt, wieder aufzupicken. Denn es gilt, schnell wieder zum Feuerschiff zurückzukehren und weitere dort an Bord stationierte Lotsen abzuholen, da die einkommenden Schiffe ihrer Hilfe bedürfen.

Der „Wahlrechtsraub"

Als nach Wahlgesetzänderung vom 2.11.1896 allen Einwohnern, die drei Jahre nacheinander mindestens 1.200 Mark versteuert hatten, das Wahlrecht zuerkannt wurde, machten vor allem die in Massen nach Hamburg zuziehenden Arbeiter davon Gebrauch. Oft versteuerten sie mehr, als sie verdienten, um in den Genuß des Wahlrechts zu gelangen. Vor allem die Sozialdemokratische Partei profitierte von dieser Regelung.

Den stärksten Zuwachs verzeichnete die Gewerkschaft nach der Vorlage eines Wahländerungsgesetzes durch den Senat im Jahre 1904, das ein nach Einkommen gestaffeltes, völlig anachronistisches

Klassenwahlrecht vorsah. Mit seiner Hilfe hoffte man, den politischen Konsequenzen der allmählichen Umschichtung der Einwohnerstruktur manipulativ zu begegnen. Mit Otto Stolten war im Frühling 1901 der überhaupt erste Sozialdemokrat in die Bürgerschaft gewählt worden, was noch ohne Aufregung hingenommen wurde. Daß aber von 1894 bis 1904 die Prozentzahl der wahlberechtigten Einwohner von 4,3 % auf 8 % anstieg, schließlich sogar 700 bis 800 Hamburger wöchentlich den Bürgerbrief erwarben, sollte vor allem der Linken zugute kommen. Ein alarmierendes Zeichen sahen die bisher maßgeblichen politischen Kräfte in der Tatsache, daß

Abb. 162 Der rückwärts im Sattel sitzende Senat als „Moderner Erlkönig" mit einem Knaben im Arm, der den neuen Verfassungsentwurf symbolisiert. Der Knabe weist mit der rechten Hand zurück auf den sozialistischen Teufel. Karikatur, Mai 1905.

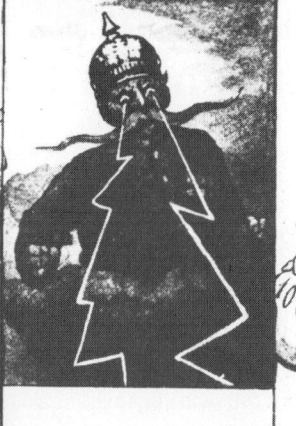

..Ruhig dort! **Steuer zahlen und Maul halten**
ist hier die Parole! Wer
nicht 2500 Mk. verdient,
hat keine Stimme!"

Volkshaufen: „Wählen wollen wir!
Schreien wir drum, Brüder: Freies
Wahlrecht für Jedermann!"

„Wir haben Geld!
Wir regieren die Welt!!
Dieses ist das Glück, mein Junge
Lecke zärtlich mit der Zunge!"

Abb. 163   Karikatur auf den Wahlrechtsraub. Postkarte aus dem Verlag G. Holst, Hamburg, Kornträgergang 24.

1904 zwölf der neugewählten Bürgerschaftsmitglieder Sozialdemokraten waren. Die Mehrheit des Senats witterte Gefahr und unterstützte die Vorlage zum Wahländerungsgesetz. Sie setzte sich gegen den zunächst noch sehr heftigen Protest der Bürgermeister Burchard und Mönckeberg durch und erreichte im Mai 1905 die Übergabe der Gesetzesvorlage (Abb. 162), wonach in Zukunft für die allgemeinen Wahlen drei Gruppen wahlberechtigter Bürger festzustellen seien. Je zwölf Abgeordnete sollten von der ersten, der zweiten und der dritten Gruppe gewählt werden dürfen. Der ersten Gruppe sollte zugerechnet werden, wer in den vergangenen drei Jahren über 6.000 Mark Einkommen nachzuweisen vermochte, der zweiten Gruppe, wer zwischen 3.000 und 6.000 Mark versteuert hatte, der dritten Gruppe alle übrigen wahlberechtigten Einwohner. Am 17. Januar 1906 wurde die Vorlage angenommen und zwar gegen die Stimmen der Sozialdemokraten und der Vereinigten Liberalen. Heftig bekämpfte Carl Petersen (DDP) die Vorlage und schuf so eine neue Vertrauensbasis für die Versöhnung zwischen Bürgern und Arbeitern. Zugleich begründete er ein tra-

ditionsreiches, besonderes Verhältnis zwischen Liberalen und Sozialdemokraten.

Doch halfen die gescheitesten Einwendungen gegen die Einführung des Klassenwahlrechts nichts, zumal die russische Revolution von 1905 und ihre Begleiterscheinungen zu einer unfruchtbaren Emotionalisierung des Wahlrechtsthemas führten. So wurde denn bis zur Verkündung am 5. Mai 1906 nach mancherlei Veränderungen in der Bürgerschaft ein noch weit schlechteres Gesetz daraus. Jetzt sollte es nur noch zwei Gruppen geben, deren erster angehörte, wer mehr als 2.000 Mark Jahreseinkommen belegen konnte. Diese Gruppe durfte sogar 24 Abgeordnete stellen. Die zweite Gruppe aber durfte nur 12 Abgeordnete entsenden. Hierhin gehörte, wer zwischen 1.200 und 2.500 Mark verdient hatte (Abb. 163). Mit Recht qualifizierten die Arbeiter diese zwei Jahre während Bastelei als vorsätzlichen „Wahlrechtsraub" und brachten immer wieder durch Demonstrationen, die gelegentlich die Dimensionen eines Generalstreiks annahmen, ihren verständlichen Unmut zum Ausdruck.

Die leicht verführbare „Hammonia-Mammonia"

Derweil schickte sich Hamburg an, zum größten Hafen des Kontinents, zum größten der Welt aufzusteigen: 25,5 Millionen Tonnen wurden allein 1913 hier umgeschlagen, und 1914 umfaßte die Hamburger Handelsflotte 31 Millionen BRT. An dem allgemeinen Aufschwung partizipierte der Schiffbau, so die 1877 begründete Werft Blohm & Voss, dann die aus der Roosen'schen Werft hervorgegangene Reiherstiegwerft. Ferner waren 1909 die aus Stettin hierher verlegten Vulcan-Werke hinzugekommen, als letzte schließlich 1914 die Deutsche Werft. Um den Arbeitsweg der Hafen- und Werftarbeiter zu ihren Arbeitsplätzen abzukürzen, war 1911 der Elbtunnel — ein Wunderwerk der Technik — gebaut worden (Abb. 164). Im Vergleich zu den größten Segelschiffen nahmen sich die jetzt in Hamburg gebauten Dampfer wie riesige Ungeheuer aus. Mit der Ära Wilhelms II. hatte der Sinn für das Pompöse alle Lebensbereiche, insbesondere die Staatskunst, erfaßt. Kongenial malte Hans Bohrdt die Kriegsschiffe Seiner Majestät, steigerte mit riesigen Schiffsleibern und kunstvollen Wolken aus Dampf und Qualm den Hamburger Hafen zu einer unerhört kraftvollen Welt der neuen Technik. Das so bewußt gemachte Erlebnis von Größe des Hafens haben der Bildhauer Hugo Lederer und der Architekt Schaudt mit der 15 m hohen Kolossalstatue Bismarcks gekrönt, dem sie eine Rolandsgestalt auf der Bastion Casparus oberhalb des Hafens gaben.

Wieviel der Aufregung Idee und Ausführung des Bismarck-Denkmals von der Hand Hugo Lederers in einer Zeit verursachen konnten, welche für den intendierten Symbolgehalt besonders empfänglich war, übersteigt alle unsere Vorstellungen. Der steinerne Götze wurde als Kampfansage, als Sinnbild eines imperial aufgeblasenen Hamburg-Konzepts begriffen, in welchem allenfalls von Arbeitskraft, aber keineswegs von einer gleichberechtigten Existenz des Arbeiters die Rede war (Abb. 165).

„Deutschland", so zitierte das „Hamburger Echo" am 12. Juli 1906 den Manchester Guardian, „repräsentiert heute in den Augen Europas jenen Bis-marckschen Zäsarismus, welcher der größte Feind der wiederauflebenden Demokratie ist." Das „Hamburger Echo" fuhr fort: „Das angeführte Wort vom Bismarckschen Zäsarismus gewinnt besondere Bedeutung für Hamburg, wo dieser Tage das gigantische Götzenbild der verkörperten borussischen Reaktion, die heute wie ein Alp auf ganz Deutschland liegt, enthüllt ward… Die wackere Hammonia-Mammonia dagegen hat sich vom preußischen Reaktions-Seuchenherd anstecken lassen und sich damit ihres Bismarck-Denkmals würdig bewiesen." Mit diesen Bemerkungen zog die Zeitung eine „in der Luft liegende" Verbindungslinie zwischen der feierlichen Enthüllung des Bismarck-Denkmals am 2. Juli 1906 und dem sogenannten „Wahlrechtsraub": Vier Monate vorher, am 5. März 1906, hatte der Senat den unseligen Beschluß der Bürgerschaft vom 28. Februar bestätigt, wonach künftig ein Klassen-Wahlrecht Geltung haben sollte. Alle drei Jahre sollten die Einwohner, abgestuft nach ihren versteuerten Einkünften, in Gruppen ihre Abgeordneten wählen dürfen. Die Einführung dieses Wahlrechts bedeutete für die schlecht verdienenden Einwohner eine vierfache Schwächung ihres Votums gegenüber der gut verdienenden Oberschicht und überdies ein Entzug eines alle Einwohner gleichstellenden Wahlrechts; es wurde jedem Bürger seit dem 2. Oktober 1896 gebührenfrei zugestanden, der drei Jahre lang 1.200 Mark in Hamburg versteuert hatte.

Nun fragt es sich natürlich, ob nicht gar diejenigen Kräfte, die den Wahlrechtsraub betrieben, gleichzeitig auf ein Bismarck-Denkmal hinarbeiteten, welches sich bewußt zum „Symbol des reaktionären Nationalstaates" ausgestalten ließe. Um Zweifel auszuschließen, muß darauf hingewiesen werden, daß der „Wahlrechtsraub" gegen die ausdrücklich protokollierten Auffassungen der beiden Bürgermeister des Jahres 1906 durchgesetzt wurde: Dr. Burchard hielt es für bedenklich, Bürgern ein einmal gewährtes wichtiges politisches Recht wieder zu entziehen oder doch ganz wesentlich zu beschränken. Dr. Mönckeberg wollte unbedingt an der

Abb. 164 Der Elbtunnel zwischen Hamburg und Steinwerder. Fotografie um 1911 von Hartz.

Gesetzgebung der neunziger Jahre festhalten, denn: eine angemessene Vertretung der arbeitenden Bevölkerung sei damals durch den Gesetzgeber vorgesehen und auch gewollt worden. Überdies sei er grundsätzlich gegen eine Wahlrechtsreform, die die Sozialdemokratie zurückdrängen soll.

Mönckeberg und Burchard, deren Namen sich späterhin immer enger mit dem Denkmalsprojekt verbinden sollten, haben allerdings in der wichtigen Anfangsphase keinen Einfluß auf gestalterische Fragen genommen, etwa auf die Auswahl des Platzes und die sich daraus ergebenden Dimensionen. Den von den „Hamburger Nachrichten" ständig wiederholten Aufruf des „engeren Ausschusses zur Errichtung eines Bismarck-Denkmals in Hamburg" vom August 1898 unterzeichneten Bürgermeister Dr. Versmann als Vorsitzender und Rudolf Crasemann, Prof. Dr. Brinckmann, Martin Haller, Prof. Dr. Lichtwark. In dieser Runde überwog schon mit zwei Museumsdirektoren und einem Architekten das Künstlerische.

Zweifellos war Lichtwark, welcher in einem Aufsatz über „Denkmäler" bereits 1897 das Wetteifern in Maßstäben kritisch behandelt hatte, der schärfste Gegner eines „Colossaldenkmals". Was er später über Lederers Bismarck in Hamburg dachte, findet sich in einem Brief vom 5. Dezember 1911 an die Kommission der Kunsthalle versteckt. Dort

hatte er sich über einen Entwurf des Architekten Wilhelm Kreis und des Bildhauers Hugo Lederer für ein Bismarck-Denkmal auf der Elisenhöhe bei Bingen zu äußern: „Diesmal hatte er" (nämlich Wilhelm Kreis) „eine Figur von Lederer ins Feld geführt, ein Götterbild mit Bismarcks Kopf in photographischer Treue auf einem Körper im Panzer, mit reicher Drapierung und dem Schwert Karls des Großen. Dem Laien gefiel es sehr, die Künstler schlugen drei Kreuze." Für ihn waren Lederers Bismarck-Denkmäler „peinvoll stilisierte Götzenbilder, die seine Züge tragen", wie er an anderer Stelle andeutete.

Zu den Befürwortern des Standortes auf der Elbhöhe schlug sich im letzten Augenblick der Architekt Martin Haller, weil er zwar auch ein „Colossalmonument" wünschte, jedoch an anderer Stelle. Sein im Bericht ausgedrücktes Sondervotum griff er im „Hamburger Correspondenten" vom 25. April 1899 wieder auf, indem er „die Spitze (Höft) des Kaiserquais, also das Herz unserer Hafenanlagen für ein Monument in Vorschlag" brachte, „dessen in Granitquadern auszuführender Unterbau sich turmartig an den Staatsspeicher anlehnend, diesen weit überragt und oben eine Plattform bildet, auf welcher sich in gewaltigen Dimensionen, sei es in Granit, sei es in getriebenem Kupfer, die Statue des Kanzlers hoch über dem geschäftigen Leben auf

Abb. 165   Das Bismarckdenkmal im Bau. Hugo Lederer im Gespräch mit Ingenieur Strieder. Foto 30.4.1906.

Abb. 166 Blick auf das Bismarckdenkmal und die brennende Michaeliskirche. Foto Max Priester 3.7.1906.

dem Strom, hoch über Rauch und Dampf, als Wahrzeichen unserer Stadt erhebt". Dauerhafter als Erz, sollte das Lebenswerk des ersten Deutschen Reichskanzlers zu seinem eigentlichen Denkmal erhoben werden, wie es vor Zeiten der erste römische Prinzeps, der Kaiser Augustus, sich im „monumentum Ancyranum" selbst gesetzt hatte.

Angesichts dieser Vorgeschichte erscheint es nun gar nicht mehr verwunderlich, daß das Votum des Ausführungs-Comitées vom Januar 1899 die vorzubereitende Ausschreibung schon gleich auf ein „Colossaldenkmal" auf der Elbhöhe festlegte. Die Befürworter meinten: „Auch vom Strome aus werde es gesehen werden und so der Blick der Seeleute bei der Heimkehr ins Vaterland zuerst auf den Mann fallen, der das Reich geschaffen, Handel und Schiffahrt unter seine Fittiche genommen habe."

Wie hier schon aktenkundig wird, beruhte die späterhin erkennbare ideologische Aussage des Bis-

marck-Denkmals auf der Elbhöhe nicht auf intellektueller Steuerung der Entscheidungsprozesse durch einen oder wenige abgefeimte Wahlrechtsraub-Politiker. Wie die meisten Deutschen war eben auch die Mehrheit des Ausführungs-Comitées von den großen Gesten des sie umgebenden Nationalstaates — nicht anders als in England oder Frankreich — gefühlsmäßig überzeugt: Die panegyrische Selbstdarstellung hatte ihren Wirklichkeitssinn für miterlebte Zeitgeschichte außer Kraft gesetzt. Lichtwark mußte seine Mission als beendet ansehen, nachdem er im Ausführungs-Comitée überstimmt worden war und er absehen konnte, daß die allgemeine Hybris zum unabwendbaren Schicksal des Denkmalprojektes wurde: Hier kam nur noch ein „Colossaldenkmal" in Betracht, wie die durchweg in kolossalen Dimensionen gehaltenen Entwürfe nachträglich bestätigen sollten.

Wohl darum erschien er nicht mehr im Preisgericht. Wie hätte er denn guten Gewissens am Entstehen eines wie auch immer gearteten Kolosses mitwirken können, den er „einer vornehmer gesonnenen und künstlerisch empfindlicheren Nachwelt" zur Beseitigung hätte empfehlen müssen. So stand es in seiner 1911 mit Rathenau verfaßten Streitschrift „Der rheinische Bismarck". Nicht einmal Kaiser Wilhelm II. war in der Lage, den ihm aus hauspolitischen Gründen wohl reichlich unangenehmen Götzenkult anders als mit Nichtbeachtung zu strafen. Es traf die Hamburger tief, daß der Kaiser, welcher ja nicht einmal an der feierlichen Enthüllung des Denkmals teilgenommen hatte, bei seinem ersten Besuch in Hamburg lächelnd daran vorbeifuhr, ohne es eines Blickes zu würdigen. Die „Berliner Volkszeitung" vom 15. Juli 1906 spottete denn auch im höfischen Telegrammstil sehr passend:

> „Dings ja janz unjeheuerlich,
> Jötzenbild, sozusagen!
> Fasse Hamburger Bürger nich,
> wie überhaupt konnten wagen!"

Es ist wohl kaum zu vermuten, daß Wilhelm II. die Bismarck-Denkmalbewegung für dynastische Zwecke des Hohenzollernhauses gar noch zu nutzen trachtete, wenn er sie als Ehrung für „des großen Reiches großen Diener" gelten ließ. Es war weit eher ein recht kläglicher Versuch, angesichts der Bismarck-Lawine darauf hinzuweisen, daß der Kaiser ja auch noch da sei, und eben Bismarck, wie die spottende „Berliner Volkszeitung" fortfuhr, angesehen werden müsse als „Dienstmann doch immer von Krone".

Die durch Bismarcks Sozialistengesetze empfindlich in ihren Rechten beeinträchtigte Arbeiterschaft schlachtete einerseits die an Majestätsbeleidigung grenzende Hybris des Bismarck-Kultes genüßlich in Pamphleten und Gedichten aus. Andererseits griff sie den auf der Elbhöhe gottgewordenen Reichskanzler sehr geschickt an. Als am 3. Juli 1906 — so kurz nach Enthüllung der Statue — die Michaeliskirche bei Lötarbeiten am Dach in Brand geriet und in Schutt und Asche sank, deutete sie das Unglück in ein überirdisches Zeichen um (Abb. 166). Bei der Enthüllung des Denkmals habe niemand ein Wort über den Michel verloren. Im Gegenteil, dem Steingötzen sei obendrein noch die Aufgabe des ehrwürdigen Kirchturmes, den ausfahrenden Seefahrern ein frohes Wiedersehen zu winken und den Heimkehrenden den ersten Gruß zu entbieten, übertragen worden. Da habe sich der Michel vor Gram durch Selbstentzündung entleibt.

So beschrieb Martin Witt in seiner Streitschrift „Bismarckdenkmal" von 1906 und höhnte bitter: „Jetzt bildet die Kirche kein Ärgernis mehr für das Denkmal, jetzt ragt in jener Gegend der Roland am höchsten empor, und seine Anbeter können jetzt ungetrübt zu ihm aufschauen und ihr Auge und Herz an ihm weiden." Der Seemann Carl Holst bemühte das Plattdeutsche, um diesen Gegenmythos in Gedichtform auf einer Postkarte unters Volk zu bringen: „De ole Michel mag nich mehr, denn Bismarck käm em in de Quer..."

Im Kampf gegen die den Preußen und Bismarck angelastete paternalistische Wendung der Hamburger Wahlgesetzgebung von 1906 identifizierte sich die bevormundete Arbeiterschaft mit dem Michel, um der durch Bismarck verkörperten Höheren Vernunft, die sie schmerzlich erfahren hatte, auf überirdischer Ebene wirkungsvoll entgegenzutreten.

Dreadnought contra Friedensschiff: ‚Imperator' und imperiale Schwelgerei in Hamburg am Vorabend des Ersten Weltkrieges

Wer sich über Motive und Anlässe des Ersten Weltkrieges zu orientieren wünscht, sieht sich einer Fülle wissenschaftlicher Monographien und Aufsätze gegenüber, die auf nahezu jede Frage eine Antwort geben. In diesem Zusammenhang hat Hamburg des Schiffbaues, der Schiffahrt und des Handels wegen eine bedeutende Rolle gespielt. Der Hamburger Hafen bot sich oftmals in unserer Geschichte, so gerade auch in jenen Tagen, dem großen Welttheater als „anfiteatro maritimo" an, auf welcher unter der Oberspielleitung des Kaisers die Kontrahenten Ballin und Tirpitz in wichtigen Nebenrollen auftraten (Abb. 167). Um die höchst eigentümliche, hybride Stimmung am Vorabend des Ersten Weltkrieges etwas präziser nachzeichnen zu können, möchten wir die voranschreitende Entwicklung an dieser Stelle noch einmal unterbrechen, um auf der Ebene der Jahre 1912–1913 die mit dem Bau und der Inbetriebnahme des Riesenschiffes ‚Imperator' verbundenen Ereignisse ein wenig ausführlicher auszubreiten:

„Gigantische Wirklichkeiten und noch gigantischere Ahnungen" — man fand kaum noch Ausdrücke, geschweige denn einen würdigen Platz zwischen den Hamburger Wahrzeichen, zwischen Michel und dem Bismarck-Denkmal oder gar dem Rathaus, nachdem das Literarische Bureau und die Werbefachleute das Ulmer Münster, die Wartburg auf ihrer Höhe, das Hamburger Rathaus und die Wolkenkratzer New Yorks ihren Schiffen ‚Kaiserin Auguste Victoria' sowie ‚Amerika' in Wort und Bild gegenübergestellt hatten. Diese Gigantomachie der Reedereien, der Wettkampf, das schnellste oder das größte Schiff der Welt zu besitzen, hatte sich in Superlativen merklich erschöpft. Waren die ‚Amerika' und die ‚Kaiserin Auguste Victoria' bei ihrer Indienstellung (Oktober 1905 und Mai 1906) mit 22.600 bzw. 24.500 BRT als „außerordentliche Schöpfungen kaufmännischen und technischen Wa-

gemuts" an die Weltspitze gelangt, übertrumpfte nunmehr die ‚Imperator', ein Ozeanriese von 276 m Länge (LÜA. = 280,06 m), „fast der doppelten Länge des größten deutschen Kriegsschiffes", und mit 52.117 BRT alles bisher Dagewesene. Albert Ballin hatte diesen Auftrag an die Hamburger Vulcan-Werke vergeben, während die Werft Blohm & Voss die ‚Vaterland' mit 54.282 sowie die ‚Bismarck' mit 56.551 BRT für ihn in Angriff nahm. Nach Fertigstellung dieser drei Dampfer, welche zusammen die ‚Imperatorklasse' der Hamburg-Amerika-Linie bilden sollten, würde die Reederei mit 175 Seeschiffen und 1,3 Millionen BRT unangefochten die größte der Welt sein.

„Größe ist eine unabänderliche Forderung des Verkehrsfortschritts, Größe ist gesteigerter Wert und schon darum gesteigerte Sicherheit". In solchen und ähnlichen Wendungen berief man sich auf die Experten des Germanischen Lloyd. Kein Wunder, daß nur wenige Tage nach dem Untergang der ‚Titanic' Ballins Werbebüro angesichts der immer schärfer werdenen Konkurrenz das Sicherheitssystem der ‚Imperator' anpries, indem es den neuen Dampfer als ‚Dreadnought' oder ein „Kriegsschiff" gegen das „elementare Meer" apostrophierte. Zusätzliche Sicherheit verhießen der elastischere Dampfturbinenantrieb, welcher es erlaubte, die Schraubendrehzahlen dem Wetter und der Bewegung der See anzupassen, sowie das Vierschrauben-Antriebssystem: es würde sogar nach einem Verlust des Ruders die Steuerfähigkeit des Schiffes vollkommen erhalten. Übrigens, der Gedanke an Seekrankheit könne gar nicht erst aufkommen, weil die Frahm'schen Schlingertanks, gefüllt mit 500.000 Litern Seewasser, bei starkem Seegang durch Gegenbewegung für die erforderliche Stabilität sorgten. Einer Stadt wollte das Schiff gleichen und Ansprüche an urbane Lebensart befriedigen: Turnhallen für die 1. und 2. Kajüte

Abb. 167 „IMPERATOR" bei seiner ersten Ausfahrt im Hamburger Hafen. Foto 11. Juni 1913.

sowie ein Schwimmbad; elektrische Lichtbäder, Kohlesäure-, Dampf-, Heißluft-, Seewasser-Wannenbäder und Duschen, dazu Massageräume; Damen- und Herrensalons, Gesellschaftsräume — getrennt nach Geschlechtern —, Büchereien, Bücherläden, Notensammlungen moderner und klassischer Musik, kostbare Flügel und Klaviere für Virtuosen und Hausmusikanten standen zur Verfügung, um nuancierten Vorstellungen von städtischer Kultur großbürgerlichen Zuschnitts und gesellschaftlicher Kommunikation auf gehobener Ebene Rechnung zu tragen. Und: „Stuartkapellen und eine Künstlerkapelle erheitern auch dem Imperator-Passagier Morgenspaziergang und Tafelrunde". Hinsichtlich der Ausstattung und des Dekors im einzelnen sollte der Dampfer in keiner Weise hinter den führenden Hotels zurückstehen. Das Literarische Bureau der HAL veröffentlichte in seiner Werbeschrift „Imperator auf See. Gedenkblätter an die erste Ausfahrt des Dampfers Imperator am 11. Juni 1913" eine sorgfältige Auswahl journalistischer Huldigungen an den Komfort, die Sicherheit, den technischen Fortschritt, wie sie sich in diesem Schiff manifestierten. Die wortgewandten Gäste der HAL rühmten die unwirkliche, künstlerische Atmosphäre beinahe als adäquate Daseinsform: „Ich empfinde den Imperator", so Fritz Ph. Baader, Hamburg, „als einen gewaltigen Schritt der modernen Menschheit auf ihrem Abmarsch aus der Natur". Über solche und ähnliche Passagen, so auch die jetzt folgende, hätten sich Gorch Fock und die Heimatdichter ärgern dürfen: „Wenn ich eines unserer großen Schiffe besteige, lasse ich alles Kleine, Winkelhafte, Rückständige der Heimat hinter mir..." (Arthur Eloesser). Alfred Kerr sah sich wenigstens zu einer Entschuldigung seiner Skrupel gehalten, die er ob des ungewöhnlichen Genusses und dank der Einladung durch die HAL empfand: „Ich billige durchaus den hier betätigten Luxus, weil er ein menschliches Verwegenheitsmerkmal im großen Preisgegebensein an Wind, Fische, Wogen, Einsamkeit ist". Vor allem aber zeigte sich W. Fred, München, als ein williges Opfer der überirdischen Verführungskünste: „Von einer Macht Gnaden ist ein neues Leben geschaffen worden, das Leben Imperator, atmend so stark, ruhig und gut, wie irgendeiner der Unzähligen, die atmend mitgearbeitet haben. Und diese Macht — man nenne sie Organisation — bewundere ich..." Mehr Gespür für etwas noch Bevorstehendes, für eine irgendwie folgenreiche Grenzüberschreitung deutete sich da schon bei Felix v. Eckardt, Hamburg, an, welcher die Teilnahme an der Jungfernfahrt als „Erinnerung

Abb. 168   Stapellauf des Dampfers „IMPERATOR". Foto 1912.

fürs Leben" qualifizierte und hinzufügte: „Der Stapellauf war ein Ereignis, dem wie einer großen Entscheidung entgegengesehen wurde" (Abb. 168).

Wie nun zur Porträtwirkung des Dampfers ‚Imperator' die Faszination für das Gigantische und den Luxus ebenso gehörte wie die Kritik an der Hybris und den rücksichtslosen Triumph ökonomischen Denkens über die Natur und jedes menschliche Maß, konnte das Ereignishafte, der Signalcharakter dieser monumentalen Schöpfung für ein empfindlich oszillierendes, weltpolitisches Echo erst recht nicht übersehen werden. Die Taufrede Bürgermeister Heinrich Burchards hatte sich ja keineswegs in allgemein panegyrischen Pflichtübungen gegenüber Wilhelm II. erschöpft, indem er über das Schiff der Schiffe hinaus auf ein kosmisches Vergleichsbild, den sonnenverklärten Kaiser im Kranze der sternengleichen deutschen Fürsten, verwies, oder indem er des Kaisers historisches Verdienst herausgestrichen hatte, das bis dahin desinteressierte „ganze deutsche Volk dem Meere vermählt zu haben". Wichtiger, allerdings weniger begreiflich für die Menge der Festgäste, dürften jene verklausulierten Wendungen gewesen sein, die Burchard dem im

Gefolge des Kaisers angereisten Staatssekretär im Reichsmarineamt, v. Tirpitz, zugedacht hatte: „Vor allem aber stellt dies Schiff sich dar als eine Schöpfung hochkultivierter Friedenszeit", und, zum Aufstieg der Hamburg-Amerika-Linie: „Sie verdrängt nicht andere Linien, sie hat vielmehr, wo sie sich mit den vorhandenen Unternehmungen verband, die Intensität des Verkehrs erheblich gesteigert". Um es vorweg zu sagen, Äußerungen wie diese spiegelten nahezu wörtlich die Hauspolitik Albert Ballins wider und hatten ihre Entsprechungen in den Verlautbarungen der HAL: „Was gäbe es denn Friedlicheres als die Reise eines Handelsdampfers von Weltteil zu Weltteil?" wird da sehr angelegentlich gefragt oder

gar die ‚Imperator' als das „riesige Friedensschiff" interpretiert (Abb. 169).

Auch zu diesem Thema enthielten die „Gedenkblätter an die erste Ausfahrt..." interessante Bemerkungen: „Sei auch du", so sprach Carl Müller, Berlin, das Schiff an, „ein Vermittler friedlicher Gesinnungen zwischen den Völkern, die sich auf dir zusammenfinden, um gemeinsam die Ozeane zu durcheilen." Auch Dr. Wilhelm Doerkes, Boppard, spielte auf gewisse Alpträume Ballins an: „Der Bürgermeister von Southampton kam dem ‚Imperator' entgegen und wurde von Kommodore Ruser feierlich empfangen. Das seegewaltige Britannien beglückwünschte die neue deutsche Hansa, die ihm

Abb. 169 Heizer vor den Kesseln eines Atlantikdampfers. Foto Hapag-Lloyd.

223

ebenbürtig zur Seite steht." Schön wär's gewesen! Aber daran glaubte sogar Albert Ballin zu diesem Zeitpunkt längst nicht mehr. Er, der zunächst ein für die Sache des Flottenvereins begeistertes Mitglied und dessen tatkräftiger Förderer war, hatte ab 1908 sich allmählich von Tirpitz entfernt und sich gegen die weitreichenden Ausbaupläne der Kaiserlichen Kriegsflotte gewandt, weil er aus dieser Richtung Gefahren für den Weltfrieden und die Weltschiffahrt heraufdämmern sah. Diese Haltung vertrat er zunehmend entschiedener, je mehr er sich persönlich dem Vorwurf ausgesetzt sah, durch eine rücksichtslose Tonnage-Ausweitung der HAL Deutschland die ganze Welt zum Feinde gemacht zu haben. „Ballinismus" hieß das neue, feindselige Stichwort. „Ballin gleich Deutschlands Tragödie", ereiferte sich der Hamburger Georg Schröder, und Adolf Goetz sah vor allem die hamburgische Schiff-

fahrtspolitik bedroht. Mitarbeiter wie Siegfried Heckscher hatten ihren Generaldirektor darauf aufmerksam gemacht, „daß der unaufhörliche Bau großer Passagierdampfer die Gefahr eines Krieges mit England erhöhte". Und diese Bemerkung war auf das derzeit aktuelle Bauprogramm der ‚Imperatorklasse' gemünzt. So friedlich das Flaggschiff dieser Klasse von Bürgermeister Burchard, von Albert Ballin, seinen Werbefachleuten und den Journalisten im Sinne von Gegenpropaganda gedeutet wurde, die Daily News Leader vom 31. Januar 1914 sah das dennoch ganz anders: „Ballin hat der Welt den Krieg erklärt... und wenn unser Anspruch auf die Herrschaft der Meere bedroht ist, so kommt diese Drohung nicht von den deutschen Dreadnoughts, sondern von Herrn Ballin!" Noch ehe der letzte Bau der ‚Imperatorklasse' bei Blohm & Voss hätte fertiggestellt sein können, tobte der Erste Weltkrieg.

Abb. 170 Der Hamburger Hauptbahnhof. Foto um 1910.

Der „Letzte Mann von Finkenwärder" –
Gorch Focks Weg
von der Fischerei zur Marine

Schon 1908 notierte Gorch Fock in seinem Tagebuch: „Der einzelne diene dem Stamm, der Stamm dem Volk, das Volk der Welt und dem Ziele der Welt. Aber der einzelne soll nicht losgelöst von seinem Stamm etwas leisten wollen. Er ist nur eine Sprosse und kann nur in der Leiter wirken." Von einem Anführer, wozu auch immer, erwartete er keine eigenwilligen Initiativen, jedenfalls definierte er ein ihm erfolgversprechendes „Führungskonzept" 1910 im Tagebuch wie folgt: „Der Leithammel sei klug, den Weg zu gehen, den die Herde auch ohne ihn gehen würde". Was „dem Boden der ‚Volksseele‘ entwuchs", sollte, ganz wie J. Langbehn es seiner Jüngerschar der Heimatdichter empfohlen hatte, für den Fischerssohn aus Finkenwerder richtungsweisend sein. Von sich selbst aber sagte dieser im Juni 1915: „Der urgewaltige Wind des Schicksals hat mich erfaßt und wirbelt mich empor, als ob ich selbst keinen Willen hätte, — mein Wille ist Gott." Nun, Wind ist leicht untertrieben, Orkan müßte man dazu sagen. Man hat kürzlich auf eine zeitgenössische Quelle aufmerksam gemacht, derzufolge „allein im August 1914 anderthalb Millionen deutscher Kriegsgedichte entstanden (sind), also 50.000 im Tagesdurchschnitt".

Das Welterschütternde, Schicksalhafte, atmosphärisch Wirksame war nicht etwa eine Erfindung, sondern eine Empfindung Gorch Focks. Hören wir Hermann Hesse: „Das gefällt mir... an diesem phantastischen Krieg, daß er gar keinen ‚Sinn‘ zu haben scheint, daß es nicht um irgendeine Wurst geht, sondern daß er Erschütterung ist, von der ein Wechsel der Atmosphäre begleitet wird." Auch Gorch Fock sah, wie die meisten Dichter und Denker damals, ob Stefan Zweig, Thomas Mann, in jener Zeit äußeren Friedens und wirtschaftlicher Expansion, die das ökonomische Element über jede geistige Auseinandersetzung triumphieren ließ, etwas Krankes, Lähmendes, Müdes, das weggeblasen werden müsse. Im Jahr 1911 formulierte Georg Heym: „Mein

Abb. 171 Finkenwerder Fischerewer um 1910.

Gott, ich ersticke noch mit meinem brachliegenden Enthusiasmus in dieser banalen Zeit. Ich hoffe jetzt auf einen großen Krieg".

Gorch Fock fand 1909 „die Gegenwart krank und unglücklich", ja, er wollte „auf seinem Gebiet heilend wirken." „Ein plattdeutscher Sturmverein muß kommen, ein begeisterter Jugendbund! Alles ist so matt, so geschäftskühl." Und er wußte sogleich die Ursache für diese ‚Verkühlung‘ zu benennen: „Zwei streiten sich stets in mir: Der Großstädter (Abb. 170), der ich geworden bin, und das Landkind, der Deichjunge, der ich geblieben bin. Was dem einen selbstverständlich erscheint, ist dem anderen eine Offenbarung. Was der eine kalt über den Haufen rennt, bei dem bleibt der andere ernsthaft stehn."

Der Kaufmannsgehilfe am Schreibtisch ließ das Leiden an diesem Zwiespalt nicht unentschieden und kultivierte, der bedrückenden Gewißheit inne, sein schlechtes Gewissen, indem er in Hornsriff über sich sagte: „Du betrügst die See! Dir gehören hier nicht Smoking noch weiße Weste noch Lackschuhe; das ist Betrug. Dir gehören hier Ölrock und Isländer und Seestiefel." Indem er gegen das ‚Großstädtische' in sich selber zu Felde zog, zeigte er seine Parteinahme für die heimatorientierte, kulturpessimistische Oppositionsliteratur. Den HAPAG-Dampfer ‚Imperator' stilisierte er zum Symbol für die Attraktivität des unaufhaltsamen Fortschritts von Wirtschaft und Industrie hoch, und setzte dem Großkaufmann Ballin den Finkenwerder Krämer, dem Dampfer den Ewer (Abb. 171), der Industrie das Handwerk und das Gewerbe, dem von Geld und Profitstreben getriebenen Organismus des Welthandels den zu Tode getroffenen Mikrokosmos einer lebenswerten Welt seiner Kindheit gegenüber.

Noch fielen rund um ihn herum alle Entscheidungen zuungunsten des ‚Wahren' und ‚Echten' durch die Macht der kühlen Berechnung. Schon 1911 wußte Gorch Fock seine Insel verloren und nannte ohne Umschweife den Unheilbringer beim Namen: „Die Hamburger Bürgerschaft hat gestern die Eingemeindung Finkenwärders beschlossen. Damit ist unser Schicksal besiegelt und Finkenwärder eingesargt." Er sah das Verhängnis seinen Lauf nehmen: „Das große Sterben von Finkenwärder fängt an: das fühlen sie in allen Häusern am Deich. ‚Wir vergehen', — das klagt in allen Gesprächen. Ich fühle es in tiefster Seele, daß ich mich in einem Buch ausweinen muß." „Da liegt ein schwarzes Ungetüm vor unserem Hause am Finkenwärder Deich, und dieses Ungeheuer hat seine langen Arme auf meinem Deich liegen, hält meine Welt umkrallt." Gegen die Zerstörung Finkenwärders setzte er nicht einen nüchtern dokumentierenden Bericht mit allen sozialen Problemen, sondern die verfremdete, heiter durchsonnte Utopie, die werbend gemeint ist und in der Tat die stärkste messianische Wirkung für eine Wiederherstellung der geschundenen Landschaft sowie der Lebensgrundlagen der Fischerei ausgeübt hat und, wenigstens in diesem Teil, bis heute ausübt. „Mehr Sonne" empfahl er bezeichnenderweise in einer Rezension zu Hinrich Wriedes Truerspill „Fischerlüd". Daß für Außenstehende armselig erscheinende Fischerleben sonnig, groß und schön, lebenswert darzustellen, war notwendig, um überhaupt erst die mitfühlende Hinwendung einer breiten Öffentlichkeit zu erreichen, indem man ihr Interesse von der ökonomisch vernünftig orientierten Welt abzog und ihr die unersetzlichen Verluste an Landschaft, Natur und landschaftsgebundener „Arbeiterkultur" von nahezu exotischem Reiz zum Bewußtsein brachte (Abb. 172). So sagte er einmal, bevor er „Seefahrt ist not!" schrieb: „… das, was ich nun schreiben will, das brennt in mir und soll in anderen Seelen weiterbrennen: die Not unserer Fischerei, die Bordflucht unserer Fischer, die Verschüttung unserer Heimat! Von denen, die es schreiben können, bin ich der einzige, der es erlebt hat, und von denen, die es erlebt haben, bin ich der einzige, der es erzählen kann; daraus ergibt sich die Notwendigkeit, daß ich daran muß." Der Schreibtischmensch wußte sich solidarisch mit allen Berufskollegen seines Vaters in Norddeutschland, besonders denen in Finkenwerder, die allein schon durch die einsetzenden Flußregulierungen, Sandaufschüttungen im Strom, die Verluste der Elbfischerei verspürten und dagegen in zahlreichen Artikeln des „Fischerboten" protestierten.

Umgekehrt zeigen die Ankündigungen von Arbeiten Gorch Focks im „Fischerboten", daß diese Identifizierung auch angenommen wurde, so 1909 im Novemberheft als Hinweis zu „Wat Hein Saß in'n Heben kem": „Der junge Dichter, dessen köstliche Fischereigeschichte wir heute unseren Lesern bringen, wird vielen von ihnen schon bekannt sein, da seine Arbeiten in norddeutschen Zeitschriften viel abgedruckt werden. Gorch Fock, — das ist sein Dichtername, der Sohn eines Finkenwärder Seefischers, ist in Hamburg im kaufmännischen Beruf tätig." Ähnlich enthusiastisch wurde „Seefahrt ist not!" sofort nach Erscheinen den Lesern des Dezemberheftes 1912 ans Herz gelegt: „Gorch Focks Roman ist ein Ereignis! Jeder Freund Finkenwärders, unserer kernfesten Seefischerbevölkerung, unseres Niederdeutschen Volkstums muß dieses Buch lesen…". Es liegt auf der Hand, daß der Berufsstand der Fischer in einer Zeit des sozialen Niedergangs Rückhalt gerade bei der zu höchstem Ansehen in allen Schichten des Volkes aufgestiegenen Kaiserlichen Marine und beim Kaiser suchte. Marinedienstpflichtig für drei Jahre wurden alle Männer, soweit zur seemännischen und halbseemännischen Bevölkerung, d.h. See-, Küsten- und Haff-Fischerei gehörig, sobald sie 20 Jahre alt wurden. Genauso, wie in „Seefahrt ist not!" beschrieben, stieg der junge Fischer also direkt vom Kutter auf Fahrzeuge der Kriegsmarine um.

Etwa zur gleichen Zeit, als Gorch Fock an „Seefahrt ist not!" schrieb, versuchte der staatliche

Abb. 172   Fischer beim Flicken der Netze. Postkarte um 1910.

Fischereiinspektor aus Cuxhaven, einen riesigen Katalog an Subventionen — Bauprämien für neue Fischereifahrzeuge, Darlehen zum Einbau von Motoren in segelnde Berufsfahrzeuge, in Gestalt der Erlassung des Salzzolls und durch finanzielle Förderung für Krabbenfischerei — durchzusetzen, indem er immer wieder auf die — übrigens nicht unbestrittene — Bedeutung der Fischerei für den Nachwuchs der Kaiserlichen Marine hinwies. Abgeordnete der Konservativen, der Fortschrittspartei, der Nationalliberalen und des Centrums kämpften für die Anhebung der Mittel für Förderung der See- und Küstenfischerei von 350.000,— M. des Haushaltsjahres 1912 auf 800.000,— M. im Haushaltsjahr 1913 und landeten schließlich bei nur 375.000,— Mark. Alles war willkommen, was der Propaganda für Fischverbrauch und der sozialen Besserstellung der Fischerei dienlich war. Vorträge über die Bedeutung des Frischfisches für die Volksgesundheit wurden landauf, landab — mit staatlicher Unterstützung — finanziert, Fisch-Kochbücher in den Handel gebracht, und sogar der Kaiser wurde anläßlich eines Hamburg-Aufenthaltes am 21. Juni 1914 zu einer Stellungnahme folgenden Inhalts genötigt: „Er selbst lebe eigentlich nur noch von Seefischen, Erdbeeren und Kirschen. Der Kaiser meinte ferner, es müßte eine intensive Propaganda zur Hebung des Seefischverbrauchs in Deutschland in die Wege geleitet werden", so der „Fischerbote" von 1914. In den

dann folgenden Kriegsjahren wurde der Zusammenhang zwischen imperialer Kriegs- und der Fischereipropaganda noch intensiviert, wie die Durchsicht aller Nummern des „Fischerboten" erkennen läßt, für den Gorch Fock Rezensionen und Geschichten ab 1909 schrieb und den er umgekehrt wieder als wichtige Informationsquelle nutzen konnte.

Längst hatte der Seetod des Fischers, bevor Gorch Fock „Seefahrt ist not!" niederschrieb, das Profil des Opfertodes, des Heldentodes erreicht. Das Profil besaß einen mythischen Rang, der den Tod an Land und im Bett als geringerwertig erscheinen ließ. „Der Fischerbote" vom 1. Januar 1910 hatte auf Seite 1 eine Traueranzeige unter dem Titel „Unsere Finkenwärder" gebracht, die noch in schlichten, nüchternen Worten den Verlust von 8 Hochseekuttern und 29 Mann Besatzung umschrieben hatte — sie waren den schweren Stürmen zum Opfer gefallen, die vom 3. bis 5. Dezember 1909 in der südlichen Nordsee getobt hatten. Diese und vorhergehende Katastrophen hatten den Seetod vom bloßen Berufsrisiko der Ewer- und Kutterfischerei zum voraussehbaren Schicksal werden lassen. Unter der Überschrift „Die Finkenwärder Seefischer im Sturm" folgten in den Jahrgängen 1910 bis 1912 des „Fischerboten" mit Karten und Detailinformationen ausgestattete Erlebnisberichte über Schiffskatastrophen einiger Hochseekutter (Abb. 173).

Und schon im „Fischerboten" 1911 kam Gorch

Abb. 173 Die Hamburger Fischauktionshalle in St. Pauli. Foto G. Koppmann 1904.

Fock mit der Geschichte „Wedder een bleben", die durchaus wirklichkeitsgetreu von Fällen riskanten Ehrgeizes der Fischer untereinander und von der gegenseitigen Bewunderung des Todesmutes erzählte. In Todesanzeigen, wie der im gleichen „Fischerboten" 1911 für den am 4. Januar 1911 verunglückten Fischer Gustav Wedel, diesem in Versen vom Fischerverein Altenwerder gewidmet, erkennen wir leicht die ‚berufsbedingte' Sinngebung des Opfertodes:

> „Es raubt dein jähes Mißgeschick
> Der Frau und Kinder Lebensglück;
> Denn deine Arbeit war ihr Brot,
> Für sie starbst du den Ehrentod."

So kommt es denn, daß man in Rezensionen zu „Seefahrt ist not!" an dem dortigen Gebrauch des Heldenbegriffes nie Anstoß nahm. „Die Hauptgestalt des Buches, der ‚Held', der den stolzen Namen ‚Klaus Störtebecker' führt, ist, wenn man ihm zuerst begegnet, ein kleiner Junge, in dessen Seele die Neigung, Wünsche und Leidenschaften ganzer Generationen von Fischern lebendig geworden sind;

er ist für seinen Beruf geboren, wie der Dichter für den seinen, die Lebensgeschichte dieses Jungen, der wie ein Symbol wirkt, zu schildern", schrieb dazu Philipp Berges. Die Symbolkraft seines „Helden", die Wiederauferstehung seiner Fischerwelt führten Gorch Fock über das eigene Buchhalterdasein, die herabgewürdigte Existenz seines Vaters auf der Baggerschute, die kaltberechnete Zerstörung seiner Kindheitswelt hinweg. Er erweckte für sich und andere die Hoffnung einer konkreten Utopie, zu deren Verwirklichung die Veränderung der bestehenden Verhältnisse und die Läuterung der ermatteten Gesellschaft durch den Krieg die notwendigen Schritte sein würden.

In dem Dezember-Heft des „Fischerboten" 1914 konnte der bereits erwähnte Philipp Berges schon in der Vergangenheitsform von dem Barden des Fischerlebens sagen: „Man hat Gorch Fock den Homer der Wasserkante genannt", wobei vor allem angespielt wurde auf das wildschöne Schicksalhafte in seiner Darstellung, das für die 1.500 Leser des „Fischerboten", die ja doch alle beruflich mit der

Fischerei zu tun hatten, augenfällig mit der Wirklichkeit in Einklang schien. „Seefahrt ist not!" konnte als Beitrag der Fischerei zu einer weitgehenden Forderung Kaiser Wilhelms II. verstanden werden, der — Gorch Focks Buchtitel vorwegnehmend — bereits am 18.10.1899 beim Stapellauf des neuen Linienschiffs „Kaiser Karl der Große" mit fast gleichlautenden Worten ausgedrückt hatte: „Bitter not tut uns eine starke Flotte". Nach Willi Stoewer — des Kaisers liebstem Marinemaler — waren es gerade diese „bedeutungsvollen Worte", die „im ganzen Lande zündeten und mächtig im Volke das Verständnis für die Notwendigkeit einer starken Seemacht fördern halfen".

Das „Flaggschiff des literarischen Imperialismus" war also „Karl der Große" und der Erfinder entsprechender Inhalte das Reichsmarineamt, das nach Gordon A. Craig „zu einer Propagandazentrale umfunktioniert" wurde, „deren Ziel darin bestand, alle Deutschen stolz auf ihre Flotte zu machen und in der Vergrößerung der Flotte ihre Hauptsorge zu sehen..." Unter Verwendung moderner Werbemethoden trug Tirpitz — ab 1897 — „diese Botschaft in alle Schichten und Altersklassen — mittels des gedruckten Wortes, durch Vorträge, durch Besuche junger Offiziere in Schulen und höherrangiger Offiziere bei Politikern und schließlich durch Einladungen der Öffentlichkeit an Bord und Besichtigung der Kriegsschiffe". Die Beschreibung der gleichen Aktivitäten in „Seefahrt ist not!" — jetzt fällt es uns doch wie Schuppen von den Augen — sind nichts als eingeflickte Abziehbilder der imperialen Flottenpropaganda, an die sich alle Schichten und Stände — auch die Fischer — längst gewöhnt hatten.

Ohne dies durchschauen zu können, trat Gorch Fock übrigens mit der Aufnahme antibritischer Flottenpropaganda durchaus in Gegensatz zu Albert Ballin, seinem Arbeitgeber. Dieser wandte sich nämlich ab 1908, zumal man ihm persönlich zunehmend Vorwürfe machte, mit rücksichtsloser Tonnage-Ausweitung der HAPAG („Ballinismus!") Hauptschuldiger an der Verschlechterung der Beziehungen zu England zu sein, schließlich ganz gegen Tirpitz, den in der Tat Hauptverantwortlichen. Bis dahin hatte es Ballin an nichts fehlen lassen, was der Förderung des Flottengedankens in der Hamburger Ortsgruppe dienlich war.

Gorch Fock ist einzuordnen in die nahezu ge-

Abb. 174 „Feldpostbrief an Frau Breckwoldt". Gemälde von Karl Müller, Öl auf Leinwand, 1916 sign.

schlossene Phalanx unserer Dichter, die „als romantische Antikapitalisten" den August 1914 wie ein ‚Pfingstwunder' feierten, wie Walter Jens es einmal ausgedrückt hat, indem er deutlich machte: „Krieg bedeutete für den Großteil der Literaten von 1914, die Randexistenz in der Bürgerwelt zu verlassen, und eingemündet in ein Volk, als dessen legitimierter Sprecher eine neue soziale Funktion zu gewinnen: der Paria als geistiger Führer und Outcast unter den Bourgeois als geistiger Führer eines im Krieg geläuterten, ans Vermächtnis des deutschen Idealismus anknüpfenden Volkes. Der Poet als Anwalt der nationalen Revolution."

Begabt mit speziellen Hoffnungen und Vorstellungen, findet sich Gorch Fock als ein „Jedermann" einbezogen in Stefan Zweigs „Welt von gestern", also dessen Erinnerungen an den Beginn des Ersten Weltkrieges: „Alle Unterschiede der Stände, der Sprachen, der Klassen, der Religionen waren überflutet von dem strömenden Gefühl der Brüderlichkeit. Fremde sprachen sich an auf der Straße, Menschen, die sich jahrelang ausgewichen, schüttelten einander die Hände, überall sah man belebte Gesichter. Jeder erlebte eine Steigerung des Ichs; er war nicht mehr der isolierte Mensch von früher, er war eingetan in eine Masse, er war Volk, seine sonst unbeachtete Person hatte einen Sinn bekommen … Er konnte Held werden, und jeden, der eine Uniform trug, feierten schon die Frauen (Abb. 174), grüßten ehrfürchtig die Zurückgebliebenen mit diesem romantischen Namen."

Aufgrund eines geradezu naiven Kinderglaubens hat Gorch Fock mehr und auch länger als viele andere nach Bestätigung der Hoffnungen von 1914 gesucht, an fragwürdigen Idealen festgehalten, den theatralischen Mythos des Reiches und seines Kaisers als Schutz empfunden und gebraucht. Er fühlte sich von Gleichdenkenden umgeben und getragen:

> „Sühso, — nu kummt een annern Stremel:
> ik ward Suldot as Richard Dehmel."

Ja, nur zur persönlichen Erinnerung und für niemanden anders hielt er am 23. August 1915 „Am Ufer des Bug" in seinem Tagebuch fest: „Ich arbeite unablässig an mir, ein besserer, edlerer Mensch zu werden, der vor Gott wert ist, seine Heimat wiederzusehen", also: als Held unter Helden zurückzukehren — nach Durchschreiten des ‚reinigenden Feuers' sozusagen. „Weh dem, der aus diesem Kriege ungesegnet in die Heimat zurückkehrt", sinnierte er für sein Tagebuch Ende September 1915. An die eigene Läuterung und Rückkehr glaubte er mit

geradezu religiöser Selbstüberzeugung. Und wenn er nun doch fallen sollte? „Jeder von Euch weiß, wenn es sein muß, wie ein Held zu sterben", so hatte Wilhelms II. Aufruf „An das deutsche Heer und die deutsche Marine!", im „Hamburger Fremdenblatt" vom 6. August 1914 nachzulesen, gelautet. Gorch Fock hatte gewiß des Königlichen Gartenbaudirektors Willy Lange Anregung ab 1915 oft genug gesehen: „Schafft Heldenhaine!", und zwar „in allen Orten Deutschlands werden die Eichen um den Gemeinde-Weiheplatz, im Mittelpunkt die Friedenslinde — die Kaiserlinde — stehen". Denn „in seiner Heimat soll jedem Helden Deutschland ein lebendiges Denkmal durch Pflanzen seiner Eiche gesetzt werden". Dem Marinesoldaten Gorch Fock würde mit Sicherheit Heldenverehrung zuteil werden, ohne daß der Bruder, die Geliebte erst seine Angelegenheit hätten betreiben müssen. Allenfalls würden sie die Dimensionen der Heldenverehrung noch ins Übergroße treiben dürfen (Abb. 175).

Todesahnung und Überlebenswunsch wechselten einander ab, wie bei jedem Soldaten. Er glaubte fest an die ‚Pappkameraden' der mythischen Reichspropaganda als Garanten des Sieges:

> „Luther — deutsche Morgenröte,
> deutscher Morgen — Wolfgang Goethe,
> Bismarck: Deutschlands heller Tag,
> komme, was da kommen mag."

Gorch Fock hat mit Anspielung auf die Nibelungen, die Germanengötter allgemein und die Reichsheroen von Barbarossa bis Bismarck nichts eigenes erfunden, sondern sich streng an die zusammengeklaubte Götterwelt und Ausdrucksweise der Reichspropaganda gehalten. In immer neuen Wendungen wiederholte sich die Phrasendrescherei, indem sie schließlich den Charakter beschwörender Litaneiformeln annahm: „Ich brauche nur die Namen: Wartburg, Goethe, Kyffhäuser, Bismarck oder Hamburg anzusprechen, um stark zu erkennen, daß wir nicht besiegt werden können." „Herr Gott und Bismarck in'n Heben", rief er aus (Abb. 176), damit diese die Elbe und Hamburg vor den Engländern bewahren sollten. Die gleichen Götter aber rechtfertigten auch den totalen U-Boot-Krieg, des U-Boot-Kommandanten Otto Weddingens „große Tat".

Ein jüdischer Mitbürger, Ernst Lissauer, hatte einen „Haßgesang gegen England" geschrieben und dafür den Roten Adlerorden des Kaisers erhalten. Hermann Löns wollte flugs „gen Engelland" ziehen, und Alfred Kerr hatte die neue deutsche Seegeltung im Propagandatenor des Deutschen Flottenvereins gefordert, indem er die Briten verhöhnte:

Der letzte Mann.

Aus dem Heldenkampf in der Seeschlacht bei den Falklandsinseln am
8. Dezember 1914. Nach dem Gemälde von Professor Hans Bohrdt*)

Sie haben gefochten eins zu vier,
Nun zieht sie der Tod ins kühle Revier.
Sie haben gefochten vier zu eins,
Die Helden im Strahl des Ewigenscheins.
Nun brennt das Schiff an Bug und Heck,
Die Mannschaft steht auf Vorderdeck.
Und wie sie in die Tiefe sinkt,
Greift sie zur Mütze und grüßt und schwingt,
Bis daß von Fluten begraben die Hand,
Hurra dem Kaiser und Vaterland!
Als sich vollendet das Geschick,
Kieloben treibt's einen Augenblick
Und reckt noch einmal den wunden Rumpf
Und gurgelt hohl und gurgelt dumpf.
Da plötzlich aus der Meeresflut
Taucht ein Matrose, ein junges Blut,
Der hält über See in höchster Not
In der Rechten die Flagge schwarz-weiß-rot.
Mit ihr erklimmt er das brodelnde Wrack,
Fest steht er, ein Fels, standhaft und strack,
Er schwingt mit kräftiger Seemannshand
Noch einmal die Flagge fürs Vaterland.
Und als der Rumpf in der Flut versinkt,
Mit beiden Händen die Fahne er schwingt.
Und als die Welle den Kopf bedeckt,
Aus dem Wasser ein Arm noch die Fahne streckt.
Er läßt sie nicht, er nimmt sie hinein;
Sie soll auch im Tod sein Begleiter sein.

Heinrich Röser.

*) O. G. Zehrfeld, Verlag, Leipzig.

Abb. 175 „Der letzte Mann". Postkarte nach einem Gemälde von Hans Bohrdt, versehen mit einem Gedicht von Heinrich Rösser. Um 1916.

Abb. 176   Bismarck-Epiphanie im Pulverdampf der Kanonen. Anzeige aus der Zeitschrift „Jugend", 1916.

Abb. 177   Relief der wehrhaften Germania, gedacht am Felsen von Helgoland. Darüber zur Verteidigung Deutsch-lands startende Adler, die den Engländern Verderben bringen. Aus der Zeitschrift „Jugend", 1915, Heft-Nr. 4.

„Weises England! Deine Mörser müßten
platzen — fern von unsern Küsten.
Hoher See bewegter Gang
macht dich katzenjammerkrank,
wünsche dir mit letzter Suada
alle Freuden der Armada!"

„Deutschland liest, England rechnet, Frankreich
spricht" und: „Der Engländer: Wir kämpfen bis
zum letzten Penny. Der Deutsche: Und wir bis zum
letzten Blutstropfen." Mit derlei Bemerkungen reflektierte Gorch Fock allgemeine Kriegspropaganda, die von der Kolportage angeblich offiziöser britischer Regierungsmeinungen lebte. Der Cuxhave-
ner Fischereiinspektor schrieb 1915 — ohne natürlich Tagebucheintragungen von Gorch Fock zu
kennen — in seinem Aufsatz mit dem bezeichnen-
den Titel „Durchhalten": „,Wir haben schon manchen Krieg mit silbernen Kugeln gewonnen', sagte
ein englischer Minister zu Anfang des Krieges". Das
„Ministerwort", so ähnlich wohl vom Reichsmarineamt nach englischen Zeitungen zitiert, fügte sich
günstig der antikapitalistischen Kriegsphilosophie
Max Schelers ein, der — längst vor der Denunzia-
tion Englands als der „plutokratischen Weltmacht"
durch die nationalsozialistische Propaganda — im
November 1914 einen Krieg gegen das Mutterland
des modernen Hochkapitalismus als gerechtfertigt
ansah: Denn „jeder Krieg gegen England ist auch
ein Krieg gegen den Kapitalismus und seine Aus-
wüchse überhaupt". Der Fischereimeister und seine Zeitgenossen, auch Gorch Fock, bildeten ihre
Aversion gegen England aus, indem sie der vor allem mit Zitaten antideutsch eingestellter britischer
Zeitungen geschickt operierenden Propaganda des
schon vor der Jahrhundertwende hetzenden Deutschen Flottenvereins zum Opfer fielen. Man muß
das im „Nauticus" und anderen Organen veröffentlichte Bild eines Haß und Verderben sprühenden Al-
bion analysieren, um den propagandistisch berech-
neten Rückwirkungseffekt auf die 1 Million Mitglieder, also die Opfer eines Massenbetrugs, zu begreifen. Beispiel: das häufig verwendete Zitat aus
„Saturday Review" vom 11.9.1897: „Bismarck hat
längst erkannt, daß es in Europa zwei große unver-
söhnlich entgegengesetzte Kräfte gibt, zwei große

Nationen, welche die ganze Welt zu ihrer Domäne
machen und Handelstribut einfordern möchten,
England und Deutschland wetteifern miteinander in
jedem Winkel des Erdballes… Eine Million kleiner Querelen schafft den größten Kriegsfall, den die
Welt je gesehen hat. Wenn Deutschland morgen aus
der Welt vertilgt würde, so gäbe es übermorgen keinen Engländer in der Welt, der nicht um so reicher
wäre. Völker haben jahrelang um eine Erbfolge ge-
kämpft, müssen sie nicht um einen jährlichen Handel von 5 Milliarden Krieg führen?" Das bei Gorch
Fock wiederkehrende Feindbild war längst schon
volksläufig und Teil der Wertung: (englische) „Händ-
ler gegen die (deutschen) Helden". Seit Tirpitz in
das Reichsmarineamt eingezogen war (1897) und
durch Flottengesetze den für die Briten bedrohlichen
Aufbau der Flotte betrieben hatte, nahmen die Aver-
sionen gegen England, geschürt durch den Flotten-
verein mit immerhin 1 Million Mitgliedern, ständig
zu (Abb. 177). Daß dieser Vorgang innerlich durch
die Politik des Reichsmarineamtes gestützt wurde,
bewies die von Tirpitz am 15. Juli 1897 dem Kaiser
übergebene Denkschrift mit der also recht früh formulierten Erkenntnis: „Für Deutschland ist z. Zt.
der gefährlichste Gegner zur See England. Es ist
auch der Gegner, gegen den wir am dringlichsten
ein gewisses Maß an Flottenmacht als politischen
Faktor haben müssen."

Wie in diesem Falle, so erkennen wir in dem naiven Akzeptieren und gläubigen Weiterreichen kaum
veränderter Elemente kaiserlicher Kriegspropaganda
eine nicht gerade schöpferische, anregende Wirkung.
In den Berufskampf der Fischer, soweit er sich in
Publikationen Gehör verschaffte, fand er bereits viel
von dieser Propaganda eingewoben, sobald er den
„Fischerboten" oder ähnlich einschlägige Periodi-
ka zur Hand nahm, und nicht einmal die Rezensen-
ten des Buches „Seefahrt ist not!" hatten Grund, die
Verknüpfung von Fischereipropaganda und Marine-
propaganda gar als unwahrscheinlich zu verwerfen.
Sogar die längst vor Ausbruch des Ersten Weltkrieges im „Fischerboten" erörterten zunehmenden
Auseinandersetzungen zwischen deutschen und bri-
tischen Fischereifahrzeugen hatte in „Seefahrt ist
not!" ihre Entsprechung.

Weltkriegsende
und demokratischer Neubeginn:
ein „Neubau hinter alter Fassade"

Der mit so großartigen Hoffnungen und den unsinnigsten Kriegszielen beladene Weltkrieg war verloren. Ein Chaos setzte ein, das wohl den meisten Hamburger Bürgern den Blick auf irgendeine vorstellbare Zukunftsaussicht verdunkelt haben muß. Deprimierend war der Anblick des zurückkehrenden 76er-Regiments, das nach hohen Verlusten, jetzt im Zustande der Auflösung begriffen, in Hamburg eintraf. Eine gänzlich neue Erfahrung stellte für alle Einwohner die Revolution vom 9. Nobember 1918 dar, die ihnen die Diktatur eines Arbeiter- und Soldatenrates unter Führung des Historikers Dr. Heinrich Laufenberg bescherte. Hans Leip hat in bisher unveröffentlichten Skizzen die spannungsgeladene Atmosphäre auf dem Rathausmarkt gezeichnet: die vielen hundert Matrosenmützen, alle ausgerichtet auf die eine sich über sie erhebende Gestalt, die Erscheinung Laufenbergs (Abb. 178).

Senat und Bürgerschaft wurden kurzerhand abgesetzt und doch wieder nach einigen Tagen, wie auch die erfahrensten Mitarbeiter aus den Spitzen der Verwaltung, jetzt als unentbehrliche Verwalter des Mangels zu Rate gezogen. Was sich dort abspielte, war nicht dazu angetan, den Steckrübenwinter 1917/18 und die Lebensmittelkarten der Kriegszeit schnell vergessen zu machen.

Und dennoch — die Hamburger grollten diesen Revolutionären nicht, da sie sich teilweise verständig mühten, mit den früheren Staatslenkern gemeinsam die brennendsten Probleme anzupacken und auch große Aufgaben, beispielsweise die 1912 schon wieder gescheiterte Universitätsvorlage, neu aufzugreifen und bis zur Entscheidungsreife voranzutreiben. In den Gesprächen mit dem Arbeiter- und Soldatenrat bewährten sich der phantasiebegabte Praktiker Fritz Schumacher, aber auch die Geduld und politische Gestaltungskraft eines Dr. Carl Petersen, der als erster Parteipolitiker, und zwar zu den Nationalliberalen gehörig, ab September 1918 im Senat mitarbeitete. Schon am 16. März 1919 fanden

Wahlen zu einer verfassungsgebenden Bürgerschaft statt, und zwar dies auf Betreiben des Arbeiter- und Soldatenrates. Wahlberechtigt waren alle in Hamburg wohnenden Deutschen, die das 20. Lebensjahr vollendet hatten, Frauen ebenso wie Männer. Schon am 24. März trat die neugewählte Bürgerschaft zusammen, die nunmehr als höchstes Staatsorgan die Macht wieder übernahm. Der alte Senat trat zurück, unter ihnen auch der Altbürgermeister Dr. Carl August Schröder, der in seinen Memoiren „Aus Hamburgs Blütezeit" deutlich machte, warum er in Zukunft für ein Senatorenamt nicht mehr zur Verfügung stehen wollte: „Wäre es schon eine kaum erträgliche capitis deminutio für mich gewesen, der ich die Ehre gehabt hatte, als Präsident des souveränen Senats an der Spitze unseres Gemeinwesens zu stehen, jetzt einer der Bürgerschaft unterstellten, der Souveränität entkleideten Körperschaft anzugehören, die mit dem alten Senate wenig mehr als den Namen gemeinsam hatte, so kamen doch noch zwei andere zwingende Gründe hinzu. In erster Linie mußte ich mir sagen, daß ich mit meinen durch Geburt und Erziehung mir fest eingewurzelten, durch langjährige Erfahrungen als unbedingt zutreffend bestätigten Anschauungen nicht in eine Körperschaft passe, in der die Sozialisten schon für sich allein regelmäßig die unbedingte Majorität haben, daß ich mit meinen Ansichten stets in der Minorität bleiben würde und was noch schlimmer wäre, mit meinem Namen Entschließungen decken müßte, die nach meiner festen Überzeugung verderblich wären, von mir aber nicht verhindert werden konnten. Dann aber konnte ich auch darüber nicht im Zweifel sein, daß mein Bleiben in diesem Senate nur von kürzester Dauer sein konnte, denn entweder würde ich, um dem vorgedachten Konflikt zu entgehen, meinerseits ausscheiden, oder ich würde mir sehr bald ein Mißtrauensvotum der sozialistischen Bürgerschaft zugezogen haben und dadurch zum Austritt gezwungen gewesen sein." Es war klar, daß Schrö-

235

Abb. 178   Matrosen auf dem Rathausmarkt. Zeichnung von Hans Leip, November 1918.

der, der vor allem die repräsentative Seite seines Amtes so geliebt und oftmals den Senat bei Hofe in Berlin oder an des Kaisers Tafel auf der „Hohenzollern" bei den Unterelberegatten vertreten hatte, sich mit den neuen Daseinsformen von Koalitionen mit den Sozialisten nicht viel Erbauung versprach. Niemand aber konnte voraussehen, daß die SPD inskünftige als stärkste Partei auf das Amt des Ersten

Abb. 179   Versuch der Selbstjustiz auf dem Rathausmarkt, Zeichnung von Hans Leip, 1919.

Bürgermeisters lange verzichten und dennoch das eigentlich staatstragende Element jeder künftigen Koalition sein würde.

Im übrigen aber verdient festgehalten zu werden, daß in dem vergleichsweise kurzen Zeitraum bis 1933 trotz enormer finanzieller Schwierigkeiten große Leistungen vollbracht worden sind. Erst wenige Tage im Amt, beschloß am 31. März 1919 die Bürgerschaft ein vorläufiges Gesetz über die hamburgische Universität. Im Mai wurde sie bereits eröffnet. Sie gründete sich wesentlich auf das 1908 geschaffene Kolonialinstitut, das damals durch Vereinbarung zwischen Hamburg und dem Reichskolonialamt, und zwar als Ausbildungsstätte für

Kolonialbeamte zustande gekommen war. Nur als ein Beispiel für die moralische Kraft dieser neuen Bürgerschaft sei hervorgehoben, daß sie am 31. Januar 1923 außerhalb der Universität ein „Institut für auswärtige Politik" schuf, das schon am 15. März 1923 seine Arbeit beginnen konnte. Gegen die Konservativen setzte sich der von den in Hamburg besonders zum Pazifismus neigenden Liberalen (DDP) unterstützte Senatsantrag an die Bürgerschaft durch, dieses Institut mit der Aufgabe zu befassen, „Richtlinien für eine stetige, wirksame und dem Frieden dienende Außenpolitik der Zukunft zu gewinnen und der Allgemeinheit die Kenntnis der außenpolitischen Fragen zu vermitteln, deren sie im Volksstaat zur Fassung eigener Entschlüsse und zur Stärkung der Regierung vor dem Ausland bedarf". Zum ersten Leiter dieses Instituts wurde Albrecht Mendelssohn-Bartholdy bestellt, Professor für internationales Privatrecht und Auslandsrecht an der hiesigen Universität. Es darf in diesem Zusammenhang nicht vergessen werden, daß insbesondere der Bankier Max Warburg (DVP), eine Ausnahmeerscheinung in seiner Partei, diese Initiative mit vollem Einsatz unterstützt hat, die den Beginn der Friedensforschung markierte. Wir werden uns an diesen Punkt erinnern müssen, sobald wir im folgenden Kapitel die Stellung desSenats zu den Weltkriegsdenkmälern behandeln werden.

Man kann sich nur schwer vorstellen, wie trotz der unruhigen Ausgangslage Bürgerschaft und Senat dennoch allmählich das Heft in die Hand bekamen. Hans Leip hat wiederum eine historisch bemerkenswerte Skizze vom 25. Juni des Jahres 1919 geliefert, der als trauriges Datum Symbolcharakter für Selbstjustiz und Terror gewinnen sollte. Eine tobende Menge mit bösen Gerüchten aufgepeitschter Menschen versuchte den Sülze-Fabrikanten Jakob Heil und die Vorarbeiterin der Heilschen Fabrik, Frau König, am Kaiser-Wilhelm-Denkmal auf dem Rathausmarkt aufzuknüpfen (Abb. 179). Angeblich waren auf dem Fabrikgelände an der Großen Reichenstraße Tierkadaver und sogar Ratten in der Sülze gefunden worden. Nur mit Mühe gelang es, beiden das Leben zu retten. Einmal mehr erlebte Hamburg eine Besatzungszeit, als am 1. Juli 1919 unter General Paul von Lettow-Vorbeck 10.000 Soldaten mit 30 Geschützen, 1 Panzerzug und eine Torpedobootsflottille hier eintrafen und sowohl über dem Rathaus als auch über dem Bahnhof die schwarz-weiß-rote Fahne hißten. Unendliche Probleme von bisher nicht gekanntem Ausmaß brachte die Inflation mit sich, die den hamburgischen Staat bis an die Grenze der Zahlungsfähigkeit trieb. Im November 1923 wurde zum Ende der Inflation eine Billion Papiermark einer neuen Reichsmark gleichgesetzt. Und obwohl der Senat es gewiß an Einfallsreichtum nicht mangeln ließ, um der stets wachsenden Arbeitslosigkeit entgegenzuwirken, blieb ihm hier der Erfolg gänzlich versagt.

Und dennoch geschah jetzt mehr für den kleinen Mann, als man, aus dem vollen schöpfend, in den Jahren zwischen Fertigstellung der Speicherstadt 1888 und Beginn des Ersten Weltkrieges hätte tun können. Fritz Schumacher war es, der in den 20er Jahren Korrekturen an den Bebauungsplänen für Barmbek-Nord vornahm und mit Reformierung der Bebauungspläne für Dulsberg den Weg für die Herstellung vieler Arbeiterwohnungen ebnete. Im Vergleich mit den schrecklichen Mietskasernen auf dem Hammerbrook, die 1919 zu beanstanden waren, versuchte man hier, menschenwürdige, erholsame Wohnbereiche zu schaffen. An Grünanlagen wurde gedacht, mit dem „Kleinwohnungsbau" experimentiert. Um Raum zu sparen, wurden die schönen halbrunden Gemeinschaftsterrassen, für alle Bewohner gemeinsam benutzbare Duschen und Flächen für Sommerbäder geschaffen. Auf diese Weise blieb das Individuum in jedem Falle im Kollektiv gewahrt. Erinnert sei auch an die Entstehung der Gartenstädte, beispielsweise die Reihenhaussiedlung Langenhorn, wo eine ganz neue Wohnqualität geschaffen wurde. Und schließlich geschah dies erstmals nach wirklich akzeptablen Gesamtvorstellungen vom Städtebau. Erinnert sei hier nur an den erst 1933 kurz vor der Zwangspensionierung von Fritz Schumacher vorgelegten Achsenplan, in welchem er die Verbindungslinien zwischen Hamburg und dem Umland nach funktionellen Gesichtspunkten untersuchte und entsprechende Vorschläge für die planerische Inangriffnahme unterbreitete. In diesem Rahmen müssen wir es bei wenigen Andeutungen bewenden lassen, weisen aber auf die hervorragende Darstellung dieses Themas in den „Arbeitsheften zur Denkmalpflege in Hamburg" Nr. 4 von Manfred F. Fischer unter dem Thema „Fritz Schumacher, das Hamburger Stadtbild und die Denkmalpflege" (Hamburg 1977) hin.

Das 76er-Denkmal am Stephansplatz als Zeugnis für den Verfall der Geistesfreiheit vor 1933

Es gehört mit zu den interessantesten Erscheinungen unserer Tage, daß oftmals in völliger Unkenntnis historischer Zusammenhänge unzutreffende Vorwürfe an weit in der Geschichte zurückliegende Handlungsweisen gerichtet werden. Nicht selten allerdings werden im Sinne herzlich gutgemeinter Parteilichkeit bestimmte Nachweise in der Geschichte gesucht und, sofern sie sich dazu eignen, in panegyrische Darstellungen eingebaut, die der Legitimation eines besonderen politischen Standpunktes dienlich sein sollen. Gelegentlich werden aber nicht nur zitierfähige historische Nachrichten auf diese Weise instrumentalisiert, sogar Denkmäler, wie beispielsweise das der 76er, werden durch neue Deutungen aufgeladen und sozusagen hochexplosiven Granaten gleich ins feindliche Lager abgeschossen. Dabei wird oft völlig übersehen, daß gerade solche Gegenstände nach vollständiger Ausschöpfung aller hierzu sprechenden Quellen in einzigartiger Weise geeignet sind, etwas von den Absichten und atmosphärischen Umständen zu überliefern, unter deren Einwirkung sie entstanden sind. Ich hoffe an dieser Stelle den Nachweis dafür erbringen zu können, wie wichtig das 76er-Denkmal am Stephansplatz ist, weil es meines Erachtens ein unverfälschtes Zeugnis für die systematische Einengung der Geistesfreiheit an der Schwelle zum Dritten Reich bedeutet und daher immer erhalten bleiben muß. Ein „Stein des Anstoßes" ist daraus geworden, dessen Rezeptionsgeschichte bis in die Gegenwart reicht. Diese hatte übrigens peinlich genug mit der Denkmalsweihe am 15. März 1936 in Anwesenheit der zweiten Garnitur nationalsozialistischer Repräsentanten und dem Austausch von Danktelegrammen mit dem Führer in Berlin begonnen (Abb. 180). Wen hatte man nicht alles eingeladen: den Reichswehrminister v. Blomberg, den Oberbefehlshaber des Heeres, General der Artillerie, Freiherr v. Fritsch. Sie schickten ebenso ihren Vertreter, wie der persönlich verhinderte Regierende Bürgermei-ster Krogmann und der Reichsstatthalter Karl Kaufmann. In seiner Ansprache konnte der Bundespräsident der 76er, Exzellenz Generalleutnant a. D. Paschen, in Vertretung des Reichskriegsministers und der obersten Heeresleitung den Kommandierenden General des X. Armeekorps, General der Kavallerie Knochenhauer, sowie den Senator Ahrens persönlich begrüßen. Der Führer und Reichskanzler hatte sich gerade drei Zeilen für ein Telegramm abgerungen: „Den zur Denkmalsweihe versammelten ehemaligen 76ern danke ich für ihre Grüße, die ich in kameradschaftlicher Verbundenheit herzlich erwidere. Adolf Hitler." Was an großen Namen fehlte, mußten Musik und militärischer Schnedderengteng wieder gutmachen. Andererseits fehlten, wie man sich denken kann, die Mitglieder des alten Senats, soweit sie nach Einverständniserklärung des Senats vom 21.11.1932 „dem Ehrenausschuß zur Errichtung eines Denkmals zur Erinnerung des 76er-Regiments Hamburg" beigetreten waren. Carl Petersen, der noch am 14.4.1932 als schwerkranker Mann in seiner berühmten Rede „Die Schicksalsstunde des hamburgischen Bürgertums" die Nationalsozialisten so scharf wie sonst kaum jemand je zuvor in Hamburg angegriffen hatte, war im November 1933 gestorben. Senator de Chapeaurouge und Staatsrat Alexander Zinn, ausgesprochene Nazigegner, konnte man bei dieser Gelegenheit natürlich auf keine Einladungsliste setzen. War es doch gerade Dr. Paul de Chapeaurouge gewesen, der am Tage der Reichstagswahlen vom 5. März die über einigen Polizeikasernen vorfreudig gehißten Hakenkreuzfahnen wieder herunterzuholen befohlen hatte und schon tags darauf als zuständiger Senator zurückgetreten war, weil er dem Verlangen des Reichsinnenministers Wilhelm Frick auf Einsetzung des SA-Standartenführers Alfred Richter zum kommissarischen Polizeiherrn Hamburgs keinesfalls nachgeben wollte. Nach diesem Zeitpunkt finden sich natürlich keine weiteren Belege über eine Beförderung des Denkmalprojektes durch die bisher zuständigen Herren.

Man kann an der plötzlich 1933 beendeten Einflußnahme der genannten wichtigen Persönlichkeiten nicht vorbeigehen, ohne sich zu fragen, ob denn mit ihrem Ausscheiden nicht die Kontinuität der ganzen Planung überhaupt in Frage gestellt war. Oder lassen sich Hinweise ausfindig machen, daß Richard Kuöhls Werk als Ergebnis der erst 1934 erfolgten Ausschreibung, ganz ohne die Intentionen der neuen Machthaber zu berücksichtigen, in glücklichster Weise mit den ursprünglichen Denkmalsabsichten des 76er-Regiments harmonierte? Vielleicht doch eine den neuen Geist verkörpernde Idealschöpfung des Nationalsozialismus? Jedenfalls reicht das Zeugnis eines Panegyrikers, der voller Eifer als Höhepunkt einer von Vorsehung bestimmten Hamburgischen Geschichte „das große Wunder von 1933" hervorheben wollte, jenes unsäglichen Oberschulleiters Rudolf Schmidt, nicht ganz aus, der sich natürlich das „Meisterstück" Kuöhls nicht entgehen ließ und — wie sollte es anders sein — dessen Entstehung ohne „den Umbruch von 1933" für gar nicht denkbar erklärte.

Allerdings stand Kuöhls Werk, so muß man gegen Schmidt einwenden, nicht im Widerspruch zu den Vorstellungen, welche für die 76er die Herren Generalmajor v. Heymann und Generalleutnant Paschen schon am 27. Juli 1932 geäußert hatten: Durch „äußere Gestaltung" solle bewirkt werden, daß „der Geist der soldatischen Manneszucht, des Gehorsams, der Selbstlosigkeit, der Treue und der Vaterlandsliebe unseres kampferprobten Regiments vor der Öffentlichkeit eine eindringliche Gedächtnissprache" verkünde.

Noch wenige Jahre vorher war der Wunsch nach einem Sonderdenkmal der 76er in der Öffentlichkeit kein Diskussionsgegenstand. In einem am Heiligen Abend 1928 in den „Hamburger Nachrichten" bekanntgegebenen Aufruf hatten die 76er zusammen mit allen anderen interessierten Verbänden ein gemeinsames Denkmal für alle Gefallenen Hamburgs gefordert: „...noch immer aber hat Hamburg kein Symbol für die Ehrung der Gefallenen, keinen Wallfahrtsort, an dem man in edlem Gemeinschaftsgefühl — ob arm oder reich — seine Andacht als Mensch und wahrhaft guter Deutscher verrichten kann, keinen Volksaltar, der sich über alle Politik und alles was sonst noch uns zu trennen vermag, würdevoll erhebt." Bedeutete dieses Konzept nicht auch die Wiederbelebung von Gedanken des längst abgedankten Kaisers, der nur noch Deutsche und

keine Parteien mehr gekannt hatte? Dann ist da noch von einem ‚Wallfahrtsort' und einem ‚Volksaltar' die Rede, von Elementen, die durchaus auf Kuöhls Entwurf vorausweisen. Weniger greifbar hatte man die Denkmalsabsichten Anfang 1927 schon einmal zu Papier gebracht, als der Senat (18.2.27) um einen Bauplatz gebeten worden war.

Dieser Wunsch war übrigens mehr voller Ungeduld niedergeschrieben worden, denn im Grunde hatte das Regiment ebensowenig wie andere Truppenteile einer umfassenderen Denkmalsinitiative des Senats vorgreifen wollen. Dieser freilich hatte ganz andere Sorgen und zeigte sich — soviel gilt auch für de Chapeaurouge — nicht gerade begeisterungsfähig, sobald die Planung von Kriegsdenkmälern zur Sprache kam. Darum überzeugt es auch nicht, wie wir noch sehen werden, wenn gelegentlich de Chapeaurouge als der eifrigste Verfechter eines 76er-Denkmals im Senat apostrophiert wird. De Chapeaurouges Entwurf einer Präambel für die Stiftungssatzung „Hamburgs Kriegerdank" vom 15. Mai 1928 macht nämlich eines überdeutlich: „Ausgehend von den Anschauungen unserer Zeit, die unter den Folgen des Krieges schwer leidet, viel Not zu lindern hat und helfende Tat höher wertet als kostspielige Ehrenmale, wird als Zweck der Stiftung die Beschaffung gesunder, billiger Wohnungen für Kriegsbeschädigte und Kriegshinterbliebene auf einem vom hamburgischen Staate zur Verfügung gehaltenen Grundstücke am Stadtpark bestimmt."

Damit trat zum ersten Male ein ‚soziales Denkmal' mit dem moralischen Anspruch, „die helfende Tat höher zu werten als kostspielige Ehrenmale" in Konkurrenz zu den konservativen „Denksteinen", „Volksaltären" und „Wallfahrtsorten", die sich einer zunehmend stärkeren Anhängerschaft erfreuten.

Für die Sozialdemokraten und ihren Fraktionsvorsitzenden Herbert Ruscheweyh war das „charitative Werk des Baublocks Kriegerdank" ebenso wie für de Chapeaurouge selbstverständlich das fortschrittlichste Anliegen, das am ehesten Unterstützung verdiente. Allerdings sah Ruscheweyh in zweiter Linie sehr wohl die Berechtigung „für ein bescheidenes Monument inmitten der Stadt" zu Ehren der Kriegstoten. Jedoch: wie er sich ein solches dachte, konnte er kaum auf viel Unterstützung hoffen. Wir alle hätten — so das Protokoll — erfahren, welches Unglück der Krieg sei, und infolgedessen bedürfe es nicht einer Verherrlichung des Krieges als eines Stahlbades, sondern eines Denkmals, das abschreckend wirke... In Frage komme auch ein Monument etwa mitten in der Binnen-

Abb. 180 Einweihung des 76er Denkmals am Stephansplatz. Foto 15.3.1936.

alster. Dort werde es nicht möglich sein, Versammlungen abzuhalten.

Diese provozierenden Überlegungen gegen „Volksaltar" und „Wallfahrtsort" wurden in einer Sitzung des Senats- und Bürgerschaftsausschusses zur Vorlage eines Vorschlages über die Ehrung der im Weltkrieg gefallenen Hamburger am 3.11.1928 protokolliert, denen der übrigens im Mai 1923 als Mitwisser des Hamburg-Altonaer Komplotts vorübergehend verhaftete DNVP-Abgeordnete Josef Hoffmann entgegenhielt: Eine Siedlung sei kein geeignetes Ehrenmal. In der geplanten Siedlung „Kriegerdank" werde vermutlich der marxistische Einfluß überwiegen. Außerdem lehnte er es ab, das Denkmal im Sinne des Herrn Dr. Ruscheweyh als pazifistisches Denkmal zu errichten. Das eben war es, was Josef Hoffmann brandmarken wollte: die marxistischen und pazifistischen Argumente, die als ebenso asozial und ungehörig inkriminiert zu werden verdienten wie die asozialen Marxisten und Pazifisten in Person. Hier war die Frontlinie der gesellschaftli-

chen Ausgrenzung, die es voranzutreiben galt, um den skurrilen Vorurteilen gegen noch so sinnvolle Antikriegsgedanken der Linksliberalen sowie der Sozialdemokraten zum Siege zu verhelfen und die Massen auf das Feindbild des „marxistischen Pazifisten" einzuschwören. Wehe dem, der über Pazifismus anders dachte, als alle Menschen denken sollten! Das klägliche Scheitern der Idee mit dem ‚sozialen Denkmal' „Kriegerdank" wollen wir hier nicht weiter verfolgen.

Nur vier Tage vor der soeben erwähnten Sitzung hatte der besagte Josef Hoffmann „im Namen der Stadtringe" dem Senat ein vom Stadtringwart, Generalmajor a.D. Helfritz, gezeichnetes Schreiben zugeleitet. Helfritz, dem man als dem Führer der „Schwarzen Reichswehr" bei Aufdeckung des Hamburg-Altonaer Komplotts im Mai 1923 staatsfeindliche Umtriebe hatte nachweisen können, wandte sich jetzt ziemlich eindeutig gegen jeden pazifistischen Einfluß auf das vom Senat auf oder nahe dem Rathausmarkte geplante Hauptdenkmal:

„Wir befürchten Einflüsse, die den Sinn des Gedenkmales als eines tapferen Bekenntnisses zur Treue bis in den Tod verdrehen möchte in die Bedeutung einer Trauerstätte um den Verlust der Gestorbenen, (und) die bei dem zu erwartenden Beschluß ein Ergebnis zeitigen, das der vaterländischen Auffassung zuwiderläuft. Wir wollen ein Ehrenmal für unsere Gefallenen des Weltkrieges, das nicht Trauer um die Gebliebenen, sondern Verherrlichung ihrer Treue und Tapferkeit im Kampf für das Vaterland aufruft." Dieser Aufruf erschien bereits am 30. Oktober 1928 in den „Hamburger Nachrichten". In den „Vereinigten Stadtringen" waren zusammengeschlossen:

„Der Stahlhelm",
Bund der Frontsoldaten,
Bund Deutscher Akademiker zu Hamburg e.V. Hamburg,
Der Wehrwolf — Landesverband Niedersachsen,
Der Jungsturm — Landesverband Nordmark,
Niedersachsen-Ring e.V. — Gau Groß-Hamburg,
Bismarckjugend der DNVP, Landesmannschaft Hamburg,
Frontkämpferbund Westküste,
Turnerbund im Deutschnationalen Handlungsgehilfenverband — Hamburg,
Nationalverband Deutscher Offiziere Norddeutschland e.V.,
Bund Deutscher Jungmannen,
Reichs-Offiziers-Bund e.V.,
Bund Deutscher Jugend,
Waffenring der deutschen schweren Artillerie des Landesverbandes Nordmark.

Führwahr! eine stattliche Versammlung, deren Aufruf seine Wirkung bestimmt nicht verfehlte, falls noch jemand anderer Meinung war: Bitte nicht die Trauer um die Gebliebenen, bitte keine Trauerstätte, um den Verlust der Gestorbenen zu beklagen, weil solche Darstellungen der „vaterländischen Auffassung zuwiderlaufen". Die „Hamburger Nachrichten" kommentierten diesen Aufruf, indem sie die Arbeit des seit 1928 tagenden Ausschusses aus Senats- und Bürgerschaftsmitgliedern anprangerten, weil dort „ganz offen pazifistische Tendenzen" hervorgetreten seien. Diese Haltung bedeutete gleichzeitig eine Abwendung von dem alten, von Josef Schilling 1877 fertiggestellten Denkmal für die Gefallenen des Krieges 1870/71, das in natürlicher Weise von Trauer und Schmerz geprägt war (Abb. 181).

Die „Unfähigkeit zu trauern" wurde auf diesem Wege zu einer notwendigen vaterländischen Charaktereigenschaft eines akzeptablen Kriegerdenkmals erhoben. „Ein deutscher Junge weint nicht", war die Maxime der Kindererziehung schon vor 1933. Mußten die 76er nicht ebenso denken? Dies wird sich noch deutlicher bei der Geschichte des Senatsdenkmals an der Schleusenbrücke zeigen. An dieser Initiative sollten übrigens nach dem Willen des Vorsitzenden des „Ausschusses für Hamburger Gefallenenehrung", John v. Berenberg-Gossler, die 76er von Anfang an beteiligt werden. Zumindest war seit dem 3. Juli 1929 wiederum Senator de Chapeaurouge als Mitglied eines vom Senat berufenen Preisgerichts mit diesem Thema befaßt. Nach erfolgter Ausschreibung waren bis zum 2. April 1930 immerhin 141 Entwürfe eingegangen, unter denen eine Arbeit des Architekten Klaus Hoffmann das Rennen machte. Es handelte sich um die noch heute an der Schleusenbrücke befindliche Marmorstele, einen „Denkstein", einen „Volksaltar", formal gesehen. Den glatten Stein nach der Arkadenseite an der Schleusenbrücke zu mit einem Relief von der Hand Barlachs zu ergänzen, hatte Fritz Schumacher in einem Brief an Bürgermeister Petersen vom 6. Mai 1930 vorgeschlagen. Schon am 28. Mai hatte de Chapeaurouge genauere Kenntnis von den Ideen Barlachs, die seinen Vorstellungen zuwiderliefen. Schumacher hatte er übrigens angedeutet, „daß der bildnerische Schmuck die Aufgabe erfüllen sollte, einmal verständlich und volkstümlich und zum anderen Mal erhebend zu sein". Jetzt aber sei ihm der Eindruck übermittelt worden, als wenn eine Art künstlerischer Darstellung der Trauer um die Toten angebracht werden sollte. Dies vertrüge sich weder mit dem Charakter des Ehrenmals noch mit dem gewählten Standort. Hier wird nun deutlich, daß de Chapeaurouge zwar keine Schwierigkeit sah, sich mit einem ‚sozialen Denkmal' zu identifizieren, hingegen aber als Major der Reserve und ehemaliger Bataillonskommandeur in ganz neuen militärspezifischen Sozialdominanten befangen blieb, wie sie jedenfalls den für das alte Gefallenendenkmal Schillings Verantwortlichen noch nicht zum Problem geworden waren. Das ihn störende Motiv beschrieb kurz darauf Schumacher in einem Brief an Petersen (29.9.30) genauer: „Es ist eine mit dem Ausdruck erwarteter Zuversicht in die Ferne blickende mütterliche Frau, die ein Kind umfaßt, das getröstet aus den umfassenden Armen herausblickt." Bei den Museumsdirektoren der Kunsthalle und des Kunstgewerbemuseums fand Schumacher Unterstützung. Auch der Architekt der Stele, Klaus Hoffmann, bejahte „die künstlerische Leistung", sah allerdings doch wohl in der Ergänzung seines Denkmals so etwas wie eine Kröte, die er schlucken mußte.

Abb. 181 Trauer um die Gefallenen des Krieges 1870/71. Denkmal von Josef Schilling, 1877.

Man muß schließlich den Eindruck gewinnen, daß sogar die Deutsche Friedensgesellschaft, Bund der Kriegsgegner — Ortsgruppe Altona e.V. mit der Barlach-Hoffmannschen Gemeinschaftsarbeit zufrieden sein würde (Abb. 182). Sie schrieb am 19.11.1930 an Bürgermeister Ross: „Als sinnvoll und als Kulturtat kann ein solches Steinmal nur dann angesehen werden, wenn es, gesetzt aus Anlaß entsetzlicher Vergangenheit, in die bessere Zukunft weist. Das Blut von wohl 10 Millionen Menschen, die Tränen, geweint von Müttern und Frauen in langen Nächten der Einsamkeit allüberall auf der Erde, die uns unvorstellbar gewordene Not der hungernden Menschen — können den Staat nur in dieser einen Richtung verpflichten: nie wieder darf er einen Krieg zulassen. Mehr noch als Erinnerung an fürchterliche Vergangenheit mahnt jeden von uns die grausige Gewißheit über den Giftgaskrieg der Zukunft. Daher bitten wir Sie, …Ihren ganzen Einfluß geltend zu machen, daß sowohl die Inschrift wie die Skulptur des Gedenkmales der verpflich-

tenden Mahnung ‚Nie wieder Krieg!' in irgendeiner Form Ausdruck verleihen.“

Es wurde auch dieser Brief wieder fast vollständig zitiert, um den von der Friedensbewegung damals auf dieses Thema geltend gemachten Anspruch deutlich zu kennzeichnen. Es sind zunehmende Berührungsängste gegenüber dem Pazifismus und die Furcht vor dem Verlust von Sozialdominanten gewesen, die de Chapeaurouge bei aller Hochachtung vor dem Künstler gegen Barlachs Entwurf eingenommen haben: „Das Barlach'sche Relief“, so schreibt er am 24. November 1930, „trägt ausgesprochenen Friedhofscharakter… Inhaltlich gibt es in eindrucksvoller Weise fraulicher Klage und gefaßter Trauer Ausdruck… Barlachs Relief fehlt der Ausdruck der Kraft, des Stolzes und des Willens, über den Verlust des Krieges hinwegzukommen. Es ist nicht männlich genug gedacht…“ Man darf natürlich auch nicht übersehen, daß de Chapeaurouge, zuständig für alle diese Denkmäler, im Sinne des Senats bestrebt war, den Bund der 76er bei der

Stange zu halten, die sich mit Gewißheit in einem Senatsdenkmal mit dem Barlach-Relief nicht wiedererkennen würden. Am 22. Januar 1931 schrieb er: „Es bestand auch bei mir zeitweise die Hoffnung, die Frage des 76er-Denkmals mit der Errichtung des Ehrenmals am Rathausmarkt zu verbinden…" Ende März hatten sich die 76er bereits anders entschieden. Von sich aus und ohne Auftrag des Senats hatte er als „etwaige Lösungsmöglichkeit" angeboten, „daß auf die Rückseite… unter Fortfall der Barlach'schen Arbeit, durch eine Inschrift auf das Regiment hingewiesen wird".

Wenn man einmal absieht von dem Banausen Josef Hoffmann, kannten wohl die meisten mit der Denkmalsdiskussion Befaßten das Weltkriegsmahnmal Ernst Barlachs in Güstrow, in welchem er die lebensspendende und lebensschützende Mutter Käthe Kollwitz porträtiert hatte. Als ihr Sohn Peter 1914 in den Krieg gezogen war, hatte sie die Heroisierung dieses Opferganges noch akzeptiert. „So sind sie nun auch kirchlich eingesegnet zu ihrem Opfer", hatte sie ihrem Tagebuch anvertraut. Erst als ihr das Kind genommen war, erfaßte sie ganz die totale Unsinnigkeit und die Hohlheit des Trostes für nicht wieder gutzumachenden und durch nichts gerechtfertigten Massentod der Jungen. In ihren aus persönlichen Erfahrungen geschöpften Trauergestalten des Vaters und der Mutter, die den Sohn beweinen, bekämpfte sie die sozialdominante Deutung des süßen Opfertodes, ohne den durch Vorurteil gesicherten Glauben an diese Fata Morgana wirklich besiegen zu können. Ihr erging es nicht besser als dem Lehrer Wilhelm Lamszus aus Altona mit seinem „Menschenschlachthaus" (1912) oder Alfred Kubin, der durch den Totentanz, der alle gleich macht, die Heroisierung der Volksgemeinschaft vergeblich aufzulösen trachtete (1914). Ist es nicht erstaunlich, daß gerade zehn Jahre nach Beendigung des Ersten Weltkrieges schon viele wieder sagten: „Die Zeit heilt Wunden". Oder: „Auch unsere gesunde, nicht verbildete Frauenwelt will, wie man immer hören kann, von einem solchen Ehrenmal Erhebung, nicht aber dauernde Erinnerung an einmal erlittenes Leid." Erschreckend daran ist, daß de Chapeaurouge, der diese Allgemeinplätze als Schlußwendungen seines bereits zitierten Briefes vom 24.11.1930 niederschrieb, den ihm vertrauten und durchaus angenehmen Zeitgeist ziemlich wirklichkeitsgetreu getroffen hat.

Die Wirklichkeit des Grauens und der unnennbaren Schmerzen, die Wahrheit des Krieges blieben verpönt, wie man an der Diskussion über die Frage einer Inschrift auf dem Senatsdenkmal an der Schleusenbrücke einmal mehr nachweisen kann. Oberbaudirektor Fritz Schumacher schrieb am 17. September 1930 an seinen Bürgermeister, damit dieser eine Entscheidung in der Inschriftenfrage herbeiführen solle. Der Wettbewerbssieger Klaus Hoffmann hatte seine Stele überschrieben: „40.000 Söhne unserer Stadt ließen ihr Leben für Euch" und war damit dem konventionell abgesicherten Glauben an die Berechtigung und den Sinn des Opfertodes gefolgt. Eine Abänderung aber wünschte aus der Verwaltung der Direktor der Staatlichen Pressestelle und Petersens verläßlichster Berater in allen Fragen der Kulturpolitik, Alexander Zinn, der sich hier wie stets als kritischer Kopf zeigte. Er schlug vor: „40.000 Söhne Hamburgs ließen ihr Leben im Krieg 1914–1918" und ließ damit die nebulöse Rechtfertigung für die Verantwortung jener fallen, die für fragwürdige Kriegsgründe nicht nur 40.000 Hamburger in den Tod geschickt hatten. Die Objektivierung lag darin, daß er der keineswegs verantwortlichen Gesamtheit der Hamburger Bürgerschaft die ihr aufgebürdete Schuld „für Euch gestorben" absprach und sie der Führung wieder aufbürdete, wo sie ja auch hingehörte. Es konnte nicht ausbleiben, daß das „Hamburger Fremdenblatt" schon bald darauf einging (14.11.1930) und nicht nur zu berichten wußte, daß Barlachs Reliefentwurf nicht die allseitige Zustimmung erfahren habe. Es hielte sich auch hartnäckig das Gerücht, es gäbe Bestrebungen, die Inschrift zu ,verwässern'. In einer gemeinsamen Schlußsitzung aller mit diesem Thema befaßten Gremien, sowohl des bürgerschaftlichen Ausschusses als auch der Senat- und Bürgerschaftskommission, stimmte die Mehrheit am 25.11.1930 dem Vorschlag Schumachers zu. Nur das Bürgerschaftsmitglied Friedrich Dettmann (KPD), der schon im März grundsätzliche Einwendungen gegen jedes Kriegerdenkmal gemacht hatte, lehnte diesmal mit der Bemerkung ab, er verabscheue das vorgelegte Symbol. Am 2. Dezember 1930 stimmte auch der Senat zu. Einen Tag später fiel es dem Schöpfer der Stele, Klaus Hoffmann, ein, sich doch wieder von dem Barlachschen Entwurf zu distanzieren — natürlich zu spät.

Ich kann es dem Leser nicht ersparen, hier noch die schärfsten rassistischen Attacken zu zitieren, die der schon häufig erwähnte schreckliche Josef Hoffmann gegen das Denkmal an der Schleusenbrücke unternahm. Er wußte seine Bataillone hinter sich und rechnete mit ganz neuen Mehrheiten und Koalitionen, als er in der Bürgerschaftssitzung vom 21. Mai 1931 dem Minderheitensenat entgegenschleu-

Abb. 182   Kleine Alster mit dem Kriegerdenkmal an der Schleusenbrücke. Foto nach 1933.

derte: „Treiben Sie Ihre Opposition nicht zu weit! Denken Sie daran, daß vielleicht 300.000 Hamburger Wähler dieses Denkmal von Barlach nicht wünschen. Sie wünschen es nicht, daß dort Figuren mit ostischen Gesichtszügen angebracht werden. Barlach ist gar nicht in der Lage, eine deutsche Frau, wie sie sein müßte, zu zeichnen, viel weniger in Stein zu schlagen. Ich möchte einmal wissen, ob Neger oder Chinesen oder Botokuden oder sonst irgend ein Volksstamm es fertigbringen würde, ein Kriegerdenkmal oder so etwas zu bauen und dann auf dieses Denkmal nicht einen eigenen Stammesgenossen zu setzen oder eine Frau ihres Stammes." Hoffmanns Brüder im Geiste sollten schon bald Gelegenheit haben, dieses Relief wieder beseitigen zu lassen.

Je weiter aber der Termin für ein 76er-Denkmal hinausgerückt wurde, um so geringer wurde der Spielraum für die Motivwahl. Ob man nun wollte oder nicht, man mußte schon auf ein von konventioneller Zustimmung getragenes Schema zurückgreifen. Im Dezember 1915 hatte „Der Türmer" einen Aufsatz von K. Storck mit entsprechenden Vorschlägen gebracht: „Wir alle fühlen, daß für die Denkmale, deren Errichtung dieser Krieg uns auferlegt, eine neue Denkmalskunst notwendig ist. Das neue Denkmal des Krieges aber" — und hier zitiert Storck aus einem Aufsatz von O. Strnad, „Soldatengräber und Kriegsdenkmale" — „soll mit demselben Ernst und derselben Aufopferung gesetzt werden, die die bewiesen haben, für die es errichtet wurde." Damals ging man vor allem der Frage nach, wie man den schrecklichen Anblick der Massengräber vergessen machen und gleichzeitig das Positive zum Ausdruck bringen konnte. Ob arm oder reich, alle die hier gebettet liegen, sind gleichwertig. Rangunterschiede unterbleiben. „Jeder einzelne ist durch sein Opfer gleich wertvoll geworden", schrieb Strnad. „Und das Höchste und das Schönste, was sie besaßen, war einmal diese Kameradschaft, dieses Einer für Alle, Alle für Einen, und über alles hinweg das gleiche Ziel, für das sie das Opfer ihres Lebens brachten." Das konturenlose Verschwinden jeder Individualität in gleichgerichteter Masse, der Tod „im gleichen Schritt und Tritt", dies sollte das Ziel für die Schöpfung eines Kriegerdenkmals im Ersten Weltkrieg sein (Abb. 183).

Ich möchte mich beschränken auf einen Aufsatz von Ulrich Linse mit dem Titel „Saatfrüchte sollen nicht vermahlen werden! Zur Resymbolisierung des Soldatentodes" in dem von Klaus Vondung herausgegebenen Buch „Kriegserlebnis" (1980), der noch

weitere Quellen bietet. Das Gesagte genügt uns, um das Motiv der ins Feld und aus dem Stadttor hinausziehenden Soldaten mit den zitierten Denkmalsanweisungen in Zusammenhang zu bringen. Richard Kuöhl hatte ja, wie Roland Jaeger einmal schön gezeigt hat, zuvor schon ähnliche Aufträge zu bewältigen gehabt und kannte selbstverständlich die Fachliteratur für Weltkriegsdenkmäler. Er kannte aber auch die zum Zeitpunkt der Ausschreibung 1934 durch Ausgrenzung Andersdenkender gegebene Einengung im Hinblick auf das Motiv: Trauer über Kriegstote durfte gar nicht erst aufkommen, wie wir gesehen haben, trauernde Mütter gar an Kriegerdenkmälern waren der Unmännlichkeit wegen verpönt. Der Typus des Deutschen, des Germanischen, mußte in jedem Fall getroffen werden, um ja nicht erst in den Verdacht zu geraten, Nicht-Arier zu sein. Nicht-Arier waren ausdrücklich von dem Wettbewerb zum 76er-Denkmal ausgeschlossen.

Was blieb ihm nach dieser Einengung des Repertoires noch übrig, wenn Kuöhl nicht als Bildhauer auf figürliche Reliefs ganz verzichten und zu abstrakten Symbolen Zuflucht nehmen wollte? Die gewählte Darstellung, der Ausmarsch des 76er-Regiments, dieses Bild sollte man für ewig in Erinnerung behalten, ein Bild zugleich einer hoffnungsfrohen Gemeinschaft in gleichem Schritt und Tritt, bevor die Kugeln geflogen kamen und dieses hoffnungsfrohe Bild grausam ruinierten. So konnten die Desillusionierung der Heimkehrer durch den Krieg selbst, der Verlust der Reichsidentität, die Angst vor neuen Kriegen ähnlichen Ausmaßes aufgehoben und der Wunsch nach Verdrängung jeder Trauer unterstützt werden. Und dies war möglich, indem man allein den alten Anweisungen der Verewigung soldatischer Siegeshoffnungen folgte. Kuöhl hat sich persönlich im „Hamburger Fremdenblatt" vom 25.7.1936 zur Lösung der ihm gestellten Aufgabe geäußert: „Die aus wohlerwogenen Gründen gewählte Marschrichtung, wie sie das Denkmal zeigt, bei der die linke Körperseite dem Beschauer zugekehrt ist, ergab im übrigen die Möglichkeit, die Ausrüstung zu zeigen, die der Frontkämpfer im Weltkrieg besaß. Das Seitengewehr, der Spaten, die Beilpicke, der Brotbeutel, die Feldflasche, das Fernglas, die Kartentasche und die Ordensauszeichnungen wären bei einem Marsch in entgegengesetzter Richtung höchstens andeutungsweise zu sehen gewesen. Die 76er legten verständlicherweise Wert darauf, Kämpfer so dargestellt zu sehen, wie sie sie aus dem Weltkrieg in der Erinnerung haben."

Abb. 183 „Deutschland muß leben und wenn wir sterben müssen". Inschrift und Relief mit Ausmarsch des 76er Regiments.

Wir sehen nach allem Gesagten nun noch deutlicher, daß die übriggebliebenen Darstellungsmöglichkeiten schon lange vor der Machtergreifung in jeder Hinsicht konsensfähig waren und die Nationalsozialisten sich hier nur auf einem breiten Konsensus abzustützen brauchten, ohne noch etwas hinzuzuerfinden. Die Argumentationsmechanik „fürs Vaterland gestorben", welche jeder Kriegsführung die Schuld für Kriegstote abnehmen und im Mythos aufheben konnte, mußte gar nicht erst verfeinert werden. Natürlich sollte auch das vom Architekten K. Gutschow geplante und, Gott sei Dank, nie ausgeführte Gauhochhaus als Zentrum einer neuen Hitlerstadt über dem Hohen Ufer von Neumühlen mit einem zu Säulen erstarrten Ehrenhain ausgestattet werden, um die Emanationen kommender Welt-

kriegsopfer in das von der Vorsehung und der Partei zukünftig zum Wohle des Volkes bestimmte Handeln kraftspendend einzubeziehen (Abb. 184).

Die Reliefs an dem einem antiken Grabaltar oder Pfeilergrabmal nachempfundenen Stein stehen, wie wir ebenfalls gesehen haben, nicht im Gegensatz zu der Inschrift des wandlungsfähigen Arbeiterdichters Lersch: „Deutschland muß leben und wenn wir sterben müssen." Die dämonische Gewalt dieses Mythos, die auch die Kriegswirklichkeit darstellenden Werke von Käthe Kollwitz und Ernst Barlach nicht hatten brechen können, sollte noch einmal ungehindert Millionen Menschen umbringen, Millionen Menschen in unsägliche Trauer und schlimmes Elend stürzen.

Abb. 184 Modell der „Führer-Bauten“. Blick von Süden auf das Gau-Hochhaus, das am Endpunkt der heutigen Max-Brauer-Allee oberhalb des Hohen Ufers von Neumühlen errichtet werden sollte.

Die „Schicksalsstunde" – nicht nur des hamburgischen Bürgertums oder: Die Geier beginnen zu kreisen

„Glaubt aber in Wirklichkeit jemand, daß es ein freier Bürgerstaat sein wird, der an die Stelle des heutigen Staates treten würde, wenn den Nationalsozialisten der Sieg gelänge? Was unserer wartete, wäre ein Staat der Unfreiheit und eine Vernichtung von geistigen und materiellen Werten, die nie wieder gut zu machen wäre!" So warnte Bürgermeister Dr. Carl Petersen seine Hamburger Mitbürger in jener berühmten Wahlrede vom 14. April 1932, die unter dem Thema „Die Schicksalsstunde des hamburgischen Bürgertums" stand. Wie nur wenige andere Politiker dieser Stadt setzte der bereits vom Tode gezeichnete Mann den Nationalsozialisten den härtesten Widerstand entgegen, unterstützt durch seinen Staatsrat und Ghostwriter Alexander Zinn, der mit erschreckender Klarheit die „Vernichtung von geistigen und materiellen Werten" voraussah (Abb. 185). Petersen hoffte, „daß Hamburgs Bürger es ablehnen werden, sich von Herrn Hitler kommandieren zu lassen", als er sie um Unterstützung seiner linksliberal orientierten Staatspartei vor den Bürgerschaftswahlen am 24. April 1932 bat. Zugleich bescheinigte er den sozialdemokratischen Regierungspartnern eine „staatsbejahende" Haltung, indem er deren Einsatz für die Konsolidierung Hamburgs nach dem verlorenen Weltkrieg unterstrich.

Aus den Wahlen ging als eindeutige Siegerin die NSDAP mit einem Zugewinn von acht Mandaten hervor, während die KPD neun Plätze verlor. Dennoch grenzt jede Deutung dieser Situation, theoretisch sei erstmals die Bildung einer „bürgerlichen Mehrheit" ohne die SPD möglich gewesen, an eine völlig unhaltbare Diffamierung der Staatspartei, die doch die NSDAP zu jenem Zeitpunkt schon allein des widerwärtigen Antisemitismus wegen besonders scharf angriff. Damals jedenfalls wunderte es niemanden, daß sie konsequent an der bewährten Zusammenarbeit mit der SPD festhielt und gegen alle Gepflogenheiten die Wahl eines Bürgerschaftspräsidenten aus der Mehrheitsfraktion der NSDAP nicht zuließ, sondern Arm in Arm mit SPD und Zentrum am 11. Mai die Wiederwahl des Sozialdemokraten Dr. Herbert Ruscheweyh durchsetzte.

Schreckliche Zeiten standen den Hamburgern und allen Deutschen bevor, als Franz von Papen am 1. Juni 1932 zum Reichskanzler ernannt, jede Radikalisierung noch begünstigend, die durch die Länder erlassenen Demonstrations- und Uniformverbote wieder aufhob, ja die seit dem 13. April von der Straße verbannten Terrororganisationen der NSDAP in Gestalt der SA und der SS wieder zuließ und damit die letzte Gegenwehr der Weimarer Demokratie gegen eine brutale Vernichtung ihrer staatlichen Existenz erstickte. Nur eineinhalb Monate später nutzten die Nazis ihre Stunde zu einer provokativen Demonstration gerade in den Altonaer Wohngebieten ihrer natürlichen Gegner aus der Arbeiterschaft. Es war klar, daß das von 7.000 SA-Männern in Nagelstiefeln erzeugte Hufgetrappel hier heftigste Gegenreaktionen hervorrufen mußte. Und da die Spitze der Altonaer Polizei die Brisanz der angemeldeten Demonstration überhaupt nicht begriff und während der dann folgenden Geschehnisse noch durch Abwesenheit glänzte, kam es leider zu den bürgerkriegsartigen Krawallen, die zwei SA-Männer, drei Kommunisten, dreizehn Unbeteiligte das Leben kosteten und 61 Schwerverletzte forderten. Aufgrund dieser schrecklichen Bilanz ging dieser Tag, der 17. Juli 1932, als „Altonaer Blutsonntag" und unbestrittener Höhepunkt der Selbstzerfleischung in die Geschichte ein. Der Reichskanzler, immer um die Gunst der Nationalsozialisten buhlend, nutzte die Stunde, indem er unter Hinweis auf die durch ihn selbst am meisten verschuldeten Ereignisse im preußischen Altona die geschäftsführende Regierung des zuständigen Landes unter dem Sozialdemokraten Otto Braun durch Notverordnung liquidierte und sich selbst zum Reichskommissar für Preußen machte.

Der „Preußenschlag" — so nannte man diesen Staatsstreich — hätte unter anderen Umständen gewiß einen Generalstreik zur Folge gehabt. Aber wer wußte damals noch recht, wofür? Wie ein lähmendes Gift hatte die Desavouierung der parlamentarischen Demokratie durch ultrarechte und -linke Strategien gewirkt, und nur noch wenige erhofften die Beendigung der bürgerkriegsähnlichen Ausschreitungen oder gar der Massenarbeitslosigkeit durch die staatlichen Einrichtungen der Weimarer Republik. Von 1931 auf 1932 war allein in Hamburg die Zahl der Erwerbslosen um 52.000 von 121.000 auf 173.000 gestiegen.

Inzwischen sonnte sich die nach den Reichstagswahlen vom 31. Juli 1932 zur stärksten Fraktion aufgestiegene NSDAP in ihrem Erfolg. Ihr wachsendes Selbstbewußtsein blieb freilich in Hamburg nicht ohne Folgen. Die hier seit April 1929 von Gauleiter Karl Kaufmann geschickt gesteuerte Partei versuchte jetzt, mit allen erdenklichen Organisationsmanövern den bisher durch Verbote verhinderten Einfluß auf Beamte und Angestellte der staatlichen Behörden (in Preußen: 3.7.1930; in Hamburg als „Warnung" an die Staatsbediensteten, sich in KPD oder NSDAP zu betätigen: 3.11.1930) zu erzwingen und doch noch den Staat im ganzen zu unterwandern. Das zusätzliche Verbot des Senats vom 26. Oktober 1932 gegen „politische Zellenbildung" in den verschiedensten Zweigen der Staatsverwaltung, ausgelöst durch den Versuch, unter der Führung des Oberleutnants Ernst Simon bei der Polizei eine „Ortsgruppe nationalsozialistischer Polizeioffiziere" zu etablieren, veranschaulicht nur noch den vergeblichen Kampf, die aufschäumende Subversion doch noch einzudämmen.

Eine der rar gewordenen, glücklichen Nachrichten dieser Zeit vermeldete nach der Reichstagswahl vom 6.11.1932 gewaltige Stimmeneinbrüche bei den Nazis. Der Aufwärtstrend schien gebrochen, meinte man wenigstens. Zeitigte hier die bereits zitierte Rede Dr. Carl Petersens zur „Schicksalsstunde des hamburgischen Bürgertums" jetzt doch noch Erfolge? Am 10. Dezember 1932 machte die Eröffnung des Alt-Hamburger Bürgerhauses erfreuliche Schlagzeilen. Für die Errichtung hatten der Bürgermeister Ross (SPD) und Dr. Carl Petersen (Staatspartei) mit Hilfe einer Marzipankugellotterie so begeisternd geworben, daß binnen zweier Monate 310.000 Reichsmark hatten gesammelt werden können, um das Grundstück zu erwerben. Das Zustandekommen dieser Einrichtung ist zugleich ein Zeugnis für das enthusiastische Bekenntnis zum Alt-

Hamburger Bürgertum. Gewünscht war aber mehr, nämlich die Erinnerung an die emanzipatorische Kraft, ein Appell an lebenskluge Kritikfähigkeit gegenüber jeder unerwünschten Vereinnahmung. Aber diese Hoffnung trog. Wir hatten ja bereits im vorigen Kapitel bei Besprechung der Weltkriegsdenkmäler an der Schleusenbrücke und am Stephansplatz erkennen müssen, wieviel an inhaltlicher ‚Vorarbeit‘ die DNVP und gewisse Zeitungen geleistet hatten, um die Gesellschaft in ihrer Vielfalt durch neugesetzte Sozialdominanten auf bestimmte Sichtweisen einzuschwören und gleichzeitig kritische Standpunkte auszugrenzen.

Unaufhaltsam kletterten wie überall, so auch in Hamburg, die Arbeitslosenziffern mit nur geringen jahreszeitlich bedingten Schwankungen — eine Statistik, die das Wasser vor allem auf die Mühlen der Nazis leitete. Seit Mai 1928 lag in Hamburg die Zahl jetzt im Februar bei 167.845 um rund 130.000 höher. Zum Jahresbeginn hatte Hitler mit von Papen Geheimgespräche über die Schaffung einer Reichsregierung unter nationalsozialistischer Führung gehabt. Gleichzeitig drängte in Hamburg die DNVP, die, wie wir am Beispiel ihres Verhaltens bei Schaffung der Weltkriegsdenkmäler gesehen hatten, inhaltlich schon voll auf der Linie der Nationalsozialisten lag, auf Neubildung des Senats (9.1.1933), allerdings unter Einbeziehung ihrer Brüder im Geiste und Ausschluß der SPD. Auf seiten der Nationalsozialisten bemühte sich in gleicher Richtung das seit dem 1. Dezember 1930 eingeschriebene Mitglied Georg Ahrens, dem das ganze Vertrauen Karl Kaufmanns gehörte. Er war auch bei jenen ominösen Gesprächen dabei, zu denen Karl Kaufmann den Kaufmann Carl Vincent Krogmann am 3. Februar 1933 in die Gaststätten des Hauptbahnhofs eingeladen hatte, um diesen als Gallionsfigur für einen nationalsozialistisch geführten Koalitionssenat zu gewinnen. Sah man in ihm doch — zu Recht, wie wir noch sehen werden — eine ehrgeizige, folgsame Marionette, die auf noch so fragwürdigen Wegen mitgehen würde. Hier lernte der von dem Angebot, „Regierender Bürgermeister" sein zu dürfen, völlig überraschte und bald dahinschmelzende Krogmann auch seinen künftigen Polizeisenator Richter kennen.

Georg Ahrens führte in den unmittelbar folgenden Tagen Gespräche mit den Hamburger Parteien zwecks Neubildung des Senats, die aber, wie Krogmann am 7. Februar erfuhr, am Widerstand der Staatspartei scheiterten. Entsprechende Bemerkungen finden sich in der Autobiographie Krogmanns.

Abb.185 Mädchenporträt, gemalt von Gretchen Wohlwill (1878–1962), Öl auf Leinwand, um 1922. Die jüdische Malerin war 1919 Mitbegründerin der „Hamburger Sezession". Stiftung F. Reyher Nachfg.

Unter anderem waren die Herren der Staatspartei der Auffassung, daß er, Krogmann, bar jeder Kenntnis der Verwaltung, bestimmt nicht der am besten geeignete Kandidat für das neu zu schaffende Amt des „Regierenden Bürgermeisters" sei. Übrigens entwickelte Krogmann in jenen Tagen des Zweifelns, Hoffens und aller Ungewißheit, ob das ihm angebotene Glück auch Wirklichkeit werden würde, einen persönlichen Haß auf alles Jüdische, wie man wiederum seiner Autobiographie unschwer entnehmen kann. „Mit allen Mitteln", so meinte er, würde seine Kandidatur durch Anschwärzung bei seinen nationalsozialistischen Freunden hintertrieben. „Es wurde behauptet, ich sei jüdischer Abstammung, verkehre in jüdisch-kommunistischen Künstlerkreisen, der ganze Senat sei von (dem Bankier) Warburg bestimmt worden, und Warburg habe ausdrücklich verlangt, ich solle Bürgermeister werden." Es ist schon sehr bezeichnend, daß Krogmann in seiner Eitelkeit durch die unwahrscheinlichsten Kolportagen so in Harnisch zu bringen war und, um sich vor aller Welt von diesen Gerüchten zu distanzieren, schon sehr bald den übelsten Antisemitismus praktizieren sollte.

Indessen verstand es die Staatspartei, die Neubildung eines Senats weiterhin dadurch zu verhindern, daß sie sich weigerte, die unabdingbaren Forderungen der Nazis nach dem Amt des Ersten Bürgermeisters und des Polizeisenators überhaupt anzuerkennen. Dennoch war es nicht zu verhindern, daß solche Gespräche geführt wurden. Immerhin war es der NSDAP dank der sich mehrenden Wählerstimmen gelungen, aus dem Geruch der Subversion sich zum Hoffnungsträger der Massen emporzuarbeiten. Und nach dem „Reichstagsbrand" in Berlin, der den Kommunisten in die Schuhe geschoben wurde, waren plötzlich nur noch diese als die Buhmänner der Nation übriggeblieben. Unter Hinweis auf die Notverordnung vom 28. Februar 1933 bestimmte der Reichsinnenminister Frick den Hamburger Senat zu schärferem Vorgehen gegen die KPD. Dabei wurde auf die Verordnungen des Reichspräsidenten „zum Schutz von Volk und Staat" verwiesen und der KPD „Verrat am deutschen Volke und hochverräterische Umtriebe" vorgeworfen. Daß nach Erschießung eines Polizeibeamten durch Kommunisten in Hamburg 75 Funktionäre der KPD verhaftet wurden, entsprach gewiß nicht mehr der Verhältnismäßigkeit der Mittel, sondern war wie Verbot ihrer Plakate, Flugblätter, Zeitungen und Zeitschriften sowie sämtlicher Versammlungen, Demonstrationen und Umzüge Bestandteil einer umfangreichen Kriminalisierungskampagne. Daran ist überhaupt nichts zu beschönigen, auch wenn der zuständige Polizeisenator Adolph Schönfelder sich noch späterhin manche Verdienste um die Demokratie erwerben sollte.

Allerdings können wir uns heute nur schwerlich eine Vorstellung von den Turbulenzen jener Tage

machen. Schon drei Tage nach diesen Ereignissen traten Bürgermeister Ross und die sozialdemokratischen Senatoren Krause, Neumann, Eisenbarth und Ehrenteit aus dem Senat aus, um nicht das tags zuvor vom Reichsinnenminister Wilhelm Frick verlangte Verbot ihrer eigenen Zeitung, des „Hamburger Echos", aussprechen zu müssen. Die Zeitung hatte es gewagt, den Reichstagsbrand und die offizielle Deutung des Brandanschlages mit einem Artikel unter dem Titel „Was steckt dahinter?" zu hinterfragen. Für Adolph Schönfelder übernahm Paul de Chapeaurouge (DVP) das Amt des Polizeisenators. De Chapeaurouge sprach jetzt anstelle von Adolph Schönfelder das Verbot des „Hamburger Echos" für 14 Tage aus, und die SPD-Parteiführung hatte das Gesicht gewahrt. Am 4. März trat auch Bürgermeister Dr. Carl Petersen (Staatspartei) zurück, bevor — wie erwartet — am nächsten Tage bei der Reichstagswahl die NSDAP in Hamburg 38,9 % und die mit ihr im Wahlbündnis vereinte DNVP mit 8 % einen entscheidenden Erfolg errangen. Spätestens an diesem Tage bemerkte der erst so kurz amtierende Polizeiherr de Chapeaurouge, daß die Loyalität seiner Behörde längst durch die NSDAP untergraben war. Kaum vermochte er mehr den Gehorsam der Polizei erzwingen, als er befahl, die in Vorfreude des Wahlergebnisses über mehreren Polizeikasernen gehißten Hakenkreuzfahnen wieder einzuholen. Überhaupt bewies er Zivilcourage und große Standfestigkeit gegenüber den nach der Macht greifenden Nationalsozialisten, obwohl er sich als eines der gerade noch übriggebliebenen Senatsmitglieder längst auf verlorenem Posten wußte. Bis zuletzt weigerte er sich, dem Verlangen des Reichsinnenministers Frick zu folgen und das Amt des Polizeiherrn dem SA-Standartenführer Alfred Richter zu übergeben. Ein Gespräch auf der Gauleitung, bei dem Krogmann noch zu vermitteln suchte, stimmte ihn nicht um. Im Gegenteil, Krogmann sah sich durch ihn nach der Unterredung — das war nun der Dank! — mit den heftigsten Vorwürfen traktiert, wie er pikiert seinem Tagebuch anvertraut hat. Ohne also die geforderte Ämterübergabe vollzogen zu haben, trat Paul de Chapeaurouge einen Tag später zurück. Carl Petersen, bereits seiner Senatsaufgaben ledig, legte einen Tag später das Bürgerschaftsmandat nieder und zog sich so gänzlich aus der Politik zurück.

Pogrome statt Programme

Endlich sah sich die NSDAP am heißersehnten Ziel. Am 8. März wurde ein Koalitionssenat mit sechs NSDAP-Senatoren, vier Vertretern der Kampffront Schwarz-Weiß-Rot aus DNVP und Stahlhelm und den alten Senatoren Wilhelm Amsinck, Burchard-Motz sowie Walter Matthaei aus DVP und Staatspartei Wirklichkeit (Abb. 186). Fast hätten wir vergessen, daß zugleich auch der jetzt als „Regierender Bürgermeister" intitulierte Carl Vincent Krogmann seine Amtsgeschäfte aufnahm. In seinen Memoiren schildert er, mit welcher Wonne er an seinem ersten Arbeitstag den ihm und allen Nationalsozialisten so verhaßten, einflußreichen Staatsrat Alexander Zinn feuern konnte. Es langt kaum der Atem, um all die Scheußlichkeiten aufzuzählen, die nun in wenigen Tagen über das Reich und auch Hamburg hereinbrachen, von denen wir hier nur der Er-richtung des Konzentrationslagers Dachau (22. März), des sog. „Ermächtigungsgesetzes" und der Einrichtung der berüchtigten „Kommandos z.b.V.", der Einführung der Todesstrafe und der Gleichschaltung der Länder mit dem Reich am 31. März gedenken wollen. Am gleichen Tage erhielt Hamburg in Wittmoor seine erste Anstalt für Unterbringung politisch mißliebiger „Subjekte". Bezeichnenderweise übergeht Krogmann in seiner Lebensbeichte, was am 29. März das „Hamburger Tageblatt, Amtliches Organ des Regierenden Bürgermeisters der Freien und Hansestadt Hamburg" auf seine Veranlassung hin unter der Überschrift „Marschbefehl gegen die Juden..." veröffentlichte: „Am Sonnabend schlagen wir los! Boykott der jüdischen Warenhäuser und Geschäfte — gegen die jüdischen Ärzte und Juristen. Lest keine jüdischen Zeitungen!" usw. Aus seiner

Abb. 186   Einzug des von den Nationalsozialisten geführten Koalitionssenats. Foto März 1933.

Sicht durfte Krogmann mit dem Erfolg der durch dieses Pamphlet ausgelösten Pogrome recht zufrieden sein. Überhaupt: Pogrome statt Programm, Besseres war von diesem „Regierenden Bürgermeister", den die Staatspartei schon im Vorwege für total unfähig erklärt hatte, kaum zu erwarten. Wir wollen uns allerdings an den Aufruf Krogmanns, dessen antisemitischen Eifer wir schon mit dem gegen seine eigene Herkunft in Umlauf gebrachten Zweifel erklärt haben, noch einmal erinnern, sobald wir zur Erklärung der Ursachen für die sogenannte „Reichskristallnacht" kommen werden.

Von Anfang an wurde deutlich gemacht, welche Gruppen und Parteien zu den erklärten Staatsfeinden gehörten. Hierfür war eine wichtige Form der Diskriminierung und Deklassierung, aber auch der Demoralisierung die sogenannte „Schutzhaft". In den Monaten März bis Mai 1933 erhielten 1.750 Personen im Untersuchungsgefängnis am Holstenglacis Unterkunft, wurden teilweise „windelweich" geprügelt und auf diese Weise gefügig gemacht. Daß Carl Vincent Krogmann die Stirn hatte, in seiner Regierungserklärung vom 10. Mai 1933 die hierfür verantwortlichen „z.B. V. Kommandos" ausdrücklich gutzuheißen, paßt vorzüglich in das Bild des karrieresüchtigen, ängstlich auf nationalsozialistische Zustimmung bedachten Charakters. Dieser Mann würde gewiß keinen der alten Senatoren vor den Schrecken der „Schutzverhaftung" durch seine Schläger bewahren.

Vor diesem Hintergrunde muß man auch die Distanzierungen sozialdemokratischer Senatoren von ihrer Partei vom Juni 1933 sehen, die in Briefen, wie Senator a. D. Schönfelder vom 28.6.33 und Bürgermeister a. D. Ross (26.6.33), sich von ihrer alten Partei abwandten und gleichzeitig um Bezahlung der ihnen zustehenden Pensionen bitten mußten. Die Nationalsozialisten rieben sich die Hände, weil die den Sozialdemokraten und dem schon am Wahltage (5. März 1933) durch Parteigenossen in Uniform drangsalierten Ehrenteit abgepreßten Briefe die Basis der SPD und den Widerstand des ADGB total demoralisieren würden. Mit einem Angebot „Zur Mitarbeit am Aufbau von Staat, Wirtschaft und Nation" hatte der ADGB-Ortsausschußvorsitzende John Ehrenteit seine Organisation in die neue Zeit hinüberretten wollen. Wir zitieren hier nur einige Sätze aus diesem Papier, in welchem er den 5. März als den Beginn einer „Revolution von größtem Ausmaß und größter Tragweite" feierte, „…eine Revolution, die mit dem demokratischen Parlamentarismus brach, eines Parlamentarismus, der gerade den Gewerk-

schaften in den letzten Jahren eine Enttäuschung nach der anderen brachte". An anderer Stelle sagte Ehrenteit: „Wir fühlen uns nicht als Fremdkörper, sondern als einen gewichtigen Teil der vom Reichskanzler Hitler proklamierten Volksgemeinschaft. … Wird in dieser Entscheidungsstunde die Treue und die Disziplin gewahrt, werden Miesmacher und Schwarzseher in die Schranken verwiesen, dann brauchen wir um die Erhaltung der Selbsthilfeorganisationen der Arbeiterschaft keine Befürchtungen zu haben." Mehr oder minder gezwungen jubelte alsbald auch jedermann in Hamburg dem Schöpfer dieser Revolution zu. Am 19. April ward Adolf Hitler zu Hamburgs Ehrenbürger erklärt, der Rathausmarkt hieß hinfort „Adolf Hitler-Platz" und im Museum für Hamburgische Geschichte plazierte man in der „Ehrenhalle" zwischen den Wappen der alten Hamburger Ehrenbürger die Büste des genialen Reichskanzlers.

Am 31. Mai 1933 traten John Ehrenteit und elf weitere Abgeordnete aus der Bürgerschaftsfraktion der SPD aus. Ob begeistert oder nicht: John Ehrenteit und vier weitere Abgeordnete hospitierten fortan bei der NSDAP.

Auf der anderen Seite empfanden die Nazis solche Schachzüge als Versuche der Anpassung und Anbiederung und verfügten eine Aufnahmesperre gegen den Erwerb der Parteimitgliedschaft, die bis zum 1. Mai 1937 aufrechterhalten werden sollte. Im übrigen nahmen die Nazis die Annäherungsversuche der genannten Sozialdemokraten und des Gewerkschafters John Ehrenteit so wenig ernst, daß sie diese umgehend verhafteten und erst nach Hergabe der oben genannten Schreiben wieder auf freien Fuß entließen.

Der Vergöttlichung des Führers und der Verankerung des Führerprinzips im Mythos entsprach die strukturelle Ausrichtung des ganzen Reichs auf seine Person, beginnend mit der Gleichschaltung der Länder. Für alle Lebensfragen wußte der Führer letztlich Rat. Sein Wort galt mehr als jede andere Philosophie. Und wer nicht so krank wie das Hirn des Führers dachte, gehörte auf den „Abfallhaufen der Geschichte". „Wider den undeutschen Geist" empfahl sich die Aktion Bücherverbrennung durch Hamburger Studenten am 15. Mai 1933, der die wirklich bedeutenden Werke der Weltliteratur zum Opfer fielen. Eine weitere Bücherverbrennung der deutschen Hitlerjugend und der DHV-Jugend beschloß den erfolgreichen Monat Mai (30.5.1933). Durch derartige symbolische Markierungen der neuen Sozialdominanten wurde die ohnehin schon beschränkte Geistesfreiheit noch weiter eingeengt. Wie recht hatte doch Carl Petersen mit seiner Warnung vor den Nazis gehabt, die, einmal an der Macht, ihr kleinkariertes Kulturverständnis unheilvoll an allen geistigen und kulturellen Werten austoben würden!

Indessen baute die Spinne an ihren neuen Netzstrukturen weiter. Die zu Befehlsempfängern verkommenen Senatoren samt ihrem Regierenden Bürgermeister wurden jetzt von einem „Reichsstatthalter" dirigiert, nachdem am 16. Mai 1933 Gauleiter Karl Kaufmann zu solchen Würden aufgestiegen war. Und da schon auf Senatsebene eigenverantwortliche Entscheidungen zum Wohle dieser Stadt nicht mehr getroffen wurden, konnte man erst recht auf eine Bürgerschaft verzichten, die man gewissermaßen als Leitfossil des in Hamburg praktizierten Parlamentarismus betrachtete. Ihre letzte Sitzung fand am 28.6.1933 statt. In jenen Tagen lösten sich die DVP, die Staatspartei, die DNVP und das Zentrum in Nichts auf.

Mittlerweile war die SPD soweit diskriminiert und kriminalisiert worden, daß ihr Verbot am 22. Juni 1933 schon als Selbstverständlichkeit empfunden wurde. Wer sich weiterhin in dieser Richtung politisch betätigte, sah sich der Verhaftung und erheblicher Mißhandlungen ausgesetzt. Die Gangart verschärfte sich noch, als am 26. August Wachmannschaften der SS die „Betreuung" der sogenannten „Schutzhäftlinge" in Fuhlsbüttel übernahmen. Karl Kaufmann, der mit Ungeduld die „milde Behandlung" der politischen Gegner in Wittmoor beobachtet hatte, ließ im ehemaligen Frauengefängnis Fuhlsbüttel ein Konzentrationslager einrichten (4.9.1933), das berüchtigte KoLaFu. Hierhin wurden jetzt die politischen Gegner überstellt. Karl Kaufmann wußte auch, was er tat, als er sich bei dieser Gelegenheit von seinem persönlichen Adjutanten, dem Regierungsrat und SA-Brigadeführer Paul Ellerhusen, trennte und diesen zum Lagerkommandanten ernannte. Mitte Oktober konnte das KZ Wittmoor aufgelöst werden. Das Konzept der neuen Schreckensherrschaft wurde noch dadurch abgerundet, daß am 20. Oktober der SS-Sturmbannführer Bruno Streckenbach mit der Leitung der Staatspolizei Hamburg betraut wurde und inskünftige Heinrich Himmler als Kommandeur der hiesigen Staatspolizei zeichnete. Ende Oktober übernahm die Staatspolizei das Konzentrationslager Fuhlsbüttel.

Indessen kümmerte sich der „Regierende Bürgermeister" bei jeder Gelegenheit um die „Judenfrage". Daß er diese am 2. Mai 1934 mit polnischen Journalisten an Bord der „Deutschland" anläßlich eines Mittagessens besprach, hat er seinem Tagebuch anvertraut. Den Journalisten legte er in den Mund, dort sei diese Frage noch wesentlich schwieriger als in Deutschland zu lösen, „da Polen nicht weniger als 3 Millionen Juden hat, und zwar orthodoxe Juden. Diese sind der stärkste Nährboden für den Kommunismus."

„Ein Federstrich genügt!"
Das Groß-Hamburg-Gesetz und
seine Vorgeschichte

Der „Regierende Bürgermeister", Carl Vincent Krogmann, vermerkte in seinem Tagebuch zu Beginn seiner Amtszeit einige Gedanken zum Groß-Hamburg-Plan. Am meisten Honig hatte er dabei aus den „umfassenden Vorarbeiten von Prof. Schumacher" auf diesem Gebiet gesogen. Aus diesen Unterlagen lernte er auch, mit welchen sehr großen Schwierigkeiten dieses Projekt belastet war, und „daß alle Versuche, ein Groß-Hamburg zu schaffen, an dem Widerstand der preußischen Behörden gescheitert und die einmalige Gelegenheit während der Revolution 1918/19, vollendete Tatsachen zu schaffen, vom Arbeiter- und Soldatenrat leider versäumt" worden wäre. Krogmann erkannte, daß die tüchtigen Verwaltungsfachleute des Senats das Projekt längst bis zur Entscheidungsreife vorangetrieben hatten und es nur noch einer Einigung mit dem preußischen Ministerpräsidenten bedurfte, um sich einen Erfolg der vor allem von Alexander Zinn und Fritz Schumacher geleisteten Arbeit an die Brust heften zu können. Und als er rein zufällig anläßlich einer Besichtigungsfahrt mit dem Führer auf der „Jan Molsen" dessen Meinung in Erfahrung bringen konnte: „Altona, das ist ja Unsinn, das dürfen wir heute nicht mehr denken, da genügt ja ein Federstrich!", nutzte er seine persönlich guten Beziehungen zum preußischen Ministerpräsidenten Hermann Göring, um diese reife Frucht zu pflücken. Die Gleichschaltung der Länder hatte natürlich auch auf das Selbstbewußtsein Hermann Görings in dieser Hinsicht eingewirkt: „Er, der Ministerpräsident, fühle sich schon lange nicht mehr als preußischer Ministerpräsident", so Krogmann wörtlich in seinem Tagebuch unter dem 12.11.1936 in indirekter Rede. Krogmann: „Der Ministerpräsident war der Ansicht, daß nicht nur der groß-hamburgische Wirtschaftsraum, sondern auch die Elbufer bis zur Mündung unbedingt zur Verwaltungssphäre gehören mußten."

Schon am 26. Januar 1937 wurde das „Gesetz über Groß-Hamburg und andere Gebietsbereinigungen" erlassen und am 1. April des Jahres in Kraft gesetzt. Das hamburgische Staatsgebiet wurde allerdings nur um Altona, Harburg, Wilhelmsburg und Wandsbek erweitert. Immerhin bedeutete dies eine Verdoppelung des hamburgischen Staatsgebietes, und die Einwohnerzahl wuchs um 407.000 auf 1.681.187. Zwanzig Kilometer betrug der Radius rund um Hamburg. Es sei erlaubt, an dieser Stelle einige Bemerkungen zur Geschichte des Groß-Hamburg-Gesetzes nachzuschieben, um deren Aufdeckung sich in erster Linie Werner Johe verdient gemacht hat. Johe hat daran erinnert, daß dieses Projekt ursprünglich durch den Hamburger Senat als „Kriegsziel" im Ersten Weltkreig angepeilt worden war, als man noch auf eine erhebliche Ausweitung des Reichsgebietes durch neue Eroberungen hoffte und Zugewinne anderer Bundesstaaten in unmittelbarer Nachbarschaft Hamburgs kompensieren zu müssen glaubte. Immerhin trage auch Hamburg in gleicher Weise wie alle übrigen Bundesstaaten „zu den Opfern des Krieges" bei. „Für Hamburg erscheine es nicht wünschenswert, daß solche Kompensationen allein mit dem Machtzuwachs Preußens begründet würden", zitierte Johe aus der „Denkschrift über die Notwendigkeit einer Erweiterung des hamburgischen Staatsgebietes" vom 7.12.1915. Das ungeheure Wachstum Hamburgs vor dem Ersten Weltkriege zugrunde legend, sahen die Stadtväter für das Jahr 1934 „eine Vergrößerung der Hafenfläche auf 3.800 ha" voraus.

Natürlich waren auch die Fachleute der Behörden mit diesem Thema befaßt, wie Wasserbaudirektor Bubendey, der der Kosten wegen von einer Erschließung Neuhofs und der Hohen Schaar abriet, dagegen Altenwerder und Preußisch-Finkenwerder einzubeziehen empfahl. Baudirektor Sperber wünschte zusätzlich eine Erweiterung von Moorburg stromabwärts bis Cranz. Unbeeindruckt durch das nahende Kriegsende, verfolgte der Senat weiterhin den Gedanken der Gebietserweiterung im

Abb. 187 Gründung der NSDAP-Ortsgruppe Finkenwerder „Gorch Fock". Foto 28.5.1933.

Mai 1918, wobei jetzt vor allem über den Geestrücken nördlich der Bille zwischen Horn und Bergedorf etwa bis Glinde hin, das Gelände zwischen
den Ausfallstraßen Barmbek und Langenhorn sowie
Barmbek und Großhansdorf besprochen wurde.

Erstaunlicherweise machte sich der Hamburger
Arbeiter- und Soldatenrat die Groß-Hamburg-Pläne
zu eigen. Allerdings war jetzt nicht mehr von
Kriegszielen die Rede, sondern man begründete die
Wünsche mit Sachzwängen. Mit dem Senat war sich
der Arbeiter- und Soldatenrat darin einig, die „Ter-
ritorialhoheit über das ganze Ufergebiet der Elbe
von Geesthacht bis zu ihrer Mündung" fordern zu
sollen. Angesichts der mit Händen zu greifenden
wirtschaftlichen Einbrüche und der katastrophalen
Lage des Hafens sah man sich im April 1919 zu einer Redaktion der euphorisch formulierten Kriegs-
zielansprüche genötigt, doch wollte man auf keinen
Fall darauf verzichten, eine notwendige Erweiterung
der Hafenanlagen „in den nächsten Jahrzehnten" zu
prognostizieren. Freilich gerieten diese Ideen immer mehr in den Bereich der Utopie, da an eine Einbeziehung Harburgs, Altonas und Wandsbeks bald
überhaupt nicht mehr gedacht werden konnte. Auf
preußischer Seite focht der für die Groß-Hamburg-
frage ernannte Staatskommissar Albert Südekum,
während der Schriftsteller Alexander Zinn, seit
Frühjahr 1922 Direktor einer eigens für ihn geschaffenen Staatlichen Pressestelle, den hamburgischen
Standpunkt mit unglaublicher Geschicklichkeit in
die Zeitungen zu bringen wußte. Vor allem seiner
über Jahre hin wirkenden zähen Überzeugungsar-
beit ist es zu danken, daß die preußische Regierung
sich immer mehr den Ansichten Hamburgs näherte: „Das gesamte Unterelbegebiet muß rein auf seinen wirtschaftlich zweckmäßigen Aufbau hin betrachtet werden, gleichsam mit der Fiktion, als ob
es keine Ländergrenzen gäbe", äußerte Herbert
Weichmann am 25. Oktober 1928 in der „Vossischen
Zeitung" im Sinne der von Otto Braun geführten
preußischen Regierung. Freilich, den Hamburgern
gefiel der mit dem „als ob…" verbundene Zungenschlag nicht, weil sie das von Berlin aus ins Auge
gefaßte „Groß-Preußen" als Konkurrenz ihrer staatlichen Eigenständigkeit kannten und fürchten mußten. Immerhin konnte am 5. Dezember des gleichen
Jahres in Hamburg ein Abkommen über eine „Ha-
fenbetriebsgemeinschaft" unterzeichnet werden, die
sich mit „Bau und Betrieb der Hafenanlagen auf
dem preußischen Gebiet von Kattwyk, Hohe Schaar,
Neuhof" und auch Moorburg, Altenwerder, Finkenwerder und Dradenau befassen sollte. Natürlich ging
es in erster Linie um Kooperation bei allen Wasserbaumaßnahmen im Bereich des Stromspaltungs-
gebietes. Aus dem Abkommen wurde bald ein
Staatsvertrag (9./13.3.1929), in welchem unter dem
Begriff „Hafen Hamburg" die Hafengeldordnung,
Hafenpolizei- und Lotswesen für Hamburg, Altona, Harburg, Wilhelmsburg gemeinschaftlich geregelt wurden (Abb. 187).

Die hier nur in Stichworten angedeuteten Voraussetzungen für ein entscheidungsreifes Groß-Hamburg-Gesetz mögen genügen, um noch einmal deutlich zu machen, daß die Verdienste Krogmanns und
der Nationalsozialisten um dieses Projekt mit dem
berühmten „Federstrich" ihr Bewenden hatten. Im
übrigen war etwas ganz anderes daraus geworden,
weil die ursprüngliche Geschäftsgrundlage, die
staatliche Eigenständigkeit Hamburgs, längst vom
Tische gefegt worden war.

Die „Führer-Bauten" am „Tor zur Welt"

Wenn man einmal den ersten Teil des Krogmann-schen Tagebuches, soweit erschienen, durchsieht, wird vor allem sichtbar, wie sehr sich der „Regierende Bürgermeister" vor allem um festliche Veranstaltungen und Repräsentationsaufgaben gemüht hat. Er hatte natürlich recht, als er am Hafengeburtstag 1939 anläßlich der 750-Jahr-Feier Hamburgs seine Verdienste zum Groß-Hamburg-Gesetz zusammenfaßte: „Weil ohne mich und meine Freundschaft zu Göring Groß-Hamburg nicht geschaffen worden wäre." Das war es denn aber auch. Sogar das Museum für Hamburgische Geschichte mußte herhalten, um dem festfreudigen Haupt der Stadt behilflich zu sein, „auf die kulturellen Bestrebungen des Dritten Reiches hinzuweisen". Deswegen lud er im Namen des Senats am 26. April 1935 dorthin das Konsularcorps zu einem Empfang ein. „Der Zweck war nicht nur, die diplomatischen Vertreter mit diesem die Geschichte unserer Vaterstadt repräsentierenden Museum bekanntzumachen, sondern auch

Abb. 188   Festtafel im Zunftsaal des Museums für Hamburgische Geschichte anläßlich eines Empfangs des diplomatischen Korps durch den Regierenden Bürgermeister Krogmann. Foto 26.4.1935.

mit dem Stumpfsinn zu brechen, der meist derartigen Empfängen eigen ist. ... Der Empfang fand in dem schönen Innungssaal des Museums (Abb. 188) statt. Schon das blumengeschmückte Treppenhaus, das die Gäste hinaufgingen, schuf eine feierliche Stimmung..." Man könnte noch Dutzende ähnlicher Anlässe für bemerkenswerte Initiativen Krogmanns in dieser Hinsicht ausfindig machen.

Weniger beteiligt war er hingegen an Hitlers Hamburg-Planungen ab 1935. Am 23. Juni 1935 unternahm der Senat mit Frauen, einigen Parteifunktionären, Führern der SA und der SS, Herren und Damen der Oper sowie den Generälen und Admirälen der Reichswehr mit Frauen und last not least dem Führer eine Fahrt mit der „Jan Molsen" auf der Elbe. Erstmals hier äußerte Adolf Hitler den Wunsch, die Elbe etwa in Höhe des Kühlhauses Neumühlen durch eine Brücke überspannt zu sehen. Ziemlich genau ein Jahr später wurde dem Führer ein Modell vorgestellt (19.6.1936), bei welcher Gelegenheit auch die Pläne zur Finanzierung zur Sprache kamen (Abb. 189). Staatsrat Ahrens aus Hamburg hatte anschließend nichts Eiligeres zu tun, als den Generalinspektor für das deutsche Straßenwesen in einem Schreiben vom 24.6.1936 von der „Willensmeinung des Führers in Kenntnis" zu setzen und deutlich zu machen, daß die Brücke als Reichsangelegenheit gesehen werden müsse, weil sie die Kraft Hamburgs bei weitem übersteige. Fünf Millionen Reichsmark sollte der Generalinspektor aus dem Haushalt des Reichsstraßenwesens für dieses Projekt abzweigen. Die Hamburger Öffentlichkeit

Abb. 189   Konstantiny Gutschow (mit Zeichenstock), Albert Speer und Adolf Hitler vor einem Übersichtsmodell des Hamburger Hafens mit den geplanten Führerbauten und der Elbbrücke auf der Höhe des Union-Kühlhauses in Neumühlen. Foto 19.6.1936, Staatsarchiv Hamburg.

erfuhr zum ersten Mal im Jahre 1937 aus dem Munde ihres Reichsstatthalters Kaufmann von den Bauplänen. Eine Hochbrücke mit einer Pfeilerhöhe von 160 m sei ins Auge gefaßt, die 1943 fertiggestellt sein sollte. Am Elbufer würden sich Wolkenkratzer mit 60 Stockwerken erheben. Die Ausführung wollte man hauptverantwortlich dem Architekten Konstantiny Gutschow übertragen. So erging denn am 31. Mai 1938 per Reichsgesetz ein entsprechender Generalbebauungsplan Hamburg, dessen Ziel es war, „das Gesicht Hamburgs von der Alster weg zum Elbstrom zu wenden". Die künftige Stadt sei in fünf Zonen einzuteilen: 1. Neustadt, 2. Wallanlagen, 3. Elbhochstraße, 4. Verwaltungsforum, 5. Elbparkgelände. Vor allem galt die Aufmerksamkeit der Hitler-Brücke, die als Monumentalbau „die Bedeutung des Welthafens Hamburg sinnfällig zum Ausdruck bringen" solle (Ahrens). „Ich lasse aus diesem Grunde zum Beispiel diese große Brücke bauen", so Hitler am 10. Februar 1939 in einer Rede zu diesem Projekt. Er fuhr dann fort: „Man wird mir vielleicht sagen: Warum bauen Sie nicht einen Tunnel? — Ich halte ihn nicht für so zweckmäßig. Aber selbst wenn ich ihn sachlich für so zweckmäßig halten würde, dann würde ich doch die größte Brücke der Welt nach Hamburg jetzt hinstellen, um dem Deutschen, der vom Ausland kommt, oder ins Ausland geht, oder die Möglichkeit hat, das Ausland mit Deutschland zu vergleichen, das Bewußtsein zu geben: Was heißt Amerika mit seinen Brücken? Wir können genau das gleiche. Deshalb lasse ich dort Wolkenkratzer hinstellen von der gleichen Gewalt der größten amerikanischen." Je mehr das Projekt Gestalt annahm, um so weitgehender fühlten sich der Senat und Krogmann ausgeschaltet. Der Regierende Bürgermeister vermerkte am 10. Februar 1939 in seinem Tagebuch eine Beschwerde des zuständigen Bausenators Nieland, der Krogmann mitteilte, „daß anscheinend seitens des Reichsstatthalters die Absicht bestünde, Senator Ahrens mit der Führung der Neugestaltung Hamburgs zu beauftragen. Er sagte mir, daß er keinesfalls damit einverstanden wäre, und dann vorziehen würde, aus der Verwaltung Hamburgs auszuscheiden." Recht hatte er mit dieser Vermutung, denn tatsächlich war in einem Sonderauftrag Senator Ahrens durch den Statthalter mit der Durchführung der Führer-Bauten befaßt, was auch Krogmann keineswegs gefiel. Um also das Projekt wieder näher an den Senat heranzuführen und es Ahrens aus der Hand zu winden, schlug Krogmann vor, den Architekten Gutschow in die Gemeindeverwaltung einzubauen, „weil sonst

ein Nebeneinanderarbeiten entstehen würde und unnötige Reibungen" entstünden. Deswegen solle man Gutschow zum ehrenamtlichen Beigeordneten machen und ihm dann die Leitung eines Amtes für die Umgestaltung Hamburgs übertragen. Wenn man dann noch eventuell Senatsdirektor Meincke ihm zur verwaltungstechnischen Durchführung an die Seite setze, würde wohl alles richtig laufen. Krogmann und Nieland hofften auf diese Weise, Gutschow richtig einzumauern. So war es denn kein Wunder, daß offenkundig der Reichsstatthalter mit der Ernennung Gutschows zum ehrenamtlichen Beigeordneten gar nicht einverstanden war.

Inzwischen war die Idee soweit gediehen, daß man an höchster Stelle glaubte, mit diesem Projekt Propaganda machen zu dürfen. Gutschow wurde gebeten, sich unterschriftlich mit einem ihm vorgelegten Manuskript zu identifizieren, das er nach einigen wenigen Korrekturen mit einem Begleitschreiben vom 23. August 1939 dem „Aufklärungsausschuß Hamburg-Bremen" mit der Bitte „um Vergewisserung des Einvernehmens des Reichsstatthalters" zuzuleiten, der einer Anordnung des Führers entsprechend ein grundsätzliches Verbot über Veröffentlichungen zu diesem Thema erlassen habe. Der Artikel war für Zeitungsveröffentlichungen im Ausland gedacht. Schon die ersten Sätze belehren über die Absichten des Führers: „Das Wahrzeichen des zukünftigen Hamburg wird die Elbhochbrücke sein, die als gewaltiges Tor der Hansestadt zum Meer und zur Welt den Strom überspannen wird und den größten Ozeandampfern Durchfahrt gewährt. Man kann sich leicht vorstellen, daß der ankommende Ausländer hinter diesem monumentalen Bauwerk, dessen Brückenpfeiler sich höher als die Türme des Kölner Domes in den Himmel emporrecken werden, Hamburg als Repräsentanten des Reiches und seiner Wirtschaft erwartet, also keine Park- und Grünanlagen, sondern die steinernen Verkörperungen des Handels und Wandels der Hansestadt." Dann folgt die Gutschow-Idee: „Der eigentliche architektonische Sinn der vom Führer angeregten Neubauten ist es, das Gesicht Hamburgs von der Alster weg zum Elbstrom zu wenden... Das dann folgende Verwaltungsforum ist der Bezirk der öffentlichen Bauten. Es umfaßt das Gauhochhaus der NSDAP, das sich mit 250 m Höhe gegen die gigantischen Dimensionen der Elbhochbrücke behaupten wird. Ein Aufmarschplatz für 100.000 Menschen, eine Volkshalle, die 50.000 aufzunehmen vermag, große und kleine Verwaltungsgebäude der Behörden und ein ‚Kraft-durch-Freude'-Hotel, dessen Lage hier eine rei-

Abb. 190   Vision von den Führerbauten und dem neugestalteten Elbufer. Foto nach einem Modell Konstantiny Gutschows.

bungslose und rasche Unterbringung der an den Fahrgastanlegern ankommenden KdF-Urlauber ermöglicht." (Abb. 190)

Der Kriegsausbruch am 1. September 1939 ließ dies Projekt noch lange nicht in den Hintergrund treten, obwohl der Polen-Feldzug, die angeordnete Fensterverdunkelung, das Verbot öffentlicher Tanz-Lustbarkeiten und alle mit diesem Ereignis verbundenen Alltäglichkeiten mehr als alles andere interessierten. Hier muß nun nachgetragen werden, daß die Verwaltung des Reichsführers SS sich am 13.9.1938 brieflich an Senator Nieland in der Absicht gewandt hatte, das Klinkerwerk Neuengamme zu kaufen, um es durch die „Deutsche Erd- und Steinwerke GmbH" (DEST) in Betrieb nehmen zu lassen: „Die Inbetriebnahme erfolgt im Rahmen der Arbeitsbeschaffung für die sehr zahlreichen Nichtstuer in unseren Konzentrationslägern, eine Aufgabe, die bekanntlich mir obliegt. Wir beabsichtigen, dort erstklassige Klinkerware preiswert herzustellen. Ich glaube, daß diese Tatsache Sie und die Hamburger Baubehörde nicht uninteressiert lassen wird". (Pohl) Auf dieses Angebot kam der Reichsstatthalter persönlich zurück, der unter Hinweis auf die spätere Durchführung der Führer-Bauten für Herstel-

lung von Klinkern in einem Konzentrationslager Neuengamme plädierte. Am 6. Mai schon wurde ein Vertrag zwischen dem Deutschen Reich, der „Deutsche Erd- und Steinwerke GmbH" und der Hansestadt Hamburg geschlossen. Das Reich, so der Inhalt des Vertrages, habe die Deutsche Erd- und Steinwerke GmbH beauftragt, Häftlinge in Ziegeleien und Steinbrüchen zu beschäftigen. In Erfüllung dieses Auftrages habe das Unternehmen im Bereich der freien Stadt Hamburg das „Klinkerwerk Hamburg" bei Neuengamme erworben. Zur Zeit würde es von Häftlingen ausgebaut... Die Gemeinde habe im Hinblick auf die großen Führer-Bauten, die unmittelbar nach Beendigung des Krieges in Angriff genommen werden sollten, ein lebhaftes Interesse. Für den Reichsführer SS unterzeichnete Pohl, für die DEST die Herren Dr. Salpeter und Mummenthey, für den Reichsstatthalter Klepp und der frischgebackene Senatsrat Dr. Gutschow. Der Abschluß dieses Vertrages macht deutlich, daß die Verantwortlichen sich in der Rolle einer Sklavenhaltergesellschaft durchaus wohl fühlten und potentielle Häftlinge schon deswegen in solchen vor Ort eingerichteten Lagern konzentrieren mußten, um die utopischen Bauaufgaben des Führers überhaupt realisieren zu können. In diesem Sinne ist ungeheuerlich, was der SS-Obergruppenführer und General der Waffen-SS Pohl am 30.4.1942 an den Reichsführer SS schrieb: „Die Verwahrung von Häftlingen nur aus Sicherheitsgründen, erzieherischen oder vorbeugenden Gründen steht nicht mehr im Vordergrund. Das Schwergewicht hat sich nach der wirtschaftlichen Seite hin verlagert. Die Mobilisierung aller Häftlingsarbeitskräfte zunächst für Kriegsaufgaben (Rüstungssteigerung) und später für Friedensaufgaben schiebt sich immer mehr in den Vordergrund." Man muß einfach auf diese Zusammenhänge deutlich verweisen, damit die Gott sei Dank nie realisierten Führer-Bauten nicht als versponnene Utopie abgetan, sondern als Repräsentationsbauten einer durchaus ihrer selbst bewußten Sklavenhaltergesellschaft gesehen werden (Abb. 191).

Abb. 191 Pferdegruppe oberhalb der von Gutschow geplanten Elbtreppe.

Zur Frage der Verantwortlichkeit für die Ausschreitungen in der sogenannten „Reichskristallnacht" in Hamburg

„Der Mensch dieses Gebietes ist der Hansadeutsche. Wenn er der Geest sein Brot abringt, ist er körperlich und geistig lebendig, forschend und vorwärtstreibend. Öffnet ihm die Marsch ihre freigiebige Erde, wird er schwer, breit und selbstherrlich. Die Berge machen ihn zäh, schlau und fleißig, das Meer ausdauernd und gottesgläubig, die See knorrig und rauh, aber heiter, weitblickend und kühn. Die Stadt gibt einem jeden den Stempel ihres Gesichts, das entweder hansisch-drängende oder im Überkommenen beharrende Züge zeigt." Mit diesen Worten beschrieben die Nationalsozialisten die durch den Reichssender Hamburg anzusprechende Zielgruppe ab 1933. Das ethische Ziel dieser Charakterisierung war, Stolz und Überheblichkeit in den so bewerteten Menschen zu wecken und deren Rechtsempfinden durch das Angebot einer rassischen Höherwertigkeit gegenüber hiervon ausgeschlossenen Gruppen parteilich zu korrumpieren. Wir haben bereits gesehen, aus welchem Anlaß der „Regierende Bürgermeister" sich so ängstlich-hektisch auf die Seite der schärfsten Antesimiten geschlagen hatte. In seiner Verantwortung erschien selbstverständlich das Periodikum „Aus Hamburgs Verwaltung und Wirtschaft. Monatsschrift des Statistischen Amts der Hansestadt Hamburg", in dessen 15. Jahrgang am 1. Juni 1938 statistische Übersichten für das Jahr 1937 geliefert wurden. Dort wird vermerkt: „Die Abnahme der Auswanderer wäre aber zweifellos noch größer gewesen, wenn nicht in den letzten Jahren eine lebhafte Auswanderung der Juden aus dem Deutschen Reich eingesetzt hätte. Unter den 15.687 über Hamburg Ausgewanderten des letzten Jahres sind dem Glaubensbekenntnis nach nicht weniger als 8.345 Juden oder 53,2 v. H. Juden gewesen; berücksichtigt man nicht das Glaubensbekenntnis, sondern die jüdische Volkszugehörigkeit, sind es sogar 8.452 oder 54 v. H. aller Auswanderer." Zu diesen gehörten natürlich auch Universitätsprofessoren aus Hamburg, wie Albrecht Mendelssohn-Bartholdy,

der als Direktor und Friedensforscher am hiesigen „Institut für auswärtige Politik" tätige Gelehrte, der bereits 1934 Hamburg verlassen mußte. Auch der ehemalige Rektor unserer Universität, Ernst Cassirer, arbeitete seit 1933 in Princeton. Stolz berichtete die „Hansische Universität" in der gleichen Zeitschrift „Aus Hamburgs Verwaltung und Wirtschaft" (15. Jahrgang 1938): „Die Ausscheidung nichtarischer Studenten hat seit dem Sommer 1933, in dem diese Erhebung erstmals angestellt worden ist, bereits recht erhebliche Fortschritte gemacht", wofür am gleichen Ort das neue Studentenrecht verantwortlich gemacht wird. Hiernach seien die „volleingeschriebenen Studenten deutscher Abstammung und deutscher Muttersprache zur Deutschen Studentenschaft zusammengefaßt worden". Demgegenüber wurden die Studenten jüdischer Abstammung in die Gruppen der inländischen Nicht-Mitglieder eingestuft (SS. 1938 = 11 = 0,7 % gegenüber SS. 1933 = 102 = 3,2 %). Im gleichen Jahrgang wurden auch statistische Angaben zu den Privatvermögen in Hamburg mitgeteilt: „Unter den 178 Millionären, die am 1. Januar 1935 im Gebiet der jetzigen Hansestadt Hamburg festgestellt wurden, waren 30 jüdische Millionäre vorhanden, d.h., von den Millionären waren 16,8 % jüdisch, während sich der jüdische Bevölkerungsteil bei der Volkszählung 1933 auf nur 1,2 % belief. Diese jüdischen Millionäre besaßen 56,3 Mio. Reichsmark Rohvermögen (davon 15,7 Mio. RM Grundvermögen)."

Wenn man alle diese Quellen durchmustert, kann es länger keinem Zweifel unterliegen, daß mit Billigung des Regierenden Bürgermeisters durch diese scheinbar sachlichen Angaben der Antisemitismus geschürt und Pogromstimmung erreicht werden sollten. Erinnern wir uns gleichzeitig an den von Krogmann schon wenige Tage nach seinem Regierungsantritt herausgegebenen „Marschbefehl gegen die Juden", der die sogenannte „Reichskristallnacht" schon fast vorwegzunehmen schien, kann man nicht länger daran zweifeln, daß Krogmann ganz und gar hinter den furchtbaren Ausschreitungen gegen die Juden in Hamburg in der Nacht vom 8. auf den 9. November 1938 stand. Wenig glaubhaft sind dagegen die in seinem Tagebuch unter diesem Datum aufgezeichneten Bemerkungen, wonach er persönlich des Reichsparteitages in Nürnberg wegen von Hamburg abwesend, bei seiner Rückkehr von diesem „politischen Unsinn sogar unangenehm überrascht" gewesen sei. Man begreift allerdings nun gut, warum Krogmann in seinem Tagebuch nichts zu dem „politischen Unsinn" seines Marschbefehls gegen die Juden von 1933 gesagt hat. In ihrem autobiographischen Bericht des Zweiten Weltkriegs, den Hiltgunt Zassenhaus unter dem Titel „Ein Baum blüht im November" veröffentlicht hat, gab sie eine plastische Beschreibung der Geschehnisse: „Ein Überfall auf allen jüdischen Besitz, eine lang vorher geplante Aktion, ausgeführt, als wäre sie spontan gewesen. Synagogen waren aufgebrochen und in Brand gesteckt worden, Schaufenster eingeworfen und Türen eingetreten, Geschäfte geplündert und die Einrichtungen demoliert. In den Fleeten schwammen Schuhe und Stoffe. Man war in Häuser eingedrungen und hatte die Juden, die darin wohnten, verprügelt und festgenommen. Die meisten Opfer dieser ersten Verhaftungswelle wurden nach wenigen Tagen wieder entlassen. … Die ganze Aktion war sorgfältig geplant worden. Man hatte die Leute, die aktiv an den Übergriffen teilnahmen, aus Nachbarorten herbeigeholt. Ganze Einheiten der SS waren aus anderen Gegenden herankommandiert worden, um sorgfältig zu vermeiden, daß irgendeiner der Beteiligten dabei womöglich auf Bekannte träfe, die ihn zum Nachdenken veranlassen könnten." Krogmanns zynischer Kommentar zu diesen Ereignissen brachte eine überraschende Schuldabweisung in dem Sinne, daß den Nationalsozialisten am allerwenigsten an solchen Ausschreitungen hätte gelegen sein können. Weit eher müsse man da an die Juden selbst denken, die möglicherweise durch diese Tat den Haß der Welt auf Deutschland lenken wollten.

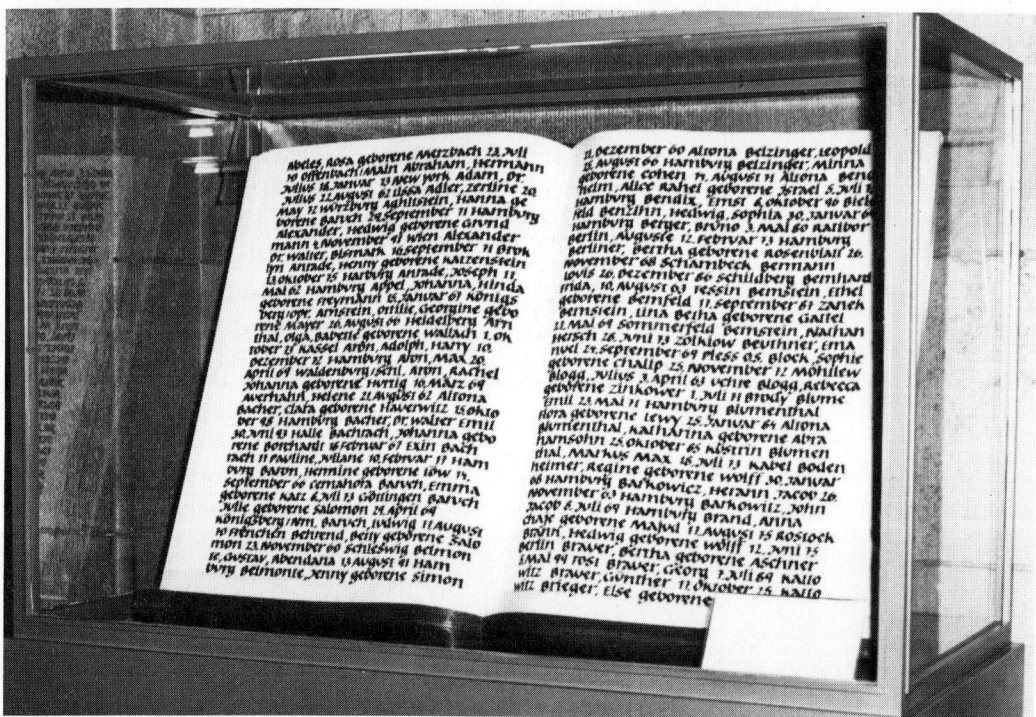

Abb. 192 Künstlerisch gestaltetes Denkbuch mit über 6.000 Namen von Opfern des Nationalsozialismus, das am 25. Oktober 1965 nach Anfertigung im Auftrage des Senats der Jüdischen Gemeinde in einer Feierstunde vorgestellt wurde.

Evakuierung und „Evakuierung" – Sprachregelungen eines Verbrecherregimes

Wer die zweite, 1938 vom Reichsverkehrsministerium herausgegebene Jubiläumsschrift „Hundert Jahre deutsche Eisenbahnen" zur Hand nimmt, wird nun leicht einen den Gang der komplizierten Geschichte verfälschenden Zungenschlag bemerken. Dort wird den Leistungen der Eisenbahn im Kriegsfalle das größte historische Gewicht beigemessen und der bürokratischen Errungenschaft der angeblichen „Wiederherstellung der uneingeschränkten Hoheit des Reiches über die Reichsbahn" (30.1.1937) hymnisches Lob gespendet. Gern wird auch der Geschwindigkeitsrekorde auf der Strecke Berlin — Hamburg durch den „Fliegenden Hamburger" (1933) und der Dampflok 05002 gedacht, die 1936 auf einer Versuchsfahrt 200,4 km/h erreichen konnte. Von geschichtlichem Rang ist wohl eher als eines von vielen Beispielen die Evakuierung Hamburgs gewesen, als nach den Bombennächten 1943 immerhin 625 Sonderzüge mit 786.000 flüchtenden Bürgern die Trümmerwüste verließen. Es ist geradezu charakteristisch für die bürokratische Bemäntelung des größten Verbrechens an der Menschheit durch die Nationalsozialisten, daß unter dem gleichen Stichwort „Evakuierung" — später durch die Begriffe „Abwanderung" oder „Aussiedlung" ersetzt — auf dem Hannoverschen Bahnhof, dem eigentlichen Hamburger Güterbahnhof, zwischen dem 25. Oktober 1941 und dem 14. Februar 1945 17 Sonderzüge nach Litzmannstadt, Minsk, Riga, Auschwitz und Theresienstadt ausliefen, mit denen über 6.000 unserer jüdischen Mitbürger fahrplanmäßig in den Tod verfrachtet worden sind. Unglaublich präzise lief diese bürokratische Mordmaschine, sobald die Gestapo bei der zuständigen Reichsbahndirektion gegen Rechnung diese Sonderzüge einmal geordert hatte (Abb. 192).

An dieser Stelle muß noch ein Wort zu den Hamburger Elbbrücken gesagt werden, die uns als stets funktionsfähiges und den jeweiligen Verkehrsverhältnissen angepaßtes Denkmal erhalten geblieben sind. Sie überdauerten den Bombenhagel des Zweiten Weltkrieges mit einigen Blessuren, aber auch die Sprengungsabsichten eines Regimes, das durch solche und ähnlich irrsinnige Zerstörungen den Zusammenbruch des Dritten Reiches noch um einige Minuten hinauszögern wollte. Es gehört zu den wenigen akzeptablen Entscheidungen der damals in Hamburg zuständigen Behörden, daß sie die Sprengung der Elbbrücken hintertrieben und damit wenigstens die einzige noch bestehende Schienenverbindung nach Süden und zugleich die wichtigste Linie für Kohletransporte und andere Versorgungsgüter bestehen ließ, ohne die die erste Nachkriegszeit mit dem folgenden schrecklichen Winter 1945/46 eine Weltstadt zur Agonie gebracht hätte.

Der „Feuersturm"
im Kalkül der Weltkriegsstrategie

Tod und Inferno brachten und erlitten die deutschen Soldaten auf allen Schauplätzen des von Hitler angezettelten Krieges. Ob sie sich überhaupt vorstellen konnten, als sie am 22. Juni 1941 in die Sowjetunion einfielen, daß sie schon in wenigen Wochen einer der schönsten Städte Europas, Leningrad, die Hölle bereiten würden? Hitlers Befehl, „die Stadt eng einzuschließen und durch Beschuß mit Artillerie aller Kaliber und laufende Lufteinsätze dem Erdboden gleichzumachen", wobei ihm zugleich an der Ausrottung der Bevölkerung gelegen war, hätte zu normalen Zeiten jeden denkenden Soldaten mit Empörung erfüllen und zur Desertation treiben müssen. Aber der „Glaube" an die Unfehlbarkeit des

Führers und das „Sieg Heil"-Geschrei vernebelten das Unrechtsbewußtsein der an dem verbrecherischen Vorhaben Beteiligten. Die Einschließung Leningrads vom September 1941 bis zum Januar 1944 brachte 600.000 Menschen den Hungertod. Im gleichen Zeitraum prasselten 4.500 Sprengbomben, 100.000 Brandbomben und 150.000 Artilleriegranaten auf die eingekesselte Bevölkerung hernieder. Wenn man solche Zeilen niederschreibt, denkt man an die erschütternden Kommentare alter und ganz junger Menschen, welche in den Herbsttagen des Jahres 1986 die Dokumentation des grausigen Kriegsalltags, Zeichnungen der hungernden und besonders leidenden Kinder im Museum für Hambur-

Abb. 193 Hamburg in Trümmern. Foto 1943.

gische Geschichte sahen und ihre Gedanken dem Besucherbuch anvertrauten: „Mögen keine Kinder mehr dergleichen zeichnen müssen" — so einer der stammelnden Kommentare.

Die Soldaten büßten hart für ihren „Glauben" an den Führer, der zuvor stets genug Helfer zu finden gewußt hatte, die Kriegsgefangenen anderer Nationen in der Heimat wie Sklaven zu behandeln. Die meisten in der Heimat wußten davon, sowie die Hamburger den Ort Neuengamme kannten und ahnten, was hinter dem Zaun vor sich ging. Mochten sie auch die Augen davor verschließen, die Bedrohung durch den allmählich näherrückenden Kriegsschauplatz ließ sich nicht wegwischen. Die Bewohner der Großstädte waren sich noch gar nicht bewußt, daß der Metropole eine wichtige Rolle in der Kalkulation der kaltblütigsten „Strategen" zugedacht war. Indem man ihr Leid zufügte, glaubte man die Staatsführung der jeweils anderen Seite schneller in die Knie zwingen zu können. Erstaunlicherweise aber sollten die leidgeprüften Menschen ganz anders reagieren, indem sie sich nämlich um so dichter um ihren verbrecherischen Heilsbringer scharten.

Der Hamburger Hafen und die dort angesiedelten Industrien, vor allem die Rüstungsindustrie, bildeten zunächst die wichtigsten Ziele der alliierten Luftangriffe, welche anfänglich aufgrund navigatorischer Fehler ziemlich wirkungslos blieben. So auch das überhaupt erste Bombardement, das am 18. Mai 1940 in Harburg niederging. Weitere Feindanflüge im gleichen Monat richteten zwar Schäden in der Innenstadt an, trafen aber keineswegs die Industrie. Ähnliches gilt für die vielen schweren Luftangriffe, die Hamburg in den beiden folgenden Jahren durchlebte. Kaum jemand der nach dem Zweiten Weltkrieg Geborenen aber vermag sich eine annähernde Vorstellung von jenen Ereignissen zu bilden, die sich zwischen dem 15. und 27. Juli 1943 hier abspielten, wobei ganze Straßenzüge der Innenstadt St. Paulis und Altonas in Schutt und Asche fielen (Abb. 193). Dies war nur das „Vorspiel" der teuflische ausgedachten Operation „Gomorrha", eines Meisterwerks an treffsicherer Menschenvernichtung und Verwüstung von Wohnbezirken, Hafen- und Industrieanlagen.

Eine Stunde nach Mitternacht war die erste Bombenlawine niedergegangen. Am Nachmittag des 25. Juli, noch ehe die Feuerwehr der Lage hätte Herr werden können, wurde der Hafen bombardiert. Am 26. Juli noch einmal Anflüge auf die Industrieanlagen im Hafen. Der Höhepunkt der planvollen Aus-

radierung ganzer Stadtteile war wiederum vorwiegend der Zivilbevölkerung zugedacht: Wandsbek, Eilbek, Hohenfelde, Borgfelde, Hamm, Horn, Hammerbrook und Rothenburgsort wurden in der Nacht vom 27. auf den 28. Juli samt den dort lebenden Einwohnern für die Verbrechen des Nazi-Regimes gestraft, wie sich die Regisseure der Operation den Untergang der sündhaften Städte Sodom und Gomorrha vorstellen mochten. Fürchterlichen Himmelszeichen gleich, setzten die Spitzen der Bomberverbände aus lang schwebender Leuchtmunition die sog. Tannenbäume und andere Zielmarkierungen an den Himmel, bevor die präzisen Abwürfe begannen. Nach den häuserzerstörenden Brandbomben fiel buchstäblich Feuer vom Himmel, unvorstellbare Mengen von Phosphor, das über die Straßen lief und in die Bunker troff, die Kleider der Abertausenden an Flüchtlingen netzte und alles sofort mit Höllenfeuer überzog. Es gab kein Entrinnen.

Die enorme Hitzeentwicklung verursachte erst den grauenvollen Feuersturm, der bis zur Orkanstärke anwuchs und Feuerwolken waagerecht über die Stadt trieb und in Brand setzte, was nicht ohnehin schon von Flammen verzehrt worden war. Bis zu 8.000 m hoch stand die düster in der Nacht leuchtende Feuerwolke über der Stadt. Wer die auf der Flucht von dem Feuer überraschten Menschen gruppenweise tot liegen sah, mochte wohl wie Lots Weib zur Salzsäule erstarren. An die 35.000 Tote und 37.214 Verletzte, bald eine Million Fliehende und eine rauchende, nach verbranntem Holz und Fleisch und Verwesung riechende Trümmerwüste — das waren die „Pluspunkte" in der Bilanz der Operation „Gomorrha".

Es trifft übrigens keineswegs zu, wenn hier und da zu lesen steht, die Rüstungsindustrie sei hiervon kaum nachteilig betroffen worden. Allein die vielen Zulieferer- und Ausrüstungsgeschäfte, deren Warenlager zerstört waren, sahen sich zunehmend nicht mehr in der Lage — zumal aufgrund der Personalknappheit —, den an sie gestellten Anforderungen nachzukommen. Die Denunzianten in allen Betrieben hatten Hochkonjunktur, indem sie auch die nicht einmal mehr lieferfähigen Betriebe wegen angeblich „bewußter Hintertreibung kriegswichtiger Produktionen" bei der SS anschwärzten. Wenn überhaupt noch etwas funktionierte, dann nur aus Angst vor der Einrichtung des allen Menschen bekannten KZs, freilich auch vor den Wegweisern in diese Richtung: den Denunzianten.

Skizzen und Konzepte zu einer Nachkriegsgeschichte Hamburgs

Eine bunte Fülle von Ereignissen und Daten wird in dem vorliegenden Werk zu einem Geschichtsmosaik zusammengefügt. Das entstehende Bild verdankt seine Authentizität vor allem der Mitwirkung jener, die als Persönlichkeiten in Hamburg zwar nicht Geschichte „gemacht", sondern vielmehr das Gesamtgeschehen mitgeprägt haben. Wer die hier dargebotene Stoffülle, als Zeitgenosse in den jüngsten Abschnitt eines gemeinsamen Schicksals dieser Stadt mit seinen persönlichen Erlebnissen eingewoben, noch einmal an sich vorüberziehen läßt,

den überkommen die Fragen unserer Gegenwart nach der Geschichtlichkeit dieses Lebensabschnittes. Es sind herbe Fragen, die heute gestellt werden. Gab es so etwas wie „Sinn" und „Ziel"? Und wenn es sie gab, sind sie erfüllt worden? Lassen sich Maßstäbe für die Gestaltung der Zukunft von gestern seit 1945 ausfindig machen, denen man im Sinne von Bewährung an sich selbst gerichteter Ansprüche kontinuierlich gefolgt wäre?

Es versteht sich von allein, daß solche Fragen nach der Geschichtlichkeit weniger das Augenmerk

Abb. 194   „Nissenhütten" als Notunterkünfte zur Linderung der Wohnungsnot nach 1945 errichtet.

auf spektakuläre Ereignisse und Erfolge lenken. Die Änderungen von Grundhaltungen und die historischen Begründungen für neue Impulse der Politik sind oftmals nur an scheinbar weniger erinnerungswerten Punkten festzustellen, denen aber die Bedeutung von Wendemarken zugesprochen werden kann. Sie aufzusuchen, lohnt sich gerade im Falle der Nachkriegsgeschichte unserer schönen Stadt. Wie wir sehen werden, gibt es bereits Ansätze für derartige Geschichtsdarstellungen, die den zwingenden Wunsch nach Überprüfung des jeweiligen Standorts widerspiegeln. „Durch ihre Geschichten", so hat Hermann Lübbe es treffend formuliert, „werden Individuen unter ihresgleichen unverwechselbar." Dies gilt für den Hafenarbeiter, den Maler oder Musiker und den Wirtschaftsführer in gleicher Weise wie für die individuelle Existenz des Gemeinwesens Hamburg. Und hiervon, vom Einzelnen in seiner Mitwirkung für das Ganze, wird die Rede sein.

„Wer ohne Geschichte lebt, kann die Gegenwart nicht verstehen und die Zukunft nicht fassen. Wer als Deutscher den Nationalsozialismus vergessen will, hilft deswegen weder sich noch seinen Nachkommen: er läßt sie vielmehr feige im Stich." Ein persönlich Betroffener, Hamburgs Erster Bürgermeister, Dr. Klaus von Dohnanyi, setzte diese Worte im Juli 1981 zum Geleit über eine Informationsschrift mit dem Titel „Neuengamme. Zur Geschichte der Konzentrationslager in Hamburg". Er umschrieb die unverzichtbare erzieherische Wirkung einer Überlieferung des gesicherten historischen Wissens, die auch das dunkelste Kapitel hamburgischer Geschichte, so die Verfolgung, Versklavung und Ausrottung von Juden, politischen Gegnern und überhaupt Andersdenkenden durch die Nationalsozialisten, nicht aussparen darf.

Dieses Kapitel gehört um einer Wiederherstellung der Wahrheit willen zum Fundament einer jeden deutschen Nachkriegsgeschichte, weil es die Existenz der physisch Vernichteten und bürokratisch Ausgelöschten überhaupt erst wieder geschichtlich macht und ihren Leidensweg zu würdigen ermöglicht. Das Begreifen der ungeheuerlichen Verbrechen an der Menschlichkeit und die Rehabilitierung der im „Tausendjährigen Reich" Entrechteten und ihrer Geschichtlichkeit Beraubten war, ist und bleibt ethische Grundlage der uns ermöglichten Nachkriegsdemokratie. Und dies ist eben doch auch furchtbar hamburgische Geschichte: Häftlinge von Neuengamme sind wegen Unterernährung und Entkräftung bei Hafen- und Stromregulierungsarbeiten, Herstellung von Flugzeugbauelementen, bei der Waffenproduktion und beim Schiffbau gestorben.

In Hamburg gehörten nach der „Stunde Null" (Abb. 194), da die ewig Marschmusik und Greuelpropaganda ausspeienden Goebbelsschnauzen endlich schwiegen, die Staatsmänner Rudolf Petersen, Adolph Schönfelder und Max Brauer zu den engagierten Aufklärern und akzeptierten Lehrern ihrer Mitbürger, indem sie keine Gelegenheit ausließen, die kriminelle Verführung durch die Nationalsozialisten zu geißeln. Versöhnlicher hat es einmal Prof. Dr. Herbert Weichmann ausgedrückt, nämlich, „daß die ‚tausend Jahre' der nationalsozialistischen Gewaltherrschaft den wahren Charakter von Geschichte und Gesinnung dieser Stadt nur periodisch verfälscht und nicht etwa eine latent vorhandene Gesinnung aufgedeckt haben". Durch alle diese Bemerkungen unserer Bürgermeister hindurch schimmert die Verpflichtung zur Wahrnehmung einer Chance, nämlich mit einer aus dem Gegensatz zur verabscheuungswürdigen Nazi-Diktatur heraus bewußter gelebten Demokratie pfleglich umzugehen.

Eines der wichtigsten Daten hamburgischer Geschichte war der 27. Februar 1946, als die Engländer eine erste Bürgerschaft beriefen, die durch ihre personelle Zusammensetzung für einen Wiederbeginn demokratischen Lebens in dieser Stadt die beste Gewähr bot. Die Verurteilung des KZ-Kommandanten von Neuengamme im Mai des gleichen Jahres zum Tode durch den Strang stellte nur ein besonders spektakuläres Ereignis einer nun wieder vorhandenen Rechtsprechung dar, die endlich nach Jahren der Ohnmacht gegenüber einer die Staatsmacht verkörpernden Verbrecherbande die Rückkehr von Rechtsstaatlichkeit symbolisierte. Im übrigen konnte es nicht ausbleiben, daß dieses in der Not geborene Staatswesen symbolischer Ausdrucksformen für die ethischen Grundlagen des Neubeginns bedurfte (Abb. 195). Die Gedenkstätte „Neuengamme" weihte der Erste Bürgermeister Prof. Weichmann am 7. November 1965 mit Worten ein, die neben der Würdigung der Opfer auch das ganze Gemeinwesen ansprachen: „Wir sind aufgerufen, uns jeglichem Angriff auf Recht und Gerechtigkeit, auf die Würde des Menschen zu widersetzen, unter welchen ideologischen Vorzeichen auch immer der Mensch vergewaltigt werden soll."

Die Einrichtung einer eigenen Forschungsstelle zur Erkundung der Geschichte des Nationalsozialismus (1.4.1960), aber auch die Schaffung des Dokumentenhauses Neuengamme (1981) dienen der Erforschung und Darstellung gesicherten historischen Wissens über die planmäßige Aushöhlung der Demokratie und die wohl auch von allzu vielen Menschen akzeptierte Außerkraftsetzung jeder Humanität. Die Initiative zur Gründung solcher Stätten der Erinnerung an gern verdrängte Geschichte ging freilich nicht in erster Linie von Politikern, sondern, wie fast meistens in Hamburg, von Bürgern aus, die sich der undankbaren Aufgabe, Mahner zu sein, unterzogen hatten. Ohne das ständige Drängen des Bürgers Konrad Hoffmann gäbe es noch nicht das Dokumentenhaus Neuengamme. Ohne die kämpferischen Aufsätze und aufklärerischen Ausstellungen Arie Gorals sowie der Heine-Gesellschaft existierte gewiß noch kein Heinrich-Heine-Denkmal auf unserem neuen Rathausplatz. Dieses — neu geschaffen von W. Otto, Worpswede, im Jahre 1982 — stellt zum einen den Gedanken an das von Hugo Lederer in Bronze ausgeführte und von den Nazis wieder zerstörte Standbild des Dichters durch Zitat der Umrißlinien wieder her (Abb. 196). Außerdem wird durch Reliefs auf dem Sockel die Entstehungs- und Leidensgeschichte des Denkmals erzählt. Die inhaltliche Befrachtung des gestalterischen Gedankens hat nun keineswegs zu einem unansehnlichen Konstrukt geführt. Vielmehr ist ein künstlerischer Ausdruck für ein Bekenntnis Hamburgs zur Freiheit des Geistes, der Kunst und auch der Wissenschaft gelungen, wie ihn Herbert Weichmann in einer Traueransprache auf den Kultursenator Dr. Hans Harder Biermann-Ratjen am 2. Mai 1969 formuliert hat: „Der Staat verzichtet auf seine Macht um der geistigen Freiheit willen."

Erstaunlich schnell gelang es im übrigen, wieder für die strengen Grundsätze und Bürgertugenden der alten Hamburger Republik Engagement in der Bevölkerung dieser Stadt zu wecken. Nur zwei Beispiele mögen hier genügen. Bevor am 20. Dezember 1960 die Ehrenbürgerwürde für Max Brauer ausgesprochen wurde, wandte sich — anerkanntermaßen allein aus prinzipiellen Gründen — Dr. Kurt Heinrich Sieveking mit Vehemenz dagegen: „Hamburger können nur Bürger ihrer Stadt sein." Er beschwor den großen Curio als Zeugen dafür herauf, daß es in Hamburg keinen Adel, keine Patrizier, keine Sklaven und keine Untertanen gebe, sondern nur den Stand der freien Bürger. Aus diesem Stande könne keiner noch zusätzlich erhoben werden.

Wem nicht ganz und gar der Sinn für die besondere Qualität dieser in hamburgischen Traditionen verwurzelten Ideale abgeht, mag sich voller Genugtuung — um ein zweites Beispiel anzuführen — der auf hohem Niveau geführten Diskussion um die

Abb. 195 Beseitigung des Hakenkreuz-Emblems am Hamburger Gewerkschaftshaus nach Übergabe des Gebäudes am 14. September 1945.

Neugestaltung des Hamburger Rathausmarktes (Fertigstellung 10. Mai 1982) erinnern. Die sechs Direktoren der staatlichen Museen, der Direktor des Staatsarchivs und der Denkmalpfleger bemängelten an dem nach öffentlicher Ausschreibung preisgekrönten Entwurf Timm Ohrts und Dietmar Pompes insbesondere, auf welche Art und Weise der in der Ausschreibung geforderten Bedingung, ein „würdiges Forum für das Rathaus als Sitz von Senat und Bürgerschaft" zu schaffen, entsprochen wurde. Das durch eine bombastisch lange Freitreppe an der Kleinen Alster und eine Stufe im Platz vor dem Rathaus erzielte Mehr an ohnehin fragwürdiger „Würde" stellten die Kritiker sehr zu Recht dem Wunsch jener Hamburger im Vergleich gegenüber, die vormals dem Entwurf für das hier befindliche Rathaus mit der Begründung den Vorzug gegeben hatten, daß hier der Bürger auf gleicher Ebene seiner Bürgerschaft und dem Senat begegnen könne. Manche der dann folgenden ärgerlichen Reaktionen auf die Unbotmäßigkeit der Kritiker nahm sich so aus, als ob man sich mit dem hier monumentierten Staatsverständnis, jedenfalls in diesem Augenblick, dem Himmel etwas näher fühlte.

Abb. 196 Heinrich-Heine-Denkmal auf dem Rathausplatz von W. Otto, ausgeführt in Bronze in Erinnerung an das von den Nationalsozialisten zerstörte Heine-Denkmal Hugo Lederers.

So manchen Erscheinungen von Arroganz der Macht haben die Hamburger in der Nachkriegszeit bei den Bürgerschaftswahlen den notwendigen Denkzettel verpaßt. Als ihnen der bis dahin zweimal siegreiche Max Brauer (13.10.1946 und 16.10.1949) gar zu mächtig schien, votierten sie mehrheitlich für den bürgerlichen „Hamburg-Block", der 62 von 120 Mandaten gewann. Dr. Kurt Heinrich Sieveking wurde Erster Bürgermeister. Arnold Sywottek hat kürzlich einmal die hervorragende Bedeutung der von Sieveking und einer zukunftsorientierten CDU geprägten Ära skizziert, die zum Zweck einer „verkehrswirtschaftlichen Wiedervereinigung" eine moderne Ostpolitik hervorbrachte. Daß Sieveking vier Jahre später das Amt wieder verlor, die SPD aber durch den Stimmzettel zu einer Koalition mit der FDP genötigt wurde, spricht für die demokratische Beweglichkeit eines längst emanzipierten Wählers. Es fehlte die Einsicht dieses Wählers in die Tatsache, daß eine Fortsetzung der weitsichtigen Politik Sievekings vielversprechender als eine Neuauflage des Brauerschen Regiments erscheinen mußte.

Obwohl sich die Sozialdemokratie in Hamburgs Nachkriegspolitik wiederum als das kraftvollste und durchsetzungsfähigste Element bis heute erwiesen hat, fehlte es bislang an einer Darstellung ihrer historischen Leistungen im Rahmen hamburgischer Geschichte. Nie war zuvor versucht worden, den gestalterischen Anteil der Arbeiterbewegung bei der Führung des Gemeinwesens jenem der bürgerlichen Kräfte gegenüberzustellen. Aus diesem Grunde begann das zuständige Museum mit der Sammlung entsprechender Gegenstände und Dokumente und zeigte vom 1. Mai bis 9. September 1979 eine erste umfassende Ausstellung zum Thema: „Arbeiterbewegung in Hamburg bis zum Jahre 1918". Daß „Die Welt" (7.5.1979) damals mißtrauisch fragte, „ob es bei der Vorbereitung der Ausstellung das gegeben hat, was heute in den Führungszirkeln der hamburgischen SPD als ‚politische Vorgabe' bezeichnet wird", war in diesem Falle unberechtigt. Positiv allerdings war der durch die Zeitung unterstrichene Anspruch auf eine verläßliche Darstellung eines von vielen Seiten mit Engagement, Ehrgeiz und auch Rechthaberei beanspruchten Themenkomplexes im Museum zu verstehen. Es ist das bleibende Verdienst des wissenschaftlichen Urhebers jener Ausstellung, Ulrich Bauche, seinen Weg unbeirrt gegangen zu sein und dann durch sorgfältige Recherchen und eine klare Konzeption Maßstäbe für ähnliche Unternehmen gesetzt zu haben. Seine Ausstellung provozierte denn auch noch im ersten Monat die Veröffentlichung zweier thematisch weiterführender Vorhaben, nämlich den von Martin Peters in der Kulturbehörde formulierten Ausstellungsvorschlag „Kultur der Arbeiter" und die von gewerkschaftlicher Seite reflektierte und von einem Deputierten der Kulturbehörde damals beschriebene Idee eines „Museums der Arbeit". Erst im Juni des Jahres 1980 wurde ein Verein zur Unterstützung dieser Idee gegründet. Es folgten Diskussionen und Schritte in Richtung auf die Realisierung dieses Projektes, das nach Beschlüssen des Senats und der Bürgerschaft zunächst als Unterabteilung des Museums für Hamburgische Geschichte unter Anleitung des oben erwähnten Museumskollegen betreut wurde. In welch ständiger Gefahr sich dieses wiederum von vielen Seiten beanspruchte Thema zeitweise befand, weg von der Darstellung gesicherten Wissens in eine ‚konfessionelle' Andachtsecke sich selbst reflektierender Eingeweihter geschoben zu werden, verraten die von Detlef Hoffmann an den jungen Museumsverein und den damaligen Kultursenator adressierten Empfehlungen zu handgestrickter Aufbauarbeit (1982): „Die Museumsleute sind dabei nicht nur aufgefordert, ihr Know-how beizusteuern, sie sollten gleichberechtigt (neben den Vereinsmitgliedern) mitarbeiten. Dafür müssen sie selber ein aktives Glied der Arbeiterbewegung sein." Der hier angeregte panegyrische Wetteifer wäre der Glaubwürdigkeit der erarbeiteten „Ergebnisse" eher abträglich gewesen, als die Chance für eine differenzierende Darstellung der Arbeiterbewegung zu eröffnen, über die gewiß auch Nicht-Parteimitglieder Überzeugendes zu sagen wüßten. Der Erste Bürgermeister dieser Stadt hat indessen den hohen Anspruch des Senats an dieses Projekt noch einmal unterstrichen, indem er ein kompetentes Gutachtergremium berief, das dem Senat im Sommer 1986 ein ausführliches Gutachten zur Beschlußfassung auf den Tisch legen konnte.

Es darf nicht in Vergessenheit geraten, daß es ebensosehr die moralischen Kräfte echten Widerstandes im Sinne des Worts gegen das nationalsozialistische Regime insbesondere aus dem Lager der Arbeiterbewegung und die aller Verfolgten gewesen sind, deren Glaubwürdigkeit uns die Chance eines Neubeginns nach der „Stunde Null" verschafft hat. Bürgermeister Brauer hat bis zu seinem Tode konsequenter, als manche es später hören mochten, an einer Hamburg-Vorstellung festgehalten, mit der er für den Wiederaufbau am 22. November 1946 mit folgenden Worten geworben hatte: „Seit alters her ein Friedenshafen, bedarf Hamburg ganz gewiß keiner Kriegswerft; aber jeder echte Hamburger wünscht die Wiedereinschaltung Hamburgs in einen von den Alliierten kontrollierten Schiffbau." Viele prominente Politiker aus anderen Parteien redeten und dachten damals noch wie Brauer, der an seinen Maßstäben festhielt und schließlich auf weiter Flur damit allein blieb. Erich Lüth hat die Tragik dieses Mannes beschrieben. Sie bestand vor allem darin, daß der Wiederaufbau tatsächlich allzu stürmisch in Gang kam und der Wandel der Zeiten und Gesinnungen einen Charakter zum politischen Fossil machte, der, sich selber treu, bis zum Ende gegen Militarismus und vor allem die atomare Bewaffnung zu Felde zog.

In den einschlägigen Hamburg-Büchern werden vorzüglich die erhebenden Ereignisse des Wiederaufstiegs nach der Währungsreform und auch des von Brauer so apostrophierten „Friedenshafens" nach Freigabe des deutschen Schiffbaues und der Schiffahrt am 4. April 1951 beschrieben, so daß wir diese hier nicht wiederholen müssen. Dem Verfasser dieser Zeilen treten in einem solchen Augenblick allerdings die schönen Aquarelle des Malers, Schiffbauingenieurs und Schiffahrtshistorikers Wolfram Claviez mit den an unserer Elbe gefertigten Neubauten vor Augen. Insbesondere ein Aquarell mit der Darstellung der „Hanseatic I" der Deutschen Atlantiklinie im Schwimmdock V der Deutschen Werft offenbart den ganzen Hamburger Stolz und mitreißenden Enthusiasmus derer, die wie Claviez als Werftangehörige an der Entstehung solcher Schöpfungen beteiligt gewesen waren. Die gleiche Aufbruchstimmung des deutschen Nachkriegsschiffbaus verkörpert die erst 1986 als Museumsschiff vom Senat erworbene „Cap San Diego". Caesar Pinnau hat Modernität und Zukunft in dieses Schiff der Hamburg-Süd-Reederei (1962) hineingelegt, indem er erstmals auf einen Dampferschornstein verzichtete und ihm die Linien einer Yacht gab.

Keine Sorge, wir wollen hier nicht noch einmal die Höhepunkte der Stadtgeschichte in allen Verästelungen verfolgen, ob nun im Bau neuer Geschäfts- und Wohnviertel von City-Nord über Osdorfer Born, Steilshoop bis Mümmelmannsberg, im „Ausbau" der Innenstadt inklusive „Sanierung", oder der Kultur von Liebermann bis Liebermann '85! Da gibt es viele heroische Kapitel, die vom „Ärmelaufkrempeln" handeln, Kapitel, die von Männern als den einzigen ‚Helden der Arbeit' reden. Haben nicht auch Frauen Steine geklopft, in

Hafenbüros oder als Bordfunkerinnen, als Ingenieure gearbeitet und so an dem Wiederaufbau Hamburgs mitgewirkt? Gerade ist Sybille Niester vom Senat der Freien und Hansestadt mit der Biermann-Ratjen-Medaille ausgezeichnet worden, weil sie als langjährige Präsidentin der ‚Gemeinschaft der Künstlerinnen und Kunstfreunde e.V.' (Gedok) durch Ausstellungen und Aktivitäten den Anteil der Frauen an der Gestaltung unserer Kultur zur Darstellung gebracht hat, ehe noch die Politiker an ein Ressort für die „Gleichstellung der Frau" in unserem Rathaus nachgedacht hatten. Ein umfassenderes Bild hat die Ausstellung „Hammonias Töchter — Frauen und Frauenbewegung in der Geschichte Hamburgs" aufgezeigt, die das Museum für Hamburgische Geschichte im Herbst 1985 präsentierte.

Nein, nur vornehmlich das, was Hamburg ‚groß' gemacht und der Metropole an ‚Alster, Elbe und der See' mit Recht den Rang einer Weltstadt eingetragen hat, füllt mittlerweile anspruchsvoll aufgemachte Chroniken und Firmenschriften. Was aber noch nicht geschah, das ist eine Überprüfung, ob denn die Maximen aus der Zeit der Wiedergeburt unseres Gemeinwesens Geschichte bestimmt haben, ob sie gar in der stürmischen Nachkriegsentwicklung leichtfertig über Bord geworfen sind oder mit gewichtigeren Gründen bewußt außer Kraft gesetzt werden mußten. Hat der Wandel der Zeiten nicht auch unsere Gesinnungen ganz allmählich so stark korrumpiert, daß wir plötzlich nicht mehr recht wußten, ob wir die Versuche, Eimsbüttel und andere Stadtteile zu atomwaffenfreien Stadtteilen zu machen, von den Ideen Max Brauers ableiten oder aber als abstruse Utopien verdammen sollten? Es hat nichts Peinliches an sich, aber es gehört doch zur Überprüfung unseres gegenwärtigen Standpunktes, sich wenigstens den Verlust von Vorsätzen und Maßstäben einzugestehen, um die historische Begründung für beinahe unbemerkte Substanzeinbußen ausfindig zu machen.

Der Vorrang der Ökonomie sowie die Schaffung von Arbeitsplätzen waren und sind bis heute plausible Entscheidungsgründe an allen Fronten der Stadtentwicklung geblieben, ob es um den Abriß denkmalswürdiger Bauten in der Altstadt oder um die Errichtung allzu monotoner Betonsiedlungen ging. Schon 1963 diskutierte man beim Bau der Siedlung „Osdorfer Born" die „Unwirtlichkeit der Städte". Künstler, wie der Maler Volker Meier, beklagten den krassen Gegensatz zwischen der politischen Absichtserklärung der Bürgermeister, „Wir bauen die humane Stadt!", und der gebauten Wirk-

Abb. 197   Köhlbrandbrücke (1974). Foto 1986.

lichkeit (zur Siedlung Jenfeld 1974). Und Herbert Weichmann geißelte „Fehlentwicklungen, die Städte zu Dschungeln werden ließen, aber auch Beispiele der Gegenwart, in denen das harmonische Gefüge der Stadt von Verkehrsbauten aufgefressen und die städtischen Plätze zu Sammellagern von Blechgefäßen wurden" (1968).

Viele ästhetisch völlig unbefriedigende Lösungen des Wiederaufbaues gehören heute ebenso zu den „Altlasten" einer ziemlich rigorosen Wachstumsepoche wie die erstaunlich sorglos vergrabenen Rückstände der chemischen Industrieproduktion aus gleicher Zeit. Dem Einsetzen einer gewissen kritischen Unruhe aber danken wir immerhin schönere und kühne Leistungen der Architektur, die heute zu den unverwechselbaren Psychotopen der Stadtlandschaft gehören. Das CCH mit dem orgelprospektartigen Turm des Plaza-Hotels (1972), die Pirouette der Köhlbrandbrücke (1974, Abb. 197); die an römische Thermen erinnernden Galerien des Hanse-Viertels sind bereits kanonisiert. Gelungene Architektur wurde jetzt prämiert und damit ein beachtens-

werter Impuls für alle denkbaren Neuschöpfungen gegeben.

Als am 22. März 1970 die FDP in Hamburg bei den Bürgerschaftswahlen 9 Sitze, die CDU 41 und die SPD 70 Sitze erhielten, war dies eine Weichmann-Wahl — zugleich die Bestätigung des Mannes, der nie ohne Skrupel und doch mit bewundernswertem Mut schwierige Entscheidungen getroffen hatte und treffen sollte. Immer wieder hatte er sich vom Vorrang wirtschaftlichen Denkens überzeugen lassen müssen. So tat er auch im Bewußtsein, das Richtige zu tun, und dies ganz und gar im Einklang mit den Beschlüssen von Senat und Bürgerschaft, am 22. September 1970 den ersten Spatenstich für den Bau des Reynolds-Aluminium-Werkes südöstlich von Finkenwerder. Was hatte Hamburg nicht zuvor in dieses Projekt an Geld und gutem Willen hineingesteckt, ehe es sich durch die Taktik der Firma Reynolds und die Absatzkrise für Aluminium um die ökonomischen Früchte und um die Hoffnung auf zahlreiche Arbeitsplätze betrogen sah (Abb. 198). Worum es dem Ersten Bürgermeister gegan-

Abb. 198   Reynolds-Aluminium-Werk in der Dradenau (1970). Foto 1986.

gen war, hatte er offen gesagt: „Je mehr die Aufgaben des Staates zunehmen — wir brauchen nur an die Probleme der Bildung zu denken —, desto größer werden die Aufwendungen hierfür, und diese Aufwendungen kann die Allgemeinheit nur finanzieren, wenn die wirtschaftliche Tätigkeit entsprechende Mittel erbringt. Wollen wir also den Staatsaufgaben gerecht werden, so müssen wir alles tun, um der Wirtschaft auf dem Weg in die Zukunft zu helfen." Was Weichmann in jener Rede als „geglückte Symbiose" zwischen den Interessen des Unternehmers und denen des Staates beschworen hatte, sollte sich in der Folgezeit als eine solche nicht erweisen können. Zum ersten Mal bot die bisher unbezweifelte Gültigkeit des Arguments, daß der Wirtschaft ein Vorrang einzuräumen sei, Anlaß zu intensiverem Nachdenken.

Was hatte Weichmann beim ersten Spatenstich noch gesagt? „Vielleicht darf ich offenherzig daran erinnern, daß unsere Gesprächspartner von der Firma Reynolds verständlicherweise gewisse Schwierigkeiten hatten, diejenige Phantasie aufzuwenden, die nötig war, um sich den heutigen Anblick des Geländes vorzustellen. In der Zwischenzeit haben wir das Baugelände so hergerichtet, wie das Unternehmen es für seinen Zweck benötigt." Ein ehedem landschaftlich so reizvolles Gelände von 126 ha hatte man am Nordufer der Süderelbe erworben, aufgespült und wirtschaftlich ,urbar' gemacht, sowie darüber hinaus manche Starthilfen von beträchtlichem Finanzvolumen gewährt.

Es ist nicht Aufgabe des Historikers, heute Vorwürfe gegen jene Politiker zu erheben, die der damals allgemeinen Forderung nach Wirtschaftsförderung und Industrieansiedlung nachkamen und nicht auf die wenigen Stimmen der eher als „Spinner" geltenden Mahner hörten, zumal die Erfolge ihrer Politik meistens die Richtigkeit ihres Vorgehens bestätigten. Vielmehr ist, als historische Begründung für das Beiseitelassen des Denkmals- und des Landschaftsschutzes als einer unwirtschaftlichen Idyllenpflege sowie aller ökologischen Bedenken, eine ernsthaft betriebene Vorwärtsstrategie zum Wohle des Industriestandortes Hamburg auszumachen, die unserer Stadt das Schicksal der Häfen Stockholm und London ersparen wollte.

Abb. 199   Süderelbe-Landschaft bei Finkenwerder. Foto 1986.

Gerd-Dieter Nagel hat in „Hamburg und seine Bauten 1969–1984" (1984) zutreffend das Dilemma beschrieben, in welches die Planer geraten, die heute für die Zeit nach dem Jahr 2000 die notwendige Vorsorge für Freiflächen zur Entwicklung des Hafens ausweisen müssen, obwohl verheerende Einbrüche in den beginnenden achtziger Jahren bei der Kapazitätsauslastung vielleicht eines gerade geschaffenen Hafens wie der Massengutumschlaganlage Hansaport am Köhlbrand nicht gerade zu großzügigen Forderungen ermutigen. Wenn die Hafenleute allenfalls auf ‚strukturelles Wachstum‘ von nur wenigen Prozentbruchteilen verweisen können, fällt es schon einigermaßen schwer, die Opferung von Wohngebieten, wie Altenwerder, Moorburg und Francop, im Brustton der Überzeugung zu vertreten. Schon gar nicht steht es uns bei so schmal bemessenem Wachstum künftig an, weitere Wohngebiete als „Idyllen auf Abruf" für abbruchreif zu erklären. Dies sind Begriffe der Verniedlichung von Substanzverlusten aus dem Wortschatz einer Gesinnung, die Hamburg den Ruf einer „Freien und Abrißstadt" (Lichtwark) eingetragen hat.

Daß man hier heute umdenkt, zeigt das neue Hafenentwicklungsgesetz vom 25. Januar 1982, wonach große Flächen südlich Finkenwerders an der Süderelbe wieder freigegeben werden, die zuvor schon dem Entwicklungsraum des Hafens zugesprochen waren (Abb. 199). Heute möchte man nämlich Finkenwerder nicht mehr vollständig „durch Hafenindustrie, Gewerbe und Umschlagsbetriebe" eingekreist wissen. Aber kommen solche Überlegungen nicht zu spät? Schon bedecken große aufgespülte Flächen im Halbbogen das Südufer der Alten Süderelbe.

Die Hervorhebung von Reynolds-Aluminium, des Hansaports und der Situation südlich Finkenwerders waren in unserem Zusammenhang bereits deshalb von Bedeutung, weil sie Symbolcharakter für staatliche Zukunftsinvestitionen in nicht mehr erreichbares Wirtschaftswachstum, ja und bisweilen für eine allzu schnelle Preisgabe dann doch nicht mehr benötigter Landschafts- und Wohngebiete besitzen.

Im unmittelbaren Zusammenhang mit dem Abbau von Überkapazitäten der industriellen Produktionen wie bei Reynolds-Aluminium entfiel auch

Abb. 200   Atomkraftwerk Stade. Foto 1986.

die Notwendigkeit einer Vorsorge für den vorausberechneten Mehrbedarf an Elektroenergie. Der Wunsch des Senats, zu guter Letzt noch eine lange zuvor vertraglich vereinbarte Teilhabe am Kernkraftwerk Brokdorf um 30 % zu mindern und nur noch 20 % zu behalten (November 1984), ist zur eigentlichen Symbolfigur für ein Überdenken gerade solcher Investitionsvorhaben avanciert, die sich auf besonders problematische Wachstumsprognosen stützen (Abb. 200).

Bei Verabschiedung des langjährigen HEW-Chefs Dr. Hans Werner Oberlack hat Senator Jörg Kuhbier eine neue Linie der Energiepolitik Hamburgs mit folgenden Stichworten gekennzeichnet: „Umweltschutz ist wichtiger als Energiezuwachs — rationelle Energieverwendung ist eher denn eine neue Bedarfsentwicklung angezeigt — die erste Priorität kommt einer Lösung der Entsorgungsprobleme zu — additive und regenerative Energie sind zu entwickeln und zu fördern." Wird das — so mögen sich besorgte Kenner der Materie fragen — in Zukunft auch für Hamburg reichen?

Wenn man an die schaurigen „Altlasten" der 60er und 70er Jahre denkt und hier beispielsweise an die für Abfallprodukte der chemischen Industrie von 1964 bis 1967 benutzte Deponie Müggenburger Straße sowie die ab 1967 verseuchte Deponie Georgswerder, ist sehr leicht zu begreifen, daß der Hamburger Senat sich kaum mehr dem bedingungslosen Diktat rein wirtschaftlicher Argumente beugen kann. Am 16. Oktober 1984 lernten wir denn auch aus der Zeitung eine neu formulierte Politik des Senats kennen: die „ökologische Modernisierung der Industriegesellschaft". Die Krisensituation unserer Tage ist es, die über die Notwendigkeit neuer ethischer Grundsätze zur Bewältigung unserer Zukunft Lektionen erteilt. Aber sind dies wirklich neue Maßstäbe? Existierten nicht schon moralische Bedenken in dieser Hinsicht, bevor sie ernstgenommen wurden? Einerlei — von ihrer strikten Anwendung hängt in der Tat schon von heute an Sein oder Nichtsein dieser immer noch sehr schönen Stadt ab.

An einem Randproblem hamburgischer Tagespolitik scheiden sich zur Zeit, da dieses Buch abgeschlossen wird, die Geister. Während der Erste Bürgermeister des 1986 in die Minderheit geratenen SPD-Senats, Dr. Klaus von Dohnanyi, über die Erhaltung von acht längst zum Abriß freigegebenen Häusern in der Hafenstraße mit hartnäckigen Hausbesetzern verhandelt und diese ihn stets von neuem mit provokativen Aktionen und zweifelhaften Gesprächspartnern in der Öffentlichkeit zu desavouieren trachten, machen Tagespresse und Interessenvertreter der Polizei gegen allzuviel Nachgiebigkeit mobil: „Hafenstraße — also öffentlich belohnte Gewalttätigkeit", so die FAZ vom 17. August 1987; „Zugeständnisse an extreme Staatsfeinde" sieht ein unversehens in den Mittelpunkt des Abendblattes vom 8. August 1987 geratener Streifenbeamter in der „Art der Verhandlungsführung mit Straftätern und Terroristen". Sperrfeuer also von allen Seiten auf einen Bürgermeister, dessen Ära man nicht ohne Bewegung sich dem Ende zuneigen sah. Wäre doch der Wunsch des liberalen „Rechtsprofessors" Ingo von Münch, so hofften nicht wenige Hamburger, in Erfüllung gegangen, alle acht Häuser dem mutigen Jan Philipp Reemtsma zu verkaufen, der ganz in der Tradition hamburgischer Sozialutopisten um 1800 dort ein Modell alternativen Lebens und Wohnens ermöglichen wollte. Inzwischen hat dieser aus verständlichen Gründen resigniert. Wohl im Sinne Lichtwarks hat der derzeitige Direktor der Hamburger Kunsthalle, Werner Hofmann, deutlich gemacht, daß die malerische Fassadengestaltung durch die Hausbesetzer (mit Symbolen und Parolen der mili-

Abb. 201   Hafenstraße. Foto 1987.

tanten Verteidigung eines moralisch, nicht jedoch mit Gleichheitsgrundsätzen begründeten Wohnrechts) bemerkenswerter sei, als all das, was die Forderung nach „Kunst am Bau" bisher hervorgerufen habe. Vor dem Hintergrund dieser Bemerkung schienen plötzlich in die Öffentlichkeit gelangte Passagen über vorsorglich ausgearbeitete Mietverträge mit den Hausbesetzern, soweit sie sich auf eine ordnungsgemäße Instandhaltung oder Wiederherstellung der Fassaden bezogen, von außerordentlich kleinem Karo geprägt (Abb. 201).

Plötzlich machen wieder urliberale Ideen von sich reden, die sich reichlich keck zwischen die auseinanderdriftenden eng- oder weiterziger gefaßten Leitbilder von Rechtsstaatlichkeit drängen. Gefordert wird das „kommunale Wahlrecht" für Ausländer, während andere Rechtsliberale sich beeilen, hinter solchen Fehltritten private Marotten des gelehrten FDP-Chefs zu entlarven. Ein Wandel deutet sich an. Mehr als 160 Verhandlungsstunden waren nötig, um nunmehr erstmals wieder in der Bundesrepublik nach der Wende von 1982 eine sozialliberale Koalition zu installieren, die zugleich die mit „Hamburger Verhältnissen" umschriebene Handlungsunfähigkeit der jetzigen Landesregierung durch die Wahl eines mehrheitsfähigen Senats beenden wird. Die seit 1978 nicht mehr in der Bürgerschaft vertretene und erst am 17. Mai 1987 unter dem neuen Vorsitzenden Ingo von Münch dorthin zurückgekehrte FDP präsentiert sich als janusköpfiges Wunder. Bald wirtschaftsliberal, bald sozialliberal, hofft sie einerseits durch Senkung der Gewerbesteuer und eine die Staatskasse entlastende Privatisierung von Staatsbetrieben und Neuverhandlungen eines Ankaufs von fast 42.000 Neue-Heimat-Wohnungen in den Augen ihrer mittelständischen Klientel Profil zu gewinnen, während sie sich andererseits mit einer energischen Förderung der seit 1978 etwas an den Rand geratenen Kulturpolitik und Stützung des Existenzrechts von Minderheiten als unverzichtbarer Partner eines sozialliberalen Bündnisses auf das nachdrücklichste in Erinnerung bringen möchte. Die Frage stellt sich, ob solche Anzeichen tatsächlich als wegweisende Signale für einen neuen Schritt in noch ungeschriebene Geschichte hinein Geltung erlangen werden.

Zeitleiste

6./7./8. Jh.	Sächsische Burganlage des Namens „Hammaburg" (Ausgrabung R. Schneider)
772–804	Sachsenkriege Karls d. Gr.
Vor 800	Slawische Besiedlung des Burgareals
804	Kaiser Karl in Hollenstedt
810	Eingliederung Nordalbingiens in das fränkische Reich / Heridag-Kirche in Hamburg
822	Neugründung des Klosters Corvey an der Weser: Ansgar (801–865) als Lehrer an der Klosterschule Erzbischof Ebo von Reims erhält den Missionsauftrag für Nordeuropa
826	Missionsreise Ansgars mit Erzbischof Ebo von Reims nach Dänemark
830	2. Missionsreise Ansgars über Dorestad, Haithabu nach Birka
831	Reichstag von Diedenhofen: Ludwig d. Fromme erhebt Ansgar zum Bischof eines Missionszentrums in Hamburg
832	Papst Gregor verleiht erzbischöfliches Pallium an Ansgar / Errichtung der Klosterburg
834	Gründungsurkunde Ludwigs des Frommen für Hamburg: Schenkung des Klosters Torhout an Hamburg
843	Verlust des Klosters Torhout nach Reichsteilung
845	Zerstörung Hamburgs durch Wikinger: die Nordmission erliegt völlig, der Wikort existiert weiter
848	Bremen und Hamburg werden auf der Synode von Mainz zu einem Erzbistum Hamburg-Bremen zusammengelegt mit Hauptsitz in Bremen
864	Bestätigung des Erzbistums Hamburg-Bremen durch Papst Nikolaus I.
865–888	Rimbert, Verfasser der *Vita Anskarii*
(zwischen 865 und 876), Nachfolger Ansgars	
Nach 880	Erneute Wikingerüberfälle, von denen einer 884/85 mit Hilfe friesischer Truppen abgewehrt wird
915/16	Slaweneinfall in den Hamburger Sprengel
936	Hermann Billung wird Markgraf von Sachsen
947	Erste Suffraganbistümer Hamburg-Bremens: Schleswig, Ribe, Aarhus
965	Exil des abgesetzten Papstes Benedikt V. in Hamburg / Erzbischof Adaldag Reichskanzler Ottos I.
967	Hermann Billung erobert Oldenburg, Hauptburg der Wagrier
983	Slawenaufstand nach dem Tod Ottos II.: Zerstörung Hamburgs
1011–1029	Herzog Bernhard II. von Sachsen: steinerne Alsterburg
1013–1029	Ebf. Unwan: Restitution Hamburgs als Bischofssitz
1035–1043	Ebf. Bezelin Alebrand: Beginn des Steinbaus in Hamburg
1043–1072	Ebf. Adalbert: Plan eines nordischen Patriarchats in Hamburg
1061	Neue Burg Herzog Ordulfs in der Alsterschleife
1066	Sturz Adalberts und Ermordung Gottschalks: Hamburg wird tributpflichtig an die Slawen
1072	Zwei Abodriteneinfälle in Hamburg
1072–1106	Magnus Billung zieht sich aus Hamburg zurück
1073–1076/80	*Gesta Hammaburgensis ecclesiae pontificum* (Bischofsgeschichte der Hamburger Kirche) des Adam von Bremen
1111	Schauenburger mit Grafschaft Holstein-Stormarn belehnt
1130–1139	Versuch der Schauenburger, die Neue Burg wiederzubeleben
1140	Ebf. Adalbero (1123–1148): Neueinrichtung des Erzbistums und Wiederbelebung der Slawenmission
1159	Neugründung Lübecks

1164	Sturmflut		Heilig-Geist-Hospital erwähnt
1180	Tod Helmolds von Bosau, Verfasser der *Chronica Slavorum* (Slawenchronik)	1248	Ältestes Erbebuch der Stadt setzt ein („Registrum civitatis")
		1248–1329	Neubau des Mariendoms
1188/89	Geplante Neugründung Hamburgs durch Wirad von Boizenburg und Graf Adolf III. von Schauenburg (1164–1201) auf dem Gebiet der Neuen Burg: Neustadt / Barbarossaprivileg	1250	Katharinenkirche zum ersten Mal erwähnt, ab 1274 Pfarrkirche
		1254	St. Jacobi erwähnt, ab 1264 Pfarrkirche / Beginenkonvent
		1270	Ordeelbook: Stadt- und Schiffsrecht in niederdeutscher Sprache
1189	Privileg Heinrichs des Löwen für Hamburg (nicht überliefert)	1281	Mit Gründung der Nicolaischule erste Stadtschule
1195	Niedermühle, seit 1283 im Besitz der Stadt / Erste urkundliche Erwähnung der Petrikirche	1284	Großbrand
		1290	Rathausbau an der Trostbrücke
		Um 1300	Aktive Handels- und Seewegsicherung Hamburgs: Vertrag mit Bergen (1294), Lübeck (1304/06), mit Dithmarschen (1306), mit Stade (1309), Hadeln und Wursten (1310/16) / Turm Neuwerk an der Elbeinfahrt (1310)
1201–1227	Dänenherrschaft in Nordelbien: Albrecht von Orlamünde als Vasall des dänischen Königs in Holstein		
1215	Welfe Otto IV. erobert Hamburg		
1215/16	Dänische Belagerung: Albrecht von Orlamünde wird Stadtherr		Hansische Territorialpolitik: Alsterlauf im Besitz Hamburgs (1306–1310), Fuhlsbüttel (1350), gemeinsam mit Lübeck Ämter Segeberg und Trittau (1346)
1216	Vereinigung von Alt- und Neustadt		
Um 1220	Besiedlung der Inseln Cremon und Grimm / Erste Stadtrechtssätze in lateinischer Sprache / St. Georgs-Hospital erwähnt		
		1325	Schauenburgisches Zoll- und Münzregal an Hamburg
1223	Gefangennahme des dänischen Königs Waldemar durch Heinrich den Schwarzen von Schwerin	1337–1355	Streit zwischen Domkapitel und Rat
1225	Sieg Heinrichs des Schwarzen über A. v. Orlamünde bei Mölln / Adolf IV. von Schauenburg als hamburgischer Stadtherr anerkannt: Bestätigung des Barbarossaprivilegs	1350	Große Pestepidemie, der weitere folgen
		1358	Städtischer Kalkhof
		1359	Privileg Karls IV. an den Rat, über Seeräuber richten zu dürfen
		1375	Unruhen zwischen Zünften und Rat: 457 Brauer in Hamburg
1227	Schlacht von Bornhöved	1379–1383	Petri-Altar des Meister Bertram (†1414)
1228	Abtretung aller stadtherrlichen Rechte des Erzbischofs (Altstadt) an die Schauenburger: Einheit der Stadt bekräftigt	1394	Eroberung von Ritzebüttel
		1399–1401	Wirtschaftskrise / Seeräuberei (Vitalienbrüder)
1235	St. Johannis-Kloster	1410	Erster Rezeß zwischen Bürgern und Rat
1239	Adolf IV. tritt in das Maria-Magdalenen-Kloster ein	1420	Lübeck und Hamburg erobern Bergedorf und Vierlande
1240	Stadtbefestigung vorhanden		
1241	Hamburg und Lübeck sichern gemeinsam die Handelsstraße zwischen Nord- und Ostsee	1431	Stiftung von Ilsabeen-Kapelle (Nicolaikirche) und Ilsabeenhaus
		1432	Ende der Seeräubergefährdung, verbunden mit dem Namen Simon von Utrechts (†1437)
1245	Obermühle, ab 1266/70 im Besitz der Stadt		
1247	Frauenkloster Herwardeshude, ab 1295 in der Alsterniederung /	1433	Turm der Katharinenkirche fertig-

1643	Dänische Blockade des Hamburger Hafens	
1648	Domenklave an Schweden	
1648–1673	Bau der Großen Michaeliskirche (Corbinus/Marquard)	
1649	Hans Hamelau nimmt Bautätigkeit in Hamburg auf: Millern-Tor (1659–63) / Kornhaus (1660–61) / Spinnhaus (1666–70) / Zuchthaus (1665 bis 1666)	
Seit 1650	Spannungen zwischen Rat und Bürgerschaft um deren verfassungsmäßige Stellung	
1664	Verleihung der Stadtrechte an Altona	
1665	Gründung der Commerzdeputation	
1668	Hamburgische Kriegsschiffe „Wapen von Hamburg" u. „Leopoldus Primus"	
1669	Hansetag offenbart Bedeutungslosigkeit der Hanse	
1672	C. Jastram und H. Snitger als Wortführer der Bürgerschaft	
1674	Graf Gottlieb von Windischgrätz als kaiserlicher Kommissar in Hamburg	
1676	General-Feuer-Cassa (Feuerversicherung)	
1677/78	Hamburger Oper (Sartorio)	
1684	Jastram und Snitger veranlassen die Festnahme Bürgermeister Meurers	
1685	Erweiterung der Kirchspiele auf fünf um die Michaelisgemeinde: 60er- und 180er-Kollegium / 30er-Deputation der Bürgerschaft reißt unter Führung Jastrams und Snitgers politische Entscheidungen an sich	
1686	Belagerung durch die Dänen: Jastram und Snitger abgesetzt und hingerichtet	
1690	Kattundruck-Manufaktur	
1692	Kopenhagener Rezeß zwischen Dänemark und Hamburg	
1693	Streit zwischen den Hauptpastoren J.H. Horb und J.F. Mayer	
1699	Rezeß zwischen Bürgerschaft und Rat zugunsten der Bürgerschaft	
1708–1712	Kaiserliche Kommission in Hamburg zur Regelung der Streitigkeiten zwischen Bürgerschaft	

und Rat: Rezeß von 1712 bildet Grundlage der hamburgischen Verfassung bis 1860

1710	Juden-Reglement von Hamburg	
1712–1714	Pest in Hamburg	
1719	Lutheraner zerstören die Hauskapelle des kaiserlichen Gesandten/ Tod Arp Snitgers (*1648): Norddeutsche Orgelbauschule	
1724–1726	Moralische Wochenzeitung „Der Patriot"	
1737	Erste Freimaurerloge in Hamburg	
1738	Schließung der Oper	
1747	Tod B.H. Brockes (*1680), Dichter und Senator	
1750	Brand der Michaeliskirche: Neubau durch J.L. Prey und E.G. Sonnin	
1755–1786	Johann Melchior Goeze, Hauptpastor an St. Katharinen	
1763	Wirtschaftskrise	
1765	„Hamburgische Gesellschaft zur Beförderung der Künste und nützlichen Gewerbe" (Patriotische Gesellschaft) / Ackermannsches Theater am Gänsemarkt	
1767	G.E. Lessing kommt nach Hamburg	
1769	Hamburger Theaterstreit	
1770	Erster Blitzableiter in Deutschland an St. Jacobi / Klopstock-Büsch'sche Lesegesellschaft	
1771	Sturmflut / Schneeeinbruch verstärkt Rezession	
1778	Allgemeine Versorgungsanstalt	
ca. 1783	Hamburgs Einwohnerzahl überschreitet 100.000	
1785	Ungehinderte Religionsausübung für Nichtlutheraner	
1788	Allgemeine Armenanstalt	
1790	Erziehungsanstalt des F.H. Ziegenhagen in Billwärder (bis 1802)	
1791	Gesellenaufstand	
1797	Hamburg schließt sich dem Neutralitätsbund an	
1799	Wirtschaftskrise	
1801/1802	Lawätzsche Fabrik in Neumühlen	
1803	Elbblockade Englands / Klopstock gest. (*1724)	
1804–1807	Domabriß nach Reichsdeputationshauptschluß / Entfestigung der Stadt beginnt	

1806	Franzosen besetzen Hamburg / Kontinentalsperre
1807	Annahme des Code Napoléon
1810	Hamburg wird Teil des französischen Kaiserreichs: Reform von Verfassung und Verwaltung / Ph. O. Runge gest. (*1777)
18.3.1813	Russische Armeeteile marschieren in Hamburg ein
Mai 1813	Rückeroberung Hamburgs durch die Franzosen
8.6.1813	Kaiserliches Edikt erklärt Hamburg für drei Monate außer Gesetz stehend / Umfangreiche Verteidigungsmaßnahmen
1814	Belagerung Hamburgs: Ende der Franzosenzeit erst am 30. Mai auf Befehl Ludwigs XVIII.
1815	Hamburg wird Mitglied des Deutschen Bundes
1817	Wissenschaftlicher Verein an der Gelehrtenschule des Johanneums
1818	J.H. Campe gest. (*1746)
1818/19	Heinrich Heine betätigt sich als Kaufmann
1819	Bundespreßbestimmungen auch in Hamburg / Gleichstellung der nicht-lutherischen Religionen mit Ausnahme der jüdischen
1821	Lawätz-Kolonie in Friedrichsgabe bei Quickborn
1822	Kunstverein gegründet
1823	Neubau des Allgemeinen Krankenhauses in St. Georg
1825	Flutkatastrophe
1827	Handelsvertrag mit Brasilien/USA/ Mexiko (1832) / Venezuela (1837)
1832/33	St. Pauli und St. Georg schließen sich schon bestehenden Kirchspielen an
1832	Rauhes Haus durch J.H. Wichern (1808–1881) gegründet / Eingabe an den Senat zur Aufhebung der Pressezensur abgelehnt / Erster dampfbetriebener Eimerbagger
1835	Verbot der Schriften H. Heines / Dampferhafen am Jonasbecken / Landgebietsreform
1836	Absolute Torsperre gegen Errichtung eines Sperrgeldes aufgehoben
1837	Protest von 70 Hamburgern gegen die Entlassung der Göttinger Sieben / Erweiterungsbeschluß für den Niederhafen
1838	Zunftzwang im Schiffbauergewerbe fällt
1839	Verein für Hamburgische Geschichte gegründet
1839–1842	F. Hebbel in Hamburg
1840	Johanneumsbau / Erste Dampfschiffreederei von R.M. Sloman (1783–1867)
1841	Börsenneubau
Mai 1842	Hamburg-Bergedorfer Eisenbahn (1846 Berlin–Hamburg) / Stadtbrand verheert die Innenstadt: Neuaufbau unter A. de Chateauneuf, G. Semper, C.L. Wimmel, H. Hübbe und William Lindley
1844	Altona-Kieler Eisenbahn
1845	Planung von Dockhäfen am Grasbrook / Bildungsverein für Arbeiter / Gesellschaft für politische und soziale Interessen der Juden
1846	Hamburger Bürgerverein (J.G. Gallois)
1847	„Hamburg-Americanische Packetfahrt-Actiengesellschaft" (HAPAG), seit 1856 regelmäßiger Dampferverkehr mit den USA
März 1848	Revolution in Hamburg: Aufhebung der Pressezensur / Einsetzung einer Reformdeputation / Wahl zur Bundesversammlung
1849	Vorlage eines Entwurfs für die „Verfassung des Freistaates Hamburg"
1850	Verfassungskompromiß („Maiverfassung") von Rat und Bürgerschaft angenommen, vom Bundestag abgelehnt
1853/54	Auswanderungswelle nach USA
1855	Deputation für das Auswandererwesen
1857	Sandtorhafen (J. Dalmann), 1866 fertiggestellt
1859	Dalmann-Plan zur weiteren Hafengestaltung
1860	Neue Verfassung angenommen / Baum- und Torsperre fallen/ G. Riesser erster jüdischer Rich-

	ter in Deutschland
1863	Neubau der Nicolaikirche / Alsterdorfer Anstalten von H.M. Sengelmann gegründet
1864	Gewerbefreiheit: Aufhebung der Zünfte
1865	Baupolizeigesetze gegen Spekulation
1866	Beitritt Hamburgs zum Norddeutschen Bund
1867	Hamburgs Territorien an Zollverein angeschlossen
1869	Eröffnung der Kunsthalle
1869/70	Streikbewegung
1871	Einführung der Reichsverfassung in Hamburg
1872	Elbbrücken zwischen Hamburg und Harburg
1873	Petroleumhafen auf dem Grasbrook
1874	Sozialdemokraten gewinnen zum ersten Mal einen Wahlkreis
1877	Gründung von Blohm+Voss
1881	Einweihung der Deutschen Seewarte (1867 gegründet) / Zollvereinsbeitritt Hamburgs
1883–1888	Freihafenbau
1886	A. Lichtwark Direktor der Kunsthalle / A. Ballin tritt in Direktion der Hamburg-Amerika Linie ein
1890	Deutsche Ostafrika-Linie
1890/91	Streikbewegung
1892	Cholera-Sommer
1896	Deutscher Kolonialverein
1896/97	Hafenarbeiterstreik / Aufwärtstrend der Gewerkschaften
1896	Gesetz über Staatsangehörigkeit und Bürgerrecht
1897	Rathausneubau vollendet
1900	Eröffnung des Deutschen Schauspielhauses
1901–1907	Auswandererstadt auf der Veddel
1903	Dammtorbahnhof eröffnet
1904	Unter den neugewählten Bürgerschaftsmitgliedern sind 12 Sozialdemokraten
1904–1906	Streikbewegung im Zusammenhang mit „Wahlrechtsraub"
1906	Bismarck-Denkmal / Brand der Michaeliskirche / Einweihung des Hauptbahnhofs
1908	Kolonialinstitut
1910	Hamburg wird Millionenstadt
1911	Elbtunnel fertiggestellt
1912	Hochbahnstrecke Rathausmarkt–Barmbek
1913	Stapellauf der Imperator
1914–1918	Erster Weltkrieg
1916	Gorch Fock gest. (*1880)
November 1918	Revolution in Hamburg
23.1.1919	Belagerungszustand über Groß-Hamburg
17.3.1919	Bei Wahlen zur Konstituanten erhält SPD absolute Mehrheit
27.3.1919	Der Arbeiter- und Soldatenrat gibt die politische Gewalt an die Bürgerschaft zurück
10.5.1919	Gründung der Hamburger Universität
Juni 1919	Unruhen („Lebensmittelunruhen")
1920–1924	Hohe Anzahl von Streiks (Werften, öffentlicher Nahverkehr u.a.)
1920/21	Erneute „Lebensmittelunruhen"
1921	Neue hamburgische Verfassung
1922	Beginn der Groß-Hamburg-Verhandlungen / Neubau des Museums für Hamburgische Geschichte eröffnet
1924	Chilehaus fertiggestellt / Hamburger Rundfunksender
1925	Flugzeughalle in Fuhlsbüttel
1926	Hochwasserkatastrophe
1.7.1927	Groß-Altona
1927	Bei Bürgerschaftswahlen 63 Sitze für SPD, KPD (27), DNVP (25), NSDAP (2)
1928	Werftarbeiterstreik
1929	Weltwirtschaftskrise
8.9.1930	Auseinandersetzungen zwischen Nationalsozialisten und Kommunisten: Uniformverbot gegen NSDAP in Hamburg
3.11.1930	Warnung an die Beamtenschaft, sich in KPD oder NSDAP zu betätigen
15.3.1931	Verbot der kommunistischen und nationalsozialistischen Presse
27.9.1931	43 NSDAP-Abgeordnete bei Bürgerschaftswahl
1932	173.000 Arbeitslose
14.4.1932	Rede Carl Petersens „Die Schicksalsstunde des hamburgischen Bürgertums"
24.4.1932	Bürgerschaftswahlen: NSDAP wird

	stärkste Fraktion, KPD-Verluste
11.5.1932	Dr. H. Ruscheweyh (SPD) Präsident der Bürgerschaft
17.7.1932	„Altonaer Blutsonntag"
3.8.1932	Aufhebung des Erlasses gegen die NSDAP
3.3.1933	Verbot des „Hamburger Echos" / Rücktritt verschiedener Senatoren und des Bürgermeisters Ross, alle SPD
März 1933	Machtergreifung der NSDAP in Hamburg
5.3.1933	NSDAP erhält 38,9 %, DNVP 8 %
8.3.1933	Bildung eines Koalitionssenats unter Carl Vincent Krogmann / Beginn der KPD-Verfolgung
29.3.1933	Boykott jüdischer Geschäfte / 12 SPD-Bürgerschaftsabgeordnete legen ihr Mandat nieder
19.4.1933	Senat beschließt Ehrenbürgerschaft Hitlers
2.5.1933	Zerschlagung der Gewerkschaften in Hamburg
15. u. 30.5.1933	Bücherverbrennungen in Hamburg
16.5.1933	Karl Kaufmann Reichsstatthalter im Bereich Hamburg
28.6.1933	Letzte Sitzung der Bürgerschaft
14.7.1933	NSDAP einzige legale Partei in Deutschland
4.9.1933	Konzentrationslager Fuhlsbüttel eingerichtet
12.11.1933	„Reichstagswahl": in Hamburg sind 141.544 von 736.328 Stimmen ungültig
15.3.1936	Einweihung des 76er-Denkmals am Stephansplatz
1.10.1936	Reichsstatthaltergesetz macht Senat funktionslos
26.1.1937	Groß-Hamburg-Gesetz
31.5.1938	Generalbebauungsplan (Gutschow)
6.5.1939	Vertrag über Neuengamme
1.9.1939	Ausbruch des Zweiten Weltkrieges
Juli 1943	Bombennächte
3.5.1945	Kriegsende in Hamburg
15.5.1945	Rudolf Petersen durch die Militärregierung zum Ersten Bürgermeister ernannt
27.2.1946	Eröffnungssitzung der ersten durch die Militärregierung ernannten Bürgerschaftsmitglieder in einem Stadt- und Landesparlament nach dem Zweiten Weltkriege
13.10.1946	Erste Wahl zur Hamburger Bürgerschaft nach dem Kriege (SPD = 43,1 %, CDU = 26,7 %, FDP = 18,2 %, KPD = 10,4 %)
20.11.1946	Max Brauer Erster Bürgermeister
1947	Erster Generalbebauungsplan nach dem Kriege
1948	Währungsreform
14.8.1949	Erste Wahl zum Deutschen Bundestag
16.10.1949	Wahl zur Hamburger Bürgerschaft
1950	Aufhebung der Zuzugssperre
4.4.1951	Freigabe des deutschen Schiffbaus
1.11.1953	Bürgerschaftswahl und Regierungswechsel: Erster Bürgermeister Kurt Sieveking (CDU), Begründer einer für Hamburg lebenswichtigen ‚Ostpolitik' unter dem Stichwort „verkehrswirtschaftliche Wiedervereinigung"
1955	Stapellauf „IBN SAUD", größtes Tankschiff der Welt
1957	Erste Delegation des Bürgerblocksenats in Leningrad
15.9.1957	Bürgerschaftswahl: Max Brauer wieder Erster Bürgermeister
1958	Umbau der „EMPRESS OF SCOTLAND" zur „HANSEATIC"
–	Begründung der Führungsakademie der 1955 geschaffenen Bundeswehr
–	Gustaf Gründgens inszeniert Goethes „Faust" im Schauspielhaus
1.4.1960	Eine Forschungsstelle zur Untersuchung der Geschichte des Nationalsozialismus in Hamburg begründet
–	Max Brauer tritt zurück. Ihm folgt Paul Nevermann (zuvor Bausenator 1946–1953)
20.12.1960	Ehrenbürgerwürde für Max Brauer
15.2.1962	Flutkatastrophe. Mehr als 300 Tote. Leiter der Rettungsaktionen: Innensenator Helmut Schmidt.
27.10.1962	Sog. „Spiegel-Aktion" — Durchsuchung der Redaktionsräume unter dem Vorwurf des Landesverrats
1963	Die Lombards-Brücke wird nach dem im November ermordeten

	Präsidenten der USA in „John F. Kennedy-Brücke" umbenannt.
1964	Einrichtung der Deponie Müggenburger Straße (genutzt bis 1967)
1965	Nach dem Rücktritt Paul Nevermanns Prof. Dr. Herbert Weichmann Erster Bürgermeister (seit 1957 Finanzsenator)
7.11.1965	Bürgermeister Weichmann eröffnet die Gedenkstätte Neuengamme
1967	Großwerft Schliecker & Co. in Konkurs. Verlust von 4.500 Arbeitsplätzen
–	Hochschul-Unruhen
–	Einrichtung der Deponie Georgswerder
22.3.1970	Bürgerschaftswahlen. Die SPD erringt mit 55,3 % ihr bestes Ergebnis
22.9.1970	Erster Spatenstich zur Errichtung des Reynolds-Aluminium-Werkes
1971	Peter Schulz folgt Weichmann als Erster Bürgermeister
1972	Die Silhouette der Stadt wird durch Schaffung des Plaza-Hotels und des Congress-Centrums bereichert
1974	Bundespräsident Scheel und Bürgermeister Schulz eröffnen die Köhlbrandbrücke
10.1.1975	Eröffnung des neuen Elbtunnels durch Bundeskanzler Helmut Schmidt
3.1.1976	Hamburg erlebt die höchste Sturmflut in seiner Geschichte. Die seit 1962 geschaffenen Flutschutzmaßnahmen bewähren sich.
–	Fertigstellung des Elbe-Seiten-Kanals. Kurz nach Eröffnung Bruch des Kanalbetts und Flutkatastrophe bei Erbstorf
–	Eröffnung des Massengut-Umschlagzentrums „Hansaport" an Stelle der verschwundenen Ortschaft Altenwerder
4.6.1978	Hans-Ulrich Klose erringt für die SPD bei der Bürgerschaftswahl die absolute Mehrheit. Die FDP scheidet aus der Bürgerschaft aus
1.5.1979	Im Museum für Hamburgische Geschichte wird die Ausstellung „Arbeiterbewegung in Hamburg

	bis zum Jahre 1918" eröffnet
1980	Die „ASTOR" läuft bei HDW von Stapel
1981	70.000 Demonstranten versuchen, den Bauplatz des Atomkraftwerks Brokdorf zu besetzen
–	Ein Skandal bei der „Neuen Heimat" führt zur Entlassung von Spitzenmanagern. Er wird in Zukunft das Vertrauen der Öffentlichkeit in den DGB und die SPD erheblich mindern.
1981	Nach Rücktritt von Hans-Ulrich Klose folgt als Erster Bürgermeister Dr. Klaus von Dohnanyi
25.1.1982	Das neue Hafenentwicklungsgesetz gibt große Flächen südlich Finkenwerders wieder frei
10.5.1982	Fertigstellung der umstrittenen Neugestaltung des Rathausmarktes
–	Errichtung der Heinrich-Heine-Statue von W. Otto auf dem Rathausmarkt
6.6.1982	Bei der Bürgerschaftswahl erringen die Grünen/GAL erstmals mit 7,7 % eine Vertretung im Parlament
9.11.1986	Bei der Bürgerschaftswahl wird die CDU mit 41,9 % stärkste Partei, während der SPD-Senat mit 41,7 % in die Minderheit gerät. Die Grünen/GAL erreichen ein Traumergebnis von 10,4 %, während die FDP mit 4,8 % unterhalb der 5 %-Hürde bleibt.
17.5.1987	Die SPD wird wieder mit 45,0 % stärkste Partei, während die CDU auf 40,5 % zurückfällt. Noch größere Einbußen erleiden die Grünen/GAL, die um mehr als 3 % auf 7,0 % zurückfallen. Mit 6,5 % zieht die FDP wieder in die Bürgerschaft ein.

Literaturverzeichnis

Annales Fuldenes sive annales regni Francorum…, Monumenta Germanica Historica. Sciptores Rerum Germanicarum in usum scholarum, Hannover 1891

Aus der Frühgeschichte Hamburgs, hrsg. v. d. Kulturbehörde der Freien und Hansestadt Hamburg, Hamburg 1986

Aust, Alfred, Hamburg und die Schauenburger Grafen, Jahrbuch für den Kreis Pinneberg 1978, Pinneberg 1979

Bauche, Ulrich; Brüdigam, Heinz; Eiber, Ludwig; Wiedey, Wolfgang (Hrsg.), Arbeit und Vernichtung. Das Konzentrationslager Neuengamme 1938—1945. Katalog zur ständigen Ausstellung im Dokumentenhaus der KZ-Gedenkstätte Neuengamme, Außenstelle des Museums für Hamburgische Geschichte, Hamburg 1986

Baum, Hans-Peter, Hochkonjunktur und Wirtschaftskrise im spätmittelalterlichen Hamburg. Hamburger Rentengeschäfte 1371—1410, Hamburg 1976 (Beiträge zur Geschichte Hamburgs 11)

Berlin, Jörg (Hrsg.), Das andere Hamburg. Freiheitliche Bestrebungen in der Hansestadt seit dem Spätmittelalter, Köln 1984

Beutler, Christian, Meister Bertram: Der Hochaltar von Sankt Petri. Christliche Allegorie als protestantisches Ärgernis, Frankfurt 1984

Boalch, Donald H., Makers of the Harpsichord and Clavichord 1440—1840, Oxford²1974

Bracker, Jörgen, Die „Wappen von Hamburg" (III) — ein schwimmender Barockpalast, Hamburg 1976 (Hamburg-Porträt 1)

ders., Ein Wrackfund aus der Elbe bei Wittenbergen, in: Stoob, Heinz (Hrsg.), See- und Flußhäfen vom Hochmittelalter bis zur Industrialisierung. Städteforschung, Veröffentlichung d. Instituts f. vergl. Städtegeschichte, Bd.A/24 (1986), S.229ff.

ders., Hammaburg und Wiksiedlung — Idealplan einer erzbischöflichen Residenz im 9. Jahrhundert? Zs. d. dt. Vereinigung f. gewerbl. Rechtsschutz und Urheberrecht, H.9, 1979, S.573ff.

ders., Michel kontra Bismarck, in: Zurück in die Zukunft. Kunst und Gesellschaft 1900 bis 1914, Ausstellungskatalog, Hamburg 1981, S.10ff.

ders., Vom Alsterpriel zum Welthafen. Eine Charakteristik zum Wandel der Hafenanlagen in Hamburgs Geschichte, in: Grobecker, Kurt (Hrsg.), Hafen Hamburg. Skizzenblätter der Nachkriegsgeschichte, Hamburg 1985, S.163ff.

Brandt, Otto, Geschichte Schleswig-Holsteins. Ein Grundriß, erg.v. Wilhelm Klüver. Mit Beiträgen von Herbert Jahnkuhn, Kiel ⁸1981

Brauer, Max, Nüchternen Sinnes und heissen Herzens… Reden und Ansprachen, Hamburg o.J. (1952)

Bruhns, Maike; Krause, Thomas; Mc Elligott, Anthony; Preuschoft, Claudia; Schilt, Axel; Skentny, Werner, „Hier war doch alles nicht so schlimm". Wie die Nazis in Hamburg den Alltag eroberten, Hamburg 1984

Bücherkunde zur hamburgischen Geschichte, 4 Bd.e, Hamburg 1938/1956/1971/1983

Büttner, Ursula (Hrsg.), Das Unrechtsregime. Internationale Forschung über den Nationalsozialismus. Festschrift für Werner Jochmann zum 65. Geburtstag, 2 Bd.e, Hamburg 1986 (im Druck) (Hamburger Beiträge zur Sozial- und Zeitgeschichte 21/22)

dies., Politische Gerechtigkeit und sozialer Geist. Hamburg zur Zeit der Weimarer Republik, Hamburg 1985 (Hamburger Beiträge zur Sozial- und Zeitgeschichte 20)

Büttner, Ursula; Jochmann, Werner (Hrsg.), Zwischen Demokratie und Diktatur. Nationalsozialistische Machtaneignung in Hamburg — Tendenzen und Reaktionen in Europa, Hamburg 1984 (Hamburger Beiträge zur Sozial- und Zeitgeschichte, Beih.1)

Craig, Gordon A., Deutsche Geschichte 1866—1945. Vom Norddeutschen Bund bis zum Ende des Dritten Reiches. Übers. v. Heinz Sieber, München 1980.

Dehio, Georg, Geschichte des Erzbistums Hamburg—Bremen bis zum Ausgang der Mission, Bd.1, Berlin 1877

Dohnanyi, Klaus von, Hamburg — mein Standort, Hamburg 1986

300 Jahre Oper in Hamburg, Hamburg 1977

Drögereit, Richard, Ansgar: Missionsbischof, Bischof von Bremen, Missionserzbischof für Dänen und Schweden, Jahrbuch der Gesellschaft für niedersächsische Kirchengeschichte 73 (1975), S.9ff.

ders., Erzbistum Hamburg, Hamburg-Bremen oder Erzbistum Bremen?, Studien zur Hamburg—Bremer Frühgeschichte, Archiv für Diplomatik 21 (1975), S.136ff.

Eiber, Ludwig, „Kola-Fu" — Konzentrationslager und Gestapogefängnis Hamburg Fuhlsbüttel 1933–1945, Hamburg 1983 (Hbg.-Port.18)

Ennen, Edith, Die europäische Stadt des Mittelalters, 2. erg. u. verb. Aufl., Göttingen 1975

Fock, Gorch, Sämtliche Werke in fünf Bänden, hrsg. v. Jakob Kinau, Hamburg 1925

Freimark, Peter; Kopitzsch, Wolfgang, Der 9./10. November 1938 in Deutschland. Dokumentation zur „Kristallnacht", Hamburg ³1982

Freudenthal, Herbert, Vereine in Hamburg. Ein Beitrag zur Geschichte und Volkskunde der Geselligkeit, Hamburg 1968 (Volkskundliche Studien 4)

Frieden für das Welttheater. Goethe — ein Mitwirkender, Beobachter und Vermittler zwischen Welt und Theater, Politik und Geschichte, Ausstellungskatalog, Hamburg 1982

Funke, Hermann, Geschichte des Miethauses in Hamburg, Hamburg 1974 (Veröff.d.V.f.Hbg. Gesch. 25)

Glaeske, Günter, Die Erzbischöfe von Hamburg–Bremen als Reichsfürsten 937–1258, Hildesheim 1962 (Quellen und Darstellungen zur Geschichte Niedersachsens 60)

Goral, Arie, Erinnerungen an den 9. November 1938. Eine Dokumentation, Hamburg 1980

Grüttner, Michael, Arbeitswelt an der Wasserkante. Sozialgeschichte der Hamburger Hafenarbeiter 1886–1914, Göttingen 1984 (Kritische Studien zur Geschichtswissenschaft 63)

Grobecker, Manfred, Studien zur Geschichtsschreibung des Albert Krantz, Diss. Hamburg 1964

Hamburg und seine Bauten 1954–1968, Hamburg 1969

Hamburg und seine Bauten 1969–1984, Hamburg 1984

Hamburgisches Urkundenbuch, Bd.1: Hamburg 1842, Neudr. Hamburg 1907, Bd.2: Hamburg 1911, Bd.3: Hamburg 1953, Bd.4: Hamburg 1967

Hammonias Töchter — Frauen und Frauenbewegung in Hamburgs Geschichte, Hamburg 1985 (Hamburg-Porträt 21)

Hanf, Maike, Hamburgs Weg in die praktische Unabhängigkeit vom schauenburgischen Landesherrn, Hamburg 1986 (Beiträge zur Geschichte Hamburgs Bd.31)

Hanse in Europa. Brücke zwischen den Märkten 12.–17. Jahrhundert, Ausstellungskatalog, Köln 1973

Hedinger, Hans-Walter, Bismarck-Denkmäler und Bismarck-Verehrung, in: Mai, Ekkehard; Waetzoldt, Stephan (Hrsg.), Kunstverwaltung, Bau- und Denkmalpolitik im Kaiserreich, Berlin 1981, S.277ff.

Hedinger, Bärbel; Jaeger, Roland; Meißner, Brigitte; Schütt, Jutta; Tittel, Lutz; Walden, Hans; Ein Kriegsdenkmal in Hamburg, Hamburg 1979

Heine, Heinrich, Sämtliche Schriften, hrsg. v. Klaus Briegleb, 6 Bd.e, München 1971–1976

Heinsius, Paul, Das Schiff der hansischen Frühzeit, 2. erw. Aufl., Köln/Wien 1986 (Quellen und Darstellungen zur hansischen Geschichte, N.F. 12)

Herzig, Arno; Langewiesche, Dieter; Sywottek, Arnold, Arbeiter in Hamburg. Unterschichten, Arbeiter und Arbeiterbewegung seit dem ausgehenden 18. Jahrhundert, Hamburg 1983

Heyden, Rolf, Die Entwicklung des öffentlichen Verkehrs in Hamburg von den Anfängen bis 1894, Hamburg 1962 (Mitt. aus dem MHG, N.F.2)

Hitlers Städte. Baupolitik im Dritten Reich. Eine Dokumentation von Jost Dülffer, Köln/Wien 1978

100 Jahre Eisenbahn Direktion Hamburg 1884–1984, hrsg. v. d. Bundesbahndirektion Hamburg, Hamburg 1984

Jaacks, Gisela, Musikleben in Hamburg zur Barockzeit, Hamburg 1978, (Hamburg-Porträt 8)

Jerchow, Friedrich, Hamburg als Auswandererstadt, Hamburg 1984 (Hamburg-Porträt 19)

Klée Gobert, Renata, Innenstadt. Die Hauptkirchen St. Petri, St. Katharinen, St. Jacobi, Hamburg 1968 (Die Bau- und Kunstdenkmale der Freien und Hansestadt Hamburg 3)

Kopitzsch, Franklin, Grundzüge einer Sozialgeschichte der Aufklärung in Hamburg und Altona, 2 Teile, Hamburg 1982 (Beiträge zur Geschichte Hamburgs 21)

Kossak, Georg; Behn, Karl-Ernst u. Schmid, Peter (Hrsg.), Archäologische und naturwissenschaftliche Untersuchungen an Siedlungen im deutschen Küstengebiet, Bd.1: Ländliche Siedlungen (1984); Bd.2: Jahnkuhn, Herbert; Schietzel, Kurt, u. Reichstein, Hans (Hrsg.), Handelsplätze des frühen und hohen Mittelalters, Weinheim 1984

Kunst und Kultur im Weserraum, Ausstellungskatalog, 2 Bd.e, Münster 1966

Lammers, Walter, Das Hochmittelalter bis zur Schlacht von Bornhöved, in: Klose, Olaf (Hrsg.), Geschichte Schleswig-Holsteins, Bd.4,1, Neumünster 1981

ders., (Hrsg.), Die Eingliederung der Sachsen in das Frankenreich, Darmstadt 1970 (Wege der Forschung 185)

Lehe, Erich von; Kausche, Dietrich; Ramm, Heinz, Heimatchronik der Freien und Hansestadt Hamburg. Mit einem wirtschaftsgeschichtlichen Teil von Günther Jentzen und Ralf Wiemer, 2. erw. Aufl., Köln 1967

Leo, Gustav H., William Lindley. Ein Pionier der technischen Hygiene, Hamburg 1969

Lichtwark, Alfred, Meister Bertram, tätig in Hamburg 1367–1415, Hamburg 1905

Lohff, Wenzel (Hrsg.), 450 Jahre Reformation in Hamburg, Eine Festschrift, Hamburg 1980

Loose, Hans-Dieter (Hrsg.), Hamburg. Geschichte der Stadt und ihrer Bewohner, Bd.1: Von den Anfängen bis zur Reichsgründung, Hamburg 1982

ders., Hamburg und Christian IV. von Dänemark während des Dreißigjährigen Krieges. Ein Beitrag zur Geschichte der hamburgischen Reichsunmittelbarkeit, Hamburg 1963 (Veröffentlichungen des Vereins für Hamburgische Geschichte 18)

Lübbe, Hermann, Geschichtsbegriff und Geschichtsinteresse. Analytik und Pragmatik der Historie, Basel/Stuttgart 1977

Marcuse, Harold; Schimmelpfennig, Frank; Spielmann, Jochen, Steine des Anstoßes. Nationalsozialismus und Zweiter Weltkrieg in Denkmalen 1945–1985, hrsg. v. Museum f. Hamburgische Geschichte, Hamburg 1985

Marwedel, Günter, Geschichte der Juden in Hamburg, Altona und Wandsbek, Hamburg 1982 (Vorträge und Aufsätze hrsg. v. Verein f. Hamburgische Geschichte 25)

Mathieu, Kai, Der Hamburger Dom. Untersuchungen zur Baugeschichte und eine Dokumentation zum Abbruch, Hamburg 1973 (Mitteilungen aus dem Museum für Hamburgische Geschichte, N.F. 8)

Meyer-Marwitz, Bernhard, Hamburgs Weg zum Welthafen, Hamburg 1960

Mit Ansgar beginnt Hamburg, hrsg. v. d. Katholischen Akademie Hamburg. Mit Beiträgen v. J.Bracker, K.H.Krüger, W.Seegrün, G.Theuerkauf, Hamburg 1986 (Publikationen der Kath. Akad. 2)

Miterlebtes. Berichte aus fünf Jahrzehnten hamburgischer Geschichte von Herbert Weichmann, Kurt Sieveking, Erich Lüth, Hans A. Mestern, Hamburg 1979 (Vorträge u. Aufsätze hrsg. v. Verein f. Hamburgische Geschichte)

Moltmann, Günther (Hrsg.), Deutsche Amerikaauswanderung im 19. Jahrhundert. Sozialgeschichtliche Beiträge, Stuttgart 1976

Ophir, Baruch Z., Zur Geschichte der Hamburger Juden 1919–1939, in: Freimark, Peter (Hrsg.), Juden in Preußen — Juden in Hamburg, Hamburg

1983 (Hamburger Beiträge zur Geschichte der deutschen Juden 10), S.81ff.

Plagemann, Volker (Hrsg.), Industriekultur in Hamburg. Des Deutschen Reiches Tor zur Welt, München 1984

Postel, Rainer, Obrigkeitsdenken und Reformation in Hamburg, Archiv für Reformationsgeschichte 70 (1979), S.169ff.

ders., Reformation und bürgerliche Mitsprache in Hamburg, ZHG 65 (1979), S.1ff.

Prange, Carsten, Hamburg in der Hansezeit, Hamburg 1978 (Hamburg-Porträt 12)

ders.; Wüst, Peter; Meyer-Brunswick, Uwe, Hamburg an der Wende zur Neuzeit, Hamburg 1981 (Hamburg-Porträt 9)

Reincke, Heinrich, Das hamburgische Ordeelbook von 1270 und sein Verfasser, Zs. d. Savigny-Stiftung für Rechtsgeschichte, Germ. Abtlg. 72 (1955), S.83ff.

ders., Forschungen und Skizzen zur hamburgischen Geschichte, Hamburg 1951 (Veröffentlichungen aus dem Staatsarchiv der Hansestadt Hamburg 3)

Röhrig, Fritz, Wirtschaftskräfte im Mittelalter. Abhandlungen zur Stadt- und Hansegeschichte, hrsg. v. Paul Kaegbein, 2. erg. Aufl., Wien/Köln/Graz 1971

Sammlung der Hamburgischen Gesetze und Verfassungen in Bürger- und Kirchlichen, auch Cammer-Handlungs- und übrigen Policey-Angelegenheiten und Geschäften samt historischen Einleitungen, 12. Teil, Hamburg 1773

Schmidt, Wolfgang, Die Revolution von 1848/49 in Hamburg, Ergebnisse. Zeitschrift für demokratische Geschichtswissenschaft 22 (1983)

Schramm, Percy Ernst, Hamburg, Deutschland und die Welt. Leistung und Grenzen hanseatischen Bürgertums in der Zeit zwischen Napoleon I. und Bismarck, München 1943

Schumacher, Fritz, Wie das Kunstwerk Hamburg nach dem großen Brande entstand. Ein Beitrag zur Geschichte des Städtebaus, Berlin 1920, Neudr.: Hamburg 1969 (Veröff. d. V. f. Hbg. Gesch. 11)

Seegrün, Wolfgang, Das Erzbistum Hamburg — eine Fiktion?, ZHG 60 (1974), S.1ff.

ders., Das Erzbistum Hamburg in seinen ältesten Papsturkunden, Köln/Wien 1976 (Studien und Vorarbeiten zur Germania Pontificia 5)

Stefke, Gerald, Ein städtisches Exportgewerbe des Spätmittelalters in seiner Entfaltung und ersten Blüte. Untersuchungen zur hamburgischen Seebrauerei des 14. Jahrhunderts, Diss. Hamburg 1979

Stephan, Hans-Georg, Archäologische Stadtkernforschung in Niedersachsen, Ostwestfalen, Hamburg und Bremen, in: Stadt im Wandel. Kunst und Kultur des Bürgertums in Norddeutschland 1150 bis 1650, Ausstellungskatalog, Bd.3, hrsg. v. C. Meckseper, Stuttgart 1985, S.29ff.

Stoob, Heinz, Rat und Bürgerschaft in Hamburg am Ausgang des Mittelalters, in: Ehbrecht, Wilfried (Hrsg.), Städtische Führungsgruppen und Gemeinde in der werdenden Neuzeit, Köln/Wien 1980 (Städteforschung, Reihe A, Darstellungen Bd.9), S.357ff.

Struve, Karl Wilhelm, Die slawischen Burgen, Neumünster 1981 (Die Burgen in Schleswig-Holstein 1)

Teuteberg, Hans-Jürgen, Die Entstehung des modernen Hamburger Hafens (1866—1986), Tradition 17 (1972), S.257ff.

Theuerkauf, Gerhard, Hamburg und der Elbhandel im Mittelalter, in: J.Ellermeyer u. R.Postel (Hrsg.), Stadt und Hafen. Arbeitshefte zur Denkmalpflege in Hamburg Nr. 8 (1986), S.34ff.

Trillmich, Werner; Buchner, Rudolf (Hrsg.), Quellen des 9. und 11. Jahrhunderts zur Geschichte der hamburgischen Kirche und des Reiches, Berlin 1961 (Ausgewählte Quellen zur deutschen Geschichte des Mittelalters. Freiherr vom Stein-Gedächtnisausgabe 11)

Ullrich, Volker, Kriegsalltag. Hamburg im ersten Weltkrieg, Köln 1982

Vorwärts — und nicht vergessen. Arbeiterkultur in Hamburg um 1930, hrsg. v. Projektgruppe Arbeiterkultur in Hamburg, Hamburg 1982

Weichmann, Herbert, Von Freiheit und Pflicht. Auszüge aus Reden des Bürgermeisters der Freien und Hansestadt Hamburg, Hamburg o. J. (1963)

Zunker, Detlef, Hamburg in der Franzosenzeit, Ergebnisse. Zeitschrift für demokratische Geschichtswissenschaft 23 (1983)

Bildquellen-Nachweis

Archiv des Autors: Abb. 147, 148, 149, 172, 175

Braunschweigisches Landesmuseum (Zeichnung M. Johannsmann): Abb. 21 b

Bremer Landesmuseum für Kunst- und Kulturgeschichte, Focke-Museum: Abb. 22

Danske Sprog - og Literurselskabarchiv, Kopenhagen (Foto von dem im Zweiten Weltkrieg vernichteten Original im Niedersächsischen Staatsarchiv, Hannover): Abb. 13

Hamburg, Amt für Bodendenkmalpflege (Zusammenzeichnung Maximilian Johannsmann): Abb. 15

Hamburg, Staatliche Landesbildstelle: Abb. 83, 194, 195

Hamburg, Staatsarchiv: Abb. 54, 55, 59, 60, 86, 106, 107, 184, 189, 190, 191

Hapag-Lloyd: Abb. 169

Maximilian Johannsmann (Außenfotos): Abb. 14, 23, 196, 198, 199, 200, 201

Maximilian Johannsmann (Neuzeichnungen): Abb. 1, 2, 8, 17, 36

Köln, Diözesan-Bibliothek (nach H. Wolff): Abb. 35

Mainz, Römisch-Germanisches Zentralmuseum (Umzeichnung M. Johannsmann): Abb. 12

Uwe Meyer-Brunswick: Abb. 89, 90

Museum für Hamburgische Geschichte: Abb. 33, 37, 41, 42, 45, 49, 77, 79, 80, 93, 123, 124, 125, 136, 151, 164, 165, 166, 167, 173, 182, 183, 188, 193

Museum für Hamburgische Geschichte (Fotos und Reproduktionen Fischer-Daber): Abb. 28, 29, 34, 43, 44, 47, 48, 51, 52, 53, 56, 57, 58, 61, 62, 65, 66, 67, 68, 69, 70, 73, 74, 75, 76, 78, 81, 84, 85, 87, 88, 91, 92, 94, 95, 96, 97, 98, 99, 100, 101, 102, 103, 104, 105, 108, 109, 110, 111, 112, 113, 114, 115, 116, 117, 118, 119, 120, 121, 122, 126, 127, 128, 129, 130, 131, 132, 133, 134, 135, 137, 138, 139, 140, 141, 142, 143, 144, 145, 146, 150, 152, 153, 154, 155, 156, 157, 158, 159, 160, 161, 162, 163, 168, 170, 171, 174, 176, 177, 178, 179, 180, 181, 185, 186, 187, 192 und Umschlagmotiv

Museum für Hamburgische Geschichte (Fotos M. Johannsmann): Abb. 3, 4, 5, 6, 18, 19, 20, 27, 38, 39, 40, 50, 82

Museum für Hamburgische Geschichte (Zeichnungen Marina Meincke): Abb. 63, 64, 71, 72

Nach W. Rabe, Corvey (Münster 1957): Abb. 7, 11, 16

Sankt Gallen, Stiftsbibliothek: Abb. 9, 10 (Umzeichnung M. Johannsmann)

Schleswig-Holsteinisches Landesmuseum für Vor- und Frühgeschichte, Schleswig (Neuzeichnung M. Johannsmann): Abb. 30

Schleswig, Wikinger Museum Haithabu (Fotos und Zeichnung M. Johannsmann): Abb. 21 a, 24, 25, 26, 31, 32

Wolfenbüttel, Herzog-August-Bibliothek: Abb. 46